文明多样性
与世界人权事业的发展

中国人权研究会 编

五洲传播出版社

图书在版编目（CIP）数据

文明多样性与世界人权事业的发展 / 中国人权研究会编. --

北京：五洲传播出版社，2021.1

ISBN 978-7-5085-4521-9

Ⅰ.①文… Ⅱ.①中… Ⅲ.①人权－世界－文集 Ⅳ.①D815.7-53

中国版本图书馆CIP数据核字(2020)第236042号

文明多样性与世界人权事业的发展

编　　者	中国人权研究会
责任编辑	高　磊　秦慧敏
装帧设计	岳　琪
出版发行	五洲传播出版社
地　　址	北京市海淀区北三环中路31号生产力大楼B座6层
邮政编码	100088
发行电话	010-82005927，010-82007837
网　　址	www.cicc.org.cn www.thatsbooks.com
印　　刷	北京圣彩虹科技有限公司
开　　本	787mm×1092mm 1/16
印　　张	27.25
字　　数	350千
版　　次	2021年1月第1版
印　　次	2021年1月第1次印刷
定　　价	98.00元

出版说明

　　2019年12月10日至11日，国务院新闻办公室和外交部在北京共同举办"2019·南南人权论坛"。来自荷兰、法国、约旦、秘鲁、尼日尔、多哥、莫桑比克、毛里求斯、巴基斯坦等80多个国家及联合国等国际组织的300多名代表出席论坛。中共中央政治局委员、中央书记处书记、中宣部部长黄坤明同志出席会议并发表主旨演讲。

　　与会代表围绕"文明多样性与世界人权事业的发展"主题，着重就文明多样性背景下的人权道路选择、构建人类命运共同体与全球人权治理、从发展权视角："一带一路"促进《2030年可持续发展议程》、南方国家人权保障的实践与经验等分议题热烈探讨、坦诚交流，发出了加强发展中国家在人权议题上团结合作的时代强音，也向世界传递了发展中国家携手推进世界人权事业健康发展的坚定决心。

　　与会代表指出，尊重和保障人权，是人类文明进步的重要成果。我们要尊重文明多样性，以平等、开放、理解、包容、互鉴的精神，推动不同社会制度互容、不同文化文明互鉴、不同发展模式互惠，反对把自身的思维方式和行为标准强加于人。要让不同文明交流互鉴成为增进各国人民友谊的桥梁，推动人类进步的动力，维护世界和平的纽带，在沟通互鉴中共享人权保障经验，在交流合作中增进人权发展共识。

　　与会代表不仅分享了各国在促进南南合作与人权发展方面的成就，也对如何推进世界人权事业发展献计献策。大家认为，发展中国家人权状况近年来不断得到改善，但由于受多种因素制约和影响，提高发展中国家人权保障水平依然存在诸多障碍。广大发展中国家应携手合作，共同维护和平稳定的人权发展环境，共同创造丰富多样的人权发展模式，共同谋求平衡充分的人权发展愿景，共同完善公正合理的全球人权治理，为推进本国和世界人权事业发展作出应有的贡献。

为与广大读者分享本次论坛的学术成果和思想结晶，现将论坛致辞和部分论文等总计68篇结集出版。其中各篇论文所持观点仅代表作者个人意见，不代表主办方的观点。

编　者
2020年6月

目　录

构建人类命运共同体与全球人权治理

从发展权视角："一带一路"促进《2030年可持续发展议程》

南方国家人权保障的实践与经验

总　论

坚持文明多样性与世界人权事业的发展

——在"2019·南南人权论坛"上的主旨演讲

（2019年12月11日）

中共中央政治局委员、中央书记处书记、中央宣传部部长
黄坤明

女士们、先生们、朋友们：

上午好！

昨天是世界人权日，也是《世界人权宣言》发表第71个周年纪念日。当此之时，我们相聚一堂，出席"2019·南南人权论坛"，有着特殊的意义。在这里，我谨向在座的各位嘉宾特别是远道而来的外国朋友们表示诚挚的欢迎！对论坛的举办表示热烈的祝贺！

尊重和保障人权，是人类文明进步的重要成果。千百年来，人类在追求幸福生活、实现自我发展的过程中，形成和发展了人权理念，创造了多种多样的尊重和保障人权模式，使人类文明更加丰富多彩。本届论坛以"文明多样性与世界人权事业的发展"为主题，凝结着各国人民对人类文明历史和现实的深刻思考，向世界传递了发展中国家携手推进世界人权事业发展的坚定决心。

女士们、先生们、朋友们！

今年是中华人民共和国成立70周年。前不久，我们隆重举行了庆祝活动，70年发展的历史性成就令人振奋，全体中国人民沉浸在自豪和喜悦之中。前两天，在座

许多朋友参访了上海、杭州两个城市，考察了经济发展、民生保障、城市治理、乡村振兴、文化保护等方面情况，相信大家从普通百姓的脸上就能看到他们的快乐和幸福。像上海、杭州这样的国际化大都市，是当代中国发展和进步的重要标志。可以说，新中国的70年，是中华民族从站起来、富起来到强起来的70年，是中国人民各项基本权利持续得到尊重和保障的70年，也是中国为世界人权事业发展不断作出贡献的70年。

实践充分证明，中国成功地走出了一条符合国情的人权发展道路，为丰富和发展人类文明多样性贡献了中国智慧、中国方案和中国经验。

第一，坚持中国共产党的领导，为中国人民幸福生活提供根本保证。习近平主席指出，人民幸福生活是最大的人权。近代中国贫穷落后、战乱频仍，人民生活颠沛流离、困苦不堪，毫无权利可言。中国共产党从诞生那一天起，就肩负起挽救民族危亡、实现人民解放的责任，把为中国人民谋幸福、为中华民族谋复兴作为初心和使命。在近百年的奋斗历程中，中国共产党始终坚持全心全意为人民服务的宗旨，依靠人民、为了人民推进革命、建设、改革，特别是新中国成立70年来，中国创造了经济快速发展奇迹和社会长期稳定奇迹，人民生活水平持续提升。70年来，我们党带领人民持续向贫困宣战，超过8亿人口先后摆脱贫困，特别是2012年以来，贫困人口减少了9200多万，明年剩余的600多万贫困人口将全部脱贫，中华民族千百年来的绝对贫困问题即将得到历史性解决。这是中国人权事业取得的最大成就，也是中国对世界人权事业作出的最大贡献。

第二，坚持中国特色社会主义制度，为中国人权事业发展进步提供制度保障。制度具有根本性、全局性、长远性的作用，人权必须靠科学、有效、完备的制度来保障。中国特色社会主义制度是中国共产党和中国人民在长期实践探索中形成的科学制度体系，其本质属性就是始终代表最广大人民根本利益。长期以来，我们始终坚持和不断完善人民当家作主的制度体系，发展人民民主，使人民享有广泛自由和民主权利；始终坚持以人民为中心的发展思想，着力保障和改善民生，使改革发展成果更多更公平惠及全体人民。我们建成了包括养老、医疗、教育、低保、住房在内的世界最大社会保障体系，截至2018年底，基本实现全民医保，养老保险覆盖超过9.4亿人，九年义务教育巩固率超过94%。随着中国特色社会主义制度的发展完善，国家治理体系和治理能力日益现代化，中国人权事业必将取得更大发展。

第三，坚持人权的普遍性与特殊性相结合，从中国实际出发保障人权。我们始终认为，人权是一定历史条件的产物，与一个国家的具体国情不可分割，各国人权保障模式因社会制度、发展阶段、文化传统、价值观念不同而呈现多样性。正如习近平主席所指出的，世界上没有放之四海而皆准的人权发展道路和保障模式，人权事业发展必须也只能按本国国情和人民需要加以推进。多年来，中国坚持将人权的普遍性原则与本国实际相结合，扎实有效地推进人权事业发展。我们坚持将生存权、发展权作为首要的基本人权，不断解放和发展生产力，为保障人民各项权利的实现创造了基础条件；我们坚持个人人权与集体人权的统一，既注重集体人权的实现，又重视个人人权的保障；我们坚持经济、社会、文化权利与公民权利、政治权利整体推进，努力促进各项人权协调发展；我们切实保障少数民族、妇女、儿童、老年人和残疾人的合法权益，不断增进全体人民的幸福感、获得感、安全感。

第四，坚持以合作促发展、以发展促人权，积极参与和推动世界人权事业。我们高举和平、发展、合作、共赢旗帜，积极支持广大发展中国家正义事业，帮助发展中国家提升发展能力，提供了一系列发展援助和人道主义援助，为推动国际人权事业发展作出了重要贡献。半个世纪以来，中国向亚非拉70多个国家和地区，派遣医疗队2.6万人次，累计诊治患者2.8亿人次。中国一直是国际人权事业健康发展的倡导者、践行者和推动者，认真履行国际人权义务，积极参与人权领域国际交流与合作，推动全球人权治理朝着更加公正合理的方向发展。中国秉持构建人类命运共同体的崇高理念，与世界各国一道共建"一带一路"，努力使发展成果更好惠及各国人民。"一带一路"倡议提出6年来，已有160多个国家和国际组织同中国签订合作协议，贸易总额超过6万亿美元，直接为沿线国家地区提供近30万个就业岗位，带动上百万人生活得到改善。

人权发展没有最好，只有更好。实现更加充分的人权保障，中国还有很长的路要走，仍面临许多困难和挑战。作为当今世界上最大的发展中国家，中国仍处于并将长期处于社会主义初级阶段，发展不平衡不充分问题突出，人民在民主、法治、公平、正义、安全、环境等方面的要求日益增长，在就业、教育、医疗、养老等方面还有更多的期盼。当前，中国人民正在为实现"两个一百年"奋斗目标、实现民族复兴中国梦而团结拼搏。我们相信，随着中国的不断发展，中国人民的各项权利必将得到更好和更高水平的保障，必将为人类发展进步作出更大贡献。

女士们、先生们、朋友们！

当今世界正经历百年未有之大变局，发展中国家整体性崛起势头强劲，各国人民的命运从未像今天这样紧紧联系在一起。同时，霸权主义、强权政治依然存在，单边主义、保护主义不断抬头，战乱恐袭、饥荒疫情不时发生，全球治理体系与国际形势变化的不适应、不对称前所未有。一些国家打着人权旗号践踏人权、粗暴干涉他国内政的现象时有发生，严重损害了国际人权事业。

汇集了古老文明和新兴力量的发展中国家，人口占世界80%以上，对全球经济增长的贡献率已经达到80%。但全世界仍有7亿多人口生活在极端贫困之中，大部分来自发展中国家。对很多家庭而言，拥有温暖住房、充足食物、良好教育、稳定工作还是一种奢望，提高人民生活水平仍是各国的首要任务。广大发展中国家应携手合作、共同发展，为推进本国和世界人权事业发展作出应有的贡献。在此，我提出几点建议。

——共同维护和平稳定的人权发展环境。和平稳定是实现发展和保障人权的前提基础。面对当今世界复杂的安全威胁，我们要倡导共同、综合、合作、可持续的安全观，尊重和保障每一个国家的安全。我们要紧密团结起来，加强国际和地区合作，不断完善新型安全伙伴关系。我们要共同应对日益增多的非传统安全威胁，坚决打击一切形式的恐怖主义，铲除恐怖主义滋生的土壤，保障人民的生命权。

——共同创造丰富多样的人权发展模式。文明多样性是人类社会的基本特征。我们要尊重文明多样性，以平等、开放、理解、包容、互鉴的精神，推动不同社会制度互容、不同文化文明互鉴、不同发展模式互惠，反对把自身的思维方式和行为标准强加于人。我们要倡导交流互鉴,把世界多样性和各国差异性转化为发展活力和动力,在沟通互鉴中共享人权保障经验,在交流合作中增进人权发展共识。

——共同谋求平衡充分的人权发展愿景。发展不平衡、不充分问题是各国面临的共同挑战。大家一起发展才是真发展,可持续、高质量的发展才是好发展。我们要发扬伙伴精神,着眼长远发展,在更大范围开展人权领域南南合作,让发展成果惠及更多国家和民众。要积极推动南北对话,敦促发达国家承担更多责任,为发展中国家营造更多发展机遇和空间,不断提高发展中国家人权保障水平,共同营造人人免于匮乏和恐惧、获得发展、享有尊严的光明前景。

——共同完善公正合理的全球人权治理。公平正义是世界各国人民在国际关系领域追求的共同目标。我们要共同维护国际人权机制,反对以单边行动破坏国际人权秩序,反对在人权问题上的政治化、选择性和双重标准。我们要积极推动全球人权治理体系更加公正合理地反映大多数国家特别是发展中国家的意愿和利益。我们要共同参与国际人权发展议程的制定,充分利用人类积累的生产力和物质资源,推动联合国《发展权利宣言》和《2030年可持续发展议程》落到实处,缩小南北发展差距,促进全球发展更加包容平衡。

女士们、先生们、朋友们!

中华文明历来主张天下大同、协和万邦。中国发展将继续为各国创造更多机遇,给各国民众带来更多福祉。中国愿继续同各方携手努力,共同创造更加美好的世界。南南人权论坛是促进发展中国家发展和人权进步的重要平台,希望大家积极利用这一平台,坦诚交流,集思广益,凝聚共识,共创未来,为推动世界人权事业发展、构建人类命运共同体贡献真知灼见。

谢谢大家!

完善全球人权治理，构建人类命运共同体

——在"2019·南南人权论坛"上的致辞

（2019年12月11日）

中国外交部副部长
马朝旭

尊敬的黄坤明部长，

尊敬的罗杰副议长，

女士们、先生们、朋友们：

很高兴出席"南南人权论坛"。我谨代表中国外交部，对各位嘉宾的到来表示热烈欢迎！对本届论坛的成功举办表示热烈祝贺！

刚才，黄坤明部长发表了精彩的主旨演讲，全面回顾了新中国成立70年来人权事业发展成就和经验，深刻阐述了中国关于人权问题的看法主张。我愿围绕"文明多样性与世界人权事业的发展"主题，同大家分享和交流看法。

纵观历史，文明交流有力促进了人类社会的发展和进步，文明冲突则给人类带来灾难和浩劫。人类文明演进的正反两方面教训给人们以深刻启迪，也为新形势下如何推进国际人权事业提供重要借鉴。

人类文明是丰富多彩的，各国人权发展道路也是多种多样的。在人权问题上，没有放之四海而皆准的统一模式。各国人民都有自主选择人权发展道路的权利。衡量人权道路如何，要看它顺不顺民心，合不合民意，能不能给人民带来福祉。人

权道路没有优劣之分，只有特色之别。各国应该相互尊重，在交流中相互理解，在互鉴中共同进步。不顾一国国情和本国人民的选择，将自身模式强加于人，是不民主的，也是不文明的。

我们看到，个别国家既不承认文明多样性，也不尊重各国人民选择自身发展道路的权利。它们打着人权和人道的旗号，四处策动颜色革命，强推政权更迭，造成冲突动荡，引发一个又一个人道危机。这是当今世界乱局的重要根源。我们应该维护《联合国宪章》宗旨和原则，切实尊重各国主权和领土完整，反对将人权政治化，反对强加于人，反对搞双重标准。

多边主义是推动文明交流互鉴的重要保障，也是促进世界人权事业发展的重要基础。当前，单边主义横行，霸凌主义肆虐，多边主义面临严峻挑战，国际体系和国际秩序受到严重冲击。我们看到个别国家一方面退出人权理事会，另一方面利用联合国机构肆意攻击别国政治制度和治理模式，充分暴露了其虚伪性。我们要高举多边主义旗帜，捍卫国际法和国际关系准则，公正、客观、非选择性地处理人权问题，通过平等的对话来化解人权分歧。

发展是解决人权问题的总钥匙，人权要靠发展来实现、保障和促进。发展中成员占联合国会员国五分之四、人口占全球80%。广大发展中国家的利益理应得到重视，发展中国家关心的经济、社会和文化权利理应得到切实维护。多边人权机制应该增加在发展、卫生、体育、妇女、儿童、残疾人等领域的投入，纠正不合理、不公正的人权治理格局，实现两类人权平衡发展。

当前世界经济增长乏力，不平衡不充分的矛盾十分突出，人民的生存权和发展权受到严重威胁。我们要推动构建开放型世界经济，推动经济全球化朝着更加开放、包容、普惠、平衡、共赢的方向发展。要把发展问题置于全球政策框架的优先位置，以联合国《发展权利宣言》为指引，坚持以发展为基础，落实好联合国《2030年可持续发展议程》。

个别国家出于一己私利，大搞贸易战，不断出台所谓人权与民主法案，公然干预他国内部事务，动辄挥舞制裁大棒，搞经济封锁、科技脱钩、金融制裁。这些行径不仅阻碍世界经济发展, 而且侵犯受害国人民的人权, 必须予以坚决反对和抵制。

女士们、先生们,

尊重和保护人权是联合国三大支柱之一, 也是构建人类命运共同体的重要组成部分。习近平主席指出, 迈向人类命运共同体, 必须坚持不同文明兼容并蓄, 交流互鉴。我们应该推动不同文明相互尊重, 和谐共处, 让不同文明交流互鉴成为增进各国人民友谊的桥梁、推动人类进步的动力、维护世界和平的纽带。中方愿与各方一道, 在平等和相互尊重的基础上, 进一步加强对话与交流, 共同推动世界人权事业健康发展, 共同构建人类命运共同体。

谢谢大家!

文明多样性背景下的人权道路选择

——在"2019·南南人权论坛"上的致辞

（2019年12月11日）

马达加斯加参议院副议长、前总理
库鲁·克里斯托夫·洛朗·罗杰

我认为寻求人权首先是指人的权利，人要有自给自足、自我发展和自由活动的权利。

从这里可以看出，任何人权都必须通过发展才能获得，而任何发展都必须植根于稳定的基础之上，因为只有这样各种行动才能顺利开展，各类思想才能够在和谐的氛围中百花齐放，最终成功与自由会随之而来。

此次活动的东道主中国已经找到了他们的稳定基础——中国共产党。

在世界的其他地方，这种发展的稳定基础可能是以明主抑或是王国等形式体现，但如果人们没有获得幸福或者无序的发展没能在短时间得到控制，那么发展本身的有效性和实用型就值得怀疑。

也就是为什么人民必须能够掌握发展的红利并和谐、自由地加以应用。这就是未来的终极目标，因为它的基础是相互尊重和共识。

曾几何时，谁能想到人类能够脚踩高速飞行板穿越英吉利海峡，从法国飞到英国？这难道不正是《一千零一夜》里面的飞毯神话变成了现实吗？

的确，在不久的将来，一些我们曾经无法想象的出行方式将会陆续出现，我们居住的星球将会成为名副其实的地球村！

在一个更加公平、人与人之间更加尊重、自由发展被引导但又未被抑制的世界上，我们的救赎、自由和权利才是大家共同寻找的目标。

女士们、先生们，人们必须迫切需要放弃以自我为中心的发展理念，以合理的方式寻求共同的利益。以人为本，尽可能抛弃其他那些以支配，即剥夺他方权利和真正自由为唯一目的的人类意识形态。

文明多样性背景下的人权发展路径

——在"2019·南南人权论坛"上的致辞

（2019年12月11日）

联合国人权咨询委员会成员、毛里求斯国家人权委员会主席
迪鲁杰拉尔·巴兰拉尔·西图辛格

所有人生而享有平等的权利和尊严。然而，并非所有人都出生在同一个地方和同一片天空下。我们的出身不同，我们来自不同的文明，我们的文化、习俗和宗教也不同，因此产生了丰富的多样性，让这个世界更加美丽多姿。2017年第一届南南人权论坛通过的《北京宣言》第2条承认，人权是所有文明的内在组成部分。

价值观广泛适用，但取决于各种因素，人权发展存在不同的途径。在经济发展方面，并非所有国家都具有相同的速度。它们处于工业化的不同阶段，农业或矿产资源各不相同，位置和气候也不尽相同。气候变化现在已经成为一个不可忽视的重要因素。

赋予工作的价值可能因国家/地区而异。一些文明可能比起休闲更重视工作。经济和社会权利必须与公民权利和政治权利齐头并进，因为人权是不可分割的。生存权是一项基本人权，与贫困进行斗争很重要。态度和行为与一个人习惯的文明类型有关。普及基础教育对于保护文化至关重要。重视和平和安全需求，会让人们更容易踏上通往人权发展的道路。

如果发达国家在帮助发展中国家走上发展道路时认识到文化多样性，将对双

方都更加有利。在发展中国家或欠发达国家中创造一种和平的氛围，将阻止一些公民去其他地方寻求避难，冒险进行移民并防止他们落入不诚实的人口贩子手中。南南合作更易于理解和接受国情。

人权发展不能由外部强加。国际团结必须尊重传统价值观，只要其不依托于有害的传统习俗。性别平等已被视为人权发展的必要条件，不保护弱势群体权利的文明就无法走上正确的人权发展道路。如《非洲人权和人民权利宪章》第17.3条所述："促进和保护社会公认的道德和传统价值是国家的责任。"

必须牢记宗教、历史和文化背景的重要性。所有宗教都为实现共同利益而努力。所有宗教都教导善战胜恶的规范和以仁爱获得救赎的美德。习俗、崇拜的类型和宗教活动可能会多种多样，但目标始终是实现共同利益。

《世界人权宣言》旨在反映文化和社会的多样性。正如马考·穆图阿（Makau Mutua）在他的著作《人权：一种政治和文化批判》（*Human Rights: A Political and Cultural Critique*）（宾夕法尼亚大学出版社，2002年）中所论证的那样，只有对人权采用真正多元文化的方法才能使其真正普及。

至于民主、公民和政治自由，它们的实现也取决于人权发展。世界上许多民主试验都以失败告终，因为统治者们没有充分重视争取摆脱贫困、疾病或无知的人民的权利。

《联合国人权教育和培训宣言》第5条第3款规定，人权教育和培训应兼收并蓄不同国家多种多样的文明、宗教、文化和传统，加以发扬光大，并从中汲取灵感，因为这种多样性就体现在人权的普遍性之中。随着全球化和人口的流动，文明因相互接触而丰富。人们彼此学习，向同伴传授他们的良好做法。

所有文明都对家庭和社区非常重视，将其作为团结和尊重他人的基础。家庭、社区、社会和教育机构在维护和传播价值和教育方面发挥着至关重要的作用，这些构成了文明的结构，从而巩固了一个国家的人权发展。

总而言之，发展权作为第三代权利已与人权发展密不可分，同时尊重了必须改善其处境的人民的文化和文明。

文明多样性背景下的人权道路选择

——在"2019·南南人权论坛"上的致辞

（2019年12月11日）

叙利亚总统政治与新闻顾问
伯色那·夏班

　　将发展中国家聚到一起，落实关于人权的定义和概念，是非常重要的。大多数南方不发达国家并未参与《世界人权宣言》的制定。事实上，大多数南方不发达国家仍因欧洲帝国主义而饱受煎熬。中国可以成为就人权及其他政治问题提出新想法和新建议的中心，因为，今天它已然是全球经济成果，即"一带一路"倡议的中心。中国是正在崛起的世界强国，也是仅次于美国的世界第二大经济体；现在是中国在国际体系中承担起更多政治责任的时候了。对中国而言，仅仅在经济领域提出另一种全球秩序是不够的，它还需要在政治领域这样做。中国可以领导南方不发达国家描绘未来的政治愿景，而这些愿景就建立在由此类论坛所促成的共识与对话的基础之上。

　　在过去的一个世纪中，尤其是冷战结束以来，西方国家垄断了人权的概念，更是将人权武器化，作为其在全球范围内进行军事干预的掩护。美国打着保护人权的旗号，对许多国家开战，尤其是包括叙利亚在内的阿拉伯国家。与此同时，美国及其盟国继续对严重侵犯人权的政府提供支持。2011年，北约对利比亚实施了轰炸，导致利比亚国家被毁，陷入一片混乱。西方国家为叙利亚的恐怖团体提供支持并掩护,美其名曰人权保护。现在,它们又以人权为借口,继续实施单方面强制性措施,扼杀叙利亚经济,伤害数百万叙利亚人民。美国同样利用人权,尤其是选举权这一借口,对在委内瑞拉以及最近在玻利维亚发生的政变和政变企图提供支持。

今天,中国愿意主办这样的论坛,为我们提供了一个历史性的机会,让我们可以为了全世界的利益重新界定人权,打破西方国家对这一概念的垄断。

不同文明之间的对话、和谐与相互理解是当今中国外交政策的一个关键支柱,主要体现在“一带一路”倡议上。“一带一路”倡议称,加强不同区域与国家之间的联系,不仅是为了改善贸易和经济交流,也是为了提高文化以及文明内部的对话。对在南方各国之间形成关于人权的相互理解而言,理解每一种文明的特殊性及其对人类权利(和义务)的定义是绝对必要的。因此,由于本次论坛能够促成属于不同文明遗产的各国开展此类对话,它将能够在什么是人权以及如何保护和加强这些权利等问题上,形成更好的相互理解,进而达成微妙、持久的协议。

在此次论坛上,将恐怖主义作为对人权的根本挑战加以讨论具有重要意义,而不同文明之间的对话是对付恐怖主义最可行的办法。习近平主席在2016年亚太经合组织的一次会议上表示,恐怖主义是人类的共同敌人,并且坚称中国“坚决反对任何形式的恐怖主义”,坚决打击任何“挑战人类义明底线的暴力、恐怖、犯罪活动”。值得注意的是,西方国家利用人权概念破坏其他国家稳定的行为与其利用恐怖分子代理人的做法是一致的。在叙利亚,西方国家打着保护人权的旗号在政治上和经济上围困叙利亚时,也在利用恐怖组织与叙利亚国家和人民作战。今天的南方国家是大多数恐怖主义行为发生的地方,也是最危险的恐怖组织存在的地方;因此,有必要讨论打击恐怖主义的多边行动,谴责所有支持恐怖主义并将其用作对其他国家发动战争的工具的国家。

在此次论坛上,需要将经济制裁问题作为严重侵犯人权的行为加以讨论。美国和欧盟对叙利亚采取的单方面强制性金融与经济措施掐断了叙利业与世界其他地区之间的经济联系,阻碍了危机之后叙利亚的经济和社会复苏。这些措施影响了普通公民的生活,剥夺了他们获取药品和取暖燃料等基本物质的权利,切断了叙利亚与世界之间的贸易，严重损害了其经济。今天，美国和欧洲仍在继续破坏与叙利亚的公共和私营部门的经济和贸易活动。此外，如果继续这些强制性措施，可能会阻碍叙利亚加入"一带一路"倡议提出的多种贸易、经济、后勤和金融机制。这种极其恶劣的集体惩罚形式必须受到本次论坛的谴责，我们应采取行动反对目前针对叙利亚、伊朗和委内瑞拉的制裁，以及西方国家今后在财政和经济上扼杀各国的企图。

叙利亚是文明多样性的鲜活的例子，许多宗教在其境内和平、和谐相处。叙利亚是阿拉伯和伊斯兰文明的知识中心。经过十年的残酷战争，叙利亚正在经历宗派战争的说法被证明是错误的。今天，在不同宗教如何共处，以及如何从智力上击败极端主义等问题上，叙利亚已经为我们树立了榜样。叙利亚可以与南方其他国家分享这一经验，这样，我们就能共同努力，促进不同文明和伟大的世界宗教之间的对话，从而实现稳定、和谐和繁荣。

发展权："一带一路"旗舰项目中巴经济走廊（CPEC）的成功故事

——在"2019·南南人权论坛"上的致辞

（2019年12月11日）

巴基斯坦参议院外交委员会主席、巴中学会主席
穆沙希德·侯赛因·赛义德

女士们、先生们：

首先，我要对中国政府和人民在北京这座美丽的历史名城给予我们的盛情款待表示由衷的感谢。

人权已经成为21世纪一个至关重要的问题。这些权利包括生命权、体面生活的权利以及为今世后代建设更美好未来的发展权。因此，中国在这方面提出的倡议最为及时且广受欢迎，因为它将侧重点放在了人权这个问题上。生活在"南营"，即亚洲、非洲和拉丁美洲的第三世界国家的人民，与生活在"北营"，即欧洲和北美的人民之间的发展极不平衡，生活质量存在很大差距。

例如，英国慈善机构牛津饥荒救济委员会（OXFAM）在2017年所做的一项研究表明，全球最富有的8个人拥有的财富超过了世界上半数最贫穷人口，即约30－60亿人的资产总和。生活质量不均衡的现象不仅出现在地区、国家和社会之间，也出现在阶级和社会群体之间，这也是21世纪的现实。

正是在这种背景下，联合国提出了可持续发展目标（SDGs），详细说明了到

2030年人类需要在17个不同发展领域实现的目标，以便缩小或消除这种差距。

中国标志性的"一带一路"倡议是实现这种发展权的重要一步。"一带一路"倡议无疑是21世纪最重要的外交和发展倡议。它现在包括117个项目，这些项目通过商业和文化走廊连接在一起，受经济、能源、港口与管道以及公路和铁路驱动。世界55%的人口积极参与了这一倡议。迄今为止，"一带一路"的六条走廊中，最为成功、发展最快的是中巴经济走廊 (CPEC)。

对巴基斯坦来说，中巴经济走廊具有重要意义。因为，随着这条走廊逐渐延伸到能源、基础设施、工业发展、社会经济改善和经济特区等领域，它正在促进实现2.2亿巴基斯坦人民的发展权。

2014年启动的中巴经济走廊相当成功，22个早期收获项目中有9个已经完成。中巴经济走廊能源项目满足了巴基斯坦总电力需求的30%，电力项目已在很大程度上缓解了巴基斯坦长期能源短缺的状况。中巴经济走廊的各个项目创造了7.5万个就业岗位，同时有2万巴基斯坦人间接受益于中巴经济走廊的各个项目。到2030年，因中巴经济走廊提供的就业机会受益的巴基斯坦人将达到约230万。中巴经济走廊的社会经济发展对巴基斯坦GDP的贡献率将达到2%–2.5%。

此外，中国向巴基斯坦男女学生提供了2万份奖学金，使他们可以在未来3年里前往中国求学。中巴经济走廊第二阶段也集中在农业、教育、卫生、减贫、水和灌溉以及人力资源开发上，中国向巴基斯坦增资10亿美元，用于在巴基斯坦的欠发达地区开展这些领域的项目建设，以便使发展带来的益处能够惠及穷人与赤贫者。旅游业和文化也纳入中巴经济走廊。

发展权是追求建设更美好明天的一个组成部分。与划分南北阵营一样，即使在这些国家和社会内部，发展也可能是不平衡的。因此，在这方面，中巴经济走廊正在促进实现更加平衡、包容和全面的发展，特别是在过去被忽视或遗忘的地区和地域，因此这一发展权在很大程度上通过公路、铁路和其他交通工具以及贸易和商业促进了连通性。

因此，"一带一路"倡议是当今世界最大的全球化倡议，因为中国推动了30%的全球增长。在推动这一倡议的过程中，双赢合作的一个重要因素是打破保护主义或恐惧与仇外心理的壁垒，促进自由、公平的商品和服务交换以及知识、学习和思想交流的需要。

习近平主席在2017年1月的达沃斯世界经济论坛上的主旨演讲中表示，保护主义的支持者就像是把自己"关进黑屋子"，闭目塞听，思想僵化。

因此，我们巴基斯坦欢迎寻求促进发展权的南南人权论坛。我们也感谢中国为促进巴基斯坦的全面发展和进步，通过"一带一路"倡议对巴基斯坦的慷慨支持，这为巴基斯坦人民的未来注入了新的希望、信心和信念。

中巴经济走廊的一个重要组成部分是女性赋权。巴基斯坦一些最落后的地区，如塔尔省等见证了这一点。那里的妇女能在煤矿上驾驶翻斗车，采到的煤炭用于发电，这些电力随后被输送到巴基斯坦的国家电网。发展权也否定了人对人的剥削，这也已成为世界许多地方的当代社会的一个特征。人权不能与有选择地促进政治目标的原则分割开来。发展权必须采取以人为本的方针，将人民的利益置于少数人的利益之前。"一带一路"倡议下的中巴经济走廊正是这样做的，因此发展权不仅维护和保护了巴基斯坦的进步，而且全面促进了中巴经济走廊发展。

文明多样性背景下的
人权道路选择

文明多样性背景下的人权道路选择

[刚果（布）] 博尼法斯·勒佐纳

文明多样性条件下的人权发展之路是一个非常有趣的提议，这是中国在2017年提出的一种新方法，其目的是探索世界各国如何在国家的"领导"下改善人权。

我们都知道的一点是，文明来自于某个特定国家，当我们谈到国家这一概念时，它是指一个具体的国家。因此，由一个具体的国家衍生出了国家的概念。

这就是联合国始终引领我们探索文明多样性条件下的人权发展之路的原因。然而，在这一背景下的不同之处在于，领导权是由一个国家行使还是由一群国家行使。为此，许多强国或国际领导人发起了不同的峰会，例如法非峰会、中非峰会、日非峰会（东京非洲发展国际会议）以及最近开展的俄非峰会。

七国集团（美国、德国、英国、法国、加拿大、意大利、日本）是由全球工业化程度最高的国家组成的集团；金砖国家（巴西、俄罗斯、印度、中国、南非）、欧洲五国（葡萄牙、意大利、爱尔兰、希腊、西班牙）也属于一个集团内的国家，其目的是实现共同观点和利益的共享。

中国在两年前发起了文明多样性条件下的人权发展之路，参加南南人权论坛的不同代表团将与中国一同支持这一倡议的实施，因为我们坚信各国的愿景和目标是类似的。当然，就这一方面而言，中国已经在联合国框架内及东盟或G77证明了其作为世界文明大国的能力。

自联合国成立以来，许多国家领导人表达了接受人权公约（尤其是在联合国框架内）的政治意愿，这是在人权事业中迈出的一大步，且已经取得了历史性成功。如今, 联合国成员国数目已多达193个, 且联合国成员国已通过并正式批准50多个国际公约, 我们必须为此感到自豪。

刚果(布)国家人权委员会支持中国的这一倡议, 且将与其他论坛参与国一同改善国家人权。

我们鼓励中国举办此类重要的会议, 该会议有助于增强成员之间的信任及团结, 进而达成共识并解决相关问题。我们深信中国已经准备好通过正确方式并以正确立场在论坛中发挥第一作用, 从而与盟友一同应对并克服改善世界人权方面的诸多挑战。

通过对此次论坛各参与国提交的来文进行分析, 发现各国所面临的人权方面的挑战是类似的, 这一点是毫无疑问的, 因此, 各国所需的解决方法也可能是相同的。南南论坛的优势可能有: 参与国众多、可分享更多相关经验、可取得丰硕成果。

在与论坛合作伙伴的合作过程中, 中国可使用三种已知的机制: 双边机制、多边机制、双边及多边相结合的机制。

刚果(布)认识到在没有和平的情况下不可能实现发展, 因此希望借鉴中国促进生命权方面的有关经验。我们首先要做的就是引起刚果(布)人民和机构的注意, 从而尊重并保护人民生命。其次, 应通过确保人民享有安全环境的权利来消除贫困, 主要有以下方式: 创造就业机会, 向人民提供粮食、住房、医疗和教育。

尤其要关注弱势群体(妇女、儿童、患病者和老年人等)。另外, 我们优先关注的事项还包括少数民族的状况, 准确地说是尊重并保护土著居民的权利。

大多数少数民族人民仍居住在农村地区, 尤其是森林和热带草原的棚屋中。由于少数民族人民经常因季节原因流离失所, 这使得政府当局很难在人口普查期间对其进行登记。

刚果(布)正式批准了多个国际人权公约, 其中已经采纳并实施了很多涵盖所有人口的国家文书或措施。

我们呼吁此次论坛（尤其是中国）可制定一个战略行动计划并为我们提供相关援助，以支持刚果（布）国家人权委员会所开展的工作。

刚果（布）承诺将致力于解决以下问题：

（1）采取相关外交行动以获得"A地位"

自从2010年被选为B地位以来，新的刚果（布）国家人权委员会当局（在2019年1月9日当选）如今正采取一项重大外交行动，以获得A地位。获得A地位意味着刚果（布）国家人权委员会获得国际社会认可，可在促进国际人权事业中发挥相关的作用。中国在帮助刚果（布）国家人权委员会实现这一目标方面所作的贡献是值得期待的。

（2）强化刚果（布）国家人权委员会的能力

为提高刚果（布）人权机构的影响力，需要强化以下几方面的能力：NTIC设备和文件中心、人力资源培训、与其他国家（包括中国）人权机构的伙伴关系。

（3）与加强合作有关的其他问题

刚果（布）在联合国内参与制定了许多相关的国际人权公约，例如消除一切形式种族歧视公约等。因此，刚果（布）国家人权委员会与民间社会一同努力，促使议会采纳相关法律，并促使政府采取其他相关措施，。

由于许多土著居民的子女没有出生证明，因此解决无国籍问题也是我们的首要任务之一。我们打算与中国协商，争取其为我们提供一定的财政援助和物资援助，从而帮助我们组织少数民族人口普查、为少数民族子女提供出生证明、帮助其了解自身权利和《世界人权宣言》、并为他们提供有关于艾滋病、肺结核、疟疾等疾病的基本教育。

（4）参观监狱、孤儿院、医疗中心对于了解政府管理此类机构的方式以及如何改善其内部生活条件而言是至关重要的

（5）承诺修订与废除酷刑或残酷、不人道及有辱人格的处罚相关的刑法

（6）在公共行动者和社会组织之间创建一个磋商和对话平台，从而巩固国家和平、安全和稳定

最后我想要表达的一点是,中国在南南人权论坛中发挥着基石和支柱的作用。我们将与中国一道将南南人权论坛发展为一个新的联盟,使其演变为一种框架,南南人权论坛中涉及的多种文明可在该框架内发挥其技能、交换经验并推动国际人权事业的发展。

对于尊重并保护人权方面涉及的先进国家(无论是来自西方、东方、南方、北方或中部文明)而言,除了证明想象力或创新力外,我认为它们还必须证明其领导能力,例如可以与其他国家一同建立对话和磋商平台,以分享相关知识和经验。

(作者博尼法斯·勒佐纳系刚果(布)全国人权委员会第二副主席办公室秘书长)

全球化时代西方人权话语的文化解读与批判

——以人权普遍性与特殊性为中心

[中国] 程延军　杜海英

　　长期以来, 各领域的专家围绕着人权与文化展开了持久的争论, 试图厘清二者间的关系: 如人权与文化是否为相关物、人权与文化彼此间的影响等问题, 尤其以此论证文化视野下人权普遍性与特殊性的属性问题。因为这一问题的正确回答, 有助于弥合人权领域若干冲突与矛盾, 促进全球人权领域的交流合作、坦诚对话、相互容忍, 尊重各自的文化与信仰, 能更好地推动理论界与实践中对人权普遍性与特殊性的认同与遵守。

一、人权与文化关系理论及现实样态

　　人权与文化同属人基于需要所创造出来的价值观念, 同为社会选择的结果, 具有行为导向和实现秩序等基本作用。人权源于文化, 虽然作为一个学术概念的人权早期出自西方文化, 或者说西方文化语境最早创造了"人权"这一词汇并赋予其西方文化语境下的含义。西方社会的文化土壤孕育了所谓的"世界上最富有道德的词汇"——人权, 它包括观念上的人权、制度性人权、规范性的国际人权标准等。所以, 人权离不开本身孕育、成长的特定文化环境, 这是人权与文化关系的一个面向; 另一方面, 文化理论表明, 人权是文化的一个组成部分, 人权产生与发展需要文化的基础, 离开文化土壤的人权很难长成。事实上, 人权与文化关系的阐述, 我们不能只是站在终点观察，更应该从多层次、多角度进行论证，才能发现其间的联系与区别。

就文化与人权的理论而言，二者的关系如下。首先，文化是否能决定人权的产生、发展与变化，或者说有文化一定会有与之相适应的人权吗？众所周知，文化与人权同为人们所创造的精神产物，事实上人类学已经证明了文化先于人权的存在而存在。这表明文化是人权产生、发展、变化的前提，没有文化基础不可能有人权的存在。因为文化因人的意志而成，是人类在其主观思想下的创造物或进化的结果。如果没有人类后天有意或无意的创造或知识的附着，那么就无法形成文化。如果作为基础性因素的文化都不存在，那么作为一定文化产物的人权是不可能存在的。但是文化是发展变化的，具有时代性、区域性和民族性等特质，不同的文化代表不尽相同的价值观念，西方文化表达了西方社会的价值观念，而非西方文化表达和传递的是西方以外的社会价值观念。这其中既有共性的价值认同、也会有矛盾甚至冲突价值观念的存在。无论从文化产生的时间空间上还是文化产生族群主体上，世界范围内的各种文化必然呈现出多样性、非同一性的表象。因此，我们认为文化只是提供人权得以产生的前提性条件，而有文化不一定必然产生人权。其次，人权是一定文化具体的历史产物，其普遍性是有限的。没有文化绝无人权，任何层面上的人权（无论观念的、制度的、国际的还是国内的）必然依赖于文化。当某一种文化率先创造了人权的理念时，或把某种人类价值定义为人权时，此人权观念也只是这种文化的具体产物。只有当其他文化被殖民等方式同化而附属于此种文化后，其文化中的人权价值才可能变成他种文化中的一部分。例如，西方文化中心主义下的人权理念是西方个人主义、西方民主政治等内容的文化产物，其普遍性仅局限于西方世界。至于非西方社会是否应该奉行这一人权价值，要由非西方社会的人们自己来根据其文化选择、发展需要等作出决定。因此，人权与文化既不存在必然性的关联也非"井水不犯河水"的无关物，由于二者都会受到经济、政治等因素的影响，人权与文化之间的关系也会复杂多变。故此，必须通过具体的场景设定或时空环境的限定，才可能获得二者间较清晰而明确的关系图谱。

除了理论之外，就人权与文化的现实而言，不同的文化存在不完全相同的特质，此文化与彼文化间既存在差异，也存在一定程度的共同性。同时，随着文化的不断发展，不同文化间的趋同大致是一种趋势了，所难以把握的是这种趋同的速度、方式方法、主动与被动等过程性因素上的差别。因此，人权与文化的历史和现实均表明：任何试图以文化为借口来抵制人权进步的言论、思想甚至理论，终归被历史所淘汰。暂时先抛开抽象的理论论述，寻找人权与文化的具体实践路径，以期验证其基本理论预设的正确性。现实社会中存在着多种多样的文化，如西方文化、东方文化；传统文化、现代文化；国家文化、民族种族文化、部落文化，等等。各种文化中是否存在着人权观念或人权的基因呢？从传统文化中看，"人的尊严这个理念如同人类一样古老，它以多种形式存在于不同文化和宗教中"。如在非洲，"乌苯图（Ubuntu）"的哲学中就很重视人；而"己所不欲，勿施于人"的理念就包含在中华文化及各种主要宗教之中。[1]现代文化语境下，人权已经被抽象成系统性的理论学说、国际国内规范等形式，但并没有离开它的文化基础，不同的是每一种文化既是原有文化的继续，也在发展中吸收借鉴了其他文化的些许要素，自觉与不自觉地发生了文化变迁。如《世界人权宣言》被世界的逐渐接受与认同；全球范围内对贩毒、反人类等行为的国际合作；国内法律规范对国际人权标准的吸收借鉴与趋同。

二、西方人权的文化批判——基于几种文化学说的视角

文化是复杂多变的，世界文化是多元复杂的，没有放之四海而皆准的文化样式。在认识文化对人类产生影响的过程中产生了文化相对主义和文化多样性等学说和主张。其中，文化相对主义主要强调文化的多元性、文化间的差异性和相对独立性；而文化的多样性则强调世界文化的多元性与种类的丰富性，而非全部毫无差别的一致。

（一）文化相对主义理论的观点

文化相对主义是人权与文化关系最密切且有影响的理论学说。一方面文化相

---

[1]　夏勇：《人权教育手册》[M]. 北京：生活·读书·新知三联书店，2005年，第23页。

对主义因人权普遍性观点而起，是对人权普遍性的回应；[1]另一方面文化相对性旨在强调文化因素的合理成分导致国际社会开始重塑文化的作用。[2]如此看来。文化相对主义以文化的含义多元及其在社会发展过程中凝结了人类文明活动的全部成果为前提，认同文化是人类的创造物及其价值观念的抽象等基础上发展起来的。英国的伯克最早阐述了文化相对主义的观点，他认为，每个人基于它所生活的政治秩序都要求予以公正的对待，而这种要求决定于其所处的文化和社会条件。20世纪后半叶出现的新文化相对主义认为，人权带有强烈的欧洲中心主义色彩，重个体、重权利，轻共同体、忽视责任义务。[3]由此看来，如果西方的文化土壤造就了个体权利至上的人权机理，那么不同国家和民族间文化的差异就决定了文化的相对性这一事实的存在。正如唐纳利所说，社会中的道德和法律都会随着文化的变化而变化，所以文化相对性是不可否定的事实。[4]

一般来讲，文化相对主义理论的主旨在于，承认世界上每个国家的文化是迥异的，各种纷繁复杂的文化在不断发展变化，时时进行着交流、碰撞与融合。任何文化都为相对独立、封闭的，以保持其独特性。因而，文化相对性是文化相对主义的基础。文化相对主义主张，每种文化都有其独特的内在价值，我们应平等地对待与尊重，用尊敬的心态去看待，而不能歧视异己的文化，哪怕它是现代的抑或传统的、西方还是东方的；[5]丹尼尔·埃通加–曼格尔从政治的角度指出，文化实为体制之母，强调文化对社会体制的影响。[6]因此，我们分析研究任何一种制度、国家都应该从其特定的文化背景出发，要尊重、理解每一种文化的存在。这需要我们站在客观公正的立场上，反对任何带有偏见性的简单指责和批判。只有尊重世界各国自主选择的文化与文明式样，以宽容的态度允许各国选择发展与完善自己的传统文

[1] 甘绍平：《人权伦理学》[M].北京：中国发展出版社，2009年，第22-26页。

[2] [美]塞缪尔·亨廷顿：《文化的重要作用》（修订版）[M].北京：新华出版社，2015年。

[3] 甘绍平：《人权伦理学》[M].北京：中国发展出版社，2009年，第24页。

[4] [美]杰克·唐纳利：《普遍人权的理论与实践》[M].王浦劬等译，北京：中国社会科学出版社，2001年，第127页。

[5] 朱锋：《人权与国际关系》[M].北京：北京大学出版社，2000年，第233页。

[6] 朱锋：《人权与国际关系》[M].北京：北京大学出版社，2000年，第37页。

化，[1]文化的对话与交流才能成为可能，文化才能得到发展与进步。

文化相对主义一经提出，受到了极大的追捧，尤其是在全球化日益高涨的今天，文化相对主义被认为是一项合理的、现实的文化态度。文化相对主义的态度"不仅来自于对当今世界不同民族历史、文化和传统内在必然性的尊重，也来自于我们对于世界各国自身发展道路选择的理解和支持，更来自于我们对于世界文化多元共存、共同繁荣的憧憬和追求。"[2]这一理论成为反对种族中心主义、文化帝国主义的重要基础，也是对抗人权普遍性的重要理论依据。文化相对主义的提出对世界政治、经济秩序以及国际关系等都产生了重要的影响，尤其值得强调的是，文化相对主义成为第三世界国家制定和阐发本国政策的重要理论依据，也成为驳斥西方国家人权话语垄断的理论支撑，成为解构当下人权理论某些偏执及狭隘人权观的重要元素，同时，文化相对主义对于种族中心主义和盛极一时的文化帝国主义给与有力地批驳。因此，文化相对主义既要尊重世界不同民族的文化、历史传统的内在必然性，也要宽容对待各国发展的道路，从而实现世界文化多元共存、共同繁荣的人类美好未来。[3]

(二) 文化多样性理论的观点

荷兰驻联合国教科文组织大使莱昂内尔·费尔说，文化多样性是人权发展的保障。联合国教科文组织认为，文化多样性能够克服现在关于人权发展的一些冲突的想法。文化相对主义所要表达的是文化与文化之间进步与落后是相对的，承认不同历史背景下文化可变性与历史可变性，强调文化是道德权利或规范的合法性主要源泉，离开了文化谈人权是缺乏基础的。一个社会往往包含许多不同的文化，大多数国家都存在文化多样性的问题。[4]在西方社会，有关原住民的权利、移民的权利和文化少数群体的权利曾经持续为学界讨论的热点，而在第三世界国家，族群引发对立甚至暴力冲突等情况时有发生，故理论界较多关注和思考文化多样性引发的社会问题。[5]人权

[1]　刘同江：《文化相对性视野下普遍性人权实现路径探析》[J].《法制与社会》2011年第12期，第134-135页。

[2]　朱锋：《人权与国际关系》[M].北京：北京大学出版社，2000年，第261页。

[3]　甘绍平：《人权伦理学》[M].北京：中国发展出版社，2009年，第268页。

[4]　[加]金里卡：《多元文化的公民身份》[M].马莉等译，北京：中央民族大学出版社，2009年。

[5]　王立峰：《人权的政治哲学》[M].北京：中国社会科学出版社，2012年，第227页。

领域，文化的多样性旨在强调，世界范围内的文化不是单一的，多种多样，各具形态。既然文化的样态众多，那么不同文化之间就存在相互差异的价值理念和独特的文化内涵，所以文化本身就是成为普遍人权的阻碍性理由。从文化多样性的角度看，各种文化背景下的人权表现及表达是各异的。不同文化下的生产方式产生和决定的人权实践也具有不同的特点。米尔恩曾指出，西方人权体现的是作为世界文化或文明之一的西方文化底蕴，因为那种文化下的人生活并创造、延续着西方文化的血脉，而非他种文化。所以尽管人权是流行于西方，但不一定适合所有文化土壤。[1]由此，任何文化系统都有其内在的价值与合理性，平等得到承认、认同与尊重是符合国际社会最基本的道德要求。我们以亚洲为例来看文化多样性对人权的影响。众所周知，亚洲是文化多样性的代表。亚洲社会中基于不同的文化传统下所存在着的人权观念，进而形成自己文化下独立的人权概念，这一过程既反映人权发展的普遍性，也反映了亚洲的历史与文化传统的多样性特质。事实上，如狄百瑞所称，儒家社群主义下亚洲的文化传统，也包含着人权的价值与理念，每种文化都以属于自己的方式理解和实践人权，并不存在根本性的文化与价值上的冲突。[2]由于历史的原因，或文化因素的影响，传统亚洲文化失去了近代人权概念的孕育机会，但并不缺少人权意识的萌芽和思想理念。受参与式的、非强制性儒家社群文化的影响，形成了团体为主，注重社会义务等为核心的价值体系，故集体权利与发展权成为人权体系之核心。但我们不能据此就断定：决定个人自由主义人权内核的西方文化就一定优于集体主义人权观下的亚洲文化，只是亚洲人权尚不够成熟，处于成长的阶段。但是，西方部分人士总站以排他的文化霸权主义心理，不平等地看待包括亚洲文化在内异域文化，同时也导致国际人权理论中话语权垄断及人权实践中歧视现象频频发生，所以克服人权领域中的文化霸权主义显得非常重要。[3]

---

[1] [英]A.J.M. 米尔恩：《人的权利与人的多样性——人权哲学》[M].北京：中国大百科全书出版社，1995年，第65页。

[2] [美]狄百瑞：《亚洲价值与人权——儒家社群主义的视角》[M]. 尹钛译，北京：社会科学文献出版社，2012年。

[3] [美]塞缪尔·亨廷顿：《文化的重要作用》(修订版) [M]. 北京：新华出版社，2015年，第30页。

三、全球化时代人权与文化：冲突与协调途径

20世纪中叶，文化研究几乎成为社科界的热点，之后文化研究兴趣虽经历了十几年的低潮，又开始了文化研究的复兴，表现在以文化为中心的发展范式或人类进步范式成为文化研究的主流。[1]许多亚非拉的国家发现这样的事实：挣脱了殖民主义的枷锁后，本国的经济、政治并未发生如期预想那样实质性的改变。因此，其中部分学者从文化的角度对此现象进行了解释，将问题的症结归结为文化因素的制约。例如，经济发展不取决于经济价值观，而是一个文化的过程。同时还认为，各文化之间的差异的重要方面对政治民主起重要的影响作用。[2]既然如此，文化与人权之间的冲突似乎也就容易理解了。因为从本质上看，人权与文化同为上层建筑，具有同构性。人权绝不会离不开文化而独立存在，人权始终是文化的重要组成部分。

（一）人权与文化之间的冲突

假如世界上只有一种文化或者有多种文化但它们之间各自封闭，绝不交流，那么文化与文化不会发生冲突，文化与人权也不会产生矛盾。随着人类的交往，文化的交流与碰撞，文化冲突在所难免。正如雅克·德洛尔所言："未来的冲突将由文化因素引发"。[3]塞缪尔·亨廷顿曾指出，冷战后，文化的共性和差异影响了国际的利益、对抗和联合…全球政治已变成多极的和多文明的。文化的冲突加剧，所造成的危险在逐渐增加。[4]从他们的观点看，文化或文明冲突似乎在所难免，并将成为未来世界的矛盾焦点。同时，文化或文明的冲突也深入到国际社会的方方面面，包括人权领域。

事实上，这种"假设"确实逐渐出现在国际人权研究之中。20世纪末，国际人权领域关于人权属性方面的论争此起彼伏，部分学者将这些纷争归咎于文化因素即文化差异所致。大沼保昭指出，普遍性与相对性争论中，潜藏着关于人权的各

[1]　王立峰：《人权的政治哲学》[M]. 北京：中国社会科学出版社，2012年，第32页。

[2]　王立峰：《人权的政治哲学》[M]. 北京：中国社会科学出版社，2012年，第46-123页。

[3]　[美]狄百瑞：《亚洲价值与人权——儒家社群主义的视角》[M]. 尹钛译，北京：社会科学文献出版社，2012年。

[4]　甘绍平：《人权伦理学》[M]. 北京：中国发展出版社，2009年，第15页。

种曲折及政治上的认识问题，在民族、文化、种族、传统、宗教和文明等方面各不相同的国家相对峙的国际社会中，必须正视这些曲折和认识上的问题，才有利于这一矛盾的解决。[1]其实，大沼保昭所谈及的"曲折和认识上"的问题就是文化或文明的问题。故此，他进一步指出，在人权问题上，通过导入多种文明的视点来解决"普遍性对相对性"问题是适合的，即文明相容的观点。[2]尤其是文化相对主义的持有者，极力推崇文化对人权普遍性的否定性作用，出现了把《世界人权宣言》中关于平等、自由、非歧视的规定视为"种族主义"的表现。[3]确实，文化对包括人权在内的社会构成具有非常重要的作用。但文化与文化、文化与人权之间是否必然导致冲突和矛盾的产生，或者说它们之间的冲突与矛盾能否协调，塞缪尔·亨廷顿等人的理论以及人类学专家本身论说又在多大程度上具有合理性，都需要我们做进一步的探讨。

（二）文化与人权冲突的协调

我们必须承认人权概念的多元性以及人权属性的若干论争与矛盾，这某种意义上导源于文化间的冲突。因为源于西方自由主义即西方文化下的人权，其赖以生存的文化基因造就了西方人权的涵义与本质特征，人权必然印有西方文化的"胎记"。迫至20世纪90年代，西方文化中心主义即西方文化帝国主义的扩张都伴随其武力纵横驰骋于各个非西方的文化圈落，如基督教文化的传播、工业文明的世界化、人权理念的普遍化，等等。这一切文化"植入"活动都以武力作为后盾，以武力征服为其前提和铺垫。所以，实践中也取得了他们所"期待"效果，西方文化也树立起强烈的"自信"，似乎西方文化就是评价标准，是文化或文明的样板，是普遍性的并不容置疑的绝对真理。但是，随着世界范围内反对殖民统治的伟大胜利斗争和第三世界国家的崛起，尤其是在冷战时代结束后，单纯依靠武力时代的终结，第三世界国家拿回主权之后开始重新认识自己国家文化道德合理性所在，同时也发现了西方文化所谓"普遍性"命题的缺陷，包括人权与文化的命题。

---

[1]　[日]大沼保昭著，王志安译：《人权、国家与文明——从普遍人权观到文明相容的人权观》[M]. 北京：生活·读书·新知三联书店，2003年，第158页。

[2]　工立峰：《人权的政治哲学》[M]. 北京：中国社会科学出版社，2012年，第159页。

[3]　[美]塞缪尔·亨廷顿：《文化的重要作用》（修订版）[M]. 北京：新华出版社，2015年，第35页。

1. 人权与文化间冲突协调的可能性

文化源自人的意志和智慧的创造,是人类的创造物或进化的衍生物。文化既具有民族性、地域性和特定的阶级性,也具有共有性和社会性。当文化所依赖条件发生变化或受到外来文化的影响时,基于主动或被动的原因文化可能发生这样或那样的变化,尽管这种变化是缓慢地进行的,需要较长的时间方可识别。如,殖民掠夺对被殖民地区文化的影响。从文化与人权关系的视角观察,任何文化中都存在人权价值的质素,诸如活比死好;自由比奴役好;正义比非正义好等深为不同文化所认同,对人尊严的尊重以及"己所不欲,勿施于人""人溺己溺,人饥己饥"的同情心理念普遍地存在于各种文化之中。所以,这些文化"良善"质素就成为文化与人权冲突协调的基础性动因。事实上,人权一定程度在国际范围的传播及世界范围内的接受,也证明了文化间的相互影响与渗透。因此,随着不同文化下人们认识水平的逐步提升,文化与人权间的冲突协调的可能性会逐渐产生。当然,这一过程必然是相当缓慢的、渐次发生的,甚至是隐性的,更何况部分文化激进主义者试图左右这一结果的出现。无论如何,人类的进步是不能阻挡的,人对美好事物的追求是不变的,人权也在其中,也许受文化、政治等因素的影响,人权的价值和内容会以其他未知的形态得以表现,但人类需要并会促进这种价值和理想的信心是永恒不变的。因此,跨越文化的人权对话与合作已经应运而生,为解决人权与文化间的冲突指出了前进的方向和道路。

2. 弥合人权与文化冲突的具体途径

近年来,国际社会上关于人权与文化间冲突的各种学说理论硝烟弥漫,热闹非凡。如上所述,究其实质人权价值与文化冲突表象背后就是各种利益冲突。人权与文化冲突的实质是各国政治博弈的结果,即政治矛盾转移到文化与人权方面得以表现出来,是各国借人权、文化舞台实现其利益(政治、经济等)的最大化手段。[1]根据文化与人权间的关系理论,我们认为这种矛盾不是"你死我活"绝对对立的,而是完全可以调和的。所以,进一步寻找弥合人权与文化冲突与矛盾的协调路径就显

[1] 甘绍平:《人权伦理学》[M]. 北京:中国发展出版社,2009年,第270页。

得更加重要和紧迫。首先，各国要在平等的基础上加强文化互信，对彼此的文化相互理解与认同。张旭东曾指出，今天的世界是一个"全球化""后现代化"的时代，是一个文化"比较"的时代，这一过程中如何推进文化的自我和理解、认同，才能知道每个"自己"怎样对待自己的文化。[1]当然，这种文化价值认同不再单纯是文化本身的问题，而是文化政治问题。正如作者所言，"离开政治、社会、经济谈抽象的文化是毫无意义的"，这样看来，人权与文化关系的论证也离不开政治的语境。所以，文化的认同与理解，既是政治的认同和理解，也是经济、社会的认同和理解，其中包括作为文化的、政治的人权价值的理解和认同。其次，在认同与理解的前提下，推动世界文化（文明）人权的对话与合作是必要的。全球化时代一方面消解了所有特殊的文化认同，另一方面也导致了普遍认同危机与文化焦虑，可能酝酿着文明的冲突。[2]因此，对话与合作是弥合因文化而引发各种问题的重要途径，尤其对协调那些借"文化"之名而起的各种价值冲突有着积极的作用。人权的发展必将需要全球共同的推动，在此过程中，则需要对话与沟通来促进其良性发展。2018年3月，联合国人权理事会通过了以构建人类命运共同体为引领，坚持多边主义和加强人权领域对话与合作，实现各国合作与共赢的决议。这一决议有利于促进全球人权事业的发展与进步，是契合全球化的中国贡献。[3]为此，我们需从文明交融互鉴、跨文化合作的角度去推进、发展人权制度和人权实践，以实现人类福利的人权事业的最终目标。

（三）尊重文化共通性与差异性，坚持人权普遍性与特殊性的统一

文化的本质表明：文化源于人的意志和智慧的主观创造，属于人类的创造物或进化的产物。假如没有人类有意或无意的创造或有意的知识附加，那么就难以形成文化。文化并非先天存在的，是人类后天通过学习逐渐获得的，在人类生产和生活的过程中，文化则表现为后天习得的诸多经验、知识等方面。共有性和社会性是文化的又一特征，文化须为群体的全员所共同接受，因其源于此群体的共同创造，

---

[1] 张旭东：《全球化时代的文化认同：西方普遍主义话语的历史批判》[M]. 2006年，第1-3页。

[2] 张旭东：《全球化时代的文化认同：西方普遍主义话语的历史批判》[M]. 2006年，第3页。

[3] 联合国人权理事会通过中国所提"在人权领域促进合作共赢"决议[EB/OL]. 凤凰网，2018年3月24日。

而纯个人私有的东西。文化具有连续性和不断发展变化的特点。一定社会和时代形成特定的文化,前文化作为社会遗产,为后文化选择性继承。文化有民族和地域性。如游牧文化、农耕文化和狩猎文化等都是生活环境和生产模式影响的结果。随着民族的共同语言和风俗禁忌,逐渐养成共同的心理素质和性格,形成了稳定的民族文化。

因此,全世界文化不是千篇一律的,文化之间既存在着共通性,一致性的内容与共性,同时文化与文化之所以能彼此区别,是因为其存在着一定差异性的。作为社会和历史现象综合体的文化可谓是一个包罗万象的范畴,仅就其概念而言就有200多种,同时文化本身也是个各学科众说纷纭且长期争论不休的世界性话题。作为人权赖以成长基础的文化,必然表现为多元化,呈现出多样性的特点。所以,人权不应仅仅是西方文化传统故事和历史叙事,在亚洲、非洲等众多非西方国家的本土文化传统和宗教传统中,同样蕴含着滋养人权理念的文化要素,反对人权解读上的单一文化霸权主义。深入发掘和尊重不同文化传统中的人权资源,不仅有助于人权理念在不同文化中的传播和普及,而且有助于人权理念的丰富和发展。阿姆斯特丹自由大学副校长、神学院院长威廉姆·扬瑟认为,我们对于宗教、基督教以及各种教派文化的观点都持包容态度,主要的原则是人们在这里感到安全,可以保留自己的身份,坦诚地对话,相互容忍,尊重各自的信仰。在研究中我们发现,文化自尊也是其他许多国家人权保护的基础,这些国家都为自己的文化遗产感到自豪。非洲、拉丁美洲、阿拉伯国家和东南亚地区的文化和人权都是紧密交织在一起的。根据国际法和人权条约的相关规定,各国按照自己的文化和价值观履行人权义务完全合法。人权既有普遍性原则,也包含着各个国家在不同文化、社会制度以及发展阶段中所体现出来的特殊性和多元性,将文化、民族、宗教和社会制度的差异排除在外的人权理念是片面的、缺乏合理性的。[1]

(作者程延军系内蒙古大学法学院教授;杜海英系内蒙古大学马克思主义学院讲师)

---

[1] [荷兰]汤姆·兹瓦特:"文化自信,也是人权保护的基础"[EB/OL]. 环球网,2019年10月28日。

人权领域的文化冲突及其消解

[中国] 何志鹏

人权，作为人类文明发展进程中取得的巨大成果，已经存在了相当长的时间，而且经历了一个在思想观念上逐渐形成共识，在制度建设上从西方走向世界的全球化过程。尽管如此，在人权领域仍然存在着基于意识形态和文化差异的争议，仍然存在着文明冲突论在人权事务上的投射。[1]在这种情况下，就有必要进一步探究基于文明和文化的差异而导致的人权冲突是如何产生的，对于人权文化差异应当秉持何种原则，在现实生活中应当如何积极的构建良好的社会、国家和国际人权体系的问题。这就是本文试图解决的问题。

一、人权文化冲突存在的状态

在当代世界上，仍然存在着很多基于文化不认同、不宽容而产生的人权领域的冲突。其中最突出的表现有以下几种形态。

第一，对于其他领域的人权实践不予认可。例如，一些执拗的国家坚持认为，在某种类型的国家、某种政党执政的国家，就必然会存在人权的丧失，这种观点大大违背了现实的情形，与人民生活改进，社会治理水平的实际发展状况完全不符，这就是一种对于其他国家的人权成就不认可的现象。

第二，对于其他地域的人权观念不赞同。一些西方国家和学者仅仅因为熟悉本文化圈的习俗与传统，就认为只有西方古典的人权理论和教条才是惟一正确的

---

[1] Jack Donnelly, "Cultural Relativism and Universal Human Rights", Human Rights Quarterly, Vol. 6, No. 4 (Nov., 1984), pp. 400-419.

人权指针。[1]例如,针对很多国家提出的第三代人权,应当有一些不仅由个人享有的权利,还应当存在一些有集体享有的权利,例如和平权、环境权、发展权,一些人认为人权就应当局限于个人人权,所谓集体人权不应存在。在理论上无法证成,在现实中不能操作,因而反对这种人权思想。

第三,对于不同的人权观念和实践进行非难指责。有一些国家不仅不认可其他国家的人权理念和人权格局,而且经常对其他国家在人权的角度进行批评,甚至采取指责的态度,认为其他国家没有很好的保护人权甚至破坏了人权。[2]

第四,以人权为借口干涉他国内政。这是人权领域的文化不宽容,甚至文明冲突最为严重的表现方式。例如,有些国家利用某些地区或者时段的社会乱局采取各种各样的手段予以介入。包括以媒体发声的方式、以国家立法的方式、在国际社会提起动议的方式,甚至在他们认为适当的时机动用武力予以粗暴的干涉的方式,在一些极端情况下推翻了这些国家的合法政府,建立起一个他所支持或者是欣赏的政治体制。[3]这些由弱到强、由初级到严重的人权文化不宽容,都无助于世界人权的健康协调发展,甚至距国际人权的改进目标越来越远,破坏了世界人权相互学习借鉴的局面,是当代国际关系中的人权悲剧。

二、人权文化冲突存在的原因

出现这种人权领域的文化冲突,既有人权体系内部的原因,也有人权之外的原因。

所谓人权体系内部的原因,主要是一些国家对于人权有着较为狭隘的理解,并且坚持这种狭隘的理解的普遍性,[4]不能够接受和容忍超越此种理解的人权认知。人权可以从广义和狭义两个方面来进行界定。广义的人权,是指一切为了

---

[1]　内维德·哈尼夫:《人权与文化多样性、普遍性和相对性的发展动态》,《人权》2012年第4期,第54-60页。

[2]　Tony Evans, US Hegemony and the Project of Universal Human Rights, New York: St. Martin's Press, 1996.

[3]　沃纳·道姆:《人权是普遍的吗?——文化相对主义问题》,李慧美译,《国外社会科学文摘》2002年第6期,第39-42页。

[4]　汪公文、陶舒亚:《人权标准与文化间性》,《浙江学刊》2003年第5期。

提升人民的生活水平、促进人民的幸福而形成的观念、采取的措施、建构的制度。[1]而狭义的人权，则仅仅只在西方文化传统上形成的、被称为人权的思想和制度。[2]它与西方的政治哲学、文化传统密切相关，[3]是一种带有地域性的社会文化的一部分。[4]在很多情况下，人们在进行人权领域的交流和讨论的时候，经常将广义的人权和狭义的人权混杂到一起。[5]特别明显的是，很多西方学者甚至官方立场会将他们所理解的狭义的人权视为广义的人权，进而认定，凡是哪些不认可西方的人权理念，不遵守西方的人权制度的，就是否定人权，就是在广泛的意义上不认可人的尊严、人的价值，甚至是反对人的存在意义。这种概念的混淆，实际上也是一种文化霸权主义，[6]也就是将西方文化看成是普世的全球文化推行到其他地区；[7]将带有很强地域色彩的人权思想、制度和实践看成是全球普适的人权标准。[8]

所谓人权之外的原因，就是有些国家仅仅把人权当作一面旗帜、一个口号，却无心真正有效的维护人权，所以他们会以各种各样的方式去假借人权达到他们的政治目标。如果这个国家在意识形态上对另一个国家不接受、不理解，就会转而采用人权的话语体系对这个国家的社会治理进行批评，[9]从政治架构到政策实施的一系列行动，戴着有色眼镜来评价该国。如果一个国家与另一个国家存在着文化传统和宗教信仰的不同，它也可能把这些差异的认知转换成人权的批判，继而对这些国家或地区的治理状况进行指责。在指责的过程中，也时刻注意把文化方面的不理解、不接受，意识形态方面的敌意转化成人权的话语。

---

[1] 胡水君：《人权——制度与文化》，《环球法律评论》2005年第4期，第389-390页。

[2] 陈弘毅：《中国文化传统与现代人权观念》，《法学》1999年第5期。

[3] 曹慧：《残缺的人权文化起源与人权普世价值》，《人民论坛》2011年第17期，第202-203页。

[4] 李艳君：《传统文化与中美两国不同的人权观》，《丹东师专学报》2001年4期，第17-18页。

[5] 张黎衍：《跨文化人权交流：跨越鸿沟还是短兵相接？》，《人权》2015年1期，第97-108页。

[6] 韩云川：《论中美人权斗争的文化因素》，《湖北行政学院学报》2002年第1期，74-80页。

[7] Bonny Ibhawoh, "Stronger than the Maxim Gun Law, Human Rights and British Colonial Hegemony in Nigeria", Africa: Journal of the International African Institute, Vol. 72, No. 1 (2002), pp. 55-83.

[8] 齐延平：《文化多元中的普遍人权》，《外国法制史研究》2006年卷。

[9] 卜卫：《人权话语建构与跨文化传播》，《人权》2014年第5期，第26-28页。

三、调和人权文化冲突的规则

避免人权领域的文化冲突,提升人权相互理解、相互交流、相互借鉴的效率和成果,重中之重是在观念转变这一层级。历史的无数经验都证明,改变观念可能有很多的困难和障碍,但是一旦发生了观念的转变,世界观和人生观就都有可能不同,社会局面、关系状态、事务处理的模式也会随之出现转折。因而,人的思想观念呈现出与以往不同的认识、理解,是改变现有人权领域的矛盾与冲突、促进人权交流合作的重要基础。如果这个问题解决了,其他各方面的问题都容易顺理成章地予以解决;否则,就非常有可能存在着诸多的困难,即使是在表面上制度上进行了设计,也很有可能并不真正被遵守和施行。

第一,人权是一种社会观念和社会制度。当我们分析和探讨人权的时候,首先必须了解人权的社会性。[1]人权既不能从超验的人性来理解,也不能从人类超越历史的整体格局来认知,人权必须充分结合社会的发展阶段发展状态,没有绝对尺度,只能是结合时空条件来实施。[2]它与社会所处的时空格局紧密相连,是人类社会史上的一个现象。[3]这也就意味着,人权深深植根于自身的文化传统,[4]是社会文明的一部分;人权的特殊性是首先出现的,通过特殊的人权思想、人权实践之间的沟通和传递,才形成了共同的人权理念。[5]故而,人权的思想与实践必然存在着中西差异[6]、亚欧差异[7]、南北差异。任何脱离社会现实、脱离时空背景的人权认识、人权理论、人权评价,都是不适当的。在观察和监督一国人权的得失之时,也必须将文化的因素考虑在内。[8]

[1] 陈新夏:《人权与社会文化背景》,《首都师范大学学报(社会科学版)》1994年5期。

[2] Carole Nagengast and Terence Turner, "Universal Human Rights versus Cultural Relativity", Journal of Anthropological Research, Vol. 53, No. 3 (1997), pp. 269-272.

[3] 迈克·戴维斯:《亚洲人权和政治文化》,赵雪雁、吕建高译,《南京大学法律评论》2002年第1期。

[4] 杨适:《传统文化与人权》,《学术月刊》1992年第9期,第6-9页。

[5] 刘海年:《不同文化背景的人权观念》,《中国法学》1994年第3期。

[6] 杨适:《人权观和中西文化传统差异》,《北京大学学报(哲学社会科学版)》1992年第3期;屈新儒:《中西人权观差异的历史文化反思》,《西北大学学报(哲学社会科学版)》2006年第4期,第18-22页。

[7] 韩大元:《亚洲文化多样性与人权发展》,《人权》2009年2期,第21-25页。

[8] Christina M. Cerna, "Universality of Human Rights and Cultural Diversity: Implementation of Human Rights in Different Socio-Cultural Contexts", Human Rights Quarterly, Vol. 16, No. 4 (Nov., 1994), pp. 740-752.

第二，从人权发生和发展的规律看，人权确实与人本身密切相关。[1]更准确地说，人权起始于每一个人对于更良好的生活状态的需求和愿望，起源于社会对于人的尊严与价值的共同认可。[2]这一点可以用功利主义朴素的人的需求来认知，也可以用马斯洛的人的需求层次来理解，无论如何人的需求是触动人权产生和发展的基础因素，如果没有人的需求这一动力，人权是不可能呈现的。而人的需求是存在差异的，每一个人既有一些共同的需求，例如人身安全、生命延续、种族延续；同时，也可能存在着诸多差异的需求，例如，在不同的生活经历、文化传统、社会背景之中，对于什么是幸福这样的问题，会给出不同的答案。所以，对于人的幸福生活、人的社会需求的描述，不适合强求一致。虽然在相似的生活场景之下，有可能呈现出相似的人权主张，但是片面地、简单地认为全世界都有共同的人权主张，而且认为这些人权主张具有一个彼此类似的、复杂、具体、细致的体系结构，显然是不适当的。简而言之，人权虽然基于人的需求与渴望，但是人的需求与渴望不适于被视为跨越时空，彼此趋同。

第三，人权与社会的治理能力、资源供给能力直接相连。既然我们已经认可人权属于社会，那么这种社会属性不仅表现在文化层面、传统层面，也是体现在社会的治理能力和治理资源方面。[3]当一个社会的经济与社会发展较为稳定之时，这个国家的人权水平就有可能维持较高的状态；反之，当一个社会的经济发展、秩序安定、文化繁荣程度处于较低的状态，或者遇到了较为严重的困难之时，就不可能期待这一区域的人权达到一个比较高的水平。这也就是国际社会数度经历过的人权的时空差异，以及在特别情况下的人权克减。基于"人权不存在一个恒定不变的维护标准"这一论断，我们就能够看出，人权在跨地域的维度上彼此学习、彼此交流，彼此借鉴是有可能的，从态度上以相互理解的心态去认知各地区的人权思想、人权制度，更有利于一个国家的发展，也更有利于世界人权文化的相互借鉴，全球人权制度的共同提升。

---

[1]　徐显明：《对人权的普遍性与人权文化之解析》，《法学评论》1999年第6期，第16-22页。

[2]　赵建文：《尊严：〈世界人权宣言〉与中华传统文化的汇通》，《人权》2018年5期，第35-48页；朱力宇：《〈世界人权宣言〉是多元文化融通的范本》，《现代法学》2018年5期，第3-11页。

[3]　凯波贝尔：《人权：一项有争议的文化》，何乃刚译，《国外社会科学文摘》2000年第6期，第69页。

第四，人权是一种文化，文化也可以是一种人权。[1]当我们说人权是一种文化的时候，就意味着人权与特定的社会环境、特定的传统习俗、特定的人群认知有着密不可分的关系，[2]不宜超越这一系列的社会因素去认知和理解人权。由此可以推出人权的差异和人权的个性化、特色化发展。当我们说文化是一种人权的时候，就意味着在不同社会环境里发展和成长起来的人权思想、人权制度、人权模式应当受到尊重，应当被宽容的对待，而不是被强行求同，认为在全球各个角落都应当遵从同样的标准、同样的尺度。人权文化二者相互生发、相互促动，构成一个高水平的循环，为人权文化的多元化多样化发展提供了基础。[3]同样，由于文化具有传承、交流的特质，不同地区的人权文化可以在全球化的进程中不断地相互借鉴，最终为更加丰富多彩，同时也更加增进共识的世界人权文化作出贡献。

四、结论

国际人权的观念协调、制度合作已经取得了初步的成效。《世界人权宣言》是不同文化彼此交融沟通的初步成果。[4]虽然不能说巨大的成功，毕竟经受了70余年的考验，至今未被贬损。

作为一个远离西方文化圈的东方大国，通过儒家、[5]道家、佛教文化的综合与兼容，形成了一种调和的人权观念与思想系统。[6]中国在人权的认知、指导原则和实现方式上有着很多与西方的人权体系不同的方面，[7]更在社会建设和国家治理

---

[1] 杨旗：《人权的文化阐释》，《孝感学院学报》2003年第1期，第77-82页。

[2] 孙强：《从人权文化到中国特色人权文化：一个反思性的考察》，《人权》2017年第5期，第53-62页。

[3] 罗艳华：《联合国、人权与东亚——兼论人权的普遍性与文化多样性的关系》，《国际政治研究》1996年第1期，第61-68页。

[4] 刘海年：《会通中外文化 共建和谐世界——纪念〈世界人权宣言〉发表60周年》，《人权》2008年第6期，第12-15页。

[5] 柴荣：《中国传统法律文化中的"人权"因子》，《社会科学研究》2008年1期，第153-155页；谷南泉：《儒家文化的人权思想》，《学理论》2008年第5期，第47页。

[6] 张晓玲：《论中国传统文化中的人权理想》，《理论前沿》2000年第19期，第17-18页。

[7] 李世安：《试论儒家文化中的人权思想》，《河南师范大学学报（哲学社会科学版）》2003年5期，第81-85页；鲜开林：《〈礼记〉人权文化基因的辩证思考》，《哈尔滨工业大学学报（社会科学版）》2017年1期，第77-84页。

的过程中形成了具有中国特色的人权道路、人权实践、人权文化。[1]但中国政府和学界既不认为因此中国就不认可人权的概念和制度,[2]也从来没有因为这种差异就坚持只有中国的人权道路、人权制度才是唯一正确的成功的,[3]其他的就都是错误或者邪恶的,[4]而是努力将自身的特色理解与既有的人权观念衔接起来。[5]中国悠久的宽容柔和的文化促使中国政府和中国学界以更加包容开放的态度去对待不同的人权思想、人权理念、人权制度、人权实践。[6]但与此同时,中国也希望世界各国都能够保持同样的宽容友好态度,期待着世界各国能够通过理解、交流合作来共同提升人权的水平。[7]因此,对于西方偏执的单一人权思想理念,始终持不能理解、不能接受,甚至批评的态度。中国期待着用自己坚实而真诚的维护与提升人权的努力,来证明中国的人权理解与实践也是一条有效和成功的道路,并愿意与世界各国一同研讨提升人权的有效手段,通过积极的行动来改善世界各国的人权水平,而不是采取嘲讽指责的态度仅仅满足自己的愿望,甚至达到党同伐异、对他国的遭遇幸灾乐祸的目的。[8]因而,中国积极倡导并踏实地践行求同存异的人权交流原则,努力在包容开放的理念指导下推进人权的经验共享和制度合作,形成一个和谐的国际、国内秩序,[9]高水平地实现人权的协调、共同、可持续发展。[10]

(作者何志鹏系吉林大学法学院院长,人权研究中心主任、教授)

---

[1] 孙强:《从人权文化到中国特色人权文化:一个反思性的考察》,《人权》2017年第5期,第53-62页。

[2] 齐延平:《论中国人权文化的正当性根基》,《法制与社会发展》2018年第2期,第150-162页。

[3] 王利耀:《发展社会主义人权与建设社会主义文化》,《北京社会科学》1995年第3期。

[4] 李淑英、江宇靖:《中庸之道是中国人权自信的文化之根》,《东北财经大学学报》2017年4期,第13-17页。

[5] 叶海波:《试论中国传统文化与人权理念的接榫》,《湖北行政学院学报》2008年第2期,第87-89页。

[6] 沙奇光:《中国的传统文化与人权理念》,《国际政治研究》2003年第3期,第139-141页。

[7] 常健、殷浩哲:《人权概念在普遍化过程中的文化中和》,《人权研究》2019年第1期。

[8] 安靖如、黄金荣、黄斌:《人权与中国思想——一种跨文化的探索》,《领导文萃》2012年第14期,第131页。

[9] 张晓玲:《中国文化中的和谐精神对当代人权发展的价值》,《理论前沿》2003年第18期,第29-30页。

[10] 庞从容、张麦昌:《"致中和":寻求多元文化中的普遍人权》,《学理论》2004年3期,第20-21页。

《世界人权宣言》中人权哲学的多元主义解读

[中国] 化国宇

一、《宣言》中人权哲学条款的多元主义来源

人权作为一个古老的理想，因第二次世界大战而变得极为重要。《世界人权宣言》（以下简称《宣言》）这一世界性的人权法律文件，是作为埋葬大屠杀时代的坟冢上的墓志铭在联合国的主导下制定出来，继而被国际社会所广泛接受和传颂的。《宣言》列出了一张道德清单，为各国定下了应当在人的基本权利和自由方面努力实现的共同标准。在《宣言》的早期研究中，西方学者将这一文本的达成归结为人权普世主义在全球的胜利，而非西方的学者虽然承认《宣言》的重要价值，但仍会批评其文本中处处体现着的西方个人主义传统价值观。近年来，国内外学者通过耙梳《宣言》起草时的会议纪要等历史文件，挖掘出其他文明在《宣言》文本中的重要贡献，从而将成见逐步打破。不少研究都表明，中国代表张彭春将儒家思想引入了《宣言》文本，尤其是在《宣言》第一条中加入了儒家"仁"的理念，极大丰富了人权的哲学基础。[1]

《宣言》第一条表述为："人人生而自由，在尊严和权利上一律平等。他们赋有理性和良心，并应以兄弟关系的精神相对待。"其中，赋有"良心"（conscience），是在中国代表张彭春的力推之下进入《宣言》文本的。西方哲学传统中也存在"良心"观念，因而在这一史实未得到揭示之前，中西方学者普遍认为第一条中的"良

---

[1] 相关研究参见[美]玛丽·安·葛兰顿：《美丽新世界：〈世界人权宣言〉诞生记》[M]. 北京：中国政法大学出版社，2016；化国宇：《从人权论争到人权共识：张彭春对〈世界人权宣言〉普遍性的贡献（英文）》[J]. China Legal Science, 2016(04)；鞠成伟：《儒家思想对世界新人权理论的贡献——从张彭春对〈世界人权宣言〉订立的贡献出发》[J].《环球法律评论》，2011(01)。

心"一词源于欧洲传统中的良心哲学。

张彭春力主写入第一条的"conscience"恰恰与西方的良心哲学并无勾连，而是一个纯粹来自于儒家学说的概念。对于《宣言》第一条的内容作出卓越贡献的有两位人物，一位是人权委员会兼起草委员会副主席、中国代表张彭春 (Peng-chun Chang)，另一位则是来自黎巴嫩的起草报告员马立克 (Charles H. Malik)。马立克从哈佛大学获得哲学博士学位，曾经师从著名英国哲学家怀特海 (Alfred North Whitehead) 和德国存在主义哲学大师海德格尔 (Martin Heidegger)，因而对西方哲学有很深入的研究。他是一位跨越宗教边界的神学家，倡导东正教基督徒、罗马天主教徒和新教徒之间的共通性，同时强烈推崇托马斯·阿奎那的经院哲学。他曾代表黎巴嫩出席了创建联合国的旧金山会议。

在参与起草工作的首任联合国人权司司长汉弗莱 (John P. Humphrey) 看来，张彭春和马立克无疑是人权委员会的思想领袖，但这二人时常存在分歧。在《宣言》起草过程中，起草委员会副主席张彭春和报告人马立克在哲学上的对立使得他们在人权的哲学基础问题上难以达成一致意见。马立克总是对阿奎那的自然法哲学滔滔不绝。然而张彭春却认为，《宣言》中既应该反映阿奎那的思想，也应当反映孔子的思想。他担心《宣言》受到过多的西方影响，因此提醒在起草时不仅要反映西方的想法，也不能忘记世界上还存在其他的哲学理念。他甚至建议负责起草大纲的秘书处花几个月时间到中国学习儒学。

在法国代表勒内·卡森起草的最初草案版本中，第一条表述为"人人皆为兄弟。作为被赋予理性的世界大家庭的成员，他们自由且在尊严和权利上平等。"张彭春在起草委员会上提出，理性之外还应有另外一项人的共同秉性，也就是中国文化中的"仁"。他向其他代表解释说，这个汉字从字面上翻译过来应当是'人与人的互相体认'(two-man-mindedness)。大体类似于英语中的'怜悯'(sympathy)或者'同类意识'(consciousness of one's fellow men)。他认为"仁"的理念应当被看作是人的基本属性。他在联合国人权委员会上专门做了一场关于"仁"的演说，详细地阐述了这一来源于儒家，但实际上属于全人类所应共享的重要理念。"仁"要求一个人(在自己有需求时)能够感受到他人与自己具有同样的需求,而在享有权利时,能够考虑到他人也拥有同样的权利。起草委员会接受了张彭春的观点,但是在寻求英文翻译时却找不到一个合适的词来表达。最后经过讨论,建议将"仁"翻译为"conscience"(良心)写入《宣言》之中。

用"conscience"作为对"仁"的翻译,很难完全表达"仁"所承载的内涵。与西方的良心哲学不同,"仁"不是自然状态孕育出的自由主义个人内心的道德法庭,而是生活在具体社会关系中人与人相处的道德原则,他产生并来源于人类生而为"善"的同情心(恻隐之心),并在社会协作共处中得到进一步升华和具体化。

二、"良心"赋予人权的道德维度——一种中国式理解

理性主义人权观强调个人对权利的索求,必然会带来利益的无限制争斗,因此必须借助于他律:在内需要国内法明确个人权利的边界以约束人的行为,在外则需要国际法实现对国家行为的钳制。然而,外在行为受到约束的事实只能证明立法者认为无限制的争斗不符合所有人的最佳利益,理性的人也认识到争斗不利于自己利益的最终实现,从而愿意接受约束。但根本问题仍未解决,与己无关的人乃至敌人的人权对作为主体的自身而言到底意味着什么,存在何种价值?从功利出发,一个人难道不是往往能够从别人的不享有人权的状况中获利吗?难道它们存在的意义仅仅是作为主体的每个人自身人权实现的手段?

国际法并不像国内法一般具有不可抗拒的强制力。国际法上的国家可以转喻为霍布斯笔下自然状态中的个人,人人平等却缺乏约束,国家之间为了避免相互攻讦而订立契约即国际法,然而却并不存在一个超国家的世界政府来接受让渡的权利,恰恰因为国家主权不可让渡。因此,国家仍然享有其充分完整的权利,包括攻击他国的权利。故国际规则一旦失效,两次世界大战显然便是理性主义和民族主义合乎逻辑的后果。

因此,张彭春在《宣言》起草过程中不止一次强调"人对人的残酷无情",他认为缺少道德约束是人与人争斗的根源。他强调,"争斗一开,则不惟不利己,且不

利群。群亡则己败矣",然而"强群即所以利己也","爱人者人恒爱之。处处为人设想,自无往而不利,且爱为永存的……故孔子曰:'仁者不忧'。"他指出,"十九世纪的欧洲人民走向狭隘之路并以自我为中心",导致了第二次世界大战。借此教训,"人类应该以博大的眼光来看待世界性的问题。"张彭春主张"伦理思考"在《世界人权宣言》的讨论中"应当引起更大的重视"。"仁"为普遍人权的实现与进步提供了道德维度。正是由于人权不仅仅起源于理性,还起源于"仁"这种道德情感,因此,人权并不仅仅建立在"最大多数人的最大幸福"和"为了自己的自由而不损害他人自由"的功利原则考量之上,还应赋予其更多的道德性。

人权的道德性原则首先是通过自律实现的。孔子讲"欲仁得仁",强调道德修养是主体自己的事情,人应当自律。自律的第一项要求是克己复礼。这就要求主体主动约束自己,顾及他人,不过度索取和行使权利,不逾越人我之间的界限。第二项要求是"忠",是尽己之心,从自我出发、尽心竭力为人谋,做到己欲立而立人,己欲达而达人,实现自己权利的同时,也要求得他人权利的实现;第三项要求是"恕",自己不喜欢的,也很可能是他人所不喜欢的,要推己及人,即"己所不欲,勿施于人"。

尽管"仁"是对人的较高的道德要求,然而又并非不可践行。仁者人也,尽管人在很大程度上是动物,然而人的善良之性使人与动物区别开来。只有当主体的社会行动合乎"仁"的标准时,他才算真正的人。因而张彭春认为"仁"与"理性"一样,都是人的本性,"仁"只不过是"与他人日常交往中所遵循的道德生活准则"。"仁"的普遍可践性正如张彭春本人在其著作中所描述的那样:"他(孔子)的学说并不要求人们放弃职业或家庭,也不要求他们脱离他人的生活,而是与他人一起生活,以高尚的但并非不能实施的行为准则制约自己。这就是孔子思想至今一直对中国人民的生活有如此巨大的影响的原因之一。"

在一个人人以仁相待的社会中,人权的普遍实现是可期的。一个人在其所生存的社会中(而非西方思想家所说的自然状态下),必须具有意识到其他人存在的整体观念。在对待他人权利的态度上,相较于"理性"根据得失利弊而决定是否遵守权利之间的界限，使自己与他人的利益始终处于一种此消彼长的紧张关系，"仁"是从道德自律出发主动顾及他人的权利，不逾越人我之间的界限，通过"达人"以致"达己"。[1]理性是被动的，"仁"是主动的，理性强调了人的生理面向，而"仁"则强调了人的伦理面向。

儒家主张通过"仁"的自力修养，实现成圣的道德超越之途。沿着这一理路，最终以"仁"为基础的人权便具有了内在超越的道德维度。《宣言》所宣告的人权便不再仅仅是一个静态的终极目标，而是被赋予了推进人类道德成长及成熟，造就良好人性的使命。因而，重新去反思人权概念本身时，我们必须提出疑问，随着人类社会向前发展，人权会否越来越变成守护个人利益围墙，变成一个权利内容越来越繁琐的清单？还是相反，人权作为手段而非目的应使人性变得更高尚而非更自私，如果人类完成道德的内在超越，能否真正造就一个《宣言》起草之初全世界曾设想过的美丽新世界？就此，张彭春指出，《宣言》的目的和意图是造就更良好的人性。"联合国的目标不是确保个人私利的获得，而是应尽力提高人们的道德水准……增加对义务的意识使人能够达到更高的道德水平。"只有认识到"仁"为《宣言》所奠定的人权道德和义务原则，才能理解其第二十九条义务性条款的逻辑合理性，该条款与"仁"构成了逻辑上的前后呼应："人人对社会负有义务，因为只有在社会中他的个性才可能得到自由和充分的发展。"由此，第一条中"仁"的写入使得《宣言》不会仅仅被当作一项索取个人自我权利的清单，而将为造就一个"权利与义务大体平衡"的《世界人权宣言》提供逻辑前提和思想源泉。

三、以实践共识和文化包容推进各国对《宣言》的认可

重新发现《宣言》中"仁"的地位及其内涵，对正确理解《宣言》本身和二战以来国际人权理论进展具有重要意义。

从历史角度考察，《宣言》与以往的人权文件在人权哲学上存在明显的差异。

---

[1] 儒家所强调的"达己"并不是通过他人利益的实现而达到自己利益的实现，而是指通过"达人"实现自己道德上满足，完成自己自力修养的成圣之途。

人权的自然法哲学基础在西方的权利法案中总是被开宗明义地提出来。如1789年法国《人权和公民权宣言》在序言中就提出权利是"自然的、不可让渡的与神圣的",并宣告"国民会议在上帝面前及其庇护之下,承认并且宣布如下的人权和公民权"。美国《独立宣言》亦宣称:"人人生而平等,造物者赋予他们若干不可剥夺的权利。"然而,《世界人权宣言》在文本中并没有明确表达人权的形而上学来源,可以肯定的是,《宣言》文本中甚至没有出现任何有关于"自然"或"上帝"构成人权本源的字眼,取而代之的是对普遍人性的表述——"赋有理性和良心"。张彭春对这一普遍性的世俗化表述作出了贡献,他极力反对将自然法或基督教作为人权的形而上学的来源,以避免把《宣言》引入哲学和宗教的纷争,他在《宣言》起草时指出,"这些问题不能够也不应该在一个将为世界普遍适用的宣言中提出来。"《宣言》的世俗性是其能够得到普遍性接受的基础,使其能够得到绝大多数国家尤其是非基督教国家的认可。因而参与起草的法国代表勒内·卡森认为,《宣言》能够被全世界所接受,大部分应当归功于它纯粹的世俗性质。

基于这一原因,尽管1947年联合国教科文组织就人权哲学观组织了一个高级别的哲学家委员会,并收集了世界各地关于人权哲学观念的调查,但这一工作成果却被《宣言》起草委员会束之高阁了。正如哲学家委员会成员法国哲学家马里旦所预见的那样,《宣言》就其形而上学的基础达成共识几无可能。但这也并非一个致命问题:赞成人权"并非基于纯理论上的共识,而是基于共同的注重实践的见解,并非基于对世界、人和知识同一概念的确认,而是基于对有关行动的同一套信念的确认。"也正是基于这一认识《宣言》才能最终通过。"我们同意这些权利,如果人们不来问我们为什么同意。"因此,任何明显带有西方基督教色彩的人权哲学表达,最终都未能进入《宣言》文本,联合国第三委员会决定《宣言》文本中应避免使用任何带有自然法和基督教色彩的用语。

第一条在《宣言》中的重要性是不言而喻的。它叙述了人权来源在世界范围内达成的共识,为整部《宣言》奠定了世俗性与多元主义的总基调。世俗的人性作为人权的基础,是为所有人类所能共同接受的,"从人性的角度论证人权的正当性在已有的分析进路中无疑已经是最切近的了"。因而理性和良心 (仁) 共同构成了人权的多元主义来源。尽管"理性"仍可以追溯到中世纪阿奎那的经院哲学，但是自启蒙之后，"理性"已独立于教会与神学，成为一个更加"世俗"的概念，神学的和世俗的西方社会均能有效理解和接受这一概念。而"仁"作为东方伦理哲学的核心概念也写入第一条的文本中，表明了《宣言》起草者们在处理人权来源这一问题上所秉持的多元主义立场。

多元主义的立场同时也要求，对这份世界性的人权协议中所提出的"人的尊严""理性"和"良心"等概念的理解不应当具有唯一性。应当允许不同国家从这些概念中寻找到符合自身文明的解释，从而使其在不同的文化中建立起各自的理论结构。因此，本文对于"仁"的解读也不能被理解为一种普世性道德，否则，这种一元论解释亦会将人权的讨论拉回到寻求"同一性"的文化帝国主义泥淖。在《宣言》起草伊始，"仁"的加入奠定了人权多元主义的历史性作用，但从文本通过那一刻起，对"仁"这一概念的解释就不应当仅仅被儒家文化所垄断，"仁"不会也不应当建立新的文化帝国主义，因其本身所具有的"宽容性""内在性"将容允其他文化依据社会历史环境作经验性解释。"仁"写入第一条实际上宣告了：《宣言》是一份非排他性的、稳定的道德协议，不建立在任何"文化帝国主义"之上。那么为避免《宣言》文本成为"正确的废话"，该如何处理人权特殊文化理解与普遍性标准的问题呢？笔者认为可以借鉴学者突维斯(Sumner Twiss)提出的人权的新的结构性关系：在国际层面，它是一种在实践协商中形成的共识；在文化层面，它意味着不同文化的多种理解进路之间彼此的宽容。在这一框架下，不同的道德传统最终将会共享人权所宣誓和捍卫的特定价值。

"仁"作为人权的来源，提供了一种有别于西方自由主义传统的儒家文化的解释，这一解释在未来有望被具有儒家传统的文明所接受。从1992年《曼谷宣言》到2012年的《东盟人权宣言》，亚洲国家始终未放弃寻求人权"亚洲价值"的努力。亚洲国家之所以都体现出很强的人权特殊主义倾向，根本原因在于当前占据主流的西方的人权话语体系并不能完全在本国继受并生根开花。因而"不同的历史、文化和宗教背景"成为儒家文化圈与西方人权观念扞格的基本原因。一种源于儒家文化自身的解释，可能更容易为亚洲的相关国家所接受。再者，"仁"作为人权起源的基础性要素，其本身作为人性的一部分应能够为包括西方在内的所有文明所接受，而"仁"作为一种人与人相处和沟通的宽容态度，并不排斥其他文化对人权乃至"仁"的概念本身进行解释的可能，因而在国际人权的实际协商与理论互构的过程和结果中被吸收也是可以期待的。

（作者化国宇系中国人民公安大学法学与犯罪学学院副教授）

践行公共外交，开拓人权发展新路径

[中国] 黎尔平

一、中国国家主席习近平提出的"文明交流互鉴"已成国际共识

2014年3月27日，中国国家主席习近平在联合国教科文组织的演讲中指出，人类文明进步重要动力是文明交流互鉴。习主席认为，文明是多彩的，人类文明因多彩才有交流互鉴的价值。文明是平等的，人类文明因平等才有交流互鉴的前提。文明是包容的，人类文明因包容才有交流互鉴的动力。文明因交流而多彩，文明因互鉴而丰富。

2017年1月，中国国家主席习近平在联合国日内瓦总部发表题为《共同构建人类命运共同体》的演讲，再次指出："坚持交流互鉴，建设一个开放包容的世界。'和羹之美，在于合异。'人类文明多样性是世界的基本特征，也是人类进步的源泉。文明差异不应该成为世界冲突的根源，而应该成为人类文明进步的动力。每种文明都有其独特魅力和深厚底蕴，都是人类的精神瑰宝。不同文明要取长补短、共同进步，让文明交流互鉴成为推动人类社会进步的动力、维护世界和平的纽带。"

2017年3月23日，联合国人权理事会第34次会议通过关于"经济、社会、文化权利"和"粮食权"两个决议时表示，文明交流互鉴观念在推动国际人权事业发展中起到重要作用。至此，习近平主席提出文明交流互鉴理念已经成为国际社会的共识。

二、中国人权理论和实践与世界人权的交流互鉴

所谓文明是历史上沉淀下来有益于增强人类对客观世界的适应和认知，符合

人类精神追求并能被大多数人认可和接受的人文精神、发明创造以及公序良俗的总和。人权理论和实践是一种公序良俗，是人类进步的阶梯和文明的结晶。

三万年史前文明时期，人类像大自然的动物一样，在与各种猛兽和自然灾害斗争的同时，部落之间为了生存也相互残杀，即便是同一部落或族群的人，在一些庆典活动中会用活人祭祀，一些人的生命如草芥一样自生自灭。进入三千多年前的古代文明时期后，人权萌芽思想开始出现，如中华文明中的"己所不欲，勿施于人"，印度文明中的"如果施加给你会引起你的痛苦，也不要施加给他人"，基督文明中的"向他人做你希望别人为你做的事"，犹太文明中的"你所厌恶的，不要施加于你的同伴，这是全部的法，所有其他法都是补充性的"。[1]到了欧洲启蒙时代，从英国人霍布斯1651年写就的社会契约思想到1690年洛克的《政府论》出版，再到1776年的美国《独立宣言》和1789年的法国《人权和公民权利宣言》的颁布，现代人权观念已具雏形。

与此同时，起源于欧洲的资本主义撕裂了人与人之间的相对平等，欧洲从禁锢的中世纪进入到一个羊吃人的悲惨世界。对于启蒙学者提出的平等自由，恩格斯认为："无产阶级应对资产阶级的主张是：平等绝不能停留在表面上，只限在国家的范畴内，还应该在社会和经济的范畴内真正地得到实现。""平等的观念无论以资产阶级的形式出现，还是以无产阶级的形式出现，本身都是一种历史产物，这一观念的形成，需要一定的历史条件，而这种历史条件本身又以长期的以往的历史为前提。所以，这样的平等观念说它是什么都行，就不能说是永恒的真理。"[2]更不幸的是，两次惨绝人寰的世界大战均发自提出人权观念和思想的欧洲。当战火平息，1948年的《世界人权宣言》标志着人权观念和理论为世界绝大多数国家和民族所接受，人权保护成为人类共同的文明。在起草《世界人权宣言》过程中，中国人张彭春是主要的起草人之一，中华文明也体现在《世界人权宣言》文本中，人权思想并非某一文明所独有。

---

[1] ［奥］曼弗雷德·诺瓦克：《国际人权制度导论》，柳华文译，北京：北京大学出版社，2010年，第9页。

[2] 《马克思恩格斯选集》（第3卷），北京：人民出版社，1995年，第448页。

三、中华文明与世界人权观念的交流互鉴

中华文明也与世界其他文明一样，从古代到近现代都蕴含着人权思想观念。春秋战国时期儒家思想中的"民本""仁政"观念，墨家思想中的"兼爱""交利""非攻"以及"性善论"都是人权思想理论的萌芽或朴素的人权观念。

19世纪末，郭嵩焘、严复、康有为和梁启超等人在译介日文书籍时将欧洲人权概念引入中国，辛亥革命时陈独秀大力宣传人权："思想言论之自由，谋个性之发展也。法律之前，个人平等也。"[1]五四运动期间，欧洲人权观念在中国的传播达到一个高潮，但与此同时，从鸦片战争到八国联军火烧圆明园，以及日本侵占胶东半岛，人权观念传入伴随着列强对中国的侵占和凌辱，因此，不仅是救亡图存与人权观念相伴而行，更多的是民族意识的觉醒，是中华民族对人权观念的思考。半封建半殖民地的中国近代史给中国人上了一堂人权课：没有民族独立和国家主权的至高无上，人权保护只不过是画饼充饥而已。

1949年新中国的成立为中国人权理论建设和实践奠定了坚实的基础。在过去的70年，随着当代人权理论和实践的发展，中国政府在人权实践方面取得了巨大成就：首先是把生存权和发展权放在首要位置，与此同时，中华人民共和国公民享有更广泛的政治权利、经济、文化和社会权利；公民的人权司法保障、劳动权利保护、宗教信仰自由以及残疾人的人权保障等方面日益完善；少数民族的权利保障极大地促进了民族团结和谐；特别值得一提的是，2013年以来开展的精准扶贫工作，有近7000万人口脱贫，到2020年脱贫人口超全球其他国家过去30年总和。

把生存权和发展权作为首要的基本人权是中国人权保障的历史与逻辑的统一。诚然，人权的最初概念是保障公民权利和政治权利，然而，当贫穷制约着公民权利和政治权利的实现，在面包和选举权中取舍的时候，对于绝大多数发展中国家，显然只有在生存权有了保障和经济上的富足后，公民权利和政治权利才有了物质基础。有中国特色的人权理论指导着中国人权实践，中国人权保护的巨大成就又为中国人权理论提供了丰富的营养，理论与实践相得益彰。在中国人权实践和理论巨大

---

[1] 陈独秀："东西文明根本思想之差异"，《青年杂志》第1卷第4号，1915年12月25日。

进步的同时，中国政府与世界其他国家人权界开展了广泛的交流与合作，世界人权文明在中国政府的推动下不断发展进步。

中华文明在对世界人权作出应有贡献同时，也注重与其他文明体进行人权理论和实践的交流互鉴。当今世界主要有儒家文明、佛教–印度教文明、伊斯兰教文明和基督教文明四大文明，中国政府和人权组织除了与以基督教文明为主的欧美国家开展人权交流活动外，还与印度教和伊斯兰教文明的南亚、东南亚国家，以及非洲国家进行人权理论的交流互鉴，特别是在联合国人权理事会及其他联合国人权机构里，常年保持与来自亚非拉国家人权代表的友好往来与交流。人权观念和实践并非基督文明所独有，同时也不应该是基督文明挤压和打击其他文明的工具，虽然美国哈佛大学教授亨廷顿极力宣扬冷战结束后就是文明冲突，但显然文明之间的冲突既是果，也是因——如果一种文明自视甚高，冲突是必然的，历史上的多次宗教战争和欧洲殖民者对其他民族的侵略不啻如此。

四、在文明交流互鉴中提出中国的人权保障主张

中华文明是当今世界四大文明体系之一，有五方面特征：追求"天道"而不是宗教情怀或个人主义的世俗性；具有强烈的内部凝聚力、地区多样性和对外来文化的罕见包容度；跨文化交流时推崇"和而不同"和"有教无类"；群体认同的核心是"天道"而非西方的"民族主义"。[1]这些特征体现在人权领域则是认同基督文明国家强调公民权利和政治权利的同时，反对把公民权利和政治权利视为唯一的人权内容和机制，世界各国的人权道路不会一样，只有"和而不同"才能殊途同归。在宗教自由信仰方面，中国政府并不因为我们是一个以世俗社会为主的国家而拒斥佛教、基督教和伊斯兰教，相反，在中华文明中吸收了大量佛教文化，从古代丝绸之路到今天的"一带一路"建设途经沿线60多个国家，中华民族都能与这些国家友好往来，公平贸易。在群体认同方面，中华文明强调"天道"，强调对国家的忠诚，而不是民族优先，因此，在国家主权与人权、族群权利关系上，理所当然是前者高于后

---

[1] 马戎："中华文明的基本特质"，《学术月刊》2018年第1期，第98页。

二者。中华文明的上述特点，在与其他文明体开展人权理论和实践的交流互鉴中，得到不同国家的认同和接纳。

习近平主席提出的文明交流互鉴主张得到许多国家的响应，"各种文明本没有冲突，只是要有欣赏所有文明之美的眼睛。我们既要让本国文明充满勃勃生机，又要为他国文明发展创造条件，让世界文明百花园群芳竞艳。"[1]中国人权专家学者将秉承习主席提出的文明交流互鉴理念，与世界不同国家开展更为广泛的交流互鉴，并提出人权文明交流互鉴的中国主张。

（作者黎尔平系昆明理工大学管理与经济学院教授）

---

[1] "习近平在亚洲文明对话大会开幕式上的主旨演讲"，新华网，http://www.xinhuanet.com/politics/leaders/2019-05/15/c_1124497022.htm，2019年11月12日。

儿童全面发展视野下的人权教育

[中国] 李红勃

儿童的全面发展与其权利意识和权利能力之间存在必然关系，在增强儿童人权意识、提升儿童权利能力的过程中，人权教育发挥着重要作用。人权教育也是联合国一直积极倡导的重要工作。1994年，联合国大会宣布了第一个"联合国人权教育十年"活动，宣布："人权教育应不止于提供信息，而应是一个全面性的终身过程，所有发展阶段和社会所有阶层的人借此学习尊重他人的尊严，并且学习在所有社会内确保此种尊重的方式方法。"[1]2011年，联合国大会通过的《联合国人权教育和培训宣言》第八条规定："各国应制定或在适当层面推动制定开展人权教育和培训的战略和政策，必要时制定行动计划和方案，如将之纳入学校和培训课程。"为了贯彻联合国的要求，中国政府制定的《国家人权行动计划 (2016–2020年)》明确提出："把人权知识纳入国民教育内容。以灵活多样的形式将人权知识融入中小学教育教学活动中。面向幼儿教师、中小学教师开展人权知识培训。"进入新时代，中国的教育部门和全国中小学，将人权教育纳入国民教育体系，在人权教育方面采取了积极的措施，取得了明显的成效。

一、课堂中的人权教育

对于儿童人权教育来说，最重要的舞台就是课堂，最基本的媒介就是教材。《道德与法治》课程，是当前中国中小学人权教育的主要途径之一。从2016年9月起，中国教育部门将义务教育原来的《品德与生活》《思想品德》教材名称统一更

---

[1] 联合国大会第49/184号决议

改为《道德与法治》。《道德与法治》共18册,其中小学12册,教材内容依据与儿童生活的紧密程度,由近及远地安排了六大生活领域,同一生活领域内,按照学习难度的不同,采用螺旋上升的编排方式。初中6册,围绕个人、家庭、学校、社会、国家、世界展开编排。

《道德与法治》作为全国通用的义务教育教材,承载着在中小学开展人权教育的重要任务。《道德与法治》对于人权教育的实施,体现在如下两个方面:

一方面,在法治专册中进行集中的人权教育。《道德与法治》将小学六年级上册和初中八年级下册专门设置为法治教育专册,集中讲授宪法内容。在这一部分,教材比较全面地讲授了中国宪法"国家尊重和保障人权"的原则,全面介绍了公民的基本权利,包括人身权、财产权、受教育权、政治权利和自由等内容。

另一方面,在其它各册中进行分散的人权教育。比如,在生命教育的部分,引导学生树立对于生命的尊重,在安全教育部分,教会学生自我保护的能力,在班级管理的部分,教会学生民主参与的能力,在人与社会的部分,强调尊重他人的权利,在世界大舞台的部分,介绍联合国及其人权机制,等等。

除了《道德与法治》课程外,《语文》《历史》等其它课程也从自己的角度,担负着人权教育的重要功能。语文教学中强调利用文学作品中的人物形象和典型事件,向学生进行人权教育。例如,高中《语文》教材中选入的作家夏衍的报告文学《包身工》,就是开展人身权、劳动权等各项权利教育的很好素材。

二、人权文化与人权实践教育

课堂和教材是开展人权教育的基本形式,但也存在不足,为了让学生能够深入理解人权及其价值,提升学生维护自己权利和尊重他人权利的意识,中小学还通过其它各种形式,塑造人权文化氛围,开展人权实践教育。[1]

一方面,开展校园人权文化建设。在学校的日常管理中,不断把法治精神、法治思维和法治方式落实在学校教育、管理和服务的各个环节,建立健全学校章程、相

---

[1] 联合国曾委托人权事务高级专员办事处编制了一个适应各国合作展开人权教育的全球框架:《人权教学入门——中小学校的实践活动》。联合国中文官方网站:www.un.org/chinese/hr/abc。

关规章制度，尊重学生的权利，尊重教师的权利，完善权利救济制度，实现环境育人；广泛开展模拟法庭、人权知识竞赛、法律情景剧展演、法治社会实践、志愿服务等活动，让学生在动手和思考的过程中深入理解法治和人权；中小学图书馆选配了符合青少年学生认知特点的人权读本、影视、动漫作品等，引导学生阅读、观看、讨论；在校园建设中要主动融入人权元素，利用宣传栏、招贴画、名言警句等校园文化载体，宣传人权知识、人权精神，营造校园人权教育氛围。

另一方面，建立法治实践教育基地。人权教育是法治教育的重要组成部分，除了校园教育之外，还需要外部力量的参与和支持，即建立实践教育基地。2016年，教育部等七部门发布的《关于加强青少年法治教育实践基地建设的意见》指出：实践基地建设要体现法治育人理念，突出法治教育的资源整合和方式方法的创新，注重利用各种教育技术和手段，提供实践性、互动式的法治教育内容；要注重适应中小学组织学生参与的需要，具备相应的活动场地和设施，设立多种功能区域，满足学生参与实践的需要。实践基地要具备开展综合性学生法治教育及教学效果评价、教师培训等功能，建设成为贴近法治实践、贴近青少年生活和认知特点的校外法治教育中心，成为中小学开展法治教育的重要支持系统。到2020年，在各地统筹建成60所左右的国家级实践基地，各地争取在中等以上城市建立至少1所符合标准的实践基地，在县（市、区、旗）因地制宜、结合实际建立相应的实践基地。这些法治教育实践基地，在人权实践教育中发挥着独特的作用。

三、对中小学开展人权教育的建议

（一）注重中国传统人权文化教育

《联合国人权教育和培训宣言》第五条规定："3. 人权教育和培训应该兼收并蓄不同国家多种多样的文明、宗教、文化和传统，加以发扬光大，并从中汲取灵感，因为这种多样性就体现在人权的普世性之中。4. 人权教育和培训应考虑到不同的经济、社会和文化环境，提倡地方采取主动行动，以鼓励实现人人享有一切人权的共同目标。"人权教育，要把联合国的一般规范与本土文化和现实国情相结合，展现人权教育的多元化和适用性。

中国传统文化具有丰厚的人权思想，需要深入挖掘。比如，管仲最早提出了"以人为本"的治理理念，孔子强调"天地之性人为贵"，孟子提出"民为贵，社稷次之，君为轻""得天下有道，得其民，斯得天下矣"，荀子指出"天之立君，以为民本"，这些先贤都阐释了民众是国家的根本，国家有责任保障民众的利益，这也形成近代以来强调人权对于国家的重要地位、国家对于人权保障责任的文化基因。[1]因此，在中国的人权教育中，我们应该着力探索具有中国气质的人权教育，"在吸纳世界精华、立足本土文化的原则下努力实施、拓展并创新人权教育，最终形成具有中国特色的人权教育的内容体系和形式体系。"[2]

(二)运用现代人权教育理念和手段

《联合国人权教育和培训宣言》提出："1. 人权教育和培训应借助和利用新的信息和通信技术以及媒体，增进所有人权和基本自由。2. 应鼓励各种艺术充当人权领域的培训和宣传手段。"在未来的人权教育中，要贯彻现代人权教育理念，积极运用现代教育手段。

要尊重学生的主体性。在人权教育中要注重发挥学生的主体作用。要根据学生实际，引导学生在学校生活的实践中感受人权的内涵与价值，培养人权观念；要积极支持学生组建人权兴趣小组、人权实践社团等，加以正确引导，使学生以适当方式研究人权问题、参与人权实践。

要采用现代教育手段。要综合采用故事教学、情境模拟(如法庭模拟)、角色扮演、案例研讨等多种教学方法，可根据学生认知特点，将真实人权案例引入课堂教学，注重学生人权思维能力的培养。有条件的学校，要充分利用信息技术手段，将多种人权教育资源、形式予以整合、提升，形成以学习者为中心的教育环境，引导学生自主学习，培养学生学习人权知识的兴趣。

---

[1] 汪习根、陈晓晓：《台湾和大陆人权教育价值观比较分析》，《中南民族大学学报(人文社会科学版)》2018年第4期，第133页。

[2] 潘涌：《人权教育：奠定现代公民社会的和谐基础》，《全球教育展望》2012年第1期，第49页。

（三）构建全方位的人权教育体系

《联合国人权教育和培训宣言》第十条规定："1.社会各界人士和机构,如教育机构、媒体、家庭、地方社区、民间社会机构,包括非政府组织、人权维护者和私营部门等,都可在增进和提供人权教育和培训方面发挥重要作用。2.鼓励民间社会机构、私营部门和其他相关利益攸关方确保为其员工进行充分的人权教育和培训。"因此,人权教育不仅仅是学校的责任,也是全社会的责任。

为构建全方位的人权教育体系,要广泛组织和动员国家机关和社会力量支持和参与青少年人权教育工作,建立社会人权教育网络。法院、检察院、公安机关、司法行政机关等国家机关、律师协会等社会组织,要深入学校开展人权宣传教育,与教育部门、学校合作开发人权教育项目;鼓励法律工作者、研究人员以各种形式参与青少年人权教育,为学校开发人权教育课程、开展专题法治教育活动提供支持;报刊、广播电视、网络等媒体要开发体现人权精神、弘扬人权理念的图书、期刊、网络游戏、动漫作品、少儿节目等文化产品,形成人权教育的社会合力和良好氛围;要充分利用网络上的优质人权教育资源,丰富人权教学的形式和内容,建立学校、社会、家庭共同参与的立体教育网络。

《联合国人权教育和培训宣言》规定:"人人有权了解、寻求和得到所有人权和基本自由方面的信息,并可获得人权教育和培训。"人权教育和培训是促进人人享有的所有人权和基本自由得到普遍尊重和遵守的关键。在实现全面保障人权的历史进程中,必须重视青少年人权教育,做好青少年人权教育,通过优质的人权教育,助力每个儿童的健康成长和全面发展。

（作者李红勃系中国政法大学教授、外交学院人权研究中心研究员）

文明多样性背景下的人权道路选择

[朝鲜] 李哲浩

保护和促进一切人权是所有国家面临的首要任务。不论是哪个国家，人权都与包括政治、经济和文化在内的社会生活的所有方面息息相关。将保护和促进人权作为其政策中一项重要任务的国家正在尽一切努力，根据实际情况实施这项任务。

朝鲜民主主义人民共和国是一个社会主义国家。作为国家的主人，人民大众正在国家和社会生活的所有领域享受真正的人权，一切服务于人民。

国家最优先考虑人民群众的愿望和利益，据此规划和执行所有政策，所有人充分享有一切人权，包括参政权、工作和休息的权利以及享受教育和医疗服务的权利。在建设能够保障真正人权的社会时，绝不允许将一方的价值观与社会制度强加于另一方。

许多历史不同、文化不同、社会经济发展水平也不同的国家和民族共存于地球之上。因此，永远不可能存在一套适用于所有国家的绝对的人权标准。然而，自诩"人权法官"的西方国家依然在谴责包括发展中国家在内的其他国家的人权状况，同时迫使它们遵循西方腐败的生活方式。西方国家关心的不是保护和促进其他民族和其他国家的人权。西方国家的目的是玷污那些意识形态和社会制度与西方不同且不顺从西方的国家的形象，干涉这些国家的内政，最终改变它们的政治和社会制度。

一个典型的例子就是，西方国家每年在联合国人权理事会与联合国大会上提交并强行通过的关于朝鲜人权状况的"决议"，其动机是上述不纯的政治目的，而非真正的人权。

此时此刻，由于西方国家对全球各国的公然干涉和干预，导致社会不稳定与武装冲突加剧，无辜平民正在丧生，难民人数也在增加。

这种侵犯发展中国家主权和尊严、危及世界和平与安全的野蛮行为严重侵犯了人权，也破坏了人类长期以来创造与发展出来的历史和文化。

历史表明，西方的人权标准是一种令人愤慨的标准，它否认文化多样性，而且与保护和促进人权的目的背道而驰。

重视文化和传统十分重要。保护和发展它们同样十分重要。

所有国家都应寻求适合自己且与文化多样性的鲜明特色一致的方式来发展人权思想，并且交流从其保护和促进人权的活动中所汲取的良好经验与做法。

我们鼓励根据尊重国家主权的原则开展人权对话与合作，同时坚决反对以政治化、双重标准和选择性为基础对国际人权机制进行干涉。

今后，我们将继续积极参与国际社会为真正保护和促进人权所作的努力。

（作者李哲浩系朝鲜民主主义人民共和国驻华使馆参赞）

文明多样性背景下的人权道路选择

[苏里南] 梅里尔·格达·霍腾斯·玛隆

2019年10月1日是中华人民共和国成立70周年庆典的日子，值此盛典，请允许我引用苏里南共和国总统H·E·德西·德拉诺·鲍特瑟的话，他说："中国这一伟大的国家在仅仅70年的时间里，就取得了令人赞叹的成就，实现了稳步增长与发展，还为世界上多个国家的繁荣作出了贡献，这真是非比寻常。"

苏里南共和国与中华人民共和国一直保持长期友好的历史关系，通过卫生、基础设施、农业、能力建设与建筑等领域的各种合作形式体现出来。两国间的伙伴关系进一步扩展到发展合作领域，推动双方的政治、社会与经济议程。

2018年9月，中国外交部长王毅阁下访问苏里南，对此我们深感荣幸。此次访问使我们有机会加深两国间业已亲密的友谊与牢固的合作。

今年是首批中国移民抵达苏里南166周年。如今，他们的后代和新进移民已经成为我们社会不可或缺的一部分，为全体公民的繁荣与幸福作出贡献。

区域一体化与南南合作是苏里南外交政策的基本工具。南南合作是推动可持续发展，同时令发展中国家更加团结统一的一项重要手段。

在此方面，我还要引用苏里南外交部长H·E·伊尔迪兹·波拉克·拜赫勒在首届南南人权论坛上的致辞，她说："南南合作为发展的基本原则创造了机遇，其中，在这一方面，中华人民共和国强调维护世界和平、推动共同发展，并坚持互相尊重主权与领土完整、互不侵犯、互不干涉内政、平等互利、和平共处。"

苏里南坚定奉行这些国际公认的原则，它们清楚地定义了我们是谁，并规定了国际关系中可预知的行动，从而营造出信任、理解与尊重的氛围。

此外，苏里南强调对话、外交、冲突的和平决议与政治经济合作进程的相关性，它们是构成稳定、和平与安全的要素。

一、互相尊重与包容

如果想要保证子孙后代的和平与可持续性，并享有普遍人权，尤其是各个文明的发展权，就必须表现出包容与相互尊重。

要考虑到，尊重人权是实现世界持久和平与稳定所不可或缺的组成部分，应承认各国文明相互平等，理应得到尊重。

与此同时，应珍视并尊重各个文化背景的价值与伦理，尊崇相互包容、交流与借鉴。

苏里南不倦地努力实现全国统一，从而形成一个丰富多彩而又高度融合的社会，其中包容成为巩固其存在的基本原则之一。

苏里南人拥有至少7种世界主要文化，多样性是我们的特色。苏里南珍惜其大量和谐交织的文化与宗教，将其视为最大的财富和独特的输出品。

就此而言，在应对威胁普世人权、包容多样性、青年赋权与提升女性和残疾人地位的共同挑战方面，苏里南提倡建立更加牢固的伙伴关系。

二、发展权

由于人权是日常生活的一部分，影响着世界各个角落人们的生活，因而每一个人的幸福都应作为可持续发展的重要来源，置于发展的核心位置。

对苏里南而言，发展权是一项普遍且不可分割的人权，这一点是毋庸置疑的。

在这一背景下，国际社会作为一个整体，应当承诺建立有利的国际环境，尤其要应对迁移、食品安全、全球公共卫生、气候变化与国际货币与金融体系的挑战。

苏里南承诺"不让任何人掉队"并承认赋权弱势群体对于创造保障全体人民幸福的社会是至关重要的。

发展权与每一个人的经济与社会福利是紧密相连的，进而与各国文明的存续也是密切相关的。

对于发展中国家而言，改善生活条件、增进人民幸福的教育、医疗与营生计划仍是首要任务。

正如首届南南人权论坛通过的《北京宣言》所确认的那样，"南南合作是推动发展中国家发展与人权进程的重要方式。"

在这一背景下，就要提到与中国合作，用于我们政治、社会与经济议程的各种发展项目与计划了。

可以看到，基础设施、农业、卫生与安全计划得以实施，贸易与经济合作也有所增加。

通过各种能力培养与奖学金计划对苏里南公民进行的投入，是确保其享有教育权的另一重要示例。

为了确保我国的未来及其领导力量，在各层级对公民教育进行投入是苏里南政府多个年度发展计划的主要支柱之一。

在努力改善国内人民生活质量方面，苏里南政府与人民订立了社会契约，其中人力资本的开发被置于中心位置。

在经济危机中，政府依旧坚持这一社会契约，它包含一个法律框架来保障每位公民的最低工资和医疗保险覆盖以及退休工人与老年人的退休金。

除了社会契约，充足的住房、获得优质教育、青年的参与、雇用与体育发展、提供就业机会、关爱残疾人与老年人仍是可持续发展与增长的首要任务。

在此方面取得的进步是受益于南南合作的一个明显的例子。

三、发展权："一带一路"倡议推动实现《2030年可持续发展议程》

构建人类命运共同体并为人权发展创造新的机遇与2030发展议程和实现可持续发展目标是密切相连的。

此外，牢固的伙伴关系对于利用机遇履行全球可持续发展议程，包括实现发展权而言都是至关重要的。

在这一方面,苏里南对"丝绸之路经济带"和"21世纪海上丝绸之路"作出的重要而积极的贡献表示欢迎。这一倡议是由习近平主席提出的,又称为"一带一路"倡议。

苏里南赞赏并欢迎该倡议,因为它描绘了一项为全球经济增长作出贡献的机制。

在基础设施开发、缓解气候变化、安全援助与文化交流等领域,"一带一路"倡议拓展了中国与许多国家和地区的关系,其中包括加勒比海地区。

2018年5月,首批加勒比海国家签订"一带一路"倡议,苏里南就是其中之一,因此在该倡议中,我们要重申苏里南的承诺、相互立场以及参与。

"一带一路"倡议不仅推动基础设施开发与互联,还成为加勒比海国家与中国在全球和地区治理的广泛问题及其它方面加深合作的入口。

苏里南正从"一带一路"框架及其五个相关领域获益,它们是:

(一)政策沟通

在此方面,我们在预防犯罪与安全领域已取得成就。

(二)设施联通

这包括实施各种基础设施与互联计划,其中包含安全城市项目、经济适用房计划和建设瓦尼卡医院。苏里南还希望近期与中国达成一项航空服务协议。

(三)贸易畅通

这一点与在贸易、投资和工业合作领域创造互惠机遇有关。我们正在探索开展平等伙伴间贸易的可能性,借此,苏里南的产品将以优惠的条件并按照世界贸易组织相应规则出口到中国市场。

(四)资金融通

我们正在探索机遇,在银行业开展业务。

(五)民心相通

在此方面,苏里南和中国推动两国人民交流,进一步发展姐妹城市网络,并在教育、文化、卫生、旅游和公共福利领域缔结合作协议。

作为一项国际倡议，"一带一路"可能为互利共赢实现进一步和平发展作出贡献。

在这一点上，苏里南同意第74届联合国大会主席提贾尼·穆罕默德-班德在不结盟运动第18届峰会上所发表的讲话，他说："通过创造、发展、创新与技术的传播来坚持提倡创造互利的国际经济环境是至关重要的。这一点可以在南南合作的框架下完成。"

经证实，"一带一路"倡议是实现《2030年可持续发展议程》的一个重要动力。

最后，我想重申，随着我们为人民和子孙后代的利益继续推动互利与坚实合作，苏里南本着相互尊重的精神，通过促进对话坚持自身对和平与发展所作出的承诺。

（作者梅里尔·格达·霍腾斯·玛隆系苏里南外交部多边事务高级主管官员）

人权与文化多样性

[伊朗] 穆斯塔法·阿拉伊

　　文化与伟大的宗教是全球人类文明的支柱。由于蕴含丰富的价值观,它们都在特定的历史时期或不同时代创立了源于人性的原则,为全世界的共同遗产作出了贡献。事实上,世界文明是杰出且普遍的文化与文明所固有的基本原则的熔炉。共同的人类原则是人权普遍性的基础和组成要素。从这个意义上讲,可以说源于人性的基本权利是普遍的。因此,正义、和平、人类团结以及基本人权等价值观是共同遗产的一部分。以历史回溯的方式进行分析,这种跨文化遗产从全球不同的价值信条中汲取力量与合法性。然而,作为人类文明的基石,不同的文化和宗教信条拥有在共同整体内维护和发展自身原则的固有权利,即普遍性中的多样性。此外,任何文明显然都无法自称是共同原则的绝对捍卫者或是人类文明的唯一基础,人权领域也包括在内。因此,不论是从常识的角度来看,还是以国际共识为基础,在国际层面上尊重文化和宗教多样性是国际和平与安全的基础之一。在这方面,推动尊重与严格遵守文化多样性极大促进与巩固了联合国的宗旨与原则。

　　另一方面,当前全球化进程中的人际关系和全球互动对这一领域产生了深刻的影响。由于不同地区的一体化市场与新政治联盟的兴起以及通信、生物技术和交通运输领域取得的进步带来了前所未有的人口增长,人们或是自愿或是被迫着离开了以往的孤立状态,逐渐聚集在一起。不同形式的全球化与民族和文化的融合带来了国际主义和多元文化主义,它们与多元主义相结合,或者甚至与之相抵触。对回归旧传统、旧习俗以及传统文化的坚持与基本价值观和个人身份认同感一道显露无疑。显然,如果没有这种认同感,人们就可能会陷入孤立、种族主义或偏狭。

因此,可以说,尊重文化多样性就代表尊重人权,并且可以加强创造了全球文明的各个文明、文化与伟大的宗教。

在逐渐全球化的世界里,人权普遍性范围内的文化多样性问题涉及多个方面。在主题方面,国际社会需要就如何保证人权与文化及传统协调一致的问题作出回应。在这种情况下,主要问题是国际人权如何存在于一个拥有不同文化的世界之中。因此,普遍人权和文化多样性领域存在一系列需要回应的问题与忧虑。在概念方面,如果结合联合国教科文组织发布的《世界文化多样性宣言》执行部分第14段,《世界人权宣言》第28条提到的"秩序"这一概念可以为这一领域引入一种充满希望的新观点。说得更明确一些,建立一个公平的国际秩序将在有意义地实现有助于和平及国际安全的人权方面发挥至关重要的作用。该秩序包括在和平与安全这一不可分割的整体背景下,从规范与结构的各个方面尊重文化多样性和普遍人权,并在国际体系中建立起相应的职能机制。为了在《世界人权宣言》第28条的背景下,给尊重文化多样性提供必要的理由,国际社会应密切关注概念化、国际决策以及国际制度化等方面的主要趋势。更为重要的是,在所有相关领域,如人权普遍性、发展、减贫、自由交流信息以及在联合国活动中的合作与团结,注重将尊重文化多样性纳入主流,是实现最终目标的有效途径。如果不在和平文化的大背景下将尊重文化多样性纳入主流,人道主义与和平理想将面临挑战和困难。因此,联合国大会、人权理事会、联合国教科文组织及其他相关国际组织应在不同领域内将尊重文化多样性纳入主流,并建立相关制度。下一步,在国际层面制定一项具有约束力的条约,将文化多样性领域内基于《宪章》的机制目标纳入会员国的承诺与义务之中这样的前景,也有可能变得更加有用和有效。

(作者穆斯塔法·阿拉伊系伊朗人权与妇女事务总司长、驻委内瑞拉前大使)

文明多样性背景下的人权道路选择

[多哥] 纳科帕·波洛

一、什么是文明

"文明"是指所有描述一个社会状态的技术、思想、政治和道德的特征的总称，这种描述不包含任何价值观判断。这是一种历史和社会状况。如此定义的文明在很大程度上可以被同化到"文化"这个概念中。

实际上，文化也被认为是描述社会或社会群体的独特精神、物质、思想和情感特征的集合。它不仅包括艺术和文字，还包括生活方式、相处方式、价值体系、传统和信仰。

文化在时间和空间范围上呈现出多种形式。这种多样性体现在人类和社会的唯一性和多元性上。作为交流、创新和创造力的源泉，文化或文明的多样性对人类而言是必不可少的，这一点与生物多样性在生活秩序中的重要性如出一辙。从这一点看来，文化是人类的共同遗产，也必须在现在和将来得到承认和肯定。

二、人权的基本内容

人权涵盖这样一个概念，即无论现行法律、风俗习惯、种族、国籍、性别和宗教信仰，每个人都享有一些普遍的，不可剥夺的权利。

因此，人权的基础是对人的尊严和价值的尊重。

无论身在何处，所有人都至死不渝地致力于实现《世界人权宣言》和其他诸如1966年颁布的国际公约（前者内容涉及政治和公民权利、后者是关于经济、社会、文化权利) 这样被广泛承认的法律文件中宣称的人权和基本自由。

但文明的多样性与人权的普遍性之间是否存在联系?

三、文明的多样性与人权的普遍性

文化多样性创造了一个五彩缤纷的世界。多样性孕育出交流,交流导致融合,而融合则可以实现进步。各文明的共存是基于对多样性的尊重。只有相互尊重、相互启发和和谐共处,才能创造出充满活力的繁荣世界。任何文明都是相关国家智慧和成果的结晶。文明即没有贵贱也不分好坏。我们必须促进对话与交流,而不应彼此排斥或替代,因为人类历史的特点就是通过不同文明之间的交流、启发和融合来体现。我们的目标是本着尊重、平等、开放和互惠的精神,促进人类文明的创造性发展。

从道德层面上来看,捍卫文化多样性也是当务之急,因为此举与尊重人的尊严密不可分。

文化多样性是发展的动力。人类发展与人权和谐进步、相互促进,同时个人的能力会得到强化,人们的权利和基本自由也会在充分尊重文化传统的情况下得到保护。

联合国教科文组织前总干事松浦晃一郎对此表示赞赏,认为尊重文化遗产的原则“使人们能够了解自己”,同时也是“理解他人的关键”。

在如今加速动荡的国际舞台上,人类正处在其历史的关键阶段,必须选择对话作为战略手段以应对国际社会面临的主要挑战。为了使民族与国家之间更好地共存,对话被证明是消除与人权问题相关的国际紧张和对抗的最可靠途径。

的确,文化之间的对话似乎是人类最基本的内在需求。作为原始统一人类大家庭多样性的历史表现,各类文化可以在对话中发现其现存特殊性、相互的共通性和对其他文化的理解。

教宗若望·保禄二世在2001年1月1日举行的世界和平日的庆祝活动中重申,“对话的目的是对多样性的丰富性的承认,其核心是怀着切实合作的远见实现相互接纳，以实现全人类大家庭统一这一神圣使命。因此，对话是实现博爱与和平文明的重要工具。"

必须摈弃文明、文化中的地域分歧，对人权进行承认和保护。因为按照雷内·卡辛 (René Cassin) 所述："每个人身上都有某种普世的东西"。

我认为，每个国家、每个民族都有义务确保其人民在各个层面 (经济、社会、文化等) 的福祉并促进"自己人"与其他人和睦相处，克服文化和语言上的多样性，甚至是对待对立文化亦不例外。

这种将人视为"万物评判尺度"的哲学思想源于普遍意识，是所有文明的共同遗产。任何人都应享有人权，而人权应在世界各地被承认。它代表了"人类家庭所有成员的固有尊严"，任何种族、性别、语言或宗教上的差异都不能改变这一点。

《世界人权宣言》属于每个人。虽然它不属于国家或文化，但它可以对国家和文化实施约束。无论现在或将来，它都是"所有民族和国家应实现的共同理想"。

讨论人权文化意味着将人置于社会的中心，经济、社会和文化发展都应该围绕人来进行。人权文化并不等同于文化统一，它与文化的多元性以及不同文化之间的交流并不矛盾。因此，必须将文化多元化视为一种财富，而不是承认《世界人权宣言》中提到的价值观普遍性的障碍。文化多元化从某种意义上说可以丰富人权，因为它可以更好地理解人类的复杂性。每种文化都在与其他文化的交锋中丰富自身，并发现了自己的独特之处。

最后我还想说承认传统文化中的多元元素是有必要的，这样可以促进增进对人权的尊重和捍卫。以传统文化中借鉴的手段和共同价值观为基础，人们可以实现人权的促进。这种做法不仅鼓励包容、相互尊重和理解，也促进在维护人权方面实施有效的国际合作。更好地理解传统文化保护其人民福祉的方式将凸显出人类尊严的共同基础，这个基础也能够更好地促进和保护人权。

多哥也一直在为争取更有效的人权而努力，已经通过了的《国家发展计划》(PND 2018–2022)，目标就是从结构上改变经济，实现强劲、可持续和包容性发展，为所有人创造就业岗位，并促进社会福祉。我们欢迎投资者、合作伙伴以及所有善意的人们与我们共同努力。

四、总结

最后，我想请大家阅读习近平主席的著作《论坚持推动构建人类命运共同体》，该书的法文版已于2019年9月3日在多哥发行。这本书谈到，面对这个充满不确定性的世界，任何国家都不能独善其身。因此，习近平主席请我们倾听新的声音，采用对话、合作而不是对抗的方式处理国家之间的关系。

（作者纳科帕·波洛系多哥人权委员会主席）

人权与法律传统的关系

[塞尔维亚] 奈纳德·武伊奇

实在法的实质渊源与形式渊源受为数众多、种类各异的社会因素的影响，从它们实施领域的角度来看尤其如此。我们首先讨论涉及该领域且能对特定法律秩序的前景产生重大影响的各种社会因素。

没有必要，实际上也不可能在此列举出构成有组织社会的全部决定因素。我们只挑选影响法律结构、旨在从空间和时间现象的角度列举各种法律体系根源的因素。这会成为划分现代世界主要法律体系的基础。此外，这将帮助我们解释，如何在过去几十年间，通过在联合国及其他和平的国际协会和一体化过程中实行那些已宣明并编纂的人权并将其国际化，从而在许多重要方面与这些体系接近。

一、决定性因素

从这些前提出发，考虑到空间的多样性，我将阐述影响实在法的渊源、性质和实施的重要的法外社会因素，即：作为具体化正义原则的司法公正与公平的程度；作为民主文化制度与高度理性的宽容；科学与哲学的概况；道德基础和既定行为规范的传统；经济发展；政治成熟度、公平法治和法律确定性；知识文化的地位以及知识发明的创造；环境伦理；社会凝聚力；健康保障；工作习惯与职业道德；家庭和家庭结构；作为社会理念基本构架的和平文化；公众的地位；技术和工艺的背景水平；实现人权的水平与同案同判的原则。

二、长期过程

正如所证明的那样,如果上述的一系列决定因素构成了行使人权所依赖的社会文化特征,那么人们可能会得出这样的结论,即在全球范围内,国际社会的这一重要问题无法在不久的将来得到解决,并且这一进程将无限期地延续下去。

正义是一种普遍和绝对的价值,从某种程度上来说,它已在具体的实在法中得到了落实。一旦实在法在一个社会的正义构成中得到理解和实现并被接受为基本美德,该社会的法律渊源与应用就是合法的。这将我们引向了建立在同案同判伦理原则上的正义。

三、宽容与人权

对实在法的空间和时间维度产生重大影响的下一个决定因素是在社会和法律关系中采取普遍宽容,这是民主文化的先决条件。

在这方面,通过了几项联合国决议和公约,强调宽容是对世界文化多样性的尊重、接受和欣赏。宽容源自知识、开放、交流以及思想、良心和信仰的自由。

宽容并不意味着让步、仁慈和纵容;最重要的是,这是一种反映在保护个人和集体人权中的积极做法。

如果想要实现普遍性,国际文件就必须承认所有法律文化的尊严和价值,同时给予其应有的尊重,维护多样性这一财富。事实上,这意味着从本质上尊重人权。

这就是为什么有必要特别关注主要法律体系的原因。这些体系的不同之处就在于法外因素对实在法框架和内容所产生的影响。

四、不同的法律传统和法律体系

纵观实在法的各个发展时期,20世纪下半叶之前,实在法一直都以几项法律传统为核心。这些传统往往并不一致,有时甚至极端对立。文献描述了著名比较法理论家制定的所谓的主要法律体系的各种分类和可能的类型。无论如何,这些分类证明实在法中确实存在若干法律体系并且传播到了更为广泛的地域。不同法律体系的存在可以追溯到公元前5世纪，当时梭伦和吕库古编纂并撰写了著名的法律。为了使这些努力能够获得成功，他们首先必须环游整个地中海，熟悉那里的法律制度。当时没有今天这样的互联网，但他们确实需要寻找新的经验和知识，需要通过亲自前往实地、深入了解具体的法律体系来满足这一需求。他们采纳的基础是：没有细胞就没有有机体；没有实体就不能生存；反之亦然，没有其组成部分实体就无法生存；以及这些实体是不同的。

说到不同的法律传统和体系，首先应该说，在全球范围内，它们是与不同民族的民族存在和文化身份相关的时代发展的产物，也是在对特定法律体系的特征产生重大影响的各种因素作用下的结果。

原则上，人们可以勾画出20世纪五大法律体系的草图。

第一个法律体系由欧洲法律文明组成，以希腊罗马为基础的法律文化被统称为欧洲民法。在欧洲民法中，罗马法，尤其是私法，是这一法律传统的奠基石。它根据时代的需要发展出了自己的体系。不须说，这些是跨越了一千多年法理学的罗马法制度，同时也受到了坚持道德原则与人类自然法之间紧密联系的希腊哲学（斯多葛学派）的强烈影响。说到欧洲法律传统中民法制度的演变，首先应当强调，欧洲民法的确是在一般法律类别、成文法以及这些法律法典化的基础上发展起来的，尤其是自19世纪初起，一直延续到当代法律。

第二个法律体系是普通法体系，体现在并衍生自盎格鲁-撒克逊法的立法技术。这是英语国家（如英国、澳大利亚、新西兰、美国等）盛行的、具有英国法律传统的普通法，其本质上作为司法法律适用于不受书面法规管制的法律关系。事实上，这是关于法律规定和法律原则的体系，主要属于民事诉讼性质。法律法规不由立法机构颁布，而是根据以往在司法判决中确立的长期习惯和判决先例创建的。

根据一些作者的观点，欧洲大陆法和普通法这两种法律体系的渊源存在诸多不同，因此它们主要在法律运作的技术上相互对立，这使我们了解到了独立实体，尽管许多法外因素——意识形态、经济结构、基督教道德规范和社会关系存在相似之处。

第三类法律体系是基于伊斯兰宗教的伊斯兰教法。《古兰经》是其主要的法律渊源。除法律外,《古兰经》还体现了主要的宗教原则和道德规范。这项法律的主要渊源是融合了先知穆罕默德的教义及其生活方式的《圣训》(传统)。根据伊斯兰科学,除《古兰经》和《圣训》外,伊斯兰教法的其他渊源还包括共识和公议原则(ijma mu amalat)以及通过类比推理从现有立法中得出的规范。可以看出,该法律体系不同于基于罗马法演变而来的欧洲民法或是普通法体系中的法律。从法律的范围、渊源和性质,到因违反规范所导致的制裁的类型和性质,它们之间存在着巨大的差异。然而,说到伊斯兰教法的应用,还应该强调,从最初且唯一使用伊斯兰教法到混合法律制度,采用伊斯兰教法的国家之间也存在众多差异,这也意味着存在属于其他法律体系的法律制度。

第四个法律体系是印度法体系(特别是私法),包括印度教法律、伊斯兰法和习惯法(20世纪前,尚未废除)以及现有的实在法。法律的其他渊源还包括公平原则和盎格鲁-撒克逊法的一些要素。

第五个法律体系是中国法体系。20世纪上半叶之前,中国的法律体系建立在儒家思想的基础之上。20世纪下半叶,中国法律进入现代化时期,开始由成文法组成,某些法律领域甚至出现了法典化。然而,中国的法律仍然重视良好的法律实践与既定的行为规则,符合数百年来的习惯与良好的法律传统规范。

正如所证明的那样,主要法律体系在实质渊源和形式渊源上互不相同。不过,这些差异固然重要,但就其一般特征而言,同一法系的国家之间也存在这些差异。

所有这些都证明,法律是根据法律马赛克原则创立的,马赛克中的每一部分都包含一个更小的独立马赛克,前几个世纪尤是如此。

可以理解,不同法律体系和法律传统的存在是各种社会因素影响之下的结果。这些因素,例如正义、宽容、科学、哲学、宗教、道德规范、经济文化、伦理、社会凝聚力、工作习惯、家庭关系、技术和科技发展以及其他因素,对法律的特征以及法律科学产生了重大影响。

这些体系往往都被叫做"法律的孤岛",但是它们不可能始终处于孤立状态;

自古代律师梭伦和吕库古所处的时代以来,特别是19世纪至今,它们始终受到其他法律体系的永久影响,这就产生了法律传统和法律体系之间相互影响的众多例子。因此,我们今天在谈论一门叫做比较法的法律学科。通过比较法,我们可以更好地了解自己的法律;切实解决法律冲突中的外国事实要素问题;为可能的政府间和国际协定做好准备;促进经济合作。

五、法律体系的近似

显然,自20世纪下半叶起,与前几个世纪相比,法律体系受到了更高程度的相互近似与影响。这种现象自然是由许多原因所造成的。在这里,我们不得不再次回到各种因素产生的影响这个话题上。

这里应该指出这种近似的两种表现形式。一种是指体系内的相互统一,另一种更为重要的形式是联合国许多文件所宣明并编纂的人权的落实与国际化。

换句话说,总的来说,这种近似可被视为两个平行的过程。产生这种现象的原因可以从各国之间以及包括经济、文化、政治、法律和福利等社会生活各领域所出现的大量双边或多边关系中窥见一斑。

一个过程是编纂和协调立法及法律的产物,这是相似法律体系之间进行更完整、更有效的沟通的一种方法(我们可以称之为局部内部编纂)。这一进程意味着法律规范的统一,它可能包括一个或多个国家,这里我们会谈论内部编纂。两类因素可能影响局部内部编纂的进程。第一类包括自然因素,如气候、地理特征和居民的生活方式(如果其取决于地理条件);第二类包括意识形态性质的因素,如政治制度、宗教和习俗。另一个同时发生的进程是在作为世界组织的联合国内部编纂和实施人权。

当代局部内部编纂的一个例子是代表经济、社会和政治一体化的欧洲联盟。这是欧洲大陆的一体化。这种一体化正在形成,不会仅仅因为所有欧洲国家都加入欧洲联盟便结束。相反,只有当所有欧洲国家都加入之后,这种一体化才能获得充分的合法性以及进入局部内部编纂第二阶段的能力。第二阶段意味着更全面地实行已经建立的共同体制,这些体制十分重视欧洲所有国家的传统价值观。然而,这条道路上存在许多障碍,例如:不同的资源、习俗、传统、哲学、失业率上升、移民、不安全、恐怖主义、环境问题、小国担心自己的利益被大国无视、欧洲预算以及一些欧盟成员国的金融危机、协调欧洲民法与普通法的进程、价值观、通过强制性欧盟指令实行经济和法律治理以及人权的编纂。所有这些因素都阻碍了欧洲实现"多元化统一"。

与局部个人编纂不同,在自20世纪下半叶至今的同一时期,在所有上述法律体系的参与下,另一个与联合国内部人权编纂有关的进程正在进行。

1948年的《世界人权宣言》标志着这一漫长进程的开始。《世界人权宣言》是一项应由所有民族和国家一同实现的共同标准。它位于科学体系之上,但又不是一个坚实的法律规范体系。因此,它并不认可源自《宣言》的其他国际文件所实现的法律保护,但却会以它们为参考。更具体地说,它不具备法律约束力,但时间仍然证明,它的许多条款已成为一般法律原则意义上的国际法渊源。我们见证了这两个进程相互交织的过程,包括许多区域一体化"并入"这种全球主流一体化、纳入一系列复杂的一体化进程。鉴于语言领域不同,这些进程的名称可能不尽相同,但它们的含义却几乎相同。这就导致我们逐渐走向全球化,不同的作者对全球化利弊的看法几乎截然不同。正是由于这种发展,我们面临着现代技术的扩张,最突出的就是信息技术,此外还有各类的通信的扩张。除各类货物运输与智力创造的交流之外,电子和卫星通信设备的发展已经达到了令人难以想象的水平,使得人类生活在许多方面实现了全球互联。暂且不对这种技术发展可能带来的未来做出威胁性预测,但是毫无疑问,目前的高水平技术发展是全球化的主要因素之一。正如所证明的那样,全球化不是一个同源体系,也不是一个单向体系,更不能仅仅归为一个好现象或是一个坏现象。正是由于全球化,全球层面——而不仅仅是在联合国内部——的权利编纂进程加快了。然而,当全球化被用作歧视人民、强加外国价值观和传统的手段,作为将除极端贫困国家之外的世界进一步并且更深刻地划分为富国和穷国的工具,甚至打着保护人权的旗号,部分成为侵犯已宣明与编纂的人权的手段时,当所有这些都是为了实现贪欲指挥下的某些狭隘利益 (经济、意识形态、宗教、领土、金融、军事及其他类似利益) 时, 那么, 这种全球化就会孕育并带来文化战争和暴力战争。这与法律形成了鲜明对比。

我们在考虑联合国文件中申明的当代个人与集体人权时, 除了已经取得且明显的巨大进展外, 其与已经取得的人权之间仍然存在重要的区别。造成这种情况的原因是多种多样的, 取决于现代世界的时空现实、地理和意识形态因素、宗教和哲学意识与良知, 以及一个社会的经济能力及其技术发展。简而言之, 这一切都取决于特定社会的总体认同。除了这些导致宣明与实现之间差异的客观因素之外, 还有一个主观因素, 反映在我们试图在谈论人权时强加所谓的 "正确" 定义。被忽视的是每个社会根据包括其传统和文化在内的客观因素保留差异的权利, 以及决定和界定个人权利与在国家中人格化的有组织社会的权利之间的权利平衡。承认每个社会都有保留差异的权利, 人权将更全面、更公平地适用于特定领域中特定的社会关系及其法律制度、传统、哲学和文化。换句话说, 如果要在空间和时间层面实现联合国文件所设定的目标, 个人和集体的基本人权以及每个社会的差异权都应得到理解与践行。

六、结论

个人和集体的人权都必须作为一般文化——知识、精神和物质文化——的一部分。它们是每个人和所有人文化的一部分, 不论人民的身体和智力能力以及他们所处的协会及更广泛的社区之间是否存在任何差异, 包括国家主观因素及其联盟。将人权从传统和民族的具体特征中分离出来的做法会导致对法律的否定和对法律编纂过程的滥用。

(作者奈纳德·武伊奇系塞尔维亚司法学院院长)

世界文明多样性的人权道路

[中国] 鲜开林

在经济全球化和世界文明多样性遇到霸权主义和强权政治严重挑战的今天，中外人权专家齐聚北京2019南南人权论坛，广泛深入探讨世界文明多样性背景下各国自主选择适合本国国情的人权发展道路，无疑具有鲜活的时代价值和深远的历史意义。

一、善于维护和尊重世界人权文明的多样性

人权作为人类不同文明的共同价值理念，既是普遍的更是特殊的。人权特殊性决定和规定普遍人权的真正实现和鲜活特征。只有着眼于特点和发展，世界人权之园才能百花齐放，活力无限。因此，要善于维护和尊重世界人权文明的多样性。

善于维护和尊重世界人权文明的多样性是世界文明多样性的内在规定和生动表现。世界各国各民族的文明多样性，应该加强相互交流、相互学习、相互借鉴，而不应该相互隔膜、相互排斥、相互取代，这样世界文明之园才能万紫千红、生机盎然。

习近平在纪念孔子诞辰2565周年国际学术研讨会暨国际儒学联合会第五届会员大会开幕式的讲话中指出："'物之不齐，物之情也。'和而不同是一切事物发生发展的规律。世界万物万事总是千差万别、异彩纷呈的。""如果万物万事都清一色了，事物的发展、世界的进步也就停止了。"[1]

---

[1] 《习近平在纪念孔子诞辰2565周年国际学术研讨会暨国际儒学联合会第五届会员大会开幕式上的讲话》[R].《人民日报》2014年9月24日。

以文明交流超越文明隔阂，以文明互鉴超越文明冲突，以文明共存超越文明优越，树立平等、互鉴、对话、包容的文明观一直是中国所倡导的构建人类命运共同体思想的重要方面。人类文明多样性是世界的基本特征，也是人类进步的动力源泉。世界上有200多个国家和地区、2500多个民族、多种宗教。不同历史和国情，不同民族和习俗，孕育了不同文明，不同文明求同存异、开放包容，并肩书写相互尊重的壮丽诗篇，携手绘就了共同发展的美好画卷。

促进和而不同、兼收并蓄的文明交流对话，在竞争比较中取长补短，在交流互鉴中共同发展，使文明交流互鉴成为增进各国人民友谊的桥梁、推动人类社会进步的动力、维护世界和平的纽带。习近平在访问布鲁日欧洲学院的演讲中讲过一个生动的例子："正如中国人喜欢茶而比利时人喜爱啤酒一样，茶的含蓄内敛和酒的热烈奔放代表了品味生命、解读世界的两种不同方式。但是，茶和酒并不是不可兼容的，既可以酒逢知己千杯少，也可以品茶品味品人生。"[1]这个精彩的比喻道出了文明交流的无限可能性——两种甚至多种异质文明既可以和谐相处，又可以在此基础上形成一种新的思维方式或生活方式。

承认、尊重成员国文化文明多样性是开展信任对话和建设性伙伴关系的重要基础。在世界面临不稳定性不确定性因素不断增加的时期，只有在文明交流中，扬彼之所长补己之所短，才有可能形成应对未来的新思维。丰富多彩的人类文明都有自己存在的价值和独特优势。每一个国家和民族的文明都扎根于本国本民族的土壤之中，都有自己的本色、长处、优点。"丰富多彩的人类文明都有自己存在的价值。要理性处理本国文明与其他文明的差异，认识到每一个国家和民族的文明都是独特的，坚持求同存异、取长补短，不攻击、不贬损其他文明。"[2]

任何想用强制手段来否定世界文明多样性的愚蠢做法都将给人类文明带来灾难。"不要看到别人的文明与自己的文明有个同，就感到不顺眼，就要千方百计去改造、去同化、甚至企图以自己的文明取而代之。""历史反复证明，任何想用强制手

---

[1] 《习近平在访问布鲁日欧洲学院时的讲话》[R].《人民日报》2014年4月1日。

[2] 《习近平在纪念孔子诞辰2565周年国际学术研讨会暨国际儒学联合会第五届会员大会开幕式上的讲话》[R].《人民日报》2014年9月24日。

段来解决文明差异的做法都不会成功，反而会给世界文明带来灾难。"[1]美国单边主义的"违约退群"更是不得人心的。

二、各国有权选择适合国情的人权发展道路

没有最好的人权模式，只有适合本国国情的模式。各国具体国情不同，人权发展道路多种多样。"鞋子合不合适，只有穿鞋的人自己才知道。"[2]坚持人权普遍性原则与各国具体国情相统一，既符合《联合国宪章》的宗旨和原则，更是各国有权选择适合本国国情发展道路自主性的强烈意愿。国家不分大小、强弱、贫富，都是国际社会平等成员，都有自主选择发展道路的权利。

习近平指出："我们主张各国和各国的人民共同享受尊严，鞋子合不合脚穿着才知道，一个国家的发展道路，只有这个国家的人民才知道"[3]，"坚持人权的普遍性和特殊性相结合的原则"，"走符合本国国情的人权发展道路"[4]。各国有权自主选择符合本国国情的社会制度和人权发展道路。中国特色人权发展道路是世界文明多样性与本国国情相统一的成功范例，为南南人民自主选择提供了中国智慧和中国方案。

生存权和发展权为首要基本人权发展道路。历史和现实再三告诉我们：从站起来，富起来，到强起来的中国新时代，是中华民族自近代以来谋求生存发展权利、实现民族独立和伟大复兴的人权初心和使命。要将世界上人口最多的落后农业国变成一个富强民主文明和谐美丽的社会主义现代化强国，必须把人民的生存权和发展权作为首要的基本人权。正是因为我们紧紧抓住发展这个第一要务，才能在充分发展的基础上突破人权发展的瓶颈，协调推进各项人权事业的全面发展。当前，人民日益增长的美好生活需要和不平衡不充分的发展之间的矛盾成

---

[1] 《习近平在纪念孔子诞辰2565周年国际学术研讨会暨国际儒学联合会第五届会员大会开幕式上的讲话》[R].《人民日报》2014年9月24日。

[2] 《习近平出席美国副总统拜登和国务卿克林顿夫人希拉里共同举行的欢迎午宴时讲话》[R].《人民日报》2012年1月15日。

[3] 《习近平在访问俄罗斯时讲话》[R].《人民日报》2013年3月27日。

[4] 《习近平致信祝贺首届南南人权论坛开幕式》[R].《人民日报》2017年12月7日。

为我国社会主要矛盾。解决新时代的社会主要矛盾，仍然要把生存权和发展权作为首要的基本人权。

依法有序协调推进的人权发展道路。通过制定法律、政策、战略规划和行动计划等加强人权法治保障。我们把人权保障作为法治的重要目标，将人权保障贯穿于科学立法、严格执法、公正司法、全民守法诸环节，着力构建完备的人权保障法治体系，保证人民依法享有更加充分的权利和自由。我们坚持以法治促进全面深化改革，突破制约人权发展的体制机制障碍；以法治促进经济社会协调发展，为人民提供更多更优质的人权保障；以法治化解各种矛盾纠纷，在对权利义务关系的协调中实现人权；以法治维护社会稳定，营造人民享有充分人权的良好社会环境，人权法治保障的力度、广度和深度全面提升。中国特色人权发展道路必将在中国人权事业的全面推进中展现出更加显著的优越性。

以人民为中心的人权发展道路。坚持以人民为中心的人权理念，把增进人民福祉、保障人民当家作主、促进人的全面发展作为出发点和落脚点，把人民对美好生活的向往作为奋斗目标，不断提高尊重与保障人民各项基本权利的水平，努力全方位保障人权。以人民为中心的人权理念继承和发扬中华优秀传统文化的精华，同时深刻把握人的价值、基本人权、人格尊严对社会发展进步的重大意义，强调维护人的尊严和权利。在实践中，这一人权理念表现为努力促进全体人民共同享有人生出彩的机会、共同享有梦想成真的机会、共同享有充分人权，将对人格尊严的尊重和维护落实到促进人的全面发展和享有幸福生活上来，彰显了中国人权发展的真实性和广泛性。

各项权利全面协调可持续发展的人权道路。中国特色人权发展道路强调人权是一个不可分割、相互联系的权利有机整体，以生存权、发展权为首要的基本人权，依法保障全体社会成员平等参与平等发展的权利；强调以改善民生权益为重点，协调增进全体人民的经济、政治、文化、社会、环境权利可持续协调发展。

新中国成立以来，特别是党的十八大以来，中国人权事业快速发展，取得了举世公认的伟大成就。中国党和政府始终自觉尊重和保障人权，把人权的普遍性原则和中国实际情况相结合,走出了一条符合中国国情的人权发展道路。正是沿着这条道路,我们坚持不断改善人民生活,努力促进人的全面发展,中国各族人民的经济、政治、文化、社会、环境等权利的保障机制不断健全,权利保障水平持续提升。人民生活水平快速显著提高,实现了从贫困到温饱、再到小康的历史性飞跃。1949年中国居民人均可支配收入为49.7元,2018年增加到28228元,名义增长566.6倍,扣除物价因素实际增长59.2倍。按照2010年农村贫困标准,1978年末中国农村贫困人口7.7亿人,2018年末减少到1660万人。这不仅是中国人权事业的伟大成就,而且对促进世界人权事业健康发展作出了卓越贡献。

三、反对美式人权的唯我独尊和双重标准

真理总是同谬误相比较而存在、相斗争而发展的。在反对美式人权唯我独尊和双重标准的斗争中,共同构建人类命运共同体,推动世界人权事业健康发展。美国霸权主义和强权政治无疑是破坏世界文明多样性的罪魁祸首,反对美式人权的唯我独尊和双重标准,无疑彰显了世界人权文明多样性的革命批判本质。

美式人权的唯我独尊就是从根本上否认世界文明的多样性,极度张扬地把美式人权价值观念、美式人权发展模式、美式人权发展道路唯一绝对化、唯一神圣化。而其它各国的人权观念、人权发展模式和人权发展道路统统都是绝对不相容的异己力量,要么制裁打压,要么制造种种人道主义灾难。这是典型的美国霸权主义唯我独尊,唯我至上,唯我任性的强盗逻辑。

美国自称是一个具有"人权传统"的民主自由国家,但事实远非如此。至今美国仍没有参加1966年联大通过的两个重要的人权国际公约,即《公民权利和政治权利国际公约》和《经济、社会和文化权利国际公约》。美国拒绝签字的其他国际人权公约还有《禁止并惩治种族隔离罪行国际公约》《禁止酷刑和其他残忍、不人道或有辱人格的待遇或处罚公约》。然而,它却以世界人权警察自居,对其他国家内政肆意干涉。每年美国的国别人权报告,就充分证明了这一点。美国人权的历史记录极不光彩:美国对印第安人一贯推行种族灭绝政策,致使印第安人濒

临死亡。黑人是美国第一位的少数族裔，人口达2700万。美国历史上就有贩运黑奴的纪录，长期实行奴隶制度。今天，奴隶制度虽已废除，但对黑人的歧视仍然严重存在。这种歧视在经济、政治、社会生活、教育等方面都有突出表现。美国黑人的经济政治地位低下，存在着最高的失业率、贫困率、发病率、死亡率，恶劣的教育状况等。正像有的美国评论家所说，现在美国黑人正"面临着自我毁灭的形势"。作为联合国安理会常任理事国，美国至今尚未签署《经济、社会和文化权利国际公约》，并悍然退出联合国人权理事会。美国极度张扬任性的系列"违法退群"事件，无疑充分暴露出美国唯我独尊的霸权本质。

美式人权的双重标准，名为人权实为霸权，名为人道实为霸道。近年来，美国打着关心我国新疆人权的幌子，一而再、再而三污蔑、抹黑中国的治疆政策。2019年联大期间，美国举行所谓关于新疆问题的讨论会，诋毁新疆反恐和宗教政策；2019年9月11日，美国国会参议院通过了所谓的"维吾尔人权政策法案"，老调重弹，呼吁美政府就涉疆问题加大对华施压力度。这些政治闹剧，对新疆的人权状况和中国依法治疆行为进行无端指责，是粗暴干涉中国内政的表现，暴露了其所奉行的人权双重标准。美国国会参议院通过涉疆法案，正是美国无视基本事实，诋毁中国政府反恐和去极端化措施的拙劣行径。

事实胜于雄辩。近年来，我国通过依法治疆，既就反分裂、反暴恐、去极端化进行了有效治理，也保障了新疆各族人民的人权。新疆社会和谐安定得到新疆人民和国际社会的公认，新疆各族群众的获得感、幸福感、安全感大幅提升。2019年以来，已有上千名包括美国在内的外交官、媒体、学者等各界人士赴新疆参访，实地考察教培中心。参访者普遍表示，实际情况与某些西方团体和媒体的描述完全不一样。2019年7月26日，50个国家联名致函联合国人权理事会主席，支持中国在涉疆问题上的立场，指出新疆设立教培中心等举措有效预防了极端和恐怖主义，保障了基本人权。在这些国家中，近30个国家是伊斯兰合作组织的成员国。这充分表明，国际社会对新疆人权成就和反恐、去极端化成果自有公论。我国依法治疆所做的一切，都是为了2500万新疆各族人民的幸福安康，都是为了给国际反恐事业作出贡献。恐怖主义、分裂主义和宗教极端主义给新疆各族人民造成严重伤害,践踏人民生命权、健康权、发展权等基本人权。中央政府和新疆各民族人民团结一心,共同采取一系列反恐和去极端化措施,包括设立职业技能教育培训中心,有效保障了新疆各族人民的基本人权,得到了新疆各国人民的真心拥护和国际社会的普遍赞扬。新疆已近3年未发生暴恐事件,新疆各族人民的幸福感、获得感、安全感普遍显著增强。

其实,美式人权的唯我独尊和双重标准,并不是什么新鲜事物,只不过是新老殖民主义、新老霸权主义强盗逻辑在当今新形势下的新变种。我们要维护和尊重世界文明的多样性,就必须坚决反对美式人权的唯我独尊和双重标准。在反对美式人权唯我独尊和双重标准的斗争中,共同构建人类命运共同体,推动世界人权事业健康发展。

总而言之,世界文明多样性背景下的人权发展道路:善于维护和尊重世界人权文明的多样性,各国有权选择适合本国国情的人权发展道路,反对美式人权的唯我独尊和双重标准。

(作者鲜开林系中国人权研究会理事、东北财经大学教授)

人权的多方面性及科摩罗的宗教习俗实践

[科摩罗] 伊本·伊斯梅尔·优素福

我要阐述的主题是关于科摩罗公民的生活方式的特殊性，要理解这个问题，请允许我简短地介绍一下我的祖国科摩罗。

被称为"月亮群岛"（阿拉伯语"Juzr Al Kamar"）的科摩罗群岛是一组位于印度洋的火山岛屿，具体位于非洲的东南部，莫桑比克海岸线以北和马达加斯加的北角之间。它的四个主要岛屿分别是：大科摩罗，莫埃利岛、昂儒昂岛和马约特岛，其中马约特岛自1975年独立以来由前科摩罗殖民国法国管理。目前，这三个岛屿的人口为90万（2017年数据）。岛上最早的人类居住痕迹可追溯到8世纪的安塔落人（Antalotes），（欧洲人错误地称之为布希族人）。从那时起，许多族裔相互融合，首先是印度尼西亚人和马达加斯加人。13世纪，设拉子的波斯人的到来将伊斯兰教带到了这里，此外乌干贾（桑给巴尔群岛）人以及肯尼亚和坦桑尼亚的沿海城市奔巴和拉穆的居民也来到这里定居，因此这里还保留了一种繁荣且著名的文化——斯瓦希里语。1505年，葡萄牙人发现并登上了科摩罗群岛。1841年，法国人来到科摩罗并对这里的四座岛屿进行了殖民。1975年，科摩罗成功独立，但马约特岛仍归法国人管辖。

科摩罗联盟是一个包容且反对暴力的社会，在这里的人们安详地生活着，他们倡导人道主义的宗教活动并秉持传统的和平、团结和宽容的理念。

科摩罗接纳信仰自由。举个例子，天主教会及其教堂的钟楼在每个星期天都在和平和安宁的氛围中组织弥撒活动。这里的其他宗教派别也在没有任何担忧和压迫的环境中存在着。不可否认，在科摩罗联盟伊斯兰教是社会的基石和灵魂，但是这个宗教的清规戒律既不严格也不排他,其他宗教的信徒并不担心。根据传统,的确存在一些管理机制,它们的作用是保证各个村庄之间的和平共存。被称为"要人"的地方的长老都规定了社会性质的制裁措施。

我们决定在大家面前讨论这个话题并与其他人交换意见,看大家对普世背景下文明的多样性与人权发展有什么看法。

是的,人权的普遍性已是现实:文化多样性被视为对普遍性的丰富。

在米歇尔·萨瓦多戈(Michel SAWADOGO)教授看来,"普遍主义还源于世界所有国家在丰富人权问题上的可能性与向往"。

在此基础上,科摩罗通过宗教和习俗的方式在法律法规和社会经济层面上采取措施,以防止损害联合国和该国的发展伙伴倡导的普世人权;

由于科摩罗以分享和宽容精神为基础的生活方式与普世人权并不矛盾,因此科摩罗的法学家对南南国家构想西方的人权标准持怀疑态度。对欧洲人权概念的接受是"不正常的"。

我们都同意人类的普遍性,那么其权利的普遍性也顺理成章。《世界人权宣言》中列出的对人权的看法,不会随科摩罗的法律制度和社会背景而改变,科摩罗人通过宽容的宗教和习俗充分地表现出普世精神,并张开双臂拥抱其他无损于当地社会秩序的文化。

科摩罗联盟于2019年修改了宪法,新版本更加符合国际人权文件中的要求,强调了人权的合理普遍性,这是一条有效的途径,让科摩罗能在2030年脱颖而出。

这是我们总统阿尔·伊玛目·阿扎利·阿斯苏马尼(AL IMAM AZALI ASSOUMANI)的雄心,我希望他能够实现自己的承诺,让月亮之岛闪耀在国际舞台,让科摩罗人民自豪地发现,他们的习俗和宽容的伊斯兰教绝不会对人权的普遍性产生威胁。

(作者伊本·伊斯梅尔·优素福系科摩罗国家人权与自由委员会委员)

论人权的普遍性、特殊性和文化的相对性

[中国] 张爱宁

一、人权的普遍性

人权的普遍性首先体现在人权主体的普遍性。人权源于人的本性和尊严。基于人性的无差别性，人权是超越了种族、肤色、性别、语言、宗教、政见、国籍、社会出身、财产状况、文化水平等区别，由人类社会所有成员共同享有的权利，而不是某些人的特权，因此人权的主体具有普遍性。

人权的普遍性还表现在人权标准的普遍性。国际人权法被定位为国际法的一个分支，如果说国际法被视为一种跨文化的法律，我们则可以用它来验证确实存在着某种共同的人权标准。[1]这种共同标准是实施人权国际保护的准绳和尺度，是各国人权立法、人权司法以及其他人权保障措施应努力达到的目标，是人权的共性在国际人权领域的基本表现。[2]人权国际共同标准的确立是以我们这个时代对人权的普遍接受为前提的。自联合国成立至今，国际社会已通过了近百个国际人权文件；世界绝大多数国家加入了1966年的国际人权两公约，并据此承担了实现公约所规定的权利和自由的国际法义务，而其他没有签署或签署但还没有批准公约的国家，也几乎都表示同意或支持公约的内容；世界上已有170多个国家的宪法规定了对人权的保护；没有哪个政府公然否定人权，对于侵犯人权的谴责成为国际关系中所能够做出的最强烈的谴责之一。这些事实说明，即使是不同社会制度、不同发展水平、不同文化传统的国家，在保护人权的问题上也是存有共识的。达成此种共识

---

[1]　[英]R.J. 文森特：《人权与国际关系》，凌迪、黄列、朱小青译，北京：知识出版社，1998年，第70页。
[2]　刘海年、工家福土编：《中国人权百科全书》，北京：中国大百科全书出版社，1998年，第490页。

的基础在于：首先，也是最根本的一点，是对人权的最终基础——人的价值与尊严——的普遍认同。其次，是全人类的共同利益以及全人类共同的道德判断标准和价值取向。人权的内容是对人的社会实践和社会关系的反映，既然人类社会的运动和发展有着共同的规律，那么人类必然存在着共同的需求和利益。正如法国学者亚历山大·基斯 (Alexandre Kiss) 所言，"人类具有超越单个国家利益的共同利益 (common interests)。"[1]奥地利法学家菲德罗斯 (Alfred Verdross) 亦指出："实定国际法只能在各民族的某些一致的法律观念的基础上发展。这个一致的事实给我们指出，在各民族心理的不一致下，存在着共同的和一般的人类天性。"[2]再次，全球化的结果孕育了一种"世界文化"，它正覆盖并冲击着所有的"本土"文化，并且（至少在地理的意义上）向他们传播了普遍人权。[3]人权由西欧发端，后逐渐向南欧、东欧、美洲、亚洲、非洲扩散，现在几乎所有国家、地区、城市、家庭和生活方式都受到这种文化不同程度的影响，人权已经成为全人类通用的语言。因此，各国在人权保护问题上达成一定的共识，再通过国际文件加以确认，从而形成有关人权保护的国际共同标准是必然的。

关于确立国际共同标准的依据。如果没有一种共同的人权标准，人权的国际保护将无所适从，各国的人权保障措施就会缺少一个可资遵循、参照、借鉴的准则。但是，国际共同标准不是通过某一项国际人权文件确立的，而是综合所有国际人权文书共同确立的。《世界人权宣言》（以下简称《宣言》）意图作为"所有人民和所有国家努力实现的共同标准"，以期"使这些权利和自由在各会员国人民及在其管辖领土下的人民中得到普遍和有效的承认和遵行"[4]，但由于历史的局限性，《宣言》并不能作为当今国际社会所应遵循的唯一的人权标准。其原因有二：一是《宣言》起草和获得通过时，第二次世界大战刚刚结束不久，《宣言》起

---

[1] 王曦："论现代国际法中的'对一切'义务概念"，见王曦主编：《国际环境法与比较环境法评论》，北京：法律出版社，2002年，第94页。

[2] 王曦："论现代国际法中的'对一切'义务概念"，见王曦主编：《国际环境法与比较环境法评论》，北京：法律出版社，2002年，第90页。

[3] [英]R.J.文森特：《人权与国际关系》，凌迪、黄列、朱小青译，北京：知识出版社，1998年，第69-70页。

[4] 《世界人权宣言》序言第5段。

草者们更多关注的是二战期间及以前存在的种种侵犯人权的现象。二是在《宣言》通过之时，大批殖民地国家尚未获得独立，因此在起草《宣言》的过程中，西方国家起了主导作用，《宣言》本身是以西方国家的人权理论和人权观为基础的，这就决定了《宣言》缺乏普遍的代表意义。随着殖民地国家纷纷摆脱殖民统治，民族自决权作为一项集体人权写进了1966年国际人权两公约共同第1条，这是国际社会第一次在法律上正式提出和确认了集体人权概念，突破了传统的人权观念，是国际人权保护方面的一个重大进步。此后，联合国又通过了其他一系列有关人权问题的国际文书，如《消除一切形式种族歧视公约》《消除对妇女一切形式歧视公约》《禁止酷刑或其他残忍、不人道或有辱人格待遇的公约》《儿童权利公约》《保护移徙工人及其家庭成员权利国际公约》《残疾人权利公约》等等。而1986年联合国大会通过的《发展权利宣言》也使得人权内容又一次出现了实质性的补充。此外，国际劳工组织、联合国教科文组织也通过了一些与本组织职能有关的涉及人权问题的国际公约。可以说，每一项国际人权文件的产生都是社会进步的产物，它们都包含了以往人权文件中所不曾涉及的新问题、新思想。因此，没有哪个国际人权文件能够担当独任，成为全世界共同遵守的人权标准。正确的方法应该是以《世界人权宣言》和国际人权两公约为核心，并结合所有其他国际人权文件的内容来确立人权保护的国际共同标准。

关于国际共同标准的内涵。国际共同标准不是个别国家或地区的人权标准或人权保护模式。不能将遵守国际共同标准混同为遵守某一国家或某一区域的人权标准或人权保护模式。米尔恩（A.J.M. Milne）教授在评价西方人权标准时发表过以下观点：西方人权所体现的是西方的文化和文明传统，而西方传统只不过是众多人类传统中的一种。西方对西方人来说也许是最好的，但以为西方对于人类大多数人来说也是最好的则没有根据。这种非议质疑所有意图充作普遍理想标准的人权概念。[1]R.J.文森特指出，在考察普遍人权时应注意两点：第一，在

---

[1] ［英］A.J.M. 米尔恩：《人的权利与人的多样性——人权哲学》，夏勇、张志铭译，北京：中国大百科全书出版社，1995年，第4页。

西方之外还有一个世界。第二，非西方世界并不一定同意西方的价值观。[1]倘若简单地将西方的人权概念作为世界人权概念，也就意味着用代表一种文明传统的思维方式来论证、解释和推行一种属于全人类的权利，意味着用西方标准来衡量和判断一切国家和民族的历史和现实，合之则称"有人权"，违反则称"无人权"。这样做，毫无疑问，容易激化而不是消除业已存在的政治分裂、经济矛盾和文化冲突，危害人权事业的健康发展。[2]人权的国际共同标准应包括两个方面的内容：一是大多数主权国家普遍接受的，体现在国际人权文书中的有关人权保护的基本原则，如平等原则、不歧视原则等。二是对应予保护的某些所谓核心权利的普遍认同。尽管不同的文化会导致不同的人权观，而各个国家由于其所处的社会历史阶段不同，在人权价值的排列以及人权实现的方式上也会呈现出不同的特点和个性，但仍然存在着某些所有文化一致认同的核心权利。例如，将种族歧视、种族隔离、种族灭绝、奴隶贩卖和国际恐怖主义等大规模侵犯人权的行径视为国际罪行并加以谴责和惩治应是没有异议的；而将有关人格尊严和禁止酷刑等权利作为普遍性人权也是没有任何讨价还价余地的；同样，如果刑事被告人被宣判有罪和量刑的依据不充分，那么诉诸特殊的文化或传统也不能提供多少合理性的证明，就像伊斯兰法律的主张也不能为各种特别严厉的肉刑提供多少合理性证明一样。此外，各人权公约关于克减权的规定也可以证明，在国际人权法中确实存在着某些被普遍认同的核心权利。[3]那些不容克减的权利可以被理解为基本人权。对于这些基本权利的保护，已超越了种族、历史、文化、经济、社会制度和国界而成为普遍性的国际义务。可以预见，随着人类文明的不断发展与进步，国际人权共同标准的内涵将不断丰富，其外延将日益扩大。

---

[1] [英]R.J.文森特：《人权与国际关系》，凌迪、黄列、朱小青译，北京：知识出版社，1998年，第50页。

[2] 夏勇：《人权概念起源》，北京：中国政法大学出版社，2001年，第252页。

[3] 例如，《公民权利和政治权利国际公约》第4条第1款规定："在社会紧急状态威胁到国家的生命并经正式宣布时，该公约缔约国可以采取措施克减其依公约所承担的义务……"但第4条第2款又规定，在《公约》所规定的权利中，有七项权利是无论如何都不得克减的，这些权利包括：生命权（第6条），免于酷刑和不人道待遇的权利（第7条），免于奴役和强迫劳动的权利（第8条），免于因债务而被监禁的权利（第11条），禁止刑法的溯及效力（第15条），法律前的人格权（第16条），思想、良心和宗教自由（第18条）。

二、人权的特殊性和文化的相对性

人权的特殊性和文化的相对性是指人权的实现以及人们对人权的理解和认识，不仅与国际社会的现状相联系，而且与各国所处的一定社会历史时期和各国的文化传统相联系。人权是人类文化发展的结果，人类文化具有多元性的显著特征，文化和文明传统的差异对人权的影响被认为是"最深刻、最广泛和最严重的。"[4]因此，在各国就保护人权达成普遍共识的同时，具有不同历史传统和文化背景的国家，对人权的理解和实践有所差别实属必然。普遍性的人权总是通过处于特定的历史条件下、生活在特定的社会和国家中、属于特定的民族和阶级的人的权利要求和观念实现的。对人权国际共同标准的普遍认同，并不意味着任何时间、任何民族、任何国家的人权观完全一致，也不意味着各国实现人权保护的模式必须完全相同。权利的范围与行使，尤其是公民权，从一种文化或政治集团到另一种文化或政治集团都有着极大的差异，这种差异是特定民族历史经历的产物。正如荷兰学者范·戴克（Van Dijk）教授所说，人权的普遍性并不要求在解释和实施人权方面不能有差异。首先，普遍性并不意味着制定的规范在所有有争论D的点上都是完全明确的。其次，有普遍效力的规范并不要求在适用中方方面面都完全一致。[2]1993年《维也纳宣言和行动纲领》在确认人权普遍性的同时，肯定了人权的特殊性，指出实施人权原则必须考虑到民族特性和地域特征的意义，以及不同的历史、文化和宗教背景。[3]所以，在承认人权普遍性的前提下，各国政府和人民有权在促进和保护人权的过程中确立本国的优先事项和实施方式，在制定本国法律时，有权在不违反普遍接受的国际准则的前提下，根据本国情况作出不同规定。

权利概念本身是与特定的社会文化体系相联系的。权利表示着某种社会关系，并存在于一定的社会关系之中，因此，探讨"人"的权利——人权，不能脱离他/她所存在的社会。一个人是靠生长于某个特定的社会、学习其语言并参与其生活而

---

[4]　徐显明："文化与人权的主体"，见王家福、刘海年、李林主编：《人权与21世纪》，北京：中国法制出版社，2000年，第43页。

[2]　彼·得范·戴克：《人权—价值的普遍性和相对性》第五部分，1994年中荷法学研讨会论文。

[3]　1993年《维也纳宣言和行动纲领》序一

成为一个个人和人类成员的。社会不同就造成人与人之间的诸多差异，他会有不同的本族语言，其用以思想和行为的许多观念、信仰和价值也会不同。所以现实的人不可能是社会和文化的中立者，他总是某种社会和文化环境的产物。米尔恩教授认为，人权是根据现时的社会生活要求和历史传统。他认为人权有三个具体的来源，即法律、习惯和道德规范。也就是说，人权是潜含于具体的文明传统和社会制度之中并与之贯通的。[1]人权既然来源于法律、习惯和道德规范，每个人又是某个具有法律、习惯和道德规范的特定社会里的成员，那么，一个人之所以享有人权，就不能仅凭其作为一个人的资格，而是要凭借其作为某个特定社会成员的资格，由该社会的规则和原则来规定。

文化相对主义理论认为，道德法规因地而异，只有将道德法规置于其文化环境之中才能理解它的不同之处，在某种文化环境中发展和形成的道德要求本身就是其有效性的根源。[2]即文化是规范制度的主要渊源和这些规范标准得以解释和实施的环境。人权的文化相对主义论就是以此为前提的。按照这一理论，人们假设作为一种规范制度的特定人权制度的实施前景与其在那一文化中的合法性相关，因为正是在那个文化环境中，特定人权制度在实践中得到解释和实施。不能期望一个民族能够接受并有效实施一种他们认为与自己的文化价值和体制不相符合的制度。文化相对主义在伊斯兰世界表述人权概念时得到了充分的运用和发挥，时常表现为伊斯兰国家强调其文化的特殊性和差异性。由于这些强调，而在某些方面呈现出对国际人权文件确立的人权标准的排异性。在伊斯兰国家的人权理念中，人权概念被解释为真主的特权，人类享有的是真主赋予的权利。这种意义上的人权观念在1990年通过的《伊斯兰世界人权宣言》中得到确认："基本权利和普遍自由是伊斯兰教的组成部分……是具有约束力的真主的命令。"1981年非洲统一组织成员国在一致通过的《非洲人权和民族权宪章》中亦表达了具有非洲文化特色的人权观。非洲国家更注重权利、自由、义务和责任的统一性，强调诸如民族权利这类集体权利应该至少享有与个人权利同等的尊严。

---

[1]　夏勇：《人权概念起源》，中国政法大学出版社，2001年，第254页。

[2]　[英]R.J.文森特：《人权与国际关系》，凌迪、黄列、朱小青译，北京：知识出版社，1998年，第50页。

三、结束语

当今国际社会的客观现实是，既要承认人权的普遍性，又不能否定人权的特殊性和文化的相对性。太普遍、太抽象的人权会缺乏现实性，而过于具体的人权又将失去其普遍性。从全球一体化的趋势来看，各个文化共同体之间在相互影响下的趋同化必将日趋深刻。虽然这一过程是缓慢而多样的，然而在这一过程中逐渐减弱的是相对性，逐步加强的则是普遍性。[1]文化相对主义对于校正普遍主义的自大很有必要，但是文化相对主义在人权问题上不能走向绝对化。一个民族的人权观如果失去了普遍性，也就失去了它的现实合理性，失去了民族文化发展本来应该具有的创新力和革新精神，就不会自觉意识到经济和社会转型过程中涌现出来的正当而又必须逐步加以满足的权利诉求，甚至会拖延转型时期进步和发展的基本进程。[2]民族特性和地域特征的意义以及不同的历史、文化和宗教背景固然都必须要考虑，但是各个国家，不论其政治、经济和文化体系如何，都有义务促进和保护一切人权和基本自由。[3]

（作者张爱宁系外交学院人权研究中心主任、国际法教授）

---

[1] 齐延平：《人权与法治》，济南：山东人民出版社，2003年，第37页。

[2] 朱峰：《人权与国际关系》，北京：北京大学出版社，2000年，第253页。

[3] 1993年《维也纳宣言和行动纲领》，第一部分，第5段。

现代化道路的多样性与人权道路选择

[中国] 张国刚

如果说人类进入现代化的"道"是超越性的普遍价值，那么，对现代化的成功落地的"术"的探索，则是十分个性化的追求。个性化解决的就是"水土不服"的问题。

塑造这种个性的"水土"又是什么呢? 无疑就是这个国家或者文明的历史条件和现实国情。就中国而言，就是五千年文明的历史积淀，就是近十四亿人口的现实状况，就是百姓日用而不知的诸多价值取向。

传统文化的积淀和现实国情，不仅被动地构成了现代文明涌流的河床，而且是主动地创造现代文明的土壤。

现代化的中国模式和中国故事，只能在这些给定的条件下探索和讲述。

严复翻译穆勒(John Stuart Mill)的《论自由》，改书名为《群己权界论》，非常具有见识。什么是自由（自繇）？"由一人一己之自繇，乃至一会一党之群体，须明白群己权限之划分，使不偏于国群而压制小己，亦不袒护小己而使国群受害。"

资本主义的兴起，宗教改革、文艺复兴、启蒙运动以及工业革命逐次登场，资产阶级高扬个性解放的大旗，随着走出中世纪的步伐逐渐深入，西方政治上的等级制、经济上的庄园制以及教会神权对思想的垄断，也逐渐瓦解，于是，自由、平等、民主、人权等等对于个人权利的诉求，被西方提升为普世价值。但是，"群"的利益和权力则无形中受到了漠视，进而表现出民粹主义的倾向。这种情况，如果说此前尚不明朗，那么在全球化时代，在信息化、地球村时代，个人权利的过度张扬,却在一定程度上损害了社会的稳定,需要予以平衡,否则将损害人类整体的利益,也终将损害每一个个体的长远利益。从这个角度说,中华文明所高扬的天下为公的大同理想,以和为贵、仁义为本的儒家思想,大一统国家意识形态,对于解决当前世界性危机,都有十分重要的意义。就中国自身情况而论,也需要从五千年中华文明历史中,发掘国家治理体系和治理能力现代化的思想、组织和制度资源。

(作者张国刚系清华大学历史系教授)

构建人类命运共同体
与全球人权治理

构建人类命运共同体与全球人权治理

[几内亚] 艾哈迈德·塞古·凯塔

人权是哲学辩论的产物，辩论的重点是寻求独立于当代社会的政治组织和行为的道德标准。人权是描述某些人类行为标准的道德原则或规范，通常在国内法和国际法中作为自然和法律权利得到保护。它们通常被理解为不可剥夺的基本权利，是"一个人因其为人而应享有的权利"，这些权利是"所有人固有的"，不论其民族、地理位置、语言、宗教、种族或任何其他身份。从普遍的意义上讲，它们适用于任何地方任何时间，从人人平等的意义上讲，它们是平等的。

人权的起源可能来自于亚里士多德（Aristotle）等希腊古典哲学家提出的"自然权利"概念。因此，从亚里士多德到《世界人权宣言》（Universal Declaration of Human Rights）和其他法律人权文书，倡导者更加注重政治和公民权利，而牺牲了经济、环境和发展权。但是，这种方法代表了西方对人权的单方面观点，没有考虑到各个社会中的文化多样性和复杂问题。近年来，新的权利学者通过更加重视经济、社会和文化权利等其他类别的权利，发展出了更为广泛的概念方法。此外，食物权、环境权和经济发展权已成为了一种更具共识和更易接受的促进和主张权利的方法。

习近平主席在日内瓦万国宫的历史性演讲中提出了"构建人类命运共同体与全球人权治理"的概念。在这次历史性的演讲之后，中国在人权理事会（Human Rights Council）第三十四届会议上得到了140个国家的支持，发表了题为《促进和保护人权，共建人类命运共同体》的联合声明。2017年3月23日，联合国人权理事会第三十四次会议通过了关于该主题的两项决议，因此，这一概念反映了中国领导及其塑造全球人权治理的能力日益增强。

在讨论中国在新的世界秩序中保护和促进人权的概念和创新方法之前，首先我们要认识到西方人权理论和方法的优缺点。一方面，我们必须认识到，促成《世界人权宣言》的政治和民权行动主义是一个转折点，在世界各地的前殖民地引发了独立浪潮。此外，南非种族隔离制度的结束和民主作为一种治理模式的传播，特别是在非洲，是在世界范围内推动西方人权价值观的结果。另一方面，人权文书也有助于限制世界各国政府的权力和滥用。然而，在柏林墙倒塌，新的世界秩序和全球化开始之后，世界的地缘政治和威胁发生了巨大变化。在这个相互关联的世界中，国家利益永远紧密相连。新的世界秩序带来了新的问题。资源短缺，人口不断增加，全球变暖造成环境威胁，恐怖主义在全世界扩散，世界金融危机，排外主义和种族主义等成为新世界面临的新威胁和新挑战。

为了理解中国的人权治理方法，我们必须首先讨论新的世界秩序面临的上述新出现的威胁。

第一个确定的威胁是资源短缺。地球上不断增长的人口及粮食、水能和药物短缺，都造成了世界和资源分配的不平等。例如，《2017年全球粮食危机报告》称，世界人口面临严重的粮食不安全。2015年至2016年，全球面临严重粮食不安全的人口从8000万增长至1.08亿。全世界将有6亿人营养不良，约有10亿人无法获得饮用水。严格来说，这增加了大规模移民和贩卖人口的数量。因此，从某种意义上说，这些因素不利于保护基本人权的机制，如果不能满足人口的基本生存需要，就不能保障其基本权利。[1]

第二个确定的威胁是环境恶化和全球变暖的加剧。不受控制的工业化和污染导致全球变暖、臭氧层破坏、荒漠化、野生生物和生物多样性减少，这些现象已发展至令人震惊的程度。因此，有消息称，到2050年全球环境变化可能会导致5000万至近7亿人口迁移。从某种意义上讲，这是对地球上人类生存的威胁，也是对发展的挫折，[2]对地球上的生命权构成了严重威胁。

[1] 《全球治理现代化视域中的人类命运共同体：中国的理论表达与实践》，2019年1月20日，CSHRS。
[2] 《全球治理现代化视域中的人类命运共同体：中国的理论表达与实践》，2019年1月20日，CSHRS。

在新的世界秩序中，2001年对9·11事件是新形式恐怖主义扩散的警钟。如果旧的恐怖主义通常是针对特定地理位置的特定目标，新的恐怖主义则经常使用高科技和任何其他会导致大规模杀伤的手段，旨在造成最大程度的破坏。恐怖主义崛起通常与宗教冲突和文明冲突有关。因此，恐怖主义现在没有边界或特定目标。恐怖分子可以随时随地以任何方式进行袭击。暴力形式的恐怖主义的这种跨边界性质破坏并威胁着世界的和平与安全，因此对人类的生存和发展提出了严峻的挑战。[1]

此外，全球金融危机导致大型金融机构和资产崩溃，结果严重威胁着世界的经济增长、稳定与安全。从美国次贷市场恶化开始的金融危机，导致全球失业率上升和贫困加剧。人口贩卖和毒品交易，大规模移民和网络犯罪导致的仇外心理加剧强化了这些因素。因此，上述的这些威胁破坏了世界的稳定和基本的人权保护。[2]

如上所述，传统的人权治理方法无法应对这些挑战。因此，习近平主席代表中国提出了一种新的方法，以"构建人类命运共同体与全球人权治理"的概念来应对和解决人权与发展的新威胁和新挑战。这种新方法意味着"发展中国家应当特别重视保障人民的生存权和发展权，特别是获得体面的生活水平、足够的食物、衣着、安全饮用水、住房的权利，获得安全、工作、受教育的权利，以及健康权利和社会保障权利。"[3]

正如人们常说的那样，世界正在变得一体化，因此，这种新的中国概念和方法加强了相互合作、相互协商和相互理解。它承诺采取维护共同安全的方法，在友好、真诚、互惠互利原则的基础上融合所有国家的利益，并在双赢伙伴关系的基础上进行合作。通过这一概念，中国定义了一种新的人权方法，它超越了传统的人权方法，并首将发展中国家的发展权纳入其中。[4]

首先，这个概念的目的是通过命运共同体协调人权治理的目标，使各国能够尊重、保护和促进人权的发展。除了加强合作外，这一概念有利于在促进和保护人权

[1] 《全球治理现代化视域中的人类命运共同体：中国的理论表达与实践》，2019年1月20日，CSHRS。
[2] 《全球治理现代化视域中的人类命运共同体：中国的理论表达与实践》，2019年1月20日，CSHRS。
[3] 《构建人类命运共同体与全球人权治理》，2018年2月7日，CSHRS。
[4] 《构建人类命运共同体与全球人权治理》，2018年2月7日，CSHRS。

方面维护所有国家的主权和平等。这意味着为了保护人权，所有国家都应有权选择自己的发展机制和社会制度而不受干涉。这个概念旨在尊重文明多样性、包容性，在不同文化之间的对话的基础上建设一个全球共同体，以实现和平和和谐共存以及促进和保护人权。[1]

构建人类命运共同体的概念超越了西方自由主义狭隘的方法，它寻求全人类的共同福祉。它着重于个人和集体权利，政治、经济、文化、社会和环境权利的统一。它还统一了生存、发展与和平权利。这种方法的关键在于各国之间的协商与对话，以达成对人类利益和价值的共识，这与西方统治或强权政治的方法不同。因此，所有国家都必须追求和推动人类的共同价值观，例如和平、发展、公平、正义、民主、自由，以及尊重具有不同文化、社会、体制和发展阶段的所有国家的特殊性和多样性。这个概念侧重于可持续发展，旨在解决贫困、疾病、环境恶化和财富分配不均等根本问题，以满足所有国家的发展需求。在发展、促进和保护人权中，所有国家必须平等发展和相互尊重。这个概念拒绝西方国家的单边主义方法，而主张所有国家和人民具有共同价值和尊严。[2]

此外，这一概念提供了经典或西方人权方法之外的另一种人权治理方法，中国由此在塑造人权治理方面发挥着重要作用，即在一个公平而互信的世界，加强安全合作以维护国际和平与稳定，建立更加公平合理的国际人权秩序。这将促使国际人权强劲而持久的发展。通过推广这一概念，中国正在引领全球治理与合作，以促进和保护人权的发展。[3]

习近平主席提出的中国构建人类命运共同体与全球人权治理的方法，相对于以前，是改变和创新。这一概念已引起国际社会特别是联合国系统和发展中国家的关注和认可。这种公平、公正和务实的方法使中国成为定义和制定全球人权政策和促进世界可持续发展的主要参与者。

值得一提的是，典型和传统的人权治理方法及其法律文书在某种程度上有助

---

[1]　《构建人类命运共同体与全球人权治理》，2018年2月7日，CSHRS。
[2]　《构建人类命运共同体与全球人权治理》，2018年2月7日，CSHRS。
[3]　《构建人类命运共同体与全球人权治理》，2018年2月7日，CSHRS。

于实现前殖民地的独立,并促进民主在世界范围内的传播。但是,西方和单边主义的方法并没有在不断变化的世界中实现对人权的保护和促进。它的局限性还与缺乏对文化多样性的考虑和理解有关。自冷战结束以来,新的世界秩序浮现并面临着严峻的挑战,这些挑战只能通过共同努力下的全球、一致和共同的对策来解决。因此,中国通过其历史和文化价值提出了一种更加合作和更具共识的方法,来促进全球人权治理的发展。

这种方法的根本原则仍然是统一所有人权治理方法,并纳入环境和可持续发展权。它还通过命运共同体使各国能够尊重、保护和促进人权的发展,协调人权治理的目标。它通过各国在平等、尊重和可持续发展方面加强合作的协作方式,使中国如今成为通过构建命运共同体来塑造和实现全球人权治理的领导者,从而赢得了国际支持。

为了构建人类命运共同体与全球人权治理,中国提出了"一带一路"倡议以实现2030年议程。"一带一路"倡议是一项国际合作倡议,旨在促进全球和区域的互联互通。它的主要目标是通过基础设施方面与连通相关的投资、政策沟通、贸易畅通、资金融通和民心相通来增强中国与其他国家之间的互联互通。为此,需要大量投资流向"一带一路"伙伴国家以及其他合作机制。通过这种方式,中国正朝着使世界变得更美好的道路前进,以实现可持续发展和加强国家之间的合作,从而更好地保护和促进人权价值。

(作者艾哈迈德·塞古·凯塔系几内亚人权事务专家、地矿部办公厅主任)

"人类命运共同体" 理念与全球人权治理体系变革

[中国] 常 健

"构建人类命运共同体"理念的提出与全球人权治理体系的发展是相互推动的。一方面,"构建人类命运共同体"理念是在全球人权问题及其治理需求面临新的挑战的背景下提出的,它与全球人权治理体系变革的呼声正相契合。另一方面,"构建人类命运共同体"理念的提出,将推动全球人权治理体系变革,使其适应全球人权治理面临的新挑战。

一、全球人权治理面临的挑战与"人类命运共同体"理念的提出

"全球治理"是指各国为发现、理解和应对全球问题而做出的集体性努力,所谓"全球问题",根据联合国的说法,是指那些凭借任何一个国家都不能得到充分解决而需要合作努力的问题。根据全球治理研究者们的分析,全球治理的主体包括:(1) 各国政府、政府部门及亚国家的政府当局;(2) 国际政府间组织;(3) 国际非政府组织和各国的民间组织。全球治理的规制包括用以调节国际关系和规范国际秩序的所有跨国性的原则、规范、标准、政策、协议、程序。

在"全球治理"理念的基础上,人们又提出了"全球人权治理"的理念。这一概念在实际的应用中涉及相互联系但又视角不同的两个层次。

第一个层次是对全球人权问题的治理。全球问题中包含着一部分人权问题,需要以全球治理方式对这些全球人权问题进行治理。在联合国人权高专办网站的"人权议题"网页上,可以看到的这类问题包括:种族主义、人口贩卖、无国籍人的

权利、发展权、和平权、环境权、移徙人员的人权保障、跨国公司的人权保障责任等。这些人权问题的解决并非单个国家及其政府的自身努力所能达成,需要全球的共同努力。对这些全球人权问题的治理是"全球人权治理"的最基本内涵。

第二个层次是对全球问题的人权治理。在一些全球问题的治理中涉及人权的维度,需要基于人权的价值、原则和标准进行约束或治理。在联合国网站列出的32个需要全球共同努力的"日常议题"中,除了"人权"作为单独类别的议题之外,还包含了一些与人权有一定联系的议题,如艾滋病、裁军、残疾人、地雷、儿童、发展合作、反恐怖主义、非殖民化、妇女、和平与安全、环境、家庭、健康、老龄化、粮食、民主、难民、气候变化、人道主义援助和救灾、人类住区、森林、水、原子能等。这些问题的解决需要考虑到人权的价值、原则和标准。与此同时,在联合国人权高专办网站的"人权议题"网页上,可以看到将这类问题与人权直接联系起来,如单方面强制措施与人权、恐怖主义与人权、暴力极端主义与人权、可持续发展目标与人权、全球气候变化与人权、雇佣军阻止人民行使自决权、移徙问题与人权、促进民主和公正的国际秩序、国际团结与人权等。在对这些与人权有关的全球问题的治理中,需要考虑到对人权的尊重和保障。这是"全球人权治理"的拓展性内涵。

随着全球化进入新的发展阶段,全球人权治理面临着一些新的突出问题亟待解决。(1)在发展权方面,除了发展中国家发展权的平等实现问题之外,又出现了可持续发展与权利享有的代际公平问题。(2)在和平权方面,除了制止战争和军备竞赛的问题之外,又产生了恐怖主义和助长恐怖主义的暴力极端主义侵害人权的问题。(3)在环境权方面,除了环境污染问题之外,人们又日益关注气候变化对人的生存环境的影响。(4)在自由权利方面,除了国际自由迁徙、国际信息自由传播等问题之外,近来人们更加关注互联网、大数据和人工智能技术对人权享有带来的问题。为了适应全球人权治理的新需要,应当推动现有全球人权治理体系的变革和完善,以符合人权要求的方式公平公正有效地解决全球问题。

然而,在现实的全球治理过程中,却存在着一些与全球人权原则和治理要求不相契合甚至相违背的情形。在联合国人权理事会和联合国大会第三委员会的讨论中经常涉及和讨论的这类问题包括：利用雇佣军阻止人民行使自决权，采取单方面强制措施使对象国人民的人权无法得到有效的保障，发展中国家在国际人权机制中代表比例失衡，在国际人权机制中出现的人权政治化、选择性和双重标准，少数西方国家不尊重人权道路选择的多样性，将自己国家的人权模式作为其他国家必须遵循的唯一标准，等等。这些情况的存在，严重威胁着全球人权治理的公平公正实施，影响全球人权问题和与人权有关的全球问题的有效解决。

正是在这种背景下，中国提出了"构建人类命运共同体"理念。它呼吁各国人民同心协力，"从伙伴关系、安全格局、经济发展、文明交流、生态建设等方面作出努力"，"建设持久和平、普遍安全、共同繁荣、开放包容、清洁美丽的世界"。正如习近平指出的："今天，互联网、大数据、云计算、量子卫星、人工智能迅猛发展，人类生活的关联前所未有，同时人类面临的全球性问题数量之多、规模之大、程度之深也前所未有。世界各国人民前途命运越来越紧密地联系在一起。面对这种局势，人类有两种选择。一种是，人们为了争权夺利恶性竞争甚至兵戎相见，这很可能带来灾难性危机；另一种是，人们顺应时代发展潮流，齐心协力应对挑战，开展全球性协作，这就将为构建人类命运共同体创造有利条件。我们要抓住历史机遇，作出正确选择，共同开创人类更加光明的未来。"[1]

应当指出的是，"构建人类命运共同体"不仅是针对全球治理面临的问题，而且也是针对全球人权治理面临的问题，它为全球人权治理规范的变革和发展提供了重要的启示。

二、"构建人类命运共同体"对全球人权治理体系变革的启示

"构建人类命运共同体"理念对推进全球人权治理体系变革提供了重要的启发，这体现在全球人权治理的规范、标准、体制、机制和方式等五个方面。

第一，全球人权治理规范应当确立人类集体人权，用以制约个人人权和其他集体人权。为了解决我们这个时代所面临的全球问题，不能仅仅片面强调每个人的个

---

[1] 《习近平在中国共产党与世界政党高层对话会上的主旨讲话》，2017年12月1日，新华网，http://www.
xinhuanet.com//2017-12/01/c_1122045658.htm。

人人权和各个国家的集体人权,而要进一步考虑全人类的集体人权,包括人权整体的生存权、发展权、和平权、环境权。人类集体人权的享有主体是包括所有人类成员的人类共同体,不仅包括当代人类成员,而且包括人类的子孙后代。构建人类命运共同体要求强化人类集体人权的意识和规范,明确人类社会的个体和集体成员对人类集体人权所承担的义务,并在各国人民的集体人权与人类集体人权发生冲突时,对各国人民的集体人权实施必要的限制和有效的约束。[1]从人类集体人权的角度来看,美国政府提出的"美国优先"的主张,以及根据这种主张采取的退出巴黎气候协定、联合国教科文组织、联合国人权理事会等行动,从人权规范角度来说,就是无视人类集体人权的约束,将美国的利益和权利置于全人类集体人权之上。

第二,全球人权治理标准应当尊重人权发展道路多样性,反对绝对化的单一模式。各国由于政治制度、发展水平和历史文化不同,在人权发展道路的选择上存在差异是正常现象。世界上没有放之四海而皆准的人权发展道路。人权事业是各国经济社会发展的重要组成部分,必须根据各国国情和人民需求加以推进,不能定于一尊。应当尊重世界文明多样性,坚持不同文明兼容并蓄、交流互鉴,"以文明交流超越文明隔阂、文明互鉴超越文明冲突、文明共存超越文明优越"。

第三,全球人权治理体制应当以均衡民主限制强国霸权,使发展中国家和发达国家在全球人权治理机制中有公平的代表比例和平等的发声机会。当今世界,发展中国家人口占80%以上,全球人权事业发展离不开广大发展中国家共同努力。应当提高发展中国家在全球人权治理体系中的代表性和发言权,推动国际人权合作充分尊重并反映发展中国家的意愿,促进全球人权治理的民主化。国家不分大小、强弱、富贫,都有平等的权利和机会参与决策,主权和尊严都应得到同等的尊重。世界命运由各国共同掌握,国际规则由各国共同书写,全球事务由各国共同治理。

第四,全球人权治理机制应当以客观、公正、建设性取代政治化、选择性和双重标准。全球人权治理机制必须摒弃冷战思维和强权政治,不能将人权作为某些国家达到本国政治利益和地缘战略的工具。应当坚持客观、公正、透明、建设性、非

---

[1] 常健:《构建人类命运共同体与全球治理新格局》,《学术前沿》2017年第12期。

选择性、非对抗性、非政治化、非羞辱性、非双重标准的工作原则，提高全球人权治理机制的可信性和可接受性。

第五，全球人权治理方式应当更多倾听、对话与合作，而非排斥、对抗与强制。应当坚持以对话解决争端，以协商化解分歧。进行"点名羞辱"和公开施压，只会破坏人权领域的合作。单边强制措施特别是经济制裁和贸易禁运等，会对目标国家广大民众享有人权产生严重负面影响，而这些影响恰恰会成几何倍数放大到弱势群体身上，严重影响他们获得衣食、住房和医疗等基本权利。以单边强制措施为手段对一些国家尤其是发展中国家施加政治或经济压力，不利于这些国家根据本国人民需求促进和保护人权。全球人权治理应坚决反对将单边强制措施作为政治工具，对他国实施单边制裁或以制裁相威胁，努力消除单边强制措施对人权造成的负面影响。

遵循"构建人类命运共同体"理念，对全球人权治理体系进行以上五个方面的变革，将会使全球人权治理体系顺应时代发展的要求，为全球问题的公正有效治理发挥更加积极的作用。

（作者常健系南开大学人权研究中心主任、教授）

以人类命运共同体理念引领全球人权治理改革

[中国] 陈佑武

习近平总书记在2018年12月致信纪念《世界人权宣言》发表70周年座谈会时指出，中国愿同各国人民一道，秉持和平、发展、公平、正义、民主、自由的人类共同价值，维护人的尊严和权利，推动形成更加公正、合理、包容的全球人权治理。[1]中国是全球人权治理多边体系的坚定捍卫者、推动者与建设者，人类命运共同体理念的提出则为全球人权治理改革与创新提供了中国方案，这一方案已经得到了国际社会的广泛认可，并被写进了联合国的相关决议。在此历史契机下，我们应当坚持以人类命运共同体理念为指导，创新发展人权理论，引领全球人权治理改革。

一、人类命运共同体理念的核心是人权

历史经验证明，人权乃人类命运之所系，人权有保障则人类命运兴盛，人权无保障则人类命运无常。构建人类命运共同体的核心就在于尊重和保障人权。正如有学者指出："人类的命运归根结底是一个人权问题。换言之，人对美好生活的追求就是对实现人权的追求……人类的命运就是世界上每个人的人权得到全面而充分的实现。"[2]在推动构建人类命运共同体的伟大历史进程中，习近平总书记多次强调人民充分享有人权具有重大的社会意义。2015年9月，习近平总书记在致"北京人权论坛"的贺信中指出："实现人民充分享有人权是人类社会的共同奋斗目标。人

---

[1] 《习近平：坚持走符合国情的人权发展道路 促进人的全面发展》，新华网，2018年12月10日，http://www.xinhuanet.com/politics/leaders/2018-12/10/c_1123831503.htm。

[2] 李步云：《"构建人类命运共同体"的科学内涵和重大意义》，载《吉林大学社会科学学报》2018年第4期。

权保障没有最好，只有更好。国际社会应该积极推进人权事业，尤其是要关注广大发展中国家民众的生存权和发展权。"同时指出："中国主张加强不同文明交流互鉴、促进各国人权交流合作，推动各国人权事业更好发展。"2017年12月，在北京召开首届"南南人权论坛"，会议主题就是"构建人类命运共同体：南南人权发展的新机遇"。这是中国举办的规模最大的一次人权国际会议，国际反响很大，效果很好。习近平总书记在致"南南人权论坛"的贺信中指出："全球人权事业的发展离不开广大发展中国家共同努力。人权事业必须也只能按照各国国情和人民需求加以推进。发展中国家应该坚持人权的普遍性和特殊性相结合的原则，不断提高人权保障水平。国际社会应该本着公正、公平、开放、包容的精神，尊重并反映发展中国家人民的意愿。中国人民愿与包括广大发展中国家在内的世界各国同心协力，以合作促发展，以发展促人权，共同构建人类命运共同体。"[1]因此，人类命运共同体理念是对美好生活追求的理念，是为了每个人的人权都能得到充分实现的理念。就此意义而言，人类命运共同体理念的核心与根本是人权。

二、人权的特殊性和文化的相对性

正如习近平总书记指出："中国秉持共商共建共享的全球治理观，倡导国际关系民主化，坚持国家不分大小、强弱、贫富一律平等，支持联合国发挥积极作用，支持广大发展中国家在国际事务中的代表性和发言权。"[2]在全球人权治理问题上，在创新和发展全球化时代的人权内涵的基础上，应当以人类命运共同体理念引领全球人权治理改革。

（一）主权平等是全球人权治理的基石

在人权与主权关系上，人类命运共同体理念强调主权平等是人权保障与实现的基石，全球人权治理首先要尊重各国主权。主权既是人权国内管辖的依据，也是人权国际保护的基本依据，更是人权领域国际合作的基本保障。就国内管辖来看，人权本质上是一个国家主权范围内的事情，破坏或不尊重国家主权是导致国际社

---

[1]　《习近平致首届"南南人权论坛"贺信》，《人民日报》2017年12月8日，第1版。

[2]　习近平：《论坚持推动构建人类命运共同体》，北京：中央文献出版社，2018年，第492页。

会人权危机与人权领域不合作的首要根源。在全球人权治理中，要维护人权，必须尊重主权，反对霸权，坚决杜绝或避免人权无国界、人权政治化倾向、零和博弈、国强必霸等观念或现象的抬头与扩张，各国依靠法治打击犯罪、维护社会秩序的行为应得到尊重和保障。就国际保护与合作来看，在主权平等原则基础上，各国不分大小一律平等，以平等的伙伴姿态参与全球的人权交流与对话，合作共赢，共同为全球人权治理作出贡献。说到底，国家主权实际上就是一项集体人权，依据人权的基本原理，作为人权的国家主权本身就要求得到各个国家与国际社会的广泛尊重与保障，否则不仅仅只是国家主权受损，对其他人权的实现更是灾难。

（二）生存发展是全球人权治理的条件

在人权内容上，人类命运共同体理念强调生存权与发展权是人权保障与实现的基本条件。改革开放以来，中国以生存权与发展权作为首要人权，推动经济社会的全方位发展，取得了举世瞩目的成绩，基本上解决了人民的生存与发展问题。这既是中国人权保障的基本经验，也是对世界人权事业的重要贡献。为有效解决全球人权治理中的生存与贫困问题，就必须尊重和保障人民的生存权与发展权，否则其他一切人权均无从谈起。生存是人类社会的存续基础，是对生命的尊重和保障；发展是人类社会的永恒主题，是消除贫困的有效手段。生存与发展辩证统一，生存是基础，发展是保障。没有生存，何谈发展？生存权兴，则发展权有依托；发展权兴，则生存权有保障。同时，生存权与发展权也是实现其他人权的条件，对其他人权的实现起到积极作用。人权内涵因包容而丰富，人权保障因多样而精彩。在立足生存权与发展权的基础上，各国应将人权的普遍性原则与本国实际相结合，不断丰富人权内涵，不断推进对公民权利、政治权利与经济、社会、文化权利的保障，提升人民的获得感与幸福感。

（三）教育培训是全球人权治理的基础

在人权实现的社会基础上，人类命运共同体理念强调教育培训的重要性，全球人权治理的发展与完善最终有赖于人权意识在全球得到传播与发展。2009年以来，我国先后制定3个《国家人权行动计划》，均设立专章对人权教育予以规定，鼓励不同层次与多种形式的人权教育与培训广泛开展。特别是人类命运共同体理念提出以来，我国的人权教育取得长足发展，对于传播人权知识、提升人权技能、塑造人权态度、培养人权文化起到了积极作用。需要特别指出的是，全球人权治理关键在于人才，参与全球人权治理同样"需要一大批熟悉党和国家方针政策、了解我国国情、具有全球视野、熟练运用外语、通晓国际规则、精通国际谈判的专业人才"[1]。因此，通过人权教育培训，要进一步加强全球人权治理人才队伍建设，突破人才瓶颈，做好人才储备，为我国参与全球人权治理提供有力人才支撑。

（四）和平安全是全球人权治理的前提

在人权实现条件上，人类命运共同体理念主张和平安全是人权保障与实现的基本前提。当今世界各国和平安全密切关联，没有真正的和平安全，就不可能打造人类命运共同体，更不可能最大限度保障人民的生存与发展。战乱、冲突、地区动荡是导致大规模侵犯人权现象产生的主要根源，和平、安全、稳定则是促进和维护人权的前提条件。没有和平、安全与稳定的国际国内环境，包括生存权与发展权在内的各项人权就无法得到有效的保障。当前国际社会难民的人权危机就充分说明了这一点。就此而言，只有维护和平，才能消除战乱；只有维护安全，才能制止冲突；只有维护稳定，才能防止动荡。因此，中国始终不渝走和平发展道路，在坚持自己和平发展的同时，致力于维护世界和平与共同安全，积极促进各国共同发展，保障各国共同利益与共同价值。各国只有联合起来，彻底消除威胁和平的不安全、不稳定因素，为人类命运共同体创造良好环境，才能更充分保障世界上每一个人的人权。

（五）共商共建是全球人权治理的渠道

在人权实现方式上，人类命运共同体理念强调共商共建是人权保障与实现的重要形式，要增进世界各国在全球人权问题上对话、交流与合作，而非对抗、抵制与不合作。首先，加强与联合国系统的共商共建，支持联合国在全球人权治理上发挥积极作用。其次，要深化南南之间在全球人权治理上的共商共建。基于共同面临

---

[1] 习近平：《论坚持推动构建人类命运共同体》，北京：中央文献出版社，2018年，第385页。

的问题、共同的发展需求与长期以来的友好合作，南南之间的人权交流合作有着广泛的发展前景，因此要持续深化南南之间合作关系。复次，要加强中欧之间在全球人权治理上的共商共建。中欧之间人权合作交流仍有较大空间，尤其在美国奉行"美国优先"的单边主义政策下，中欧的人权合作交流迎来新的历史契机。在此背景下，应该适时推进中欧之间的人权合作交流，争取有所作为。最后，要加强中国与国际社会在全球人权治理上的共商共建。人类命运共同体事业是全人类的事业，需要国际社会的共同、广泛与深度参与，共同为人类的幸福而努力。

（六）法治建设是全球人权治理的保障

在人权实现的路径依赖上，人类命运共同体理念强调法治是全球人权治理的基本方略、方式与方法。人权保障，法治为重；法治价值，人权为先。法治与人权具有天然的内在联系，人权法治千秋盛，全球治理万事成。当代社会，法治的人权保障价值与人权的法治保障方式呈现高度融合的状态，谈法治必讲人权，讲人权必谈法治。在此时代背景下，习近平总书记在党的十九大报告中指出要"加强人权法治保障"，旗帜鲜明地指出了人权法治建设在构建人类命运共同体中的历史方位与发展进程。为进一步推动构建人类命运共同体的历史进程，应当加强人权的国内法治与国际法治保障。国内法治与国际法治相辅相成、相互促进，共同推动我国与世界人权事业的发展进步。

（作者陈佑武系广州大学人权研究院执行院长、教授）

构建人类命运共同体

——全球人权治理的中国理念与贡献

[中国] 戴瑞君

党的十八大以来，习近平总书记在多个场合倡导性地提出构建人类命运共同体理念。2017年1月18日，习近平主席在日内瓦联合国总部发表《共同构建人类命运共同体》的主旨发言，系统阐释了构建人类命运共同体的意涵和行动方向。他指出，构建人类命运共同体，就是要坚持建设对话协商、共建共享、合作共赢、交流互鉴、绿色低碳的世界。这一理念的提出在国际社会引发热烈反响，并迅速取得广泛共识，先后被写入联合国大会及人权理事会的多项决议中，人权保障、和平与发展、消除贫困、外空安全、核裁军、环境保护等多项议题接受了人类社会是一个命运共同体的理念。

第二次世界大战之后，联合国主导下的全球人权治理成果显著，全球人权事业取得明显进展。但与此同时，人权的政治化倾向从未间断，双重标准仍大行其道，人权治理的单边主义倾向日益凸显，全球人权治理"赤字"突出。

在这样的背景下，2018年12月10日，习近平总书记在致"纪念《世界人权宣言》发表70周年座谈会"的贺信中表示："中国人民愿同各国人民一道，秉持和平、发展、公平、正义、民主、自由的人类共同价值，维护人的尊严和权利，推动形成更加公正、合理、包容的全球人权治理，共同构建人类命运共同体，开创世界美好未来。"贺信重申"和平、发展、公平、正义、民主、自由"的人类共同价值，提出全球人权治理"公正、合理、包容"发展的价值目标，同时指出全球人权治理的路径方案

——共同构建人类命运共同体。

一、全球人权治理体系：框架与原则

全球人权治理肇始于第二次世界大战，以《联合国宪章》的通过和联合国的成立为标志。联合国在其章程中明确规定了会员国尊重和促进人权的义务，"人权"第一次被明确写入了国际法律文件。自此，"人权"从过去纯粹的国内管辖事项进入国际视野，成为国际社会的正当关切。随后通过的《世界人权宣言》（以下简称《宣言》）奠定了人权国际保护的基石。《宣言》作为"所有民族和人民努力实现的共同标准"，在人类历史上首次宣示了人人应当享有的基本人权，包括公民权利、政治权利，以及经济、社会和文化权利。1966年通过的《公民权利和政治权利国际公约》以及《经济、社会和文化权利国际公约》进一步将《宣言》的内容具体化、法律化。这两个公约与《宣言》共同构成了著名的"国际人权宪章"。

国际人权宪章为全球人权治理在规范和制度方面的进一步发展奠定了坚实基础。此后，国际社会一方面通过各种条约、宣言、决议不断充实和扩展国际人权宪章中的权利内容，另一方面以国际人权宪章的实施机制为参照，发展和完善对人权的全球治理机制，形成了以《联合国宪章》为基础，以人权委员会为核心的"宪章机制"；以及以各项核心人权条约为基础，以条约机构为核心的"条约机制"。

2006年，联合国人权机制作出重大改革，新设联合国大会附属机构——人权理事会，以取代经济及社会理事会的原职司机构——人权委员会。改革的背景是人权委员会在后期运作中所表现出的将人权问题政治化、选择性、搞双重标准等问题，这与联合国在人权问题上所立"促进国际合作"的宗旨渐行渐远，因此日遭诟病，乃至最终退出历史舞台。

联合国人权理事会的设立是联合国系统人权主流化的重大进展。为克服人权委员会时代选择性、双重标准等弊病，人权理事会决心坚持普遍性、公正性、客观性和非选择性以及建设性对话与合作等原则，以增进对所有人权的保护。为此，人权理事会创建普遍定期审议制度，决心"根据客观和可靠的信息，以确保普遍、平等对待并尊重所有国家的方式，定期普遍审查每个国家履行人权义务和承诺的情况"，以此与人权委员会时代的国别程序划清界限。

改革之后的全球人权治理体系回归到了以主权平等为基本原则，以"促进国际合作"为基本路径的正道，这与《联合国宪章》所确立的宗旨和原则一脉相承。可以说，联合国从成立至今，见证了全球人权事业的发展进步，平等、对话、合作、非选择性原则成为全球人权治理体系的基本原则。

二、全球人权治理"赤字"突出

全球人权治理的现状并不如它所期待的那般理想。军备竞赛、核武控制、恐怖主义、网络安全、气候变暖、环境问题、金融危机、全球贫困等传统与非传统安全威胁无一不与人权保障相关联。而这些问题所具有的全球特征，致使没有一个国家可以独善其身，这些问题也不是哪个国家可以凭借一己之力解决的。

同时，全球人权治理面临一系列结构性挑战。这背后的根源是国与国之间的不平等，包括发展的不平衡和影响力的不平衡。南北发展的差距并未缩小。

与全球人权治理相对立，近来人权治理的"单边主义"动向格外显眼。2006年，以美国为代表的个别国家明确反对成立人权理事会。接下来的几年中，美国不断制定包含人权制裁内容的国内法，据以对其他国家所谓侵犯人权的个人、机构实施经济制裁和旅行限制。这一举动随着2016年通过的《全球马格尼茨基人权问责法案》达到高潮，美国扬言这一法案将"瞄准全球各个角落侵犯人权的行为"。2018年尚未履行完任期职责的美国悍然宣布退出联合国人权理事会，对全球人权治理产生了较强的负效应。2019年7月8日，美国国务院宣布成立"天赋人权委员会"，以服务于其人权外交政策。这一系列举动是"美国第一"、唯美独尊的单边主义思想在人权领域的自然延伸。在联合国主导的全球人权治理体系之外另起炉灶、单搞一套的做法，对全球治理和多边主义造成了重大冲击。

三、构建人类命运共同体：全球人权治理的中国理念与贡献

构建人类命运共同体理念为解决全球人权"治理赤字"提供了中国方案。人类命运共同体理念所秉持的对话协商、共建共享、合作共赢、交流互鉴、绿色低碳原则与全球人权治理的基本原则和价值追求高度契合。

第一，对话协商体现了主权平等的国际法基本原则，亦是全球人权治理的运作原则。在人权问题上，不同国家之间应相互尊重、平等对话，没有哪个国家可以对别国颐指气使，将自己的主张强加于人。同时，应平等承认不同发展程度的国家为实现人权所作的贡献。习近平在致首届"南南人权论坛"的贺信中充分肯定了发展中国家对世界人权事业的贡献。他说："近代以来，发展中国家人民为争取民族解放和国家独立，获得自由和平等，享有尊严和幸福，实现和平与发展，进行了长期斗争和努力，为世界人权事业发展作出了重大贡献。"这一论断有力回应了个别国家总以"人权教师爷"自居，对其他国家，特别是广大发展中国家审查评判的做派，引发人们认真思考和认识各国对人权事业的贡献。

第二，共建共享强调各国和各国人民共同享受尊严、共同享受发展成果、共同享受安全保障。各国之间应以合作方式共同发展。发展权是一项不可剥夺的基本人权。中国坚持生存权和发展权是首要的基本人权，这是解决中国所有问题的关键；同时，中国也主张每个国家在谋求自身发展的同时，要积极促进其他国家共同发展。世界长期发展不可能建立在一批国家越来越富裕而另一批国家却长期贫穷落后的基础之上。只有各国共同发展，世界才能更好发展。"以合作促发展，以发展促人权"，既是中国几十年来人权发展道路的写照，也是中国对全球人权治理的经验贡献。

第三，合作共赢。人权领域开展国际合作，包括经济、技术援助与合作，不仅是全球人权治理的原则，也是国家在国际人权法下的一项义务。以《经济、社会和文化权利国际公约》为例，公约要求每一缔约国承担"个别采取措施或经由国际援助和合作，特别是经济和技术方面的援助和合作"，逐渐达到充分实现公约承认的各项权利的目标；联合国机构亦有义务"采取有助于促进本公约的逐步切实履行的国际

措施"。正如经济、社会和文化权利委员会所言,国际合作争取发展从而实现经济、社会和文化权利,是所有国家的一项义务;在这方面有援助其他国家能力的缔约国更有这一义务。

第四,交流互鉴,承认各种文明的价值,体现了不同文明之间相互尊重、平等相待的理念。全球人权治理体系的新发展——普遍定期审议制度,其初衷之一就是为各国提供交流良好做法的平台。交流互鉴承认人权价值的普遍性和实现人权路径的具体性。人权的普遍性基于人的尊严和价值,也基于人类的共同利益和共同道德。但在实现人权的问题上,不可能有放之四海而皆准的模式,人权事业发展必须也只能按照各国国情和人民需要加以推进。习近平号召发展中国家"坚持人权的普遍性和特殊性相结合的原则,不断提高人权保障水平";同时呼吁"国际社会应该本着公正、公平、开放、包容的精神,尊重并反映发展中国家人民的意愿"。

第五,绿色低碳是实现环境权的基本要求。让所有人在一个健康的环境中平等和有尊严的生活、充分发挥自己的潜能、充分享有人权,是2030全球可持续发展的目标,也是全球人权治理的目标。因此,构筑尊崇自然、绿色发展的模式与享有和实现人权相辅相成。

人类命运共同体理念是中国为全球人权治理体系向着公正、平等、开放、包容的方向发展提供的重要公共产品,是构建具有中国特色、中国风格、中国气派的话语体系的最新成果。然而,从话语到理论、从理念到制度还需要一个细致严谨的转化论证过程。在构建人类命运共同体理念的指导下,如何进一步发展、完善全球人权治理体系,是摆在国际社会面前的一个共同课题,更是对肩负"加快构建中国特色哲学社会科学学科体系、学术体系、话语体系"的中国哲学社会科学工作者的一道考题,亟须从全球人权治理的具体制度构建层面为增强中国的国际规则制定权提供充分的学术储备。

(作者戴瑞君系中国社会科学院国际法研究所副研究员)

国际视野下的新兴人权辨析

[中国] 付子堂　伍科霖

一、引言

我们正处在权利的时代，"人权是我们时代的观念"[1]。在信息技术高速发展的大背景下，社会结构形态发生了巨大改变，促进了民众权利话语意识的觉醒：陌生人社会打破了家庭的血缘依赖，权利义务关系被重新规范；风险社会下人类面临着诸多潜在的不确定风险，需要通过制度框架去化解风险；流动社会导致从地缘关系向业缘关系的转变，为工作、学习、家庭的移居势必出现诸多新问题；多元社会削弱了习惯的力量，传统权威被质疑且分散；信息社会下不同阶层的人可以自由表达和发展人格。[2]正是社会结构的变革引起了民众对人权解决纠纷、实现利益的期待和要求，而当需求促使人们选择时，人权话语就被强有力地激活了。这样一来，每个国家都将国民的利益诉求转化为人权话语予以表达，民众的诉求越强烈，国家制度更新的速度就越快，新兴人权的数量就越多，并引起了国际社会的普遍关注，理论界也对此褒贬不一。因此，新兴人权这一现象势必造成人权概念偏狭、道德祛魅、价值减损吗？我们该如何看待每个国家基于多元表达所产生的新兴人权这种社会现象及其可能存在的价值增量？

---

[1]　[美]路易斯·亨金：《权利的时代》，信春鹰等译，北京：知识出版社，1997年，第I页。

[2]　参见[美]劳伦斯·M.弗里德曼："法治、现代化与司法"，傅郁林译，载强世功等主编：《北大法律评论》（第1辑），北京：法律出版社，1998年，第282-284页。

二、新兴人权的扩张现象

人权与人权概念不是一回事,人权是一个抽象的一般命题,而"人权概念是人权观念和实践发展到一定阶段,人们对人在政治、经济、文化活动中的本质进行抽象化的产物"[1]。也就是说,人权属于观念性的范畴,是人们对人权的感受和知觉,而人权概念则是建立在观念的基础上,人为创建的实践性范畴。[2]现代国际人权体系是以1948年《世界人权宣言》为基础构建起来的,1966年的《公民权利和政治权利国际公约》《经济、社会和文化权利国际公约》系统回应和扩展了《世界人权宣言》。作为规范性宣言、公约,虽然有其明确性和稳定性,但社会结构的巨大变革,导致人权概念呈现出多维面相。尤其是在数字信息化时代,人们的权利意识不断觉醒,各种新兴人权以新的姿态广泛出现在不同国家的法律制度或官方文件中。因此,需要说明的是,本文所说的新兴人权,"一方面是从时间和空间为核心的形式标准来判定,另一方面则从权利的主体、客体、内容为核心的实质标准来判定。"[3]其形式标准范围主要是在1948年《世界人权宣言》后,各个国家和地区提出的新兴人权;实质标准范围包括主体、客体和内容的扩展。新兴人权并不是一个严格的法学范畴意义上的概念,也不是实证法意义上的法律制度层面的概念,而仅仅是伴随着国际、国内社会的发展,每个国家将现实生活中的具体需求和主张通过权利化、制度化方式向国际社会予以呈现,并希冀获得国际社会认可的一个普遍现象。它代表了一系列具体的新兴人权,但却是一个松散的"权利束"集合概念。

(一) 联合国或国际组织提出的新兴人权

虽然某些新兴人权由联合国或区域性国际组织的文件或宣言确认,但其最初的倡导者以及积极响应者,则是来自某个区域性国际组织或主权国家。此外,每个国家对这些新兴人权的提出都有自己独特的理由。具体如下表:

---

[1] 张永和:"全面正确理解人权概念、人权话语以及话语体系",《红旗文稿》2017年第14期。

[2] 参见张永和:《权利的由来——人类迁徙自由的研究报告》,北京:中国检察出版社,2001年,第137页。

[3] 姚建宗:"新兴权利论纲",载《法制与社会发展》2010年第2期。

新兴人权	相关公约或宣言
继承权；进入或利用任何供公众使用的地方或服务的权利（5条）	1965年《消除一切形式种族歧视国际公约》
答辩的权利（14条）；姓名的权利（18条）；寻求庇护的权利（21条）；逐步发展权（26条）	1969年《美洲人权公约》
妇女人权	1979年《消除对妇女一切形式歧视公约》
一切民族生存权（20条）；自由处置天然财富和资源权（21条）	1981年《非洲人权和民族权宪章》
禁止高利贷（14条）；个人的体面生活权（17条）	1990年《开罗伊斯兰人权宣言》
性权利	1999年《性权宣言》
旅游权	1999年《全球旅游伦理规范》
安全的清洁饮用水和卫生设施	2015年《享受安全饮用水和卫生设施的人权》决议

　　1965年《消除一切形式种族歧视国际公约》首次提出继承权、进入或利用任何供公众使用的地方或服务的权利，主要源自"波兰地区德裔移民问题"和"但泽地区的波兰公民待遇问题案"。[1]对此，常设国际法院重申了禁止种族歧视原则，包括事实上和法律上的歧视，这对于通过《消除一切形式种族歧视国际公约》产生了重要影响。1969年12个美洲国家组织成员签订了《美洲人权公约》，首次提出答辩权，是为了保护在公开普遍声明中受损害的任何人；将姓名权的主体资格从仅限于儿童扩大到每个人；将经济、社会、文化权利规定为逐步发展权，尊重以人的基本权利为基础的个人自由和社会正义。1979年《消除对妇女一切形式歧视公约》首次确立了"妇女人权"，虽然无法证实谁第一次提出了妇女人权的概念，但它反映了全世界妇女的共同利益诉求。非洲统一组织于1981年制定了《非洲人权和民族权宪章》，基于非洲传统的道德观和价值观，将具有鲜明的反对殖民主义、反对种族主义意义的集体人权观规定在其人权文书中，首次确立了一切民族生存权和自由处置天然财富和资源权，以加强非洲国家的统一与团结。1990年《开罗伊斯兰人权宣言》提出禁止高利贷，其根据是人人有权获得合法权益，没有垄断、欺诈或损害自己或他人；以及个人生活体面权，国家应保证个人及他需要赡养的人的一切需要。因为所有人都是真主的臣民，权利和自由来自伊斯

---

[1]　参见朱慧兰："国际法院与联合国核心人权公约的实施"，载《西南政法大学学报》2015年第2期。

兰教法,并且是该宣言任何条款的唯一渊源。1999年《性权宣言》提出性权利是一项人权,这份宣言于1997年在西班牙发表,1999年在中国香港通过。[1]1999年世界旅游组织将旅游权宣布为一项人权,其来源于1980年《马尼拉世界旅游宣言》明确指出的"度假、旅行和旅游自由的权利",即所有人平等发现和享有地球资源。[2]2015年《享受安全饮用水和卫生设施的人权》决议,宣布享有"安全的清洁饮用水和卫生设施"的权利是一项独立的人权。[3]

(二)各主权国家提出的新兴人权

新兴人权不仅来自于联合国或区域性国际组织的倡导,还包括各主权国家提出的对人权的现实需求,并试图向国际社会提出自己的人权概念。具体如下表:

新兴人权	相关公约或宣言
生育权	1968年《德黑兰宣言》
环境权	1972年《联合国人类环境会议宣言》
共同遗产权	1972年《保护世界文化和自然遗产公约》
发展权	1986年《发展权利宣言》
和谐权	2006年《和谐权:第四代人权》
土著人民权利	2007年《联合国土著人民权利宣言》
和平权	2016年《和平权利宣言》
个人数据安全权	2016年《一般数据保护条例》
人民幸福生活是最大的人权	2019年《为人民谋幸福:新中国人权事业发展70年》白皮书

1968年《德黑兰宣言》提出"生育权"的主张,认为父母享有自由负责决定子女人数及其出生时距的基本人权,赋予父母生育自由的权利。[4]1972年《联合国人类环境会议宣言》确立了"环境权",这一新兴人权主要源于《东京宣言》,其明确提出了环境权的要求,致力于人类免受环境危害的、继续生存下去的权利。[5]1972年《保护世界文化和自然遗产公约》确认了"共同遗产权"是一项基本人权,这一主张最早得益于联合国教育、科学及文化组织对埃及阿布辛贝神殿等古迹的联合保

[1] 参见赵合俊:"性权与人权——从《性权宣言》说起",载《环球法律评论》2002年第2期。
[2] 参见夏赞才、刘焱:"论旅游权利",载《旅游学刊》2010年第5期。
[3] 参见《享有安全的清洁饮用水和卫生设施的人权》
[4] 参见《国际人权会议藏事文件》
[5] 参见吕忠梅:"论公民环境权",载《法学研究》1995年第6期。

护行动，1965年美国倡议把文化与自然进行联合保护。[1]1986年《发展权利宣言》宣布"发展权利"是一项不可剥夺的人权，最早源自1972年塞内加尔提出将发展权作为人权的主张，呼吁消除发展障碍。[2]2006年，中国学者徐显明在《和谐权：第四代人权》一文中提出"和谐权"的主张，依托中国"和而不同"的思想。[3]2007年，联合国大会通过《联合国土著人民权利宣言》，根源在于土著民族的特殊性造成了土著人民无法真正享有人权。[4]2016年《和平权利宣言》宣布"和平权"是一项人权，来源于1975年美苏及西欧各国签订的《赫尔辛基宣言》，其中认为"尊重人权及基本自由为和平、正义及福利之基本要素"[5]。2016年欧盟颁布《一般数据保护条例》，为保护互联网时代下的个人隐私和个人权利，提出"数据携带权""被遗忘权""访问权""更正权""删除权"等新兴个人权利，并包含人格权和财产权内容。[6]2019年，中国发表《为人民谋幸福：新中国人权事业发展70年》白皮书，提出"人民幸福生活是最大的人权"[7]，这一主张基于当前世界还有几十亿人民处于贫困之中，生活缺乏尊严，希冀国际社会共同努力消除贫困以实现更多人的美好生活。同时中国也在奋力推进精准扶贫建设，实现人民对幸福生活的向往。

三、新兴人权的理论困境

新兴人权是不同国家以本土语言和文字对人权需求、观念、理论和经验的系统表达，并通过国际社会的广泛认同而获得话语权和影响力。但新兴人权这一普遍的扩张现象也带来了诸多理论挑战，存在"人权概念偏狭""人权泛化""人权价值减损"的危险，导致人权就像凭空臆造的权利修辞，不仅失去了道德魅力，还使得其名声不佳。

[1] 参见熊哲、郭丽楠等："设立全球重要农业文化遗产国际公约的国际经验借鉴及可行性分析 ——以《保护世界文化和自然遗产公约》《国际植物保护公约》和《粮食和农业植物遗传资源国际条约》为例"，载《世界农业》2018年第6期。

[2] 参见付子堂："发展权与中国人权事业大发展"，载《人权》2017年第1期。

[3] 参见徐显明："和谐权：第四代人权"，载《人权》2006年第2期。

[4] 参见《联合国土著人民权利宣言》

[5] 参见唐颖侠："作为人权的和平权：争议与内涵"，载《人权》2015年第5期。

[6] 参见卓力雄："数据携带权：基本概念，问题与中国应对？"，载《行政法研究》2019年8月。

[7] 国务院新闻办公室：《为人民谋幸福：新中国人权事业发展70年》白皮书。

（一）新兴人权的一元化理论基础导致人权概念的偏狭

人权需求的激增主要以人权的哲学基础为论证。自然权利论者谈论自然的、天赋的、神圣不可剥夺的权利，从天性、人性角度提出了新的需求。正如《开罗人权宣言》提出的个人生活体面权，将生活体面作为人性需求的一部分，主张国家予以保障其基本需要。功利主义论者则从法律实证的角度，以促进最大多数人的最大幸福为核心，要求一些更高层次的物质权利和精神权利，以不断满足人的自我完善。比如，将性权利、旅游权、免受罪犯侵害的权利宣布为一项人权，就是将人的需求升级，追求更高层次的物质享受和精神体验。政治功能论者则纯粹从人权的政治功能出发，严格将人权定义为限制国家主权的权利。也就是说，不同国家会根据不同的哲学基础对利益需求进行论证，并通过国际社会提出一种有说服力的共识，然后在宣言或法律中确认这种权利需求，使之成为一项具有普遍性的新兴人权。

正如塞缪尔·莫恩所言，西方的人权只是从基督教的历史中偶然浮现出来的，用以顶替诸多业已破产的政治乌托邦的道德替代品，是一个最后的乌托邦。[1]其对西方国家提出的新兴人权背后一元化、普适性的人权理论持批判态度，也对人权所承载的道德乌托邦表示合理怀疑。也有学者认为，新兴人权泛化的现象尽管是一国的主张和需要，却在一定程度上是将西方国家人权话语中的"平等自由""弱者正义""意志完全自由"等思想在本国予以贯彻，[2]不仅附庸于西方的人权概念框架内，而且侵蚀了本国的核心文化和主流人权观。简言之，基于每一个人权哲学理论来论证新兴人权只是人权的一个侧面，并非其全部。尽管人权的哲学基础十分多元，但各个国家必然会根据地方文化与现实国情，秉持着一元化的人权基础来看待新兴人权，这样就难以获得其他国家哲学理论者的认同，从而囿于自身的人权话语范式，极有可能造成人权概念的偏狭，阻断人权概念的开放性与全面性。

---

[1]　参见[美]塞缪尔·莫恩著，王少卿、陶力行译，北京：商务印书馆，2016年，第5页。

[2]　参见祝捷："权利泛化思潮的危害及防范"，载《人民论坛》2019年第1期。

(二)新兴人权的可欲性与可行性相分离,导致责任话语缺失

如果只考虑从抽象的人转变到充分考虑具体的人的不同发展阶段、不同文化背景,即从抽象的个体观落实到具体的个体观,必然会衍生出更多对新兴权利的需求。[1]无疑这种需求会伴随着社会环境的变化、科学技术的发展而不断增加。进一步而言,对权利需求的欲望逐步增大,权利之间的冲突也就愈深。这就使得人权的"可欲性"与"可行性"处于相分离的状态,导致责任义务话语缺失。具体表现在:其一,人权的过度符号化造成其可欲性增强,重要性被稀释。人权的符号化特征和人权本身预设的功能,为民族国家所认定的事实、行为或追求的事物,予以一种抗争与保护的正当性根据。[2]而一旦超越甚至背离规范价值、公共利益,无节制无约定地制造权利,则会在一定程度上偏离人权理论的权利义务框架,使人权话语成为粉饰无限制主张的空洞的伪善。[3]其二,无救济则无权利,新兴人权引发"成本难题",导致其可行性存疑。[4]受制于各国资源的有限性,任何国家都难以同时满足所有的权利诉求,而新兴人权意味着对国家资源或成本的进一步要求,不仅会阻碍"公共利益"的实现,还会赋予国家以更大的权力来对社会生活予以强制介入,导致新兴人权"标签化"。其三,新兴人权诉求之间的冲突与紧张无法解决。越来越多的权利需求被纳入人权的范畴,人权成为人类将欲望需求转化为权利话语的重要利器,而利益主体的多元化将引发各种人权诉求的竞争与冲突,同时也会陷入社会与道德、权利设置的目标与实现相冲突的境地,造成权利的"乌龙效应"。[5]此外,人权所倡导的平等和尊严与极度不平等的黑暗现实之间的差距愈发凸显,两者的分离难以弥合,而人权又无法解决其冲突,只能导致新的不可控制的紧张及矛盾。[6]其四,当所有人都在诉诸人权为其争取更多权益,并将人权表述为绝对的、个人的、与责任毫无相关的东西时,却忽视了人权的相对性,缺乏对自己和相对人

---

[1] 参见[意]诺伯托·伯比奥:《权利的时代》,沙志利译,西安:西北大学出版社,2016年,第11页。

[2] 参见汪太贤:"权利泛化与现代人的权利生存",载《法学研究》2014年第1期。

[3] 参见[英]约瑟夫·拉兹:"人权无须根基",岳林译,章永乐校,载《中外法学》2010年第3期。

[4] 参见陈景辉:"回应'权利泛化'的挑战",载《法商研究》2019年第3期。

[5] 参见陈林林:"反思中国法治进程中的权利泛化",载《法学研究》2014年第1期。

[6] 参见[美]科斯塔斯·杜兹纳:"'人权的终结'六论",江兴景译,载《法学家》2009年第2期。

的责任与义务的清晰认识。如果仅仅树立权利话语，忽视责任话语，人权就只能悬置于空中而无法真正实现。[1]

（三）新兴人权负担的失重与人权价值减损

面对新兴人权激增现象，有学者认为，人权使得个人欲望公开化和法律化，并扩展了社会的边界，导致了极大的不确定性。[2]也就是说，每个国家都会为自己的权利主张作合理的辩护，国家获得的权利越多，对需求的不满足也就越大，共同体的自我分裂感也就越强。我们拥有的权利越多，我们就越觉得不安全和不自由。此外，人权的道德重要性业已降低，某些新兴人权在一定程度上展现出对抗传统道德体系的特征。[3]比如生育权、特殊主体的婚姻权、基因权等，引发国际社会的广泛关注和激烈争论。这也说明，即使是权利的时代，也不可滥用权利，不可借用人权之名实施侵犯人权的行为，从而降低人权的重要性。相反，人权在实质上只能提供某种道德原则，启发和影响人类良知，远不能完全支配人们的实际行为。它有助于诊断社会和政治的病症，但不能完全救治。[4]换句话说，民众的现实需求不等于无节制的欲望，不是所有的需求都能成为一项权利或人权，也不是所有的权利主张都必须上升到人权的范畴。为此，诸多学者呼吁对人权清单进行降格，如米尔恩从普遍道德原则中推导出七项最低限度的人权；[5]纳斯鲍姆提出人权的十项核心能力以实现人的尊严；[6]格里芬从人格和实用性角度设定了人权的两个标准；[7]罗尔斯在《万民法》中开出了四项人权清单：包括生命权、自由权、财产权、形式平等的权利。[8]我国学者黄金荣将人权概念界定为个人基于尊严而享有的、主旨在于限制

---

[1] 参见[美]玛丽·安·格伦顿：《权利话语——穷途末路的政治言辞》，周威译，北京：北京大学出版社，2006年，第15页。

[2] 参见[美]科斯塔斯·杜兹纳：" '人权的终结' 六论"，江兴景译，载《法学家》2009年第2期。

[3] 参见陈景辉："回应 '权利泛化' 的挑战"，载《法商研究》2019年第3期。

[4] 参见夏勇：《人权概念的起源》，北京：中国政法大学出版社，2001年，第258页。

[5] 参见[英]A.J.M.米尔恩：《人的权利与人的多样性——人权哲学》，夏勇、张志铭译，北京：中国大百科全书出版社，1995年，第171页。

[6] 参见[美]玛莎·C.纳斯鲍姆：《寻求有尊严的生活——正义的能力理论》，田雷译，北京：中国人民大学出版社，2016年，第24-25页。

[7] 参见[英]詹姆斯·格里芬：《论人权》，徐向东、刘明译，南京：译林出版社，2015年，第61页。

[8] 参见[英]约翰·罗尔斯：《万民法》，张晓晖译，长春：吉林人民出版社，2001年，第69页。

国家权力的权利。[1]他们认为，人权固然是目前为止最具道德性、广泛性的价值尺度，但与人权相关的人类利益一定是重要的、道德的、不可忽视的，并不是所有的人类利益都会成为一项人权。某些利益可能对我们的现实生活很重要，实际重要性也超过很多人权问题，但这些利益也并非一定需要转化为人权话语，也即我们要通过限制人权概念的范畴或直接确立具体的人权清单，以此来降低人权负担失重和人权道德减损的风险。

四、新兴人权的理论辨析

新兴人权的扩张现象代表着各个国家和地区人权话语意识的觉醒，然而也面临着诸多理论困境。我们不能忽视这些理论挑战，但也不能囿于这些困境而持狭隘、封闭、甚至对抗的态度。人权作为现实生活中普通人的社会事实和理念，具有时代开放性，这就意味着我们应持有国际视野，从理论、实践和价值层面来审视这些新兴人权面临的挑战。

(一) 新兴人权反映出人权多元哲学观的融合趋同

新兴人权作为一种地方性知识反映出人权的多元哲学观，且存在融合趋同的现象，有利于对偏狭的人权概念进行健康祛魅，为人权概念的理论基础贡献增量。新兴人权的出现强烈表达了不同国家基于自身特色对自我需求的渴望，并通过公开性的宣言获得国际社会的广泛认可。也就是说，新兴人权作为一种地方性知识，所反映出的地方差异性、文化多元性被保留下来，并逐渐加大人权实践经验的趋同性。这样一来，人权的哲学理论并非局限于各个国家狭隘的一元基础，而是在相互融合趋同的过程中，呈现出人权的多元哲学观，并以美国阐释人类学代表人物克利福德·吉尔兹所说的"地方性知识"来表征。

1. 新兴人权反映出人权理论基础的地方性

吉尔兹强调，地方性知识不仅与空间、时间、阶级以及各种问题有关，还包括

---

[1] 参见黄金荣："人权膨胀趋势下的人权概念重构———一种国际人权法的视角"，载《浙江社会科学》2018年第10期。

一种将本地认识和本地想象联系在一起的本地特征。[1]即新兴人权就是在特定的处境中，依其特定的历史价值，课以特定规则和特定义务的地方性知识。首先，它具有地域性，新兴人权的生成受制于地方固有的社会环境、地理位置、种族制度等情境中，这种地域性是新兴人权提出的重要背景，进而使得抽象性人权在现实环境下得以具体应用；其次，它具有建构性，[2]不同国家的新兴需求与宗教、文化、习惯、风俗等诸多地方性要素相关联，而每一个新兴人权概念的提出，必然融入了宗教、习惯、风俗等地方性特色，代表着国家尊严和地方自信。比如，《开罗伊斯兰人权宣言》就带有鲜明的宗教色彩，他们对民主与自由的概念解释是在真主的意志下作出的，并象征着伊斯兰国家的尊严；最后，它具有群体性，新兴人权的提出代表着一国或一个地区的群体价值观，是特定地域下所形成的集体的和同一的态度、立场、认识等。例如，中国《人口与计划生育法》第17条规定公民享有生育权，并推行二孩政策。这一倡导性义务受制于中国的文化传统和现实国情，按照西方国家所言的观点，它与妇女的自由选择权相违背，但这种在中国特定的历史条件下形成的人权制度，秉持着对生命负责的态度，恰恰是对妇女权益的保护。由此看来，基于地方性知识而产生的新兴人权也许并不具有普遍性，甚至是解构普遍性。"但看似普遍性的东西实际上是一种地方性知识经过标准化过程而导致的表面的普遍性。"[3]也就是说，新兴人权作为一种地方性知识可进行宣传与交流，并获得国际社会的广泛认同，以实现跨文化的地域融合，重构人权概念的普遍性。

2. 新兴人权体现出人权文化视域的多元性

新兴人权是一种具有地域文化特质的人权概念表达，是文化塑造了新兴人权的产生。在特定文化下的人们建构了象征性符号，正是通过这些约定俗成的符号，人们相互之间产生了同一的需求，并转化为地方性的权利宣言。而由于文化是各民族对其所处世界的经验理解，根植于具体的生存环境，不可能脱离地方实际而成为

---

[1] 参见[美]克利福德·吉尔兹：《地方性知识：事实与法律的比较透视》，邓正来译，载梁治平主编：《法律的文化解释》，北京：三联书店，1994年，第126页。

[2] 参见[美]克利福德·吉尔兹：《地方性知识：事实与法律的比较透视》，邓正来译，载梁治平主编：《法律的文化解释》，北京：三联书店，1994年，第129页。

[3] 吴彤："两种'地方性知识'——兼评吉尔兹和劳斯的观点"，载《自然法辩证研究》2007年11期。

某种纯粹的抽象，其必然蕴含着国家的特殊情感、心理、文化、宗教等复杂意义。就像非洲国家面临民族生存权困境，进而把这项权利作为集体人权予以宣示；伊斯兰世界则把伊斯兰教法解释为唯一渊源，权利和自由受伊斯兰法管辖；在南非和波兰，面对移民和难民问题，重申禁止歧视的原则，并把"进入任何供公众使用的地方和服务的权利"作为一项人权；西方国家反对和平权，虽然和平很重要，但不是人权，只关注个体人权的同时反而排斥集体人权。然而，尽管新兴人权是地方文化的产物，但随着时代需求的发展，某一项新兴权利在某个阶段可能会被别的地区赋予新的内涵，或积极承认、践行这项权利并逐渐确立为人权。比如：欧洲国家倡导的政治权利，被我国转化为知情权、表达权、参与权等具体人权；而我国所提出的集体人权，也得到欧洲国家的认可，并将人权主体扩大到妇女、儿童、穷人等。[1]这也说明，当人类需要解决所面临的各种问题时，以往所有的实践经验都是弥足珍贵的。由于文化视域的局限，某项权利在当时的环境和现实状况来看，未必是一项人权，或者不能得到其他国家的认可与支持，但不可否认这项权利是有价值的，也许它在未来就是一项合法且合理的人权主张，并能够适用于本地方特定环境，解决特定问题。

3. 新兴人权展现出人权理论经验的趋同性

在人类社会的现实环境中，尽管新兴人权具有地域性和文化性，且地域性较为固定，但文化却是可以被接受与改变的。不同文化朝向人权发展的同一终极目标前进，不过是或早或晚的差别。虽然普遍性是一个难以满足的要求，但国际社会关于人权的一些核心问题和规范却存在着相当程度的趋同。虽然地方差异性现实存在，但现代社会的人们对基本人权的不同意见显然没有那么激烈，也没过去那么紧张。一方面是科学技术层面的趋同，即科学技术能有效改善生存权、发展权，人们有能力追求更高层次的物质需求和精神需求；另一方面是规范技术层面的趋同，即使文化差异明显，但人之尊严、人格作为基本人权，仍需借助于法律、规则、法院系统这些社会规范和制度工具。具体而言，人权虽然是不同历史和语

---

[1] 参见常健："论中欧人权观的视域分野、拓界、融合与交汇"，载《学术界》2019年第7期。

境下的产物,存在本土人权文化和"人权方言",但本土的人权文化可按照符合人权规范的方式相互融合。这并非试图达成一种社会共识,也并非掩盖差异或冲突,而是通过跨文化的交流与对话,相互借鉴规范和制度工具,进而实现目标意义上的趋同。因此,新兴人权不仅是一种创新理论,也是一种创新实践。一国的新兴人权理论可成为他国实现人权的手段。比如,中国推进人权法治化保障,就是将欧洲国家的法治观念融入中国的人权保障事业中,同时也将西方的民主思想移植到中国的民主建设中。这样一来,中国与其他国家在人权实践经验层面存在趋同的可能性,共同致力于保障人权。

(二)新兴人权的可欲性与可行性在现实基础上相互结合

新兴人权的可欲性与可行性并不必然相关,而在现实性基础上相互结合以缓解冲突,具有宣示性、辅助性、派生性意义。

1. 新兴人权具有宣示性意义

新兴人权存在的正当性与人权的实现必然相关吗? 西方国家认为安全权是一项天赋人权,而由安全权衍生出的个人信息安全权作为一项新兴人权,并不意味着国家必须以其全部资源保障其实现,当然任何国家也无法做到这一点。难道我们就要否定个人信息安全权本身吗? 大部分发展中国家以生存权和发展权为首要的基本人权,这就要求国家应当保障每个国民的生存需要并给予其发展的机会,但这并不是说这项人权成本太大,难以实现,就要否定其权利本身。人权本身就是一个新兴权利概念,具备权利的一般特征,所不同的是加入了尊严和价值这一特定意蕴。[1] 换言之,人权作为权利的一种表现形态,具有最基本的要素: 利益、主张、资格、权能、自由。以这五个要素中的任何一个要素作为原点,以其他要素为内容,给权利下定义,都不为错。[2] 在这个意义上,新兴人权不仅仅是一项自我利益,还是一项主张、权能、自由与资格。此外,人权具有防御、救济和保障功能,如果仅仅从权利的保障这一个侧面就否定权利本身,而没有充分发挥人权的防御和救济作用,显然也会陷入权利过度限制的困境中,难以适应现代社会的快速发展。因此,尽管新兴人

---

[1] 参见夏勇:《人权概念的起源》,北京:中国政法大学出版社,2001年,第28页。

[2] 参见夏勇:《人权概念的起源》,北京:中国政法大学出版社,2001年,第46-48页。

权并非完全具有法律规范或官方文件所规定的防御、救济和保障功能，但其还承载着某种"宣告性意义"，极大地凸显了相对人和政府应具备的责任维度和义务意识。也就是说，权利主体有资格对相对人或国家提出主张与批判，以维护其现实利益。反过来也表明政府对国际社会的承诺，将对民众的强烈诉求予以尊重和保障，并将此新兴人权作为政府的行动目标来看待。[1]

2. 新兴人权具有辅助性作用

布莱克斯通从人的自然身份出发，认为人权是人类的绝对权利，是基本的、最严格意义上的个人权利，是自由的原动力，具有识别善恶的功能。人权主要分为三大类：人身安全权、人身自由权、私有财产权。保护公民的各项权利不受侵犯，首先要最大限度地维护这三项基本个人权利。如果宪法仅仅以刻板的法律条文宣布、确认并保护这些权利，而不提供任何措施以保障这些权利，那实际上是没有任何效果的。宪法必须额外确立附加的权利作为辅助，这些附加权利就是为了保证这三项基本权利不受侵害。[2]按照布莱克斯通的观点，如果新兴人权是为了帮助和实现这三项权利而作为辅助性权利出现的，那么就具有正当性和现实意义。一方面，人权作为一束权利，是对道德、尊严、人性的总体感觉，而这种总体感觉需要通过具体权利予以表征。而权利与权利之间的相关性表明，权利的实现需要一个或多个责任承担者，按照权利的具体说明来作出行为。如果只有纯粹的人权宣言，而没有具体的辅助性权利予以支持，权利话语也就毫无意义可言。新兴人权伴随着互联网技术变革而产生，安全、自由、财产等基本人权在新的时代背景下，不仅具有传统意义上的内容，更会呈现出新的内涵，保障基本人权实现的辅助性权利也势必有所改变。例如，个人数据安全权，由于突破了传统的安全权范围，转向以个人数据为内容的安全保护，这就需要赋予个人被遗忘权、更正权、数据携带权、访问权等辅助性权利来实现数据安全和个人隐私。另一方面，既然新兴人权是作为保障基本人权的辅助性权利而存在，其相互之间的紧张与冲突是可以协调和取舍的。承认并保障

---

[1] 参见陈景辉："回应'权利泛化'的挑战"，载《法商研究》2019年第3期。

[2] 参见[英]布莱克斯通：《英国法释义》（第1卷），游云庭、缪苗译，上海：上海人民出版社，2006年，第160页。

一批具有现实急迫性的新兴人权,并延缓或否决另一批不那么关乎人性的权利,[1]使得社会利益关系的变化不因法律规范或制度的滞后性而被忽视,以此来缓解紧张和冲突,逐步缩小人类间的不平等差距。

3. 新兴人权具有派生性属性

格里芬将人权分为基本人权和派生性人权。基本人权是以"人格和实用性"为根据,并产生出三项最高层次的人权,即自主权、自由权、福利权。而派生性人权则是将基本人权应用于特定的具体环境中,即把抽象的价值按照具体社会的时间、地点和实际关怀来表述它们,进而将抽象性的概念从全局性的词汇过渡到地方性的词汇。[2]这种过渡到地方、应用于具体环境产生出来的、普遍性较低的权利就是派生性人权。派生性人权同时也遵循这一逻辑结构:普遍民众的理性认知与判断经由国家的认同,而上升为一种权利化、制度化表达,并获得了国际社会的广泛认可,从而将其确定为一项人权。在这一逻辑结构中,存在着广泛的理性判断、认知与共识,这就意味着它不是"任意的",不会仅仅关注于自身的权利主张,而忽视了责任话语。反而增加了一种强有力的责任义务观念,在肯定新兴人权的同时必然要接受随之而来的义务。比如,生存权和安全权作为一项基本人权在不同的国家,可能派生出不同的权利诉求,也会产生相应的责任义务。如果生存权受到侵犯,也可使用派生性权利对其进行补救。而当民众被任意逮捕、折磨而侵犯自由权时,其相对人或政府也就承担着不任意逮捕、禁止犯罪侵害的责任义务。

（三）新兴人权为人权概念的理论与实践贡献了价值增量

新兴人权的产生是对传统普遍道德原则的扬弃,而非冲击传统道德体系,这意味着对国家道德尊严的尊重,且不会造成人权概念的贬值和道德减损。

1. 新兴人权对传统普遍道德原则的扬弃

米尔恩认为,人权是普遍道德权利,联合国《世界人权宣言》并不是一个充分的保障,其所列举的权利是自由主义民主权利,而大部分人类并未经历过自由主义

---

[1]　参见张曦:"'权利泛化'与权利辩护",载《华东政法大学学报》2016年第3期。

[2]　参见[英]詹姆斯·格里芬:《论人权》,徐向东、刘明译,南京:译林出版社,2015年,第61页。

民主, 在将来也不可能经历, 这些权利也就并非严格意义上的人权。[1]而严格意义上的人权是包含在共同道德原则中的权利, 是普遍低限道德标准的一部分, 适用于任何的民族共同体。包括生命权、公平对待的公正权、获得帮助权、不受专横干涉的自由权、城市对待权、礼貌权、儿童受照顾权等七项权利, 米尔恩谓之"作为最低限度标准的人权"。[2]他认为, 即使存在文化差异, 但由于最低限度标准的人权是根植于社会生活本身的道德要求, 应当获得普遍承认与尊重。如果说米尔恩所列举的建立在普遍道德基础上的七项人权清单, 是基本的、低限的, 那么目前的新兴人权则是建立在道德基础之上、超越低限的普遍性人权。进一步而言, 某些特殊群体的新兴人权, 比如囚犯的婚姻权、同性恋的婚姻权, 随着现代社会的开放性与包容性, 突破传统道德的束缚, 使得内心压抑的、隐藏的关乎人性的道德权利得到讨论与扬弃。正如芦部信喜所言, "《宪法》中的人权规定只是列举了在历史上遭受国家权力侵害较多的重要的自由权利, 并不意味着已然网罗和揭橥了所有的人权。"[3]但人权在未来可扩张出哪些具体的权利, 以及用怎样的标准来判断这些权利是否可作为一项新兴人权而被承认, 则是极为困难的问题。而作为自律的个人具有社会发展性和道德性, 其在人格意义上所不可或缺的、值得保护的那些利益, 也可作为"新兴人权"而被理解与接受。因此, 既不可让人权概念的负担超重, 也不可否认人权概念的现实价值, 要把握好新兴人权在道德和法律上的"度"。

2. 新兴人权丰富与完善人权概念的内涵

新兴人权的提出并不会造成人权概念贬值, 反而代表着国家的贡献和尊严。这些具有宣示性、辅助性、派生性的新兴人权, 反映了地方文化的特色、视域、经验, 极大丰富了人权概念的内涵和外延。非洲国家贡献了发展权, 中国提出了和谐权, 西方国家致力于民主自由提出了个人信息保护权, 日本研讨会上首次提出了环境权。

---

[1] 参见[英]A.J.M. 米尔恩:《人的权利与人的多样性——人权的哲学》, 夏勇、张志铭译, 北京:中国大百科全书出版社, 1997年, 第163页。

[2] [英]A.J.M. 米尔恩:《人的权利与人的多样性——人权的哲学》, 夏勇、张志铭译, 北京:中国大百科全书出版社, 1997年, 第171页。

[3] [日]芦部信喜:《宪法》, 高桥和之补订, 林来梵、凌维慈、龙绚丽译, 北京:清华大学出版社, 2018年, 第92页。

这些新兴人权意味着，人权具有共时普遍性，并不存在古今中外都适用的个人权利，权利内容有时代的差别；而不同国家贡献出的新兴人权概念，表明了它是生活在同一时期同一地方的个人的普遍主张。正如格里芬看来，在"人格价值"的根据上必须要增加"实用性"作为人权的第二个根据，不仅强调纯粹的人格价值，也强调人性和人类社会的实用性经验信息。既然它是来自社会的经验信息，那就必然带有地方色彩，并非所谓的普遍性建构。[1]尽管，国际社会还没有一个广泛接受的人权概念，但仅从权利需求层次而言，不管是生理、安全这样的低级需求，还是自尊、自我实现的高级需求，都属于基本的、自然的人的本性，不会异于或违背人性。此外，从新兴人权的增长趋势来看，这是一段人类追求自身需要的历史，也是人权不断进步的发展史。在这漫长的人权事业中，每个国家都处在人权事业的链条上，不可能独善其身，而必须参与其中，并且通过重新审视全球人权的现实问题，为实现社会公正、人性尊严创造更大的可能性。我们可以说，所有国家都是发展中国家，都存在人类发展不平衡、不充分的问题，这就意味着所有国家都在为追求充裕的生活品质和精神需求做斗争。在这一角度而言，新兴人权的出现不仅不会造成人权概念的贬值，恰恰相反，我们需要这些权利。

五、塑造开放、全面、共享的人权概念

尽管新兴人权的激增具有合理性和正当性，但这并不意味着人权受政治话语和意识形态的影响，成为国家间攻击与对抗的武器；即使人权概念流于当前社会的弹性状态或直观感受，无法形成一个得到正确运用的、可被接受的清晰的标准，[2]但也并不会削弱人们对人权所应具有的道德内涵更深层次的思考，导致人权沦为一种浅薄的口舌。[3]因此，对于新兴人权的激增，我们也不能简单地认为这是"人权泛化""权利滥用""人权贬值"的体现，而应以包容、辩证的态度来看待新

---

[1] 参见[英]詹姆斯·格里芬：《论人权》，徐向东、刘明译，南京：译林出版社，2015年，第46页。

[2] 参见[英]詹姆斯·格里芬：《论人权》，徐向东、刘明译，南京：译林出版社，2015年，第240页。

[3] 参见[美]玛丽·安·格伦顿：《权利话语——穷途末路的政治言辞》，周威译，北京：北京大学出版社，2006年，第6页。

兴人权，进而塑造开放、全面、共享的人权概念。

首先，我们应转变观念，不再把人权看作一个封闭的概念。而是尽可能在全球信息化过程中，打破人权概念的封闭性，并把这种极具地方特色的，对人权的道德想象与事实经验，视为每个国家对人权概念的贡献。同时，其他国家也可以各取所需，移植能适用于本地方的新兴人权。"尤其是像中国这样具有优秀文明传统的国家，不能只将欧美的'人权干涉'作为'干涉内政'来排斥，而必须向国际社会积极主张自己的人权观，通过思想的争搏和交流来使人权真正获得普遍性。"[1]也许，西欧启蒙运动传统下的人们对人权有比较清晰的界定，但并不代表着印度教徒或丛林土著对人权的理解就是模糊错误的。即使他们所经历的路线不同，提出的主张有别，文化的差异巨大，地方的特性明显，但都是在朝着人权的终极目标前进，实现人之为人的共同目标。

其次，新兴人权作为一种地方性知识，可以在跨文化的交流与对话中实现共享。例如，《和平权利宣言》就是由不限名额政府间工作小组来起草的，并由不同国家和地区通过逐步沟通的方式进行拟定。[2]对于什么是人权，人们总能在一定程度上感知它、认识它，甚至被用来维护某种利益需求或反对某一事物。然而却没有任何单一文化的人权概念可以被称为人权，也没有一种单一的人权理论能够全面描述。[3]也许，普遍人权的理念存在虚无性、理想性，人权的地方性经验和客观事实也并非得到全部的承认，但"人权"这一伟大名词是值得各个国家去追求的社会事实，且是被所有人迫切需要的。就像《世界人权宣言》已被译成百种语言和方言版本，在全球已有466种不同的译本。[4]这样一来，人权，不仅是一个地方性概念，同时也是一个全球性概念。

最后，将人权与技术结合，通过技术变革丰富人权概念的理论和实践。"人权

---

[1] [日]大沼保昭:《人权、国家与文明》，王志安译，北京:生活·读书·新知三联书店，2014年，第3页。

[2] 参见《联合国和平权利宣言草案不限成员名额政府间工作组》，载联合国大会网站，https://documents-dds-ny.un.org/doc/UNDOC/GEN/G16/163/65/PDF/G1616365.pdf?OpenElement，2019年10月11日。

[3] 参见[美]科斯塔斯·杜兹纳:《人权与帝国》，辛亨复译，南京:江苏人民出版社，2010年，第9页。

[4] 参见《世界人权宣言》翻译项目，载联合国人权高专办公室网站，https://www.ohchr.org/CH/UDHR/Pages/Introduction.aspx，2019年10月11日。

不仅是超验意义上的，还是经验存在的。"[1]在全球信息化时代背景下，技术成为国际社会的普遍性特征，全球的技术变革伴随着新兴人权的提出，带动了人们权利需求的巨大变动。基于个人隐私保护、数据安全的目的，提出了个人隐私权、数据安全权等新兴人权。甚至对于传统人权的内容也有了较大改变，如住宅不受侵犯权，其中"住宅"一词不再局限于传统意义上的住宅，侵犯也不仅仅是物理意义上的进入某个空间，还包括在不需要个人亲自行为的情况下，通过技术手段实现侵害。同样，受教育权作为一项基本人权，已不再囿于传统地域上的教育平权问题，慕课、互联网公开课使得乡村教育有了与城市教育平等的可能性。技术的变革为人权概念注入了更多新的内涵。因此，物联网、区块链、大数据应用等技术手段，对于发展人权概念、促进人权实现，具有极为重要的作用。在这个意义上，人权概念未来是什么样，将会呈现出怎样的状态，不仅取决于各个国家的现实需求，也取决于技术。但不可否认，我们只有将人权概念放在动态的历史发展过程中来辨析，才能正确、客观地看待其扩张现象，也只有把人权概念置于开放的认知世界中，才能坦然面对其未来的丰富发展。

（作者付子堂系西南政法大学校长、中国人权研究会副会长；伍科霖系西南政法大学博士研究生）

---

[1]　[美]林·亨特：《人权的发明———一部历史》，沈占春译，北京：商务印书馆，2011年，第8页。

"人类命运共同体"理念与全球人权治理体系变革

[阿根廷] 古斯塔沃·亚力杭德罗·希拉多

诸如人类发展和可持续发展、甚至是安全相关问题,之所以能够被纳入全球议程中,是通过整个人类历史中持续的多边主义达成基本共识的结果。应该说,能够在人权观念的范围内构建这些概念之间的关系,可以引用联合国前秘书长科菲·安南于2005年撰写的一份报告中提到的一句话作说明:"没有安全,我们就不会有发展;没有发展,就不会有安全;如果不尊重人权,我们就不会有安全或发展。"因此,一个国家不能通过牺牲别国的利益来获取自身安全。

这意味着仅从经济角度这一传统的发展构想方式来理解发展就忽略了这个问题的基本面术标准的一部分,经济增长本身并不意味着发展。

例如,根据联合国开发计划署报告中定义的人类发展概念,要对发展进行多维概念化理解,因此需要从政治维度上加以考虑。在联合国1987年编写的《布伦特兰报告》中,可持续发展的概念实质上是环境上的、也即一维的可持续发展。该报告的中心思想是强调,如果我们的地球遭受破坏,就不会有发展,因此发展须与环境保护同步进行。同样地,今天我们认为,经济增长可以实现,但是,如果更多的财富集中在少数人手中,而增长的成果却无法得到均衡分配,那么发展将变得举步维艰。因此,尽管经济全球化在今天备受质疑,但它必须是开放、包容、有益、平衡和利益共享的,以使所有国家受益并创造更舒适的生活。今天,面对难以阻却的历史进程,那些逆向而行的力量仍在努力反抗,而要维持这一历史进程,我们就必须通力合作。

一、背景

目前，一个有趣的讨论变得日益激烈，与世界范围内的"中国危机"直接相关。争议的其中一个焦点是，与东方的现行价值观相比，维持西方自由民主制的价值观是否真的有效？而且东方国家是当今世界上最有活力的经济体，迅速降低了其贫困水平。

基本方法涉及这样一个事实，那就是自由主义制度、特别是在北半球西方国家的自由主义制度无法充分满足人民的需求，导致了旧观念的出现和崛起，而新出现的旧观念倡导者们则在一种反革命的框架内推行这些观念。例如，就欧洲的民主、资本主义和一体化模式而言，它们似乎不能适应新的复杂情势（旧大陆上出现的城市网络、银行家、恐怖分子和移民）。[1]

有些作者也做了严肃分析，认为支持欧洲繁荣数十年的自由主义价值观可能已经"遭受背叛"，因此人们逐渐激昂的情绪和逐渐加深的谬见导致没有太多余地进行理性分析、辩论和达成共识。在战后第二个时期，出现了一个建立统一、自由和民主的欧洲的梦想（与之相关地，这也反映出美国实力的巩固），因此，当时处于政治边缘的政党如今也崛起了，这归因于以下事实：当今管理欧盟的机构不是由多数选举产生的，而中央银行、宪法法院、监管机构的成员也不是由多数选举产生的，总的来说，这个欧盟是基于由开明的专家领导的制度模式进行管理的。

有一些作者[2]认为，自由主义会被贪婪的银行家"绑架"，或者已经成为滋生自满的温床，因此是属于少数群体的自由主义：职业政治家、新闻工作者、银行家和世界各地的精英人士在告诉大多数人对他们而言的便宜之事。随着越来越多的权力被转移给没有人选择的机构，自由主义者会夺走选民的政治发言权。

人们经常读到，自由主义计划使人们迷失在强大的国际市场的迷宫中：在战后第二阶段——冷战期间，基于体制和政治重整的迫切需要（因为代表制的体制性支柱已经瓦解）而建立的诸项制度"成为"了大众意愿，当欧洲人民普遍追求

---

[1] 尽管这一表述来自南美洲的阿根廷，但众所周知，我们在该地区建立了一个失败的欧洲飞地计划，因此其价值、标准和结构对我们而言并不陌生，因此我在此篇论文中以及之后会论及的都与当前的欧盟国家有关。

[2] Jan Zielonka：《反革命：退缩中的自由主义欧洲》，牛津大学出版社，2018年。

社会提升时，这一点就没有受到质疑。阴暗的政党随后出现，要负责解决所谓全球化过程中出现的问题所带来的社会需求，将民主变成了一种体制设计的形式，几乎没有公民参与的余地。这一担忧很重要，因为当下的情景似乎是，基本决策是由非选举产生的机构（例如中央银行、宪法法院和欧洲委员会本身）视具体情况做出的。

这正是我们目前的做法：多边主义的支持者们必须表明，为什么国际合作不仅仅是重要的，而且是必要的。在这一论点上，中国有很大的作用可以发挥。如果我们要避免冷战模式的重蹈覆辙或东欧的分裂割据，就需要通过人文交流（从思想到艺术）促进共同繁荣，改善贸易流动、增加货币流通。毕竟，促进合作与信任的最佳方法是确保一项倡议使有关各方明显受益。结论就是，当一个正在崛起的国家拥有相对较多的同盟国时，它能够动员国际社会支持其新的国际秩序计划。

这也涉及我们正在探讨的多边主义。多边主义在推进可持续发展理念上发挥着根本性的作用。可持续发展理念于1987年提出，后来演变为关于如何为我们的社会构建更美好未来的辩论。这一理念不仅涵盖了环境层面，而且从"里约热内卢地球高峰会"（1992年）中又衍生出社会层面和经济层面上的可持续发展。可持续发展的理念比人类发展的理念更加成功，因为它成功地将三个层面上的发展融为一体。基于以上情景，全球机构处在一个关键时刻：它们必须转型以实现尚未建立起来的新多边主义，而且需要以前所未有的速度和规模发展多边主义。

这一转型的成功程度，以及系统中的哪些机构能更快实现这一转型，将取决于其生存力，但最重要的是要实现可持续发展。但是，国家间的合作是可持续发展所固有的，考虑到该系统所面临的挑战规模之大（正如我们刚才描述的那些挑战），很显然，由于紧张局势激发了这种遭受重创的多边主义，我们不可能找到孤立的解决方案。其中多边主义所面临的最显著的挑战包括南北发展不平衡、贫困、饥饿和数字鸿沟。正如习近平主席近期所言，"面对日趋复杂和综合的威胁，我们无法单打独斗"，他还补充说，所有国家应当寻求一种能够促进共同发展、一体化、合作和可持续发展的新安全观。从这个意义上讲,建立人类命运共同体的倡议正在从"概念"转变为"行动"。[1]

就严格的经济角度而言,在世界各地的家庭中,这种现象更加明显和普遍存在:可以看出,政府当局不得不通过合作来解决导致人们对基于规则的贸易体制(以及于几十年前形成的该体制的前身)不满的种种因素,在不诉诸提高关税和非关税壁垒的前提下降低贸易成本、解决纠纷。如不能做到这一点,那么已经在放缓增长的世界经济将更加不稳定。除了贸易[2]之外,在各个领域促进更紧密的合作将有助于扩大全球经济一体化在一系列问题上的优势,这些问题涉及金融监管改革、国际税收和限制跨境逃税渠道、减少腐败以及巩固全球金融保护网络,以降低各国对自我保障免受外部冲击的需求。整个全球社区所面临的一个挑战是要减缓和适应气候变化,以降低由高温、暴雨和干旱等极端天气条件造成灾难性的人道主义和经济影响的可能性。

二、中国的贡献

从这个意义上讲,中国与其他国家之间日益扩大的合作是非同寻常的,因此,构建人类命运共同体的构想得到了越来越多人的支持。我们知道,构建人类命运共同体的构想是习近平主席于2013年提出来的,而"一带一路"倡议实际上是对该构想的实践,为参与各国提供了巨大的合作平台,以达成共同发展和共赢这一类的目标。之所以会出现政治上的争执,是因为这一目标已经实现。

从中国政府的角度来看,构建人类命运共同体实质上是将每个国家和民族的观点和命运紧密地联系在一起,休戚与共,并力图将地球转变为各国和谐共存的社区。当中国宣传"人类命运共同体"的理念时,我们注意到,这一理念其实首次出

---

[1] 近期,我们参加了来自140个国家代表出席的联合国人权理事会第34次会议,会议上中国驻日内瓦联合国代表团团长马朝旭呼吁保护人权、构建人类命运共同体,这一理念产生了重要的政治影响,引起强烈反响。

[2] 当然,这一问题并不止于上述方面,但是,如果分歧没有解决,又随之提高了关税壁垒,则消费者所承受的进口中间产品和资本产品的成本以及最终产品的价格将会提高。除了这些直接影响之外,贸易政策的更大不确定性以及对冲突和报复行为加剧的担忧将损害商业投资,扰乱供应链并抑制生产率增长。由此产生的当前(2019年11月)公司盈利前景恶化可能会导致增长进一步减缓。

现在国务院新闻办公室于2011年发布的文件中。[1]这一理念的提出是为了克服"冷战"这样的思维束缚,以及突破导致人类不断走向冲突和战争的因循守旧之路。在《中国太平洋发展》白皮书中已经提到了另一种选择,即"从人类命运共同体的角度寻找新的观点,同甘共苦,寻求互利合作,探索不同文明之间增进交流和互鉴的新途径,确定人类利益和共同价值观的新维度,并寻求通过国家间合作来应对多重挑战并实现包容性发展的新途径"。

在2012年中国共产党第十八次全国代表大会上,中国将人类命运共同体的理念列为其外交政策的中心,并在多个论坛和出访中推广了这一理念。2015年9月,习近平主席在联合国峰会上提出了构建"人类命运共同体"的发展蓝图。2017年1月,他在瑞士日内瓦的联合国总部对这一理念进行了全面、深入和系统的介绍。一些分析者认为这一理念的推广需要时间,但2017年联合国社会发展委员会第55届会议的决议首次纳入了这一理念,彰显了对该理念的认同,随后安全理事会、人权理事会以及第72届联合国大会裁军与国际安全委员会第一届会议[2]都先后在其决议中采纳了这一理念。

更准确而言,修订后的中国宪法第35条规定:"中国的前途是同世界的前途紧密地联系在一起的。中国坚持独立自主的对外政策,坚持互相尊重主权和领土完整、互不侵犯、互不干涉内政、平等互利、和平共处的五项原则,发展同各国的外交关系和经济、文化的交流,构建人类命运共同体。"2019年7月最新发布的《新时代的中国国防》白皮书实际上就是基于该理念制定的。然而,这一和平与善意的理念需放置于武装力量日趋扩张的背景下看待。让我们深入审视这一问题。

需要强调一个重要且有趣的矛盾现象,那就是,尽管有以上这些提议,但实际上我们通常鼓励各国去提高其安全水平(如上所述,最终实现可持续发展),同时

---

[1] 尽管这一理念不是本文的论述重点,但我想简要说明一下,在处理诸如伊朗核计划和朝鲜半岛问题(以及许多其他问题)这样的复杂问题时,该理念也被证明是可行的,因为它呼吁各国通过磋商和协调处理国际事务。

[2] 在中国政策范围内,此构想被写入2017年10月的修正案,提升至宪法范畴,次年3月的十三届全国人大通过了此修正案。在此次改革中,习近平"新时代中国特色社会主义"思想与毛泽东思想、邓小平理论并列写入宪法序言。

还要增加其军事预算以应对潜在的严重紧张局势,比如对抗全球化、恐怖主义和难民问题的趋势日益显著。总而言之,随着国防需求的不断增长以及有更多国家参与到维和行动中,更多的军费用于防止分裂主义和恐怖主义,在此背景下,此类政策就变得不可替代。与多边主义以及透明自由市场理念背道而驰的"反全球化"运动使得旨在改善全球治理(以庞大且强大的经济体为主导)的种种政策计划受挫,但它只是再次明确了一点事实,那就是我们需要达成共识、重新调整合作空间与多边空间,以保证诸项议程有实质性意义。

这就是中国在当今崛起所要发挥的作用,它提出一个可能的方案试图终结"丛林法则"、霸权主义和"零和游戏"的政治权力格局,取而代之以"双赢"的理念,以期实现合作、共建与共享。这看起来是一项开创性的事业,而中国也宣称要成为改变世界的重要力量,如今它也确实在发挥这样的作用。这是以不同方式引导权力的使用,并带来超越传统意识形态和地缘政治问题的更高一层的责任。

(作者古斯塔沃·亚力杭德罗·希拉多系阿根廷阿拉努斯国立大学"当代中国研究"研究生专业主任)

构建人类命运共同体与全球人权治理

[英国] 郝明凯

与诸位重要人物齐聚一堂，包括将南南人权视为政治问题、甚至是日常事务深入研究的专家，我觉得有必要发表一点一得之见。

我在西方国家长大，原以为某些其他国家对人权的理解有误。在我们的政治家和媒体的影响下，作为一个国家，我们通过谴责其他国家对其公民的政治和宗教权利的限制获得道德优越感。我们受到引导，认为发展中国家的人们所遭受的不同程度的经济困境，正如我们所看到的，是缺乏民主的直接后果，掌权者的腐败往往加剧了这种困境。

很高兴的是，这些年来，我的想法已经转变。尽管言论自由和信仰自由等权利无疑是大家想要的，但在欠发达国家生活的经历会让人们明白，在很多情况下，普通人关心的问题（实际上是他们的基本人权）更加重要。三年前"纪念《发展权利宣言》通过30周年国际研讨会"上就强调了这一点。我从那次会议上获得的最有力的信息是这个简单的声明："国际社会应……将消除贫困和饥饿作为其首要任务。"

作为一项原则，这合情合理。平心而论，全世界似乎正在做出回应。《2030年可持续发展议程》代表了一项全球承诺，要让地球上的每个人都过上更好的生活，尤其是消除贫困和实现全球可持续发展。这些目标令人钦佩，但也极具挑战性。实现这些目标需要各国采取行动，既要在国际上相互协调，又要在国内独立进行。

在中国，近年来我们见证了一项令人瞩目的运动，使数百万人摆脱了贫困。这些努力的重点是帮助人们自助，政府以扩大高等教育入学机会、通过工业发展创造就业机会、保护环境和社区搬迁等形式提供切实可行的政策支持。这个策略很合理，但成功的真正秘诀是勇于承认问题的存在以及解决问题的决心。

《2030年可持续发展议程》似乎代表着类似于在国际范围内消除贫困的承诺。到目前为止，进展的迹象似乎很好，可以说，中国不仅树立了国家可以为自己做些什么的榜样，而且还采取积极行动，通过"一带一路"计划、人类命运共同体和亚洲基础设施投资银行等举措来激发区域和全球行动。中国是G20的成员，G20还承诺将其工作与《2030年可持续发展议程》相结合，以确保在消除贫困、实现可持续发展以及为所有人创建包容性和可持续未来的努力中，不让任何人掉队。

这些愿望无疑是值得称赞的，但实现这些愿望的道路必然不会顺利。今年早些时候，G20贸易部长们在一份声明中承认，"贸易和投资为广泛和可持续的全球增长、包容性、减贫和可持续的经济发展作出了贡献。"然而，即使在G20成员国中，贸易争端仍然存在，不可避免地会产生影响整个世界的连锁效应。

还有经济制裁的问题。国家和国际组织都会采取经济制裁，试图通过剥夺其他国家进入国际市场的正常渠道将其意志强加于其他国家。但是，很难想到近年来（例如过去十年）国际制裁取得预期效果的例子。尽管声称针对的是部分个人和实体，而不是针对全部人口，但显然受影响最严重的是普通百姓，他们不得不面对食物、石油和其他必需品短缺和成本不断上涨的困境。坦白说，他们面临着对最基本人权的挑战。

问题很复杂，因为整体问题在于每个国家在保护人权和人权治理方面的国内和全球义务，以及国际组织在保护人权和人权治理方面的义务是什么。但是，现在似乎达成了全球共识，正如第一届南南人权论坛通过的2017年《北京宣言》所指出的那样："生存权和发展权是首要的基本人权。"基于这一认识，并在命运共同体愿景的指导下，一定有希望在帮助地球上最脆弱的居民方面取得真正的进展。

（作者郝明凯系中国国际电视台资深编辑）

社会组织"走出去"参与人权治理的贡献与经验

[中国] 刘红春

一、引言

习近平总书记阐述的中国特色社会主义新时代, 其中一个"新"是"我国日益走近世界舞台中央、不断为人类作出更大贡献的时代"[1], 而且, "随着人类面临的跨国性和全球性人权问题日益增多, 很多人权问题不再局限于一国内部, 也不再是一国之力所能应对, 全球性挑战需要各国通力合作来应对。有必要以中国立场、观点和方法, 并以国际人权共识为基础, 积极推进人权国际化、全球化, 为维护全球人权秩序作出应有的贡献。推进人权全球治理体制变革也是中国作为负责任大国义不容辞的责任。通过人权对话与合作, 特别是人权领域的共商共治, 提升我国在人权问题上的制度性话语权。"[2] 基于此, 我国"秉持共商共建共享的全球治理观, 积极参与全球治理体系改革和建设, 不断贡献中国智慧和力量。在人权领域, 我们积极参与国际人权对话与合作, 参与人权全球治理"[3]。《为人民谋幸福: 新中国人权事业发展70年》白皮书中提到: 作为国际社会重要一员, 新中国高举和平、发展、合作、共赢的旗帜, 坚持维护世界和平、促进共同发展, 坚持以合作促发展、以发展促人权, 全面参与全球人权治理, 努力推动世界人权事业发展进步。[4] 实践

---

[1] 习近平:《决胜全面建成小康社会夺取新时代中国特色社会主义伟大胜利——在中国共产党第十九次全国代表大会上的报告》(2017年10月18日), 北京: 人民出版社, 2017年, 第21页。

[2] 张文显:《新时代的人权法理》,《人权》2019年第3期。

[3] 张文显:《新时代的人权法理》,《人权》2019年第3期。

[4] 国务院新闻办公室:《为人民谋幸福: 新中国人权事业发展70年》。

证明，构建以"人类共同价值"[1]为核心的人权、共同体助力人权全球治理等都需要"走出去"社会组织的实质有效参与，特别是作为"第三部门"[2]的社会组织走出去开展人权工作的实质性助力。因此，2017年第一届"一带一路"国际合作高峰论坛上，习近平总书记提出要加强民间组织的往来，建设丝绸之路沿线民间组织合作网络。2019年，在第二届"一带一路"国际合作高峰论坛上，习近平总书记再次提出要加强民间组织往来：未来5年，中国将邀请共建"一带一路"国家的政党、智库、民间组织等1万名代表来华交流。同时鼓励和支持沿线国家社会组织广泛开展民生合作。政府还设立30亿美元的"南南合作援助基金"，支持国内及受援国民间组织、国内外智库和国际组织，在其他发展中国家实施消除贫困、改善民生和提高社会发展水平的对外援助项目。在未来五年将有重大的政策举措，开展援外民生项目的政府购买服务，购买的领域将实现多样化，特别是教育、农业、扶贫、文化、健康、弱势群体支持等领域予以重点支持。[3]

二、社会组织"走出去"参与人权治理的贡献

公开资料显示，目前我国社会组织"走出去"参与的人权治理领域主要涉及人道主义救援、医疗援助、教育援助、环保、行动研究及治理能力提升等。具有典范意义的有以下五个方面：

在人道主义援助方面，中国红十字会、中国扶贫基金会、中国福利基金会、壹基金、爱的基金会、蓝天救援队等社会组织开展了救援、灾情评估、物资发放、灾后重

---

[1] 在第七十届联合国大会上，习近平主席十分鲜明地提出："和平、发展、公平、正义、民主、自由，是全人类的共同价值，也是联合国的崇高目标。"在致纪念《世界人权宣言》发表70周年座谈会的贺信中，习近平主席再次强调，"中国人民愿同各国人民一道，秉持和平、发展、公平、正义、民主、自由的人类共同价值，维护人的尊严和权利，推动形成更加公正、合理、包容的全球人权治理，共同构建人类命运共同体，开创世界美好未来。"

[2] 莱斯特·萨拉蒙认为：第三部门是"服务于公众利益的私人组织"或者"从事社会公益性事业的民间组织"。我国有学者认为：第三部门一是要与政府相区别，是自愿提供准公共物品的"非政府组织"（Non-governmental Organization，简称NGO）；二是要与私人部门相区别，是不以盈利为主要目标的"非营利性组织"（Non-profit Organization，简称NPO）。本文所指的"第三部门"就是现在我国官方机构与立法用语中的"社会组织"。

[3] 董强：《中国民间组织走出去的政策机遇期正在到来》，《公益慈善周刊》2019年4月28日。

建等灾害救援工作, 代表性的项目有"非洲之角"旱灾、印尼海啸、美国卡特琳娜飓风、巴基斯坦地震、海地地震人道主义救援、缅甸果敢战争影响难民捐赠食物衣服及防御药品等。

在健康权利保障方面, 中国红十字会、中国和平发展基金会、中国民促会、中国扶贫基金会、云迪行为与健康研究中心等社会组织帮助当地病人进行免费手术治疗、捐赠手术器材、帮助当地医疗人员接受专业培训等, 代表性项目有中国民促会联合企业、医院在马拉维和津巴布韦开展"非洲光明行", 中国扶贫基金会在埃塞俄比亚和苏丹推出的微笑儿童学校供餐, 云迪行为与健康研究中心在缅甸北部4县、越南老街、柬埔寨等地实施的艾滋病、丙肝、贫困儿童先天性心脏病等疾病知识宣传、干预服务及救治活动等。

在受教育权保障方面, 中国扶贫基金会、中国青少年发展基金会、中国华文教育基金会、云迪行为与健康研究中心、瑞丽市妇女儿童发展中心通过学校修建、教学物资捐赠、教学能力提升和奖学金、助学金发放等开展受教育权利保障工作, 代表性项目有"希望工程走进非洲"、修建"希望小学"、瑞丽市妇女儿童发展中心在缅甸木姐开展的教育师资计算机应用水平培训项目、奖学金与助学金发放, 以及云迪行为与健康研究中心在缅甸迈扎央难民营中心小学、缅甸克钦密松水电站移民搬迁社区、柬埔寨马德望市学校开展的系列教育援助活动等。

在环保权利保障方面, 爱德基金会、全球环境研究所、社会资源研究所等通过帮助受助国做好环境保护、能源清洁等参与环境权利保护, 代表性项目有斯里兰卡沼气项目、GEL与中国电力投资公司的"密松水电站利益相关方交流与社区发展"项目等。

在人权治理知识与能力提升方面, 中国扶贫基金会、中国民促会、云南青少年基金会通过开展"中国国际社会责任研究课题及论坛"、苏丹社会组织扶贫能力建设班、缅甸果敢公益慈善组织能力培训班等项目整理人权治理知识与提升治理能力。[1]

---

[1] 数据来源各社会组织官方网站与微信公众号。

三、社会组织"走出去"参与人权治理的经验

通过调研发现：社会组织"走出去"参与人权治理可以提炼出两大经验：一是相关政策法律及时到位支撑，二是探索出适合社会组织"走出去"参与人权治理的四种模式。

在政策法律及时到位支撑方面。据统计，2000年我国已经有社会组织走出去到一些发展中国家开展一些人权工作，他们将国内的一些人权工作方法经验介绍到了东南亚、非洲等国家，为这些国家的人权工作与保障贡献了中国智慧与力量，也为人权全球治理积累了一些经验。为了鼓励和支持社会组织走出去，相关政策与法律也适时提供了规范性保障，如2012年，国务院发布《关于促进红十字事业发展的意见》规定，中国红十字会的五项法定职责中的一项是开展国际人道救援和民间外交；2016年8月，中共中央、国务院办公厅出台《关于改革社会组织管理制度 促进社会组织健康有序发展的意见》，明确表述了引导社会组织走出去的重要作用，提出要"引导社会组织有序开展对外交流，发挥社会组织在对外经济、文化、科技、教育、体育、环保等交流中的辅助配合作用，在民间对外交往中的重要平台作用"。2016年9月的《南南合作援助基金项目申报与实施管理办法（试行）》（征求意见稿）强调并指出社会组织在教育医疗、减贫开发、生物多样性和生态环境等领域的作用。2016年10月，《中华人民共和国公益事业捐赠法》规定了"境外捐赠财产入境手续和减免进口税的条件"。中联部已经联合商务部、财政部、外交部和民政部出台了《中国社会组织"走出去"指导意见》。

在社会组织"走出去"参与人权治理的模式方面，有学者提出了"五种模式说"：属地伙伴型、民办官助型、社办联企型、借船出海型、社媒合作型。[1]但本文认为从既有经验来看，目前我国社会组织走出去参与人权治理较为成熟与成功的是前四种模式。

"属地伙伴型"模式是指社会组织在走出去参与人权治理过程中，与属地国的合意社会组织建立长期的人权工作合作关系，利用合意社会组织的地缘优势为中

---

[1] 参见黄浩明：《社会组织走出去——中国际化法治战略与路径选择》，北京：对外经贸大学出版社，2015年，第131页。

国社会组织参与人权治理的具体工作提供依法约定的各种支持。"五种模式说"提出者通过对代表性社会组织的抽样调研问卷发现,该模式是五种模式中得分最高的,赞成的比例达到了91.3%,因此建议社会组织"走出去"参与包括人权在内的各项治理工作把"属地伙伴型"国际化模式作为首选。[1]因为"属地伙伴型"模式是国际社会组织及发达国家社会组织"走出去"参与人权治理普遍采用的一种模式,也是经过多年实践证明比较成熟和成功的模式,该模式有效落地的关键是"走出去"参与人权治理的社会组织及有关职能部门需要了解属地国与人权治理事项直接关联的政治、政策、法律、经济、文化和社会组织的合作意向及执行能力等。如采用该模式的中国的爱德基金会等都是"走出去"参与属地国的环境权利、教育权利、健康权利等方面人权治理的成功范例。

"民办官助型"指的是社会组织已经"走出去"参与了人权治理,政府依法公开从人道主义援助资金中给予资金支持其"走出去"参与人权治理。"五种模式说"提出者通过对代表性社会组织的抽样调研问卷发现,该模式是五种模式中得分排名第二的,赞成的比例达到了89.9%,建议社会组织走出去参与包括人权在内的各项治理工作把"民办官助型"国际化模式作为次优选项。[2]数据显示,美国、英国、日本和巴西的政府及职能部门也采取了"民办官助型"模式助力本国社会组织走出去参与人权治理。我国云迪行为与健康研究中心在缅甸迈扎央难民营中心小学、缅甸克钦密松水电站移民搬迁社区、柬埔寨马德望市学校开展的系列教育援助活动,这些人权治理工作有效地促进了教育权保障,其经费来源于云南省商务厅的对外援助资金。

"社办联企型"指的是社会组织已经"走出去"参与了人权治理,为了更好地提升参与效果,找到合意的"走出去"企业合作开展治理工作。该模式更容易发挥社会组织与国际社会、所在国社会组织、企业及项目所在社区联络的相对优势,塑造多赢治理效果。"五种模式说"提出者通过对代表性社会组织的抽样调研问卷发

---

[1] 参见黄浩明:《社会组织走出去——中国际化法治战略与路径选择》,北京:对外经贸大学出版社,2015年,第131页。

[2] 参见黄浩明:《社会组织走出去——中国际化法治战略与路径选择》,北京:对外经贸大学出版社,2015年,第132页。

现,该模式是五种模式中得分排名第三的,赞成的比例达到了87.1%,建议社会组织走出去参与包括人权在内的各项治理工作把"社办联企型"国际化模式作为第三选项。[1]调研发现,中国扶贫基金会与中国石油合作在苏丹参与的一些人权治理工作即是"社办联企型"模式的一个典范;而中国石化Addax公司模式也是对"社办联企型"模式的一种有力佐证;全球环境研究所与中国电力投资公司的"密松水电站利益相关方交流与社区发展"项目等有效地保障了环境权和社区居民其他权利。而且,全球人权治理的经验表明,"社办联企型"是一种世界人权事业发展不可或缺的模式。

"借船出海型"指的是中国社会组织与已经有丰富的走出去参与人权治理经验的国际社会组织协议合作,借用国际社会组织的走出去参与人权治理经验网络、口碑人脉等,为我国走出去参与人权治理的社会组织所用,在同一个受援国采取协议合作,互利互惠的方式协同参与人权治理。"五种模式说"提出者通过对代表性社会组织的抽样调研问卷发现:该模式是五种模式中得分排名第四的,赞成的比例达到了86.3%,"五种模式说"论者建议社会组织走出去参与包括人权在内的各项治理工作把"借船出海型"国际化模式作为第四选项。[2]因"借船出海型"的关键是找到合意与可行的组织,包括与联合国体系的人权治理合作。目前,中国扶贫基金会通过合意有效借用国际社会组织的网络走出去参与人治理是该模式的一个成功案例。

(作者刘红春系人权法研究中心主任、云南大学副教授)

---

[1]　参见黄浩明:《社会组织走出去——中国国际化法治战略与路径选择》,北京:对外经贸大学出版社,2015年,第133页。

[2]　参见黄浩明:《社会组织走出去——中国国际化法治战略与路径选择》,北京:对外经贸大学出版社,2015年,第135页。

人权与国际政治改革的需求和南南合作的必要性

[巴基斯坦] 穆罕默德·阿凡·沙赫扎德

首先让我们列举一些近期正在发生的全球性动态，这些动态都与此次南南人权论坛的主题直接相关。

第一个例子是美国国会通过了所谓的《2019年香港人权与民主法案》(*Hong Kong Human Rights and Democracy Act of 2019*)，目前正在等待美国总统唐纳德·特朗普的最终签字。以人权的名义干涉一个主权国家(在本例中为中国)的内政，几乎没有比这更露骨的案例了。显然，该法案是美国针对中国采取的一系列压力策略中的又一策略。我们必须在中美持续"贸易战"[1]的背景下来看待这件事，事实证明这是美国在自讨苦吃，华盛顿特区越来越缺乏合理的选择。因此，所谓的《2019年香港人权与民主法案》是绝望之举。

第二个例子是在全球人权状况最佳的国家之一挪威发生的仇恨事件。挪威城市克里斯蒂安桑市(Kristiansand)近期发生了"停止挪威伊斯兰化"(SION)组织成员试图公开烧毁《古兰经》的恶劣行径，《古兰经》是全世界约20亿穆斯林的圣书。当地警方对这起精心策划的公开仇恨事件保持沉默，除非有公民挺身而出，与试图焚烧《古兰经》的人对峙，否则这势必会伤害全球穆斯林感情并引发愤怒。这种恶劣之举也假借了人权表达自由之名，如此明目张胆地不尊重一个庞大群体的同等权利，实际上是在压制这些权利。北方世界的人权大国不是第一次这样保持沉默，并且默默支持针对一个群体的人权侵犯举动，该群体主要生活在南方世界，但在北方世界的人数也在日益增加。

---

[1] 实际上，这是美国对中国和中国企业施加的关税和技术打击，而北京以谨慎而有计划的方式进行反击。

第三个例子是克什米尔。自2019年8月5日新德里将印控克什米尔地区（IHK）划分为两个行政单位并吞并以来，印控克什米尔地区的人民现在已一直处于完全包围之中，这完全违反了联合国安理会的决议。除了串通一气的口头应酬，北方世界的人权倡导者们对这场巨大的人道主义危机少有行动，对众多人口如此长时间的人权侵犯是最糟糕的案例之一。它还在继续。

人权的概念和思想并非新事，但在过去的一个世纪左右，它才在国际政治中广泛传播开来。自联合国及其附属机构成立以来，过去的七十年尤其见证了全球人权事业总体上的积极发展，这需要得到承认和赞赏。将人权编入国际条约、公约和法规，成立联合国人权委员会（现为理事会），大规模的宣传和意识驱动，有针对性的实施工作，这些都以各种方式产生了积极影响。今天，世界已经拥有了受到认可的全球人权制度。

然而，这一思想和概念仍然是抽象的，而人权制度的保护伞太大、太广，随着时间的流逝，越来越明显的是，北方世界，特别是美国等国，以人权为武器对其他国家和社会进行一系列中伤和施压，以便为自己（北方世界）的利益和议程服务。南方世界，特别是被北方世界视为"挑战者"的国家和社会，总体上处于全球政治这一方面的接受端。那些为北方世界的利益和议程服务的人，无论他们的愿望多么可耻且与人权观念背道而驰，都得以逃脱处罚。

更为讽刺的是，北方世界的一些强国，特别是美国，一边以人权的名义哀叹、强迫和诽谤一些"目标"国家和社会，一边继续着自己可悲的侵犯人权行为。这些侵权行为不仅在其自身社会中以各种表现形式可见，而且在全球以其单边行动和政策可见。这种政策和方法以各种方式侵犯了数百万甚至数千万人的权利和自由。

这种不希望发生的事态对现有的全球人权制度的全球意义、公正性、透明度以及更重要的是适用性，提出了严重质疑。可以肯定地说，全球人权制度在国际上的信任度，以及国际政治中对人权的采纳程度远未达到期望的水平。

有必要认识到，除非引入并实施确保以平等的立场和透明的方式为全世界所有国家和社会的利益服务的改革和变革，否则全球人权制度可能会完全失去其意义。

南方世界的国家可以在这方面发挥共同作用。首先，尤其是在专家和从业者层面上，就现有全球制度的弊端形成广泛的全球辩论（例如，由中国国务院和外交部主办的此次非常切题的论坛），从而促成对国家和全球机构的相关政策建议。任何这样的努力都必须考虑到各个国家和社会特殊的社会、社交和政治环境，可以说，一种方法不能解决所有问题。

重要的是要确保全球人权制度的实施不会成为某些强国手中的工具。需要汇集一个来自南方世界国家的知名专家和知识分子的最先进的全球机构/团体，以便在联合国有力地介绍南方世界的情况和关切，以便对现有制度进行有意义的改革。尽管并行结构/系统不是急需解决的问题，但除非真正朝着有意义的改革方向迈进，否则仍然有这种可能。南方世界的高等教育机构（例如大学）和媒体也需要共同努力，提出经过深入研究和适用的政策建议，以维护自己以及共同的利益。

（作者穆罕默德·阿凡·沙赫扎德系巴基斯坦欧亚世纪研究所所长）

人权、气候变化与发展：气候正义对全球人权治理的必要性

[孟加拉国] 穆罕默德·莫菲祖尔·拉赫曼

气候变化是当今世界最为严峻的问题。政府间气候变化专门委员会 (IPCC) 宣布，气候变化业已成为"明确的"事实，而且从本质上来说，该问题是人为造成的，这就意味着人类活动是导致全球平均气温上升的原因。联合国政府间气候变化专门委员会及其他全球性与地方性研究充分记录了全球范围内，气候变化与日益匮乏的全球人权、正义及全球治理之间的密切关系。它妨碍人们享受人权与公平发展，导致许多人陷入贫困并被边缘化。因此，为敦促政府立即采取措施应对气候变化造成的影响，全球各界人士走上街头，呼吁领导人与政策制定者立即采取行动。近期在联合国气候峰会期间涌现的"周五护未来"抗议活动 (2019年10月20日至27日) 进一步推动了青年动员运动的发展。"周五护未来"抗议活动支持通过宣布进入"气候紧急状态"来保护地球。瑞典少女格蕾塔·通贝里出席了此次联合国气候峰会，她的出现、演讲与深思熟虑具有历史意义，体现了这一代人因全球领导人在应对气候变化后果方面的无所作为而感受到的挫折感。针对全球–地方气候正义运动，孟加拉国国民议会于2019年11月13日通过了一项动议，宣布进入"全球紧急状态"，呼吁包括联合国在内的国际社会迅速采取行动，应对气候变化造成的影响。

值得注意的是，自1990年以来，政府间气候变化专门委员会在5份评估报告中汇编的气候变化知识无疑证明了气候变化属于人权与发展问题，因为在许多国家，包括生命权、食物与居所权在内的基本人权显然正在受到气候变化后果的威胁。亚

洲、非洲和拉丁美洲大陆人民的生活受到了影响。因此,人权框架有可能理解气候变化与人权受侵所造成的影响的严重性。人类赖以生存、兴旺的基本能力受到了负面影响。对发展以及建设人类命运共同体而言至关重要的人类能力,如生命、身体健康、感官–想象–思维、情感、实践理性、从属关系、其他物种消失、生物多样性以及控制所处环境等 (Nussbaum, 1999) 受到了气候变化的不利影响。过去,西方国家依靠碳排放与消耗化石燃料来获得发展,这种做法导致了上述能力及人权因气候变化而恶化。

许多研究表明,气候变化已经以各种方式对我们造成了危害,并有可能给人类共同的未来带来更多问题。这一切都是由全球变暖引发的一系列危机所造成的,例如灾害、极端天气事件、洪水、森林大火、风暴、生物多样性被破坏、海洋酸化、水资源短缺、全球粮食不安全等。为保护这些受影响的人权,气候正义要求我们即刻采取行动,否则就太迟了。

国际社会遵守《联合国气候变化框架公约》(UNFCCC),长期以来一直在探讨这些问题。现在,各国普遍认为气候变化正在演变为"公地悲剧"。因此,气候变化业已成为我们生活问题中的一个新的元框架与决定性因素 (Goodman, 2009)。国际社会对其灾难性的负面后果表示担忧。因此,确保气候正义是全球人权发展与治理的当务之急。每年举行的缔约方会议 (COP) 就应对气候变化后果的共同责任展开讨论,希望能够制定全球治理的新框架。为实现这一进程,2015年的气候变化大会通过了《巴黎协定》。由于发达国家无意履行协定所述的承诺,而且在这一方面毫无作为,该协定未能达到全球预期。

对于发达国家历史碳排放所造成的气候变化影响,发展中国家首当其冲。全世界能够容纳的碳排放总量为660千兆吨,而西方发达国家在过去200年不公正的发展中已经向大气排放了331千兆吨碳,从而造成气候变化,导致欠发达国家遭受大规模歧视、发展落后、沦为受害者。在总排放中,73%源自发达国家排放,剩下的27%源自发展中国家。尽管全球累积的温室气体大部分来自工业化国家,但是气候变化负面影响最大的受害者却可能是发展中国家。因此,气候变化实际上意味着富人将成本强加给穷人，所以也与正义、公平和公正相关。

孟加拉国人民的生活也受到了气候变化的威胁。一旦海平面上升5米，就将有300万人失去他们的栖身之所。由于气候变化而频发的极端天气事件，如洪水、干旱、降水不稳定、季风前后的风暴等给传统农业、人类能源和文化工作等造成了问题，导致粮食产量减少与疾病传播。儿童、妇女、原住民、沿海居民和社会边缘群体最容易受到影响。许多人担心，气候变化的灾难性后果会导致孟加拉国及其他受害国家出现种族灭绝的情况。一些小岛屿国家甚至担心自己会彻底从地图上消失。因此，为确保人权和未来发展道路在全球各个文明中都是公平的，气候正义作为全球治理的价值正在得到提倡。

事实上，气候正义现已成为对资本主义发展方式以及通过碳交易来解决气候变化后果的商业解决方案进行批评的意识形态领域，因为这些做法使得高排放国家可以将发展中国家作为其计划排放的碳汇来维持其碳殖民主义。在过去的二十年里，世界各地的气候正义运动主张，由于碳基经济照常增长，"全球公域"——即气候、海洋、大气、水和空气——的健康正在遭受商业的威胁。通过消耗化石燃料（石油、煤和天然气）来发电、完成交通运输以及维持西方的生活方式是这一变化的核心。

由来自153个国家的科学家组成的世界科学家联盟警告说，除非人类的生活方式发生重大转变，否则人类将遭受"无尽的痛苦"。同时，联盟宣布进入气候紧急状态，需要立即采取行动。他们建议紧急采取以下步骤来拯救我们唯 的家园地球，并维持人类在地球上的生存：用低碳可再生能源取代化石燃料；减少甲烷等污染物的排放；保护地球的生态系统；多吃植物源性食物，少吃动物制品；创造无碳经济，稳定人口。否则人类文明将遭遇"生存威胁"，世界将成为一个温室，地球将失去控制(Al Jazeera Online in DS, 7 Nov.)。

气候正义包括削减北半球的消费，根据历史责任和生态债务将充足的资金从北半球转移到南半球，人民对能源、森林、土地和水资源的主权，以及可持续的家庭农业和粮食主权。因此，国际社会需要立即采取行动，将气候正义纳入政策，以此应对气候变化的负面后果。各方面都需要采取这些行动,特别是《巴厘行动计划》所制定的广泛领域:碳减排、减排、适应和技术转让。然而,包括孟加拉国在内的发展中国家无力承担气候变化的负面后果,因此主张将气候正义原则付诸实践。该原则围绕四个要素展开:(1) 补偿正义:即为西方发达国家过去造成的伤害给予受害国的赔偿。解决气候问题所需的资金必须由污染国提供,因为气候系统是它们破坏的,所以它们现在有责任修复这个系统 (Singer, 2010) ,为恢复气候系统买单是它们的历史责任;(2) 分配正义:即根据公平、公正的公式分配未来与当前的责任并进一步分配排放权;(3) 程序正义:即在做出与气候变化行动相关的决策的过程中,采用公正的程序和包容性框架;(4) 纠正正义:即为避免世界环境进一步恶化并减少挑战,我们不应在个人与社会生活中所做的事情。

为使世界各国能够制定出公平的强制性气候治理协议,许多缔约方会议都对这些问题进行了讨论。气候谈判一波三折,最终,在巴黎举行的第十五次缔约方大会上终于实现了这一目标。为治理全球气候,特别是发展与人权,1997年通过的《京都议定书》被《巴黎协定》所取代。

《巴黎协定》获得了全球196个国家的认可。如今,它已成为拯救我们的共同利益、构建命运共同体的全球框架。遗憾的是,美国已经申请退出该协定,这意味着国际社会的利益正因美国的退出受到了损害。在全球化的世界里,美国不应只考虑自己的利益,而应承担起主要由美国的排放而造成的负担,因为美国是世界上最大的排放国。美国的立场与为贫国和受害国出声的气候正义背道而驰。这种反气候正义的立场可能会危及国际社会设定的将升温控制在2摄氏度以下的目标。从道德上来说,美国的做法是不公平的。

孟加拉国和中国都是《巴黎协定》的签署国。孟加拉国一直在国际层面追求气候正义,中国也是如此。两国在气候谈判中同属一个群体,遵循污染者付费的原则与人均排放权,支持生存排放,反对西方的奢侈排放,确保本国弱势公民能够享受体面的生活。此外,孟加拉国一直积极参与不同的缔约方会议,努力制定包括创建绿色气候基金和损失赔偿基金在内,既有全球约束力,也有共同但有区别的责任的协议来应对气候变化的后果。孟加拉国是这一领域的先驱。2009年，它参与编写了气候变化战略文件，在粮食安全、社会保障与卫生、灾害综合管理、基础设施、研究及知识管理、减缓和低碳发展、国家层面的能力建设与体制强化等主要领域，为跨发展部门应对气候变化制定了明确的政策指导方针。孟加拉国虽是小国，却也设立了信托基金和气候恢复基金来解决与适应及缓解相关的问题。孟加拉国总理谢赫·哈西娜在包括联合国大会在内的全球论坛上坚持不懈地倡导气候正义，并多次向全球领导人提出这个问题。孟加拉国已成为适应气候变化、制定政策以及筹集地方资金等方面的模范国家，哈西娜总理本人也因其为气候变化所作的努力获得了2015年的"地球卫士"奖。

然而，美国不顾气候变化的众多负面影响与现实，坚持退出《巴黎协定》的做法必然会妨碍全世界为创建共同未来，确保所有人都能享受人权及全球气候治理有效所做的努力。这与将全球升温幅度控制在2摄氏度以下的全球目标以及为将全球升温幅度控制在1.5摄氏度以下所作的努力不符。

不过，由于中国国家主席习近平与法国总统埃马纽埃尔·马克龙均认为《巴黎协定》"不可逆转"，并承诺与欧盟和俄罗斯合作，希望依然存在。他们重申"他们坚决支持《巴黎协定》，认为这一进程不可逆转，《协定》是采取强有力的气候行动的指南"（AFP in DS, 7 Nov.）。世界承受不起背弃《巴黎协定》的后果。此外，为保护全球人权，国际社会需要将气候正义视作全球治理框架之一。"没有哪个国家可以仅仅因为不愿削减过度消费，就享有选择退出公地治理——免费搭便车——的道德权利。因为一国的使用会对所有国家造成影响。不论是否能够获得尊重，道德共同体与道德义务始终存在。"（Paul Baer, 2002∶104）

但是气候公正的实现依然面临多方面的挑战。在国际层面，各国在全球气候治理上的分歧以及《巴黎协定》签署国之间不同的执行机制会制造障碍；在国家层面，则存在阶级、性别和族裔视角缺失以及在适应和缓解方面不作为的现象。经济增长、社会与环境之间缺乏协调也为实现气候公正带来了挑战。当前的政策缺乏远见，丝毫没有考虑未来，这意味着代际同理心缺失，同样也向人们提出了挑战。支持个人责任的国际公民精神是让所有人参与气候斗争并确保所有人都能享受公正待遇的一种方法。受影响国家的恢复活动必须遵循人权框架，以避免其权利进一步遭到否定，并确保透明、参与、信息获取与正义行动的问责等原则能够实现。

最近，中国国家主席习近平在与法国领导人埃马纽埃尔·马克龙就气候变化行动举行会谈时所说的话也许能令国际社会受益。他说："我们反对将国家利益置于人类共同利益之上的企图。"(The Daily Star, 7 Nov. 2019) 这与气候正义有着巨大的相关性，可以推动全球人权治理以及多元世界和文明的发展。我们必须认识到气候正义是人权和发展之间的纽带，并就此采取行动。国际气候正义法庭也许能够帮助发展中国家实现气候正义。

(作者穆罕默德·莫菲祖尔·拉赫曼系孟加拉国达卡大学大众传播和新闻系教授)

构建人类命运共同体及全球人权治理

[布隆迪] 让-克洛德·恩登扎科·卡雷鲁瓦

阐述命运共同体这一概念及其建立方式并非易事。这是因为当前国内、地区间及国际上均存在各种威胁。举例来说，主要威胁包括：国际金融危机的阴影尚未完全消除；现有及正在爆发的战争和冲突有待解决；当然还存在恐怖主义、气候变化及难民问题等非传统安全威胁。以上问题均引发全球密切关注。

解决上述严峻问题并非仅是一项重大任务，而应将其视为一项终生的使命。然而，我需要重申的一点是，这并非一项简单的任务，尤其是在当前去全球化及全球治理危机的国际环境下。

在我们的国家，人权概念根植于文化，幼儿从小就学会尊重生命及人民财产。我知道有很多人会不同意我的观点，我对此表示理解。请允许我以布隆迪为例，阐明国家和公司利益分歧对"建设人类及全球人权治理的命运共同体"产生的负面影响。

一、欲加之罪，何患无辞

2015年布隆迪的局势无疑是全球头版新闻或全球各大媒体的热门话题之一，最重要的一点是，无论是当时还是现在，布隆迪局势均引发国际社会的好奇和质疑。尤其是布隆迪经历了几十年的社会政治分裂，而全球媒体、国际组织甚至地区、国家或国际机构几乎对此漠不关心：屠杀、种族清洗、种族灭绝、草率处决、强制消失、侵占等诸多罪行对布隆迪人造成很大困扰，他们不想再次经历或者回到当时的情景。为此，布隆迪共和国成立了一个真相与和解委员会，该委员会通过帮助布隆迪人回忆使其悲痛并惨遭流放的多种磨难以面对过去，从而通过勇敢地说出真相实现永久和谐。

自2015年选举后，国内外舆论每天均散布着一些令人惊慌且自相矛盾的消息，称即将发生种族灭绝、大屠杀和广泛动荡。舆论导向者和国家及国际行为体在全球范围内传达此类预言（即使证明此类预言是错误的），这几乎导致布隆迪国家基础发生错位。然而，此类行动表明了所有破坏者的真正目的："以非法手段改变布隆迪的政权"。这也导致布隆迪人民陷入恐怖曲折的自相残杀。

二、西方行为体

布隆迪在2015年面临着一个国际阴谋，当时国内迫切需要进行政权更迭，这无疑是由西方行为体发起的，这一点已不再是秘密。美国总统唐纳德·特朗普（Donald Trump）在其2016年12月1日发布的声明中宣布，美国将不再支持"政权更迭"政策，这无疑打击了某些与布隆迪对抗的西方行为体。

例如，美国联合国代表大使萨曼莎·鲍尔（Samantha Power）便是如此。萨曼莎·鲍尔每当有机会在联合国事务中发挥作用时，便不断通过其推特账户批评布隆迪当局明显的篡权行为，而她这样做是源于其与布隆迪反对派一员亚历克西斯·辛杜希杰（Alexis Sinduhije）（他是萨曼莎·鲍尔的长期伙伴，现居基加利）之间的私人关系。事实上，自1997年布隆迪第一位民选总统被刺杀后爆发的布隆迪危机之时起，萨曼莎·鲍尔大使和亚历克西斯·辛杜希杰便是很好的朋友，刚果民主主义者让–皮埃尔·尤马（Jean-Pierre Yuma, 被称为Alex Engwete）称之为"物以类聚"。

毫无疑问的一点是，欧盟通过比利时在布隆迪动荡中发挥了（并将持续发挥）重要作用，且对此毫无遮拦。

在2016年2月的法国24电视台专访中，比利时外交大臣迪迪埃·雷恩代尔（Didier Reynders）并未掩饰其真实想法，声称比利时已要求"总统不得连任"，承认了其干涉别国内政的做法。

其次,他还承认比利时已经提议"国外(卢旺达、比利时或其他地方)反对派成员均可参加此次对话"。然而,在2015年政变中失败的大多数人如今在卢旺达和比利时,且得到两国的优惠待遇。政府经常会受到各种压力,不得不违背自身法律并与此类反叛者进行"谈判",从而确保"所有人通过正确方式参与国家管理"。因此,欧盟所倡导的"正确方法"无非就是否定民主,帮助"2015年未能非法推翻政权"参与"国家管理"。

欧盟已经提出,如果要在2015年大选中获得财政支持,布隆迪必须在2015年实现政权更迭。在2015年大选开始前的几周,欧盟的选举观察员已奉命从布隆迪撤离,其目的在于使布隆迪在缺乏资金的情况下放弃选举,进而使其陷入一种缺乏宪法的状态。布隆迪依靠自身资源及国内人民的力量自行组织大选后,欧盟中断了对布隆迪的发展援助,以便从财政上扼杀该国。然而,布隆迪人民仍然保持良好的状态并倡导节俭的生活,宁愿维持一种微薄的生活也不愿继续遭受世界其他国家的摧残。

在无其他明显支持的情况下,2015年企图进行的政变及之前的暴动是在欧盟的支持下得以进行的,这一点是毫无疑问的。尽管布隆迪共和国已经取消了政变发起人的旅行证件,但是在比利时政府的全力支持下,此类政变发起人仍可以轻松进入欧洲。

为应对此类摧残行为,国际社会均需通过决议并做出决策,以迫使政府妥协并与反叛者进行谈判。

三、媒体编造的谎言

大湖地区经历了血腥危机,某些媒体传播并散布仇恨信息加剧了这一危机。卢旺达和布隆迪受其国内某些媒体的影响尤为严重,这些媒体最终演变为维护其拥有人和资助人切身利益的舆论媒体。布隆迪大多数所谓的独立媒体均是由非政府组织(NGO)或西方国家资助的,因此,此类媒体会遵循"金融家"为此目的或其他目的定下的基调。

以到2015年实现"政权更迭"为目标,在漫长的舆论操纵活动中通过编造多个谎言控制媒体导向,其中一些记者直接作伪证,另外一些记者通过组织并选取虚假证言传播舆论。

因此,媒体不断传出的死亡谣言、错误报道、不实信息使得民众惊慌失措,并在2014年底(2015年大选之前)逃到卢旺达、坦桑尼亚和刚果民主共和国。政治家亚历克西斯·辛杜希杰(Alexis Sinduhije)在电台RPA宣布,正在基龙多(布隆迪北部)打造万人坑,准备接下来的种族灭绝。每当政府打算将违反法律的记者绳之以法时,某些"金融家"便会高声疾呼并谴责这种"侵犯言论自由"的行为。这样一来,似乎此类记者便无须像其他公民一样遵守公共秩序和共和国法律。然而,记者应该像其他公民一样遵守国家法律。[1]

四、非政府组织(NGO)及其发表的偏见报告汇编

西方国家为转移私利而推翻政权并建立其他政权,这一点已无须再次证实。一些非洲国家及其他地区的一些国家是此类阴谋的受害者,其人民已付出了沉重代价。然而,在每次尝试进行政权更迭之前,均会发动长期舆论操纵运动并出具国际组织(非政府组织)报告,以便准备相关的舆论。这一点是千真万确的,每次就布隆迪问题举办决策会议或首脑会议时,均会出版多数此类出版物,其中包含符合西方国家目标的一些建议(根据具体情况)。

在2014年,他们开始警告那些向布隆迪执政党青年(Imbonerakure)发放武器的行为,而这一说法明显是不准确的,且带有一定的误导性。然后,此类组织开始诽谤位于刚果民主共和国东部Kiliba - Ondes的青年准军事组织。从未收集到关于上述罪行的证据,且所掌握的关于此类组织的少数证据很快便会证实是完全错误的。然而,此类组织至今仍没有停止此类罪行。他们已经开始引导与布隆迪种族灭绝风险相关的国际舆论,并集中精力传播这一新发现。为达到目的,此类组织进行一切尝试,从歪曲事实到编造证据。

---

[1] Bernard Béguin, Journaliste, qui t'a fait roi ?Editions 24 heures - Lausanne, 1988, p.10.

作为联合国会员国之一,布隆迪在行动过程中遵守联合国的基本原则,包括尊重人权(布隆迪政府坚信的价值观)。

布隆迪在该框架内正式批准了若干由联合国和非盟共同制定的国际人权公约。此外,布隆迪还加入了一些由联合国创立的其他非常规机制,以促进人权发展。此类国际文书中的相关规定已经纳入了布隆迪宪法以及其他法律中。此外,布隆迪还采取了一些大胆性措施,尤其是在健康和教育领域为保护儿童、囚犯、妇女、残疾人、难民、归国者等而采取了一系列措施。

人类命运共同体的建设过程体现了以人为本的特征,其反映了我们在应对共同挑战的过程中承担的责任,且有助于为全人类提供更好的生活。这一概念的重点在于促进所有国家利益的融合,且符合友好、真诚、互利、包容的原则。在根据人类命运共同体这一理念建设新型国际关系的过程中,需要形成一种以合作共赢为核心的新型国际关系。

当前,已经将建设人类命运共同体这一重要理念相继写入联合国决议、联合国安全理事会决议和联合国人权理事会决议中,其已经成为国际人权方面的重要讨论话题。建设人类命运共同体从人类社会的整体性和相互依存性的角度反映了世界人权事业的发展进程。其主张建立一个更为公平合理的国际人权治理体系,开创一种全球人权治理新路径,且已经成为国际价值观的战略制高点。

人类命运共同体的建设带动了人权理论的发展。这一概念的构建扩展了传统的人权观,且超越了西方人权自由主义的范围。这一概念基于全世界的综合发展,追求人类共同福祉,且可指导人权理论朝着正确的方向发展。

这一概念体现了所有人权的协调性原则,统一了以下各项权利:个人权利和集体权利;基本政治、经济、文化、社会和环境权利;以及生存权、发展权和和平权。

这一概念提出了人权的普遍性和特殊性原则,倡导寻找人类利益和价值的共同点。其中包括对人类共同价值(和平、发展、公平、正义、民主和自由等)的基本追求,以及尊重具有不同文化、社会、体制且处于不同发展阶段的国家的特殊性和多样性。这一概念阐述了人权可持续发展方面的要求,强调实现全面协调与可持续发展,并努力解决各项发展问题(例如发展中国家的贫困、疾病和环境恶化以及发达国家收入分配不均的问题),从而满足所有国家的发展需求。其中阐述的共同发展和维护人权的精神意味着所有国家均享有平等发展权且应相互尊重。各国必须超越单边主义,实现和平和安全共享、发展成果共享以及所有国家和人民的价值观和尊严共享。

(作者让-克洛德·恩登扎科·卡雷鲁瓦系布隆迪总统府高级顾问兼发言人)

构建人类命运共同体对全球人权治理的贡献

［中国］ 唐颖侠

一、"人类命运共同体"：从理念到国际人权话语

"人类命运共同体"的理念从提出到成为国际人权话语体系的重要组成部分，仅仅历时数年时间，这一集聚中华文明智慧的中国方案得到了众多国家和联合国的普遍认同。一方面反映了当前国际社会在逆全球化和非传统安全困境下既有国际机制面临的深刻危机，另一方面也体现了人类命运共同体作为全球治理的理念在国际社会形成了高度的共识。

构建人类命运共同体从理念发展为国际人权话语共经历了以下四个阶段。

（一）萌芽与确立阶段。早在2010年5月和2011年9月，中方分别在第二轮中美战略与经济对话和关于促进中欧合作的论述中，就提出了"命运共同体"的思想。[1] 2011年，《中国的和平发展》白皮书明确指出："不同制度、不同类型、不同发展阶段的国家相互依存、利益交融，形成'你中有我、我中有你'的命运共同体。"[2] 这可以看作是命运共同体理念的萌芽。2012年党的十八大报告中提出，"尊重和维护各国人民自主选择社会制度和发展道路的权利，相互借鉴，取长补短，推动人类文明进步。合作共赢，就是要倡导人类命运共同体意识，在追求本国利益时兼顾他国合理关切，在谋求本国发展中促进各国共同发展，建立更加平等均衡的新型全球发展伙伴关系，同舟共济，权责共担，增进人类共同利益"。这是命运共同体的概念首次出现在党的重要文件中，代表了该理念在党内形成共识

---

[1] 石建勋：《习近平几十次谈到"命运共同体"，这个理念缘何重要》，《上观新闻》，2017年3月3日。

[2] 国务院新闻办公室：《中国的和平发展》白皮书。

并成为治国理政思想的重要组成部分。

（二）成为指导外交实践的新理念。2013年3月，习近平主席在莫斯科国际关系学院发表重要演讲，"这个世界，各国相互联系、相互依存的程度空前加深，人类生活在同一个地球村里，生活在历史和现实交汇的同一个时空里，越来越成为你中有我、我中有你的命运共同体。"[1]首次向世界传递对人类文明走向的中国判断。此后四年间，习近平主席几十次谈到"命运共同体"，从国与国的命运共同体、区域内命运共同体，到人类命运共同体，这一超越民族国家和意识形态的"全球治理"新观念，表达了中国追求和平发展的愿望，体现了中国与各国合作共赢的理念。习近平主席对命运共同体的不断阐释，把握人类利益和价值的相关性，在国与国关系中寻找最大公约数。[2]2015年9月，在纪念联合国成立70周年的联大一般性辩论中，习近平主席发表题为《携手构建合作共赢新伙伴 同心打造人类命运共同体》的重要讲话，将建立合作共赢新型国际关系与打造命运共同体紧密相连，提出了"五位一体"布局和路径。政治上，要建立平等相待、互商互谅的伙伴关系。安全上，要营造公道正义、共建共享的安全格局。经济上，要谋求开放创新、包容互惠的发展前景，打造兼顾效率和公平的规范格局。文化上，要促进和而不同、兼收并蓄的文明交流。生态上，要构筑尊崇自然、绿色发展的生态体系。这篇重要讲话将十八大以来的中国外交新理念融入一炉，使推动建立人类命运共同体的理念更加体系化。将新型大国关系与新型国际关系，新型义利观，协商治理，共同、综合、合作、可持续安全的新观念，绿色、低碳、循环、可持续发展新理念等植入"五位一体"，使其有机融合，生成体系。[3]2017年1月中旬，习近平主席在联合国日内瓦总部发表的演讲，更加深入地阐述了共同构建人类命运共同体这一时代命题。他指出，构建人类命运共同体，要从伙伴关系、安全格局、经济发展、文明交流、生态建设等方面作出努力，建设持久和平的世界、普遍安全的世界、共同繁荣的世界、开放包容的

---

[1]　《国家主席习近平在莫斯科国际关系学院的演讲》，中国政府网，2013年3月24日，http://www.gov.cn/ldhd/2013-03/24/content_2360829.htm。

[2]　石建勋：《习近平几十次谈到"命运共同体"，这个理念缘何重要》，《上观新闻》2017年3月3日。

[3]　陈须隆：《人类命运共同体理论在习近平外交思想中的地位和意义》，《当代世界》2016年7月。

世界、清洁美丽的世界。[1]党的十九大报告中明确中国特色大国外交要推动构建新型国际关系，推动构建人类命运共同体。

（三）载入联合国决议。2017年2月13日，联合国社会发展委员会第55届会议协商一致通过"非洲发展新伙伴关系的社会层面"决议，呼吁国际社会本着合作共赢和构建人类命运共同体的精神，加强对非洲经济社会发展的支持。这是联合国决议首次写入"构建人类命运共同体"理念。[2]联合国安理会在3月17日以15票赞成，一致通过关于阿富汗问题的第2344号决议，呼吁国际社会凝聚援助阿富汗共识，通过"一带一路"建设等加强区域经济合作，敦促各方为"一带一路"建设提供安全保障环境、加强发展政策战略对接、推进互联互通务实合作等。决议强调，应本着合作共赢精神推进地区合作，以有效促进阿富汗及地区安全、稳定和发展，构建人类命运共同体。[3]

（四）构成国际人权话语体系的重要组成部分。2017年3月1日，中国在人权理事会第34次会议上代表140国发表题为"促进和保护人权，共建人类命运共同体"的联合声明，宣介人类命运共同体重大理念及其对推动国际人权事业发展的重要意义，引起广泛共鸣。人类命运共同体包含的主权平等、对话协商、合作共赢、交流互鉴、绿色发展等理念深入人心，受到各方认同和支持。[4]3月23日，联合国人权理事会第34次会议通过了关于"经济、社会、文化权利"和"粮食权"两个决议，明确表示要以"构建人类命运共同体"为目标，着手解决面临的许多紧迫的问题。[5]至此，构建人类命运共同体理念载入联合国人权理事会决议，成为国际人权话语体系的重要组成部分。

---

[1]　《习近平主席在联合国日内瓦总部的演讲》，新华网，2017年1月19日，http://www.xinhuanet.com/world/2017-01/19/c_1120340081.htm。

[2]　《"构建人类命运共同体"首次写入联合国决议》，新华网，2017年2月12日，http://www.xinhuanet.com/mrdx/2017-02/12/c_136050223.htm。

[3]　《安理会决议呼吁各国构建人类命运共同体》，新华网，2017年3月18日，http://www.xinhuanet.com//world/2017-03/18/c_1120651440.htm。

[4]　《中国代表140个国家发表关于促进和保护人权，共建人类命运共同体的联合声明》，中华人民共和国外交部，2017年3月2日，https://www.fmprc.gov.cn/web/gjhdq_676201/gjhdqzz_681964/lhg_681966/zwbd_681986/t1442506.shtml。

[5]　《人类命运共同体重大理念首次载入联合国人权理事会决议》，新华网，2017年3月24日，http://www.xinhuanet.com/world/2017-03/24/c_129517029.htm。

二、"人类命运共同体"理念中的人权内涵

全球化时代的人权保护突破了国家的藩篱，而逆全球化趋势更需要加强人权保护的国际合作。人类命运共同体的理念蕴含着丰富的历史、哲学、文化底蕴与东方政治智慧，对于全球人权治理的内涵有重大发展，特别是强调了和平权、发展权、环境权等集体人权的内容，使得全球人权治理的内涵更加丰富，权利体系更加完整，人权保护的机制更加全面平衡。

首先，该理念以全人类作为共同体建构的主体，具有最广泛的包容性和普遍的适用性。阐释了"人类从哪里来、现在在哪里、将到哪里去"这一人类发展的重要命题。试图对事关人类前途命运的重大问题提供中国方案，为人类社会发展进步描绘蓝图。不仅超越了国家利益的狭隘范畴，也突破了区域性集团的封闭局限，是建立在全球主义基础上的治理理念。这一宏大格局以全人类利益为体念，归根结底仍是以人为基点，着眼于人权的实现。

其次，该理念倡导各国在国际关系中坚持主权平等、合作共赢、和平包容，与人权保护中的平等非歧视原则同根同源、互为表里。正如《联合国宪章》序言中说，为保护人类和尊重人权，需要"力行容恕，彼此以善邻之道，和睦相处"。《世界人权宣言》中第1条明确规定，"人人生而自由，在尊严和权利上一律平等。他们赋有理性和良心，并应以兄弟关系的精神相对待。"第2条将《联合国宪章》中的平等与非歧视原则细化为，"人人有资格享有本宣言所载的一切权利和自由，不分种族、肤色、性别、语言、宗教、政治或其他见解、国籍或社会出身、财产、出生或其他身份等任何区别。"主权平等不仅是当代国际关系最重要的准则，也是国际人权法遵循的基本原则。各国相互尊重主权，才能够正视差异，通过对话协商的方式解决在人权保护方面存在的分歧，通过多边主义和国际合作实现互利共赢、包容并蓄。维护和平是保护人权的前提基础，人权得到保障和实现也是和平发展的目的所在。

第三，该理念中的整体性意识与人权保护的整体性观念相辅相成。构建人类

命运共同体是一个整体性的布局,简言之,即政治多极、经济均衡、文化多样、安全互信、环境可续[1]。人权的保护同样应秉承整体性观念,正如1993年《维也纳宣言和行动纲领》强调,"一切人权均为普遍、不可分割、相互依存、相互联系。国际社会必须站在同样地位上、用同样重视的眼光、以公平、平等的态度全面看待人权。固然,民族特性和地域特征的意义以及不同的历史、文化和宗教背景都必须要考虑,但是各个国家,不论其政治、经济和文化体系如何,都有义务促进和保护一切人权和基本自由。"经济、社会、文化权利与公民权利和政治权利同样重要,个人权利与集体权利并驾齐驱,人权中权利与义务相互统一。

第四,该理念体现了可持续发展的人权观。构建人类命运共同体的五个方面,即伙伴关系、安全格局、经济发展、文明交流、生态建设,贯穿着可持续发展的理念。联合国《2030年可持续发展议程》中设立的17个可持续发展目标和169个具体目标,旨在让所有人享有人权,实现性别平等,增强所有妇女和女童的权能。它们是整体的、不可分割的,并兼顾了可持续发展的三个方面:经济、社会和环境。习近平主席在联合国发展峰会上讲到,"发展的最终目的是为了人民。在消除贫困、保障民生的同时,要维护社会公平正义,保证人人享有发展机遇、享有发展成果。要努力实现经济、社会、环境协调发展,实现人与社会、人与自然和谐相处。"[2]

中国经历了近代以来的争取独立的民族抗争,在抵御外来侵略的长期艰苦的斗争中实现了国家的独立和主权的完整,人民才能在和平中享受幸福生活。战乱动荡中何谈人权?经过战火的淬炼,人民更加渴望和平、谋求发展。因此更加珍惜民族自决权、和平权、发展权等集体权利,强调人权是个人权利和集体权利的有机统一。各项集体权利之间也是相互交织、层层递进的关系,维护和平的国际环境,有利于各国经济、社会、文化和生态的发展和个人的全面发展。中国和其他发展中国家同时面临着经济发展和环境恶化带来的双重压力,不能走过去发达国家先污染再治理的老路。全球化时代的发展权在时间和空间上的适用范围都大大拓展了。从

---

[1]　曲星:《人类命运共同体的价值基础》,《求是》2013年第4期。

[2]　《习近平在联合国发展峰会上的讲话》,新华网,2015年9月27日,http://www.xinhuanet.com/world/2015-09/27/c_1116687809.htm。

时间上看，要实现代际公平，发展应是可持续的，既要满足当代人的需要，又不损害人类后代满足其自身需要的能力。从空间角度看，不仅仅是一个国家的发展，国家之间的相互依赖程度加深，单独一个国家孤立的发展很难实现。只有通过合作实现共同发展。可持续发展又为环境权的实现提供了保障。构建人类命运共同体是植根于中国的国情、为全人类利益谋福利的整体性解决路径。

三、对全球人权治理的贡献

首先，构建人类命运共同体的理念反映了中国从国际人权规则被动的接受者，逐渐转变为推动全球人权治理的积极建设者。人权的国际话语体系包括人权规则、人权理论与价值观等表达方式。尽管经过四十多年的改革开放，中国国家实力的快速增强有目共睹，然而包括话语权在内的软实力还有待加强。尤其是在人权的全球治理领域，设置人权议题、参与和主导人权规则制定等方面，尚存在薄弱环节。缺乏系统完整并能够获得国际广泛共识的人权思想理论体系，是影响我国发展优势和综合实力转化为国际人权话语优势的重要原因之一。构建人类命运共同体理论立足于中国的传统文化和社会实践，反映了中华民族的文化传统和时代精神，是运用中国智慧解决人类社会发展面临的共同问题的重大理论创新。自提出以来得到越来越多的国际共识，今后必将引领和推动全球人权治理的发展方向。

其次，构建人类命运共同体理论平衡了全球人权治理中的"硬法"与"软法"，使二者相得益彰。构建人类命运共同体旨在维护全人类的利益，为全人类的美好生活贡献中国方案。不仅仅着眼于维护个体权利，更加突出集体权利的保护。然而迄今为止，除了民族自决权被明确规定在1966年《经济、社会和文化权利国际公约》和《公民权利和政治权利国际公约》之外，和平权、发展权和环境权等集体人权均尚未被载入具有国际法拘束力的国际人权条约中。因此，严格意义上说，还不算全球人权治理中的"硬法"。然而，当今世界谁也无法否认1966年《发展权利宣言》、1972年《人类环境宣言》、1984年《人民享有和平权利宣言》及1993年《维也纳宣言和行动纲领》这些重要国际人权文件所具有的"软法"意义，这些文件中所倡导的发展权、环境权和和平权的理念及普遍的、不可分割的、相互依存且相互联系的人权原则，经过多年的国家实践与各类国际文件的反复重申已经深入人心。这些"软法"在确立人权的保护标准、倡导国家尊重和保护人权的行动、争取获得更广泛的国际共识等方面，起着不可忽视和潜移默化的作用。假以时日，通过越来越多的国家实践和法律确信，这些"软法"便可能转化为具有普遍国际法拘束力的国际习惯。1948年《世界人权宣言》便是很好的例证。

第三，整合碎片化的国际人权规则。规则的制定通常是自上而下的。然而，众所周知，国际上并不存在凌驾于国家之上的立法机构，国际法规范之间具有水平化的特征。由于国际体系的无政府状态，缺乏统一立法机关制定的国际法尚处于碎片化 (fragmentation) 状态。国际人权规则也不例外。人类命运共同体的理念为全球人权治理提供了指导原则和发展方向。二战后，人权保护突破一国疆域，开始进入国际领域。随着《世界人权宣言》和人权两公约以及各个核心人权条约的缔结，人权保护的水平和范围都大大扩展了。然而，人权也并非包罗万象的万金油，不是所有的需要和利益最终都能通过人权来获得保护。如何甄别、拣选、确立权利类型，如何解释和适用权利边界等争议问题，还需要一个总的指导思想。构建人类命运共同体从全人类利益出发，本着平等包容、开放公平和绿色的原则，可为全球人权治理提供一套系统的中国方案，整合碎片化的国际人权规则，使之成为统一于"人类命运共同体"灵魂下的各个肢体。

第四，构建人类命运体不仅可以整合既有国际人权规则，而且有利于建立更加普遍和公平的全球人权保护机制。人权保护的实体规范固然重要，然而徒法不足以自行。通过何种机制能够预防和避免人权受到严重的大规模侵犯与践踏，而当权利受到侵犯时，通过何种途径获得有效的救济，是与尊重人权的国家承诺同等重要的任务。既有的国际人权机制主要由联合国体系和国际人权条约体系下的保护机制组成。由于二战后东西方两大阵营的对立和冷战的开始，缔结一个全球性统一的国际人权条约的愿望没能顺利实现，而是形成了公民权利和政治权利与经济、社会和文化权利分而治之的两套条约规范和保护机制。国际人权保护机制更是薄弱，充满对抗色彩。构建人类命运共同体理论倡导建立更加公平的全球人权保护机制，通过平等的对话协商解决人权领域的分歧，不再出于一国私利，也不是将人权作为政治对抗的工具。

总之，构建人类命运共同体，有助于全球人权治理朝着更加公平合理的方向发展。

（作者唐颖侠系南开大学人权研究中心副主任、副教授）

践行公共外交，开拓人权发展新路径

[中国] 张国斌

新中国成立七十年以来，中国始终在尊重和保障人权的道路上砥砺前行，尤其是改革开放以来，中国的人权事业进步尤为突出，与中国的经济、政治、文化、社会事业一道共同发展，为世界人权发展道路提供了新的范本。人权发展的成果需要巩固，经验需要推广，未来人权发展的道路也需要在根据中国实际国情的前提下，加强国际交流与互动。进入21世纪，公共外交越来越成为国际关系学界和外交界的一个重要领域，作为新时期外交的重要领域之一，践行人权领域公共外交，有助于启发创新，开拓人权发展新路径。

一、践行公共外交，有助于提高中国国际形象

人权是一个涵盖面很广的问题，中国的人权情况受历史因素影响更为复杂和特殊。而在国际上，很多国家和地区的一些人仍受冷战思维影响，对中国持有意识形态的偏见。部分西方媒体对中国的人权发展成果视而不见，甚至恶意扭曲事实，否认中国在人权保障上的努力，这是很严肃同时也是很严峻的问题。

最近发生在香港地区的暴徒乱港行为，乱象不断，严重破坏了香港地区的安全稳定，侵犯了香港地区人民的生命财产安全，但包括英国广播电视公司（BBC）和欧洲新闻台（Euronews）等西方媒体，对这一严重侵犯人权的事实避而不谈，反而误导观众。比如美国大西洋月刊（The Atlantic）9月1日刊登自由撰稿人苏珊·萨特兰（Suzanne Sataline）的文章，指责香港警察从过去最受尊敬的部队成为千夫所

恨的警察，但文章在指责警察动用武力的时候，却根本不提暴徒向警察扔汽油弹、冲击香港立法院、破坏地铁站、妨碍地铁和机场运行的违法暴力行为。同样，BBC和英国星空电视(Sky News)始终用"争取民主的抗议者"来称呼那些破坏公共秩序和设施的暴徒，美化违法行为。星空电视特约记者克劳福德 (Alex Crawford) 在一篇题为《香港抗议者的使命：破坏、毁坏、消失》(*HongKong Protesters' Mission: Destroy, Destruct and Disappear*) 的文章中，洋洋得意描述暴徒如何比警察更棋高一手，这种为暴徒唱赞歌的行为既与全世界保障人权发展的主流方向背道而驰，也会影响这些知名媒体树立的"公正""客观"形象。

外媒扭曲报道中国的情况长期存在，香港暴乱既是个案，也是典型。为了改变这种不利的国际舆论环境，中国一直在积极行动，通过一次次国际活动向全世界展示中国的发展成果。同时，由于近年来中国对外交流日益频繁，公共外交事业也取得长足发展，很多研究机构通过考察、论坛等多种学术交流形式同外国学者进行有效沟通，用国际人权公约的概念和外国人听得懂的概念，宣传我国的社会主义人权观和中国人权发展模式及人权成就，有针对性地消除国外学者及民众的偏见。可以说，积极开展公共外交，有利于我们对外宣传介绍中国的人权观点和成就，使国际社会更好地了解中国，提高中国的国际地位，扩大中国的影响力。

二、践行公共外交，有助于人权发展方式的沟通和互鉴

每个国家都在维护发展人权的道路上摸索出其特有的优势，取得优异的成果，我们应鼓励这种人权发展成就的展示和分享，同时也要尊重他国的人权发展成果。第四十五届联大决议指出，每一个国家都有权自行选择和发展本国的政治、社会、经济及文化制度。第四十六届人权会决议也指出，没有任何一种发展模式可以对所有文化和所有人民普遍适用。拿自己的模式作标准，去评判其他国家，把自己的模式强加于人，既不恰当，也根本行不通。因此，人权国际保护的主旨和活动，应促进国际人权领域的正常合作和各国之间的和谐、互相理解和相互尊重。

人权从一种观念和一项法律条文变成现实，必须有赖于社会生产力、科技发展水平、法律保障体系、经济政治制度等一系列因素。欧美地区、亚洲地区和非洲地区长期以来受不同的历史发展道路和经济发展水平影响，人权发展程度和需求也各有不同。

以欧美地区为代表的西方发达国家在近二百年的发展中，利用其雄厚资本和先进的科技水平，通过制定国际经济秩序，在经济上有了长足的发展，这使他们有条件改善人民生活，同时通过长期的实践，法律法规也相对更加完善，从而使人权保障达到了比较高的水平。相比较而言，亚洲地区和非洲地区具有鲜明的地区特色和显著的发展中国家特征，以"非洲统一组织"于1981年制定《非洲人权与民族权宪章》（以下简称《宪章》）为例，对人权的保障特点大致有以下几个方面：首先，《宪章》在名称中特别突出了民族权利，第一次全面系统地将具有鲜明的反帝、反殖、反霸、反对种族主义意义的集体人权规定在一个国际人权文书中，并将其提高到一个非常重要的地位，表达了非洲和非洲以外其他发展中国家的共同心声。其次，《宪章》强调了经济、社会和文化权利的重要性，指出公民权利和政治权利与经济、社会和文化权利不可分割，满足经济、社会和文化权利是享有公民权利和政治权利的保证。《宪章》注重国家在保障个人经济、社会和文化权利，以及在维护社会道德和非洲传统价值方面的责任与义务。最后，《宪章》强调了权利和义务的一致性，在规定各项人权和民族权利的同时，还规定了相应的义务，明确指出每一个人享有权利和自由的同时也意味着对义务的履行。《宪章》的这些特点，比较充分地反映了非洲各国和广大发展中国家在人权问题上的基本立场，体现了非洲人民对世界人权事业的独特贡献。

不同国家和地区的人权特色，要求我们在协调保障人权的行动中，重视公共外交在加强各国沟通互鉴中的作用，深入了解各国实际国情和人民需求，才能照顾到各种政治、经济、社会制度和不同历史、宗教、文化背景的国家对人权的观点，才能本着求同存异、互相尊重、增进了解、加强合作的精神来进行人权保障协调行动。

三、践行公共外交，有助于扩大人权合作交流的内容和形式

在过去8年，中国同西方和发展中国家举行了70余次人权对话，积极稳妥同联合国人权机构开展合作。与此同时，国内人权研究机构、智库等组织积极开展公共外交，为扩大人权交流内容和形式起到有力的补充作用。我本人作为非官方智库察哈尔学会副理事长，也曾多次赴比利时、荷兰阿姆斯特丹等国家和地区参加国际人权会议，既分享了一些研究思想与成果，同时也了解了很多外国的人权发展理论和方法，这样的对话和论坛是卓有成效的。2018年9月21日国际和平日之际，由中国人民对外友好协会、察哈尔学会、山东省海外交流协会及法国吴建民之友协会、戴高乐基金会等十一个和平机构，共同举办了主题为"一战百年、以史为鉴、和平发展、共创未来"的中法和平论坛，有力地为维护世界和平，推动全球治理贡献了力量。正如习近平总书记曾在祝贺首届"南南人权论坛"开幕的致信中所强调，要"以合作促发展，以发展促人权，不断提高人权保障水平"。未来我们可以开展更多的活动，同时丰富活动的内容和形式，实现人权交流与合作的多元化建设，从而在倡导和构建人权发展共同体中取得更多实质性成果。

总之，人权发展是长久的主题，而公共外交将成为21世纪国际交流的主要方式，这需要我们一方面加强国内人权研究和人权理论建设，培养更多的人权学者和专家，提高在国际上的话语权，同时也要进一步建立和发展有效的人权交流合作机制，推进人权公共外交的开展，促进人权领域的沟通和理解，开拓人权发展新路径。

（作者张国斌系察哈尔学会副理事长）

重读德里达《马克思的幽灵》的一些新思考

——写在构建人类命运共同体成为国际共识之后

[中国] 朱力宇

一

2013年3月，中国国家主席习近平在莫斯科国际关系学院的演讲中，首次向世界传递了这一理念："这个世界，各国相互联系、相互依存的程度空前加深，人类生活在同一个地球村里，生活在历史和现实交汇的同一个时空里，越来越成为你中有我、我中有你的命运共同体。"[1]2016年11月，第71届联合国大会通过决议，提出"以共商、共建、共享为原则，以和平合作、开放包容、互学互鉴、互利共赢的丝绸之路精神为指引，以打造命运共同体和利益共同体为合作目标的'一带一路'"；得到193个会员国一致赞同。2017年2月，在联合国社会发展委员会第55届会议上，"构建人类命运共同体"的理念首次被写入该联合国机构的决议。

找认为，上述表明，构建人类命运共同体逐渐并且已经成为国际共识。换言之，全世界已经步入了构建人类命运共同体的新时代。当然，这也是一个机遇与挑战并存的时代。2017年1月17日，中国国家主席习近平在达沃斯出席世界经济论坛2017年年会开幕式时发表的主旨演讲中，在描述当今这个时代时指出："'这是最好的时代，也是最坏的时代'，英国文学家狄更斯曾这样描述工业革命发生后的世界。今天，我们也生活在一个矛盾的世界之中。一方面，物质财富不断积累，科技进步日新月异，人类文明发展到历史最高水平。另一方面，地区冲突频繁发生，恐怖主

---

[1] 习近平：《顺应时代前进潮流，促进世界和平发展》，《人民日报》2013年3月24日，第2版。

义、难民潮等全球性挑战此起彼伏，贫困、失业、收入差距拉大，世界面临的不确定性上升。"[1]

习主席在达沃斯的演讲，使我在构建人类命运共同体已经成为国际共识之后，想起了雅克·德里达（Jacques Derrida, 1930－2004），并且重读了他的名著：《马克思的幽灵：债务国家、哀悼活动和新国际》（以下简称《马克思的幽灵》）。此外，我之所以想起德里达，不仅因为他是20世纪下半期法国著名的哲学家和欧洲最重要的思想家之一，而且也因为他是西方解构主义的代表人物，他在北美的声誉远大于在欧陆的声誉，是世界级的思想大师。[2]我之所以重读《马克思的幽灵》，不仅因为我是该书从法文版译为中文版初稿的译者，在联系该书版权等方面做了大量工作，[3]并且还就该书在《中共中央党校学报》2002年第3期上发表过《马克思的"幽灵"与德里达的人权思想》的论文。[4]当然，更是因为在苏新宁教授主编的《中国人文社会科学图书学术影响力报告》中，将《马克思的幽灵》一书排名为"马克思主义论文引用学术著作前10名"中的第2位。所以在参加我们这个作为中国和外国人权的跨学科交流重要平台的会议之际，我觉得有必要重读该书。当然，最为重要的是因为，德里达在《马克思的幽灵》中，多次和反复提出了差不多是近30年前人类社会刚刚步入，并且在日后长期处于的"新世界秩序"时代，即"冷战"结束后的时代；而他认为，在这个时代，存在着严重的"人权祸害"。所以，我认为自己有必要重读该书。当然，这次重读也引起了我一些粗浅的新思考并且写作了本文。

二

《马克思的幽灵》出版于1993年10月，是德里达根据自己是年4月在美国加利

---

[1] 习近平：《共担时代责任 共促全球发展》，《人民日报》2017年1月18日，第2版。

[2] 参见[法]德里达：《马克思的幽灵：债务国家、哀悼活动和新国际》的"译者序"，北京：中国人民大学出版社，1999年，第3页。

[3] 需要指出的是，于秀英女士也参加了部分翻译工作，吴琼、张志伟也对照英文版对全书做了翻译、润色和校注的工作。因此，该书中文译本的译者取名为"何一"，即"合译"的谐音。参见[法]德里达：《马克思的幽灵》的"译者序"，第6页。

[4] 所以，本文的一些论述和观点，既有对该文的重述，也有一些新的思考。

福尼亚大学举行的"马克思主义向何处去？"的国际研讨会中的两次专题发言而写成的。此时正是20世纪80年代末90年代初苏联、东欧等社会主义国家发生剧变之后不久。所以，西方国家的一些学者认为，"建立一个国际新秩序的时代已经来临，社会主义与资本主义两极对立的历史行将结束，未来的世界将是资本主义的经济体系以及由之而生的政治体系和文化体系一统天下，就像美国学者弗朗西斯·福山所宣称的，历史的终结行将来临，未来将是自由市场经济全球化的时代。"[1]福山等人还认为，历史之所以要终结，是因为马克思主义已经终结；人类社会之所以进入"新世界秩序"时代，是因为资本主义已经在世界范围内取得了胜利。[2]套用前述习主席所引狄更斯的话，可以说福山等人当时觉得，"这是最好的时代"。但是，在谈到西方资本主义世界的这种乐观情绪时，德里达不无调侃地说："配合着流畅的进行曲节奏，它宣称：马克思已经死了，共产主义已经灭亡，确确实实已经灭亡了，所以它的希望、它的话语、它的理论以及它的实践，也随之一同灰飞烟灭。它高呼：资本主义万岁，市场经济万岁，经济自由幸甚，政治自由幸甚！"[3]对于像德里达这样一个喜欢玩弄文字游戏，喜欢用反常的句式和表达来造成后现代文本效果的哲学家来说，[4]他之所以要将"哀悼活动"作为《马克思的幽灵》一书的副标题之一，就是要对福山等人的这种情绪以及观点的表达，进行反讽。

与福山不同，德里达并不认同当时是"最好的时代"。他在《马克思的幽灵》中，多次借用莎士比亚的戏剧《哈姆雷特》中那句著名台词"这是一个颠倒混乱的时代"，来比喻当时的世界。他指出："这是一个脱节的时代。这个世界出毛病了。"[5]"这是　个乱了套的年代。所有的一切，开始于时间的一切，似乎都错乱了，不公正了，失调了。这个世界病得很厉害，一天不如一天了，就像《雅典的泰门》

---

[1]　[法]德里达：《马克思的幽灵》的"译者序"，第3页。

[2]　这种观点，集中见于福山的《历史的终结与最后的人》一书，自由出版社1992年版。该书在同年译成法文出版，德里达对福山观点的批判，也是集中于对该书的。

[3]　[法]德里达：《马克思的幽灵》，第75-76页。

[4]　该评价可以见于德里达：《马克思的幽灵》的"译者序"，第3页，笔者作为译者之一，至今仍然同意"译者序"所言，"这并不是一个尽善尽美的译本"，因为对德里达的语言"是不可能存在一种绝对合意的翻译的"，而且笔者对当年翻译过程的艰难，一直仍然存在着"痛苦的记忆"。

[5]　[法]德里达：《马克思的幽灵》，第111页。

（马克思的戏剧，不是吗？）开场中那个画师所说的那样。"[1]总之，在德里达看来，当时差不多"也是最坏的时代"。

所以，在《马克思的幽灵》以"耗损殆尽（一个不会老的世界的画面）"为题的第三章中，德里达列举了冷战结束后"新世界秩序"中存在的人权的"十种祸害"来加以证明。这些人权祸害是：

（一）由新市场、新技术和新的全球竞争造成的失业。

（二）对无家可归的公民参与国家的民主生活的权利的大量剥夺，对如此众多的流亡者、无国籍者和移民的驱赶或放逐。

（三）在欧共体诸国之间，在欧共体国家与东欧各国之间，在欧洲和美国之间，以及在欧洲、美国和日本之间发生的经济战争。

（四）在自由市场的概念、规范和现实方面控制矛盾的无能，即资本主义国家为保护它们的国民，甚至是为了保护一般的欧洲人或西方人免于成为廉价劳动力而建立起来的贸易保护主义的壁垒和进行的干预主义的拍卖战。

（五）外债和其他相关机制的恶化使人类的大多数处于饥饿或绝望的境地。

（六）军火工业和贸易被列入西方民主国家科学研究、经济和劳动社会化的常规调整范围，是比毒品还要大的世界上最大的交易。

（七）核武器的扩散甚至连国家机构都再也无法控制了。

（八）由一种古老的幻觉和观念，一种共同体、民族——国家、主权、边界、本土和血缘的原始概念的幻觉所驱使的种族间的战争在加剧。

（九）那些超效力的和纯粹资本主义的幽灵般的国家遍布于各大洲，包括东欧从前的所谓社会主义国家的黑手党和贩毒集团的世界范围的势力的存在。

（十）最为重要的是，国际法及有关机构仍主要受特定国家的民族/国家的

---

[1] ［法］德里达：《马克思的幽灵》，第111-112页。The time is out of joint一语，在朱生豪先生所译中文版《莎士比亚全集》第9卷的《哈姆雷特》中，译为"这是一个颠倒混乱的时代"。中文版的《马克思的幽灵》，将该话对照法文版译为"这是一个脱节的时代"，可能不仅与德里达的观点相一致，也与他在写作中喜欢玩弄文字游戏的叙述结构是相适应的。当然，我也认为，作为文学作品，还是译为"这是一个颠倒混乱的时代"更加信、达、雅。此外，在《马克思的幽灵》中，德里达还另外举了"几个最引人注目、最无懈可击和最有趣的法文翻译的例子"，例如，译为"这是一个令人沮丧、萎靡不振的时代""这是一个颠倒的世界""这是一个声名狼藉的年代"。参见《马克思的幽灵》，第29-30页。

操纵，如法律面前国家的不平等，某些国家在国际法事务中控制军事力量的霸权等等。[1]

如果按照德里达的思维和叙事方式，我们可以发现他认为这些"其画面黯淡无光，几乎可以说是漆黑一团"的人权恶化现象，是不会随着"马克思主义的终结"等等所谓"末世学的论题"而消失的。因为在德里达看来，马克思主义和共产主义并不是造成这些人权问题的根源。[2]他指出，"只要市场规律、'外债'、科技、军事和经济的发展的不平衡还在维持着一种实际的不平等，只要这种不平等和在人类历史上今天比以往流行范围更广的不平等同样的可怕，那种人权话语就仍将是不合适的，有时甚至是虚伪的，并且无论如何都将是形式主义的和自相矛盾的。"[3]

还需要指出的是，在德里达看来，所谓的"新世界秩序"就是冷战结束后建立的美国一极霸权结构的秩序。对于这种霸权，德里达是不满意的，多有抨击。其抨击可以概括为两方面，一方面是他对国际关系中的霸权的抨击。例如，他指出："今天，在这些时代之中，这个世界的某个时代，一种新的'世界秩序'谋求通过建立起前所未有的霸权形式，而使一个新的、自然是新的动乱稳定下来。"[4]不仅如此，德里达还把矛头直指美国。他说："这个新世界的霸权，我指的是美国，一直在推行一种或多或少批判的霸权，一种比从前更多或更少自信的霸权。"[5]我理解，德里达在这里暗示的是，在"新世界秩序"中人权的"祸害"，实际上都与美国的霸权有关。[6]

另一方面是他对"话语霸权"的抨击，德里达的兴趣也主要在此。例如，他在批评福山等人的"哀悼活动"时说："不是在历史终结的狂欢中欢呼自由民主制和资本主义市场的来临，不是庆祝'意识形态的终结'和宏大的解放话语的终结，而是让我们永远也不要无视这一明显的、肉眼可见的事实的存在，它已经构成了不可

---

[1]　参见[法]德里达：《马克思的幽灵》，第73页。

[2]　参见朱力宇：《马克思的"幽灵"与德里达的人权思想》，《中共中央党校学报》2002年第3期。

[3]　[法]德里达：《马克思的幽灵》，第120页。

[4]　[法]德里达：《马克思的幽灵》，第73页。

[5]　[法]德里达：《马克思的幽灵》，第57页。

[6]　参见朱力宇：《马克思的"幽灵"与德里达的人权思想》，《中共中央党校学报》2002年第3期。

胜数的特殊的苦难现场：任何一点儿的进步都不允许我们无视在地球上有如此之多的男人、女人和孩子在受奴役、挨饿和被灭绝，在绝对数字上，这是以前从未有过的。"[1]也就是说，在德里达看来，福山等人的"哀悼活动"，是不能也不可能解决世界范围内人权状况的恶化的。

对于为什么要在《马克思的幽灵》一书的副标题中标明"债务国家"，德里达解释说，"那也是为了对首写字母有大写和没有大写的Etat（国家）或etat（状态、地位等）的概念提出质疑。"[2]所以，德里达一方面将"债务国家"看作也是导致"新世界秩序"中存在人权"祸害"的原因之一，另一方面也用"马克思主义的批判精神"对其提出了质疑。[3]

在回顾了德里达对"新世界秩序"和"债务国家"的论述以及他认为由此而导致的人权祸害之后，我认为，从那时起到现在已经近30年了，人类社会的这十种祸害（其实，还远不仅这十种祸害，如德里达没有提到的环境污染和生态危机给人类生存带来的祸害，又如其后出现的以"伊斯兰国"为代表的恐怖主义，等等），不仅没有因为所谓"马克思主义的终结"而消失，反而"为祸愈烈"。只不过随着时间的流逝，人权祸害的现象发生了某些变异而已。

例如，德里达所列"由新市场、新技术和新的全球竞争造成的失业"的第一种祸害，无论是在发展中国家，还是在发达国家，迄今为止都一直是令人头痛和担心不已的问题。可以预见的是，随着人工智能等新技术的出现和发展，必然将对失业问题火上浇油。又如，德里达所列"对无家可归的公民参与国家的民主生活的权利的大量剥夺，对如此众多的流亡者、无国籍者和移民的驱赶或放逐"的第二种祸害，即难民问题，更是看似无解：2018年，全球难民数量创下有统计以来的最高纪录；根据联合国难民署公布的数字显示，截至2018年底，全球因冲突或迫害被迫逃离家园的人数高达7080万。其中，近3000万为难民，他们当中有超过一半的人不满18岁。此外，还有上千万无国籍者，他们没有公民身份，无法行使教育、医疗服务、就

---

[1]　[法]德里达：《马克思的幽灵》，第120-121页。

[2]　[法]德里达：《马克思的幽灵》，第130页。

[3]　参见朱力字：《马克思的"幽灵"与德里达的人权思想》，《中共中央党校学报》2002年第3期。

业和行动自由等基本权利。以叙利亚为例，由于战乱，叙利亚面临全球最严重的人
道局势和流离失所危机。旷日持久的冲突造成超过数十万人死亡，数百万人流离失
所。在安全局势恶化和无视国际法、国际人道主义法和人权法的情况下，叙利亚境
内发生了大量侵犯人权行为，约有1350万人急需人道主义援助。2018年伊始，血腥
的暴力已经夺走了叙利亚古塔东区30多名儿童的生命。再如，德里达所列因为"核
武器的扩散甚至连国家机构都再也无法控制了"的第七种祸害，已经从30多年前
核大国之间的核威慑，演变为国际社会至今还无法有效加以解决的伊朗核危机。
这是我重读《马克思的幽灵》的新思考之一。

三

为了消除他列举的十种人权祸害，德里达将希望寄予建立一种"新国际"，并且
把"新国际"也作为《马克思的幽灵》一书的副标题之一。就这一寄望而言，他也是
在憧憬一个"最好的时代"。因此，德里达在《马克思的幽灵》中呼吁："因此必须
大声疾呼一种'新国际'，尤其是在有人居然以自由民主制的理想的名义——这种
理想已经在自诩最终将是人类历史的理想——无耻地宣传新福音之际。那种福音
声称，地球和人类历史上的所有人类将永远不会受暴力、不平等、排斥、饥饿和由
此而来的经济压迫的影响。"[1]自然，德里达这里说的新福音也就是福山等人的新
自由主义。那么，德里达要建立的"新国际"是什么样的呢？德里达解释说："'新
国际'并不仅仅是因为这些罪恶才寻求一种新国际法的组织。它是亲和性、苦难和
希望的一种结合，甚至还是一种谨慎的、几乎秘密的结合"[2]他还将这种"新国
际"描述为是"没有身份，没有头衔，也没有姓名；即使不是偷偷摸摸的，也几乎是
不公开的；没有盟约，完全'脱节'，没有协作，没有政党，没有国家，没有国家共同
体(在任何国家规定性之前，经过而且超越国家规定性的国际共同体)，没有共享
的公民资格，没有共同归属的阶级"[3]的一种组织。

---

[1] [法]德里达:《马克思的幽灵》，第120页。

[2] [法]德里达:《马克思的幽灵》，第121页。

[3] [法]德里达:《马克思的幽灵》，第121页。

我们也许永远也搞不清德里达的'新国际'是如何结合为一个组织的，也很难想象这是一个什么样的实体。简言之，这就是一个新"乌托邦"。不过我还是认为，当构建人类命运共同体已经成为国际共识之后，德里达的憧憬或梦想或许在某种程度上是能够实现的，至少是能够通过构建人类命运共同体，在世界范围内减少或减轻一些人权祸害。

关于如何构建人类命运共同体，包括习近平主席在内的许多国家的领导人和国际组织的负责人，都有精彩的论述和高明的决策。例如前述中国为解决世界和区域经济面临的问题而以打造命运共同体和利益共同体为合作目标的"一带一路"，就是为了更好地造福各国人民，为国际人权事业作出更大贡献的。同样，更多的研究者和实践者，也已经为此付诸了大量的工作。我在本文中只是想循着德里达关于建立"新国际"的论述，做出自己的一些解读。

应该说，德里达的许多看法，与我们所说的马克思主义，还是有某些共通之处的。例如，马克思主义的物质制约性原理认为，从一般的意义讲，人权的内容和形式是受社会的经济文化水平制约的，一个社会有多高的物质条件和科学文化水平，这个社会的人们（该社会的主体阶层）才能享有相应的权利。而德里达在列举了"新世界秩序"中存在的十种"人权祸害"后得出结论说："如同人权的概念经历了几个世纪的历程而且通过许多社会/政治的大动荡才逐渐地得以确立一样（不论是在劳动权益方面，还是在经济权益或妇女儿童权益等等方面），国际法同样也应当扩展它的涵盖并使其多样化——如果说它至少应当与它所宣称的民主和人权思想保持一致——亦即除了我们不久以前刚刚提及的国家和幽灵般的国家主权之外，它还应当涵盖全球的经济和社会领域。"[1]认为人权还涉及经济和社会问题而不仅仅是民主问题，这无疑与马克思主义的观点相近，尽管德里达宣称自己并不是马克思主义者。可以说，尽管当代世界较之马克思和恩格斯生活的时代，已经有了难以想象的巨大进步和发展，但是人类还远没有达到在世界范围内解决普遍人权问题的程度，特别是许多发展中国家的多数人还处于饥饿或绝望的境地，这就需要

---

[1] [法]德里达：《马克思的幽灵》，第119页。

通过构建人类命运共同体，首先解决这些人的生存和发展问题。这是我重读《马克思的幽灵》的新思考之二。

既然我们生活在一个既是"最好的时代""也是最坏的时代"的矛盾世界中，那么毋庸讳言，就必须承认各国在人权的理论、指导思想、实行的路线、政策和策略乃至在实践等方面，都有很大差别。但是人类还是有一些共同性的，比如都要生存和发展。这种共同性，在当今世界的人权领域，从很大程度上是通过对弱势群体和发展中国家的人权的关注、帮助、救济等（而不是指责和施加压力）体现出来的。这是马克思主义理论的要义之一，也是构建人类命运共同体的思想共识。从这一意义而言，我认为德里达当初呼吁建立"新国际"，不仅有进步作用，也值得我们研究人权问题的学者注意。这是我重读《马克思的幽灵》的新思考之三。

还应该指出的是，由于德里达认为"国际法及有关机构仍主要受特定国家的民族/国家的操纵"，形成了不合理的国际经济秩序，因而也是造成上述许多发展中国家的大多数人生存状况恶化的原因之一。所以，他才提出必须"解构"所谓的"新世界秩序"，建立一个"新国际"。这一思想，用现在达成的国际共识就是，应当构建一个如前述习近平主席所说的人类命运共同体。在这个共同体及其构建中，"国家不分大小、强弱、贫富，主权和尊严必须得到尊重，内政不容干涉，都有权自主选择社会制度和发展道路"，而且"各国平等参与决策，构成了完善全球治理的重要力量"[1]。这样的共同体，可以使德里达憧憬的"新国际"乌托邦，成为现实，成为实体，成为实践。这是我重读《马克思的幽灵》的新思考之四。

四

可以说，德里达一直是重视马克思及马克思主义对他和欧洲以及世界的影响的。我认为，当年德里达写《马克思的幽灵》的初衷，第一，是为了说明马克思主义并没有终结。所以他在该书中，多次引用马克思和恩格斯在《共产党宣言》开篇的那句名言，"一个幽灵，共产主义的幽灵，在欧洲游荡"，"旨在说明马克思和马克

---

[1]　参见习近平：《共同构建人类命运共同体》，《人民日报》2017年1月20日，第2版。

思主义就像莎士比亚的名剧《哈姆雷特》中的已故国王的幽灵纠缠困扰哈姆雷特那样，对世界发生着直接的或间接的、可见的或不可见的影响；而世界发展的过去、现在和将来都是离不开马克思主义的。"[1]

从代际承继的人权理论讲，中国的一些学者认为，以马克思、恩格斯和列宁为代表的19世纪和20世纪的社会主义思想和运动中的人权理论，属于欧洲人权观的重要思想渊源之一，而且是一种新类型的发展。他们的人权理论之所以被认为是"第二代人权"，是因为对资本主义社会的弊端和人权状况的彻底批判，对"第二代人权"的形成、发展，作出了很大贡献，对欧洲和世界的人权思想的影响很大。[2]因此，我们也就可以理解为什么习近平主席特别强调："今天，马克思主义极大推进了人类文明进程，至今依然是具有重大国际影响的思想体系和话语体系，马克思至今依然被公认为'千年第一思想家'。"[3]

第二，德里达是为了论证马克思主义并非只有一种。所以，《马克思的幽灵》的书名在法文中用的是复数，即"马克思的幽灵们"。他说："有诸多个马克思的精神，也必须有诸多个马克思的精神。"[4] "从这一逻辑出发，他认为，有不止一种的马克思主义必然会对欧洲和世界思想产生重大的影响，而不论人们承认与否，愿意与否。"[5]就此而言，作为马克思主义中国化伟大成果的毛泽东思想、邓小平理论、"三个代表"重要思想、科学发展观和习近平新时代中国特色社会主义思想等，都是对马克思主义的继承，也是一种马克思主义。它们的影响力正如习近平主席所指出的："实践还证明，马克思主义为中国革命、建设、改革提供了强大思想武器，使中国这个古老的东方大国创造了人类历史上前所未有的发展奇迹。历史和人民选

---

[1] 朱力宇：《马克思的"幽灵"与德里达的人权思想》，《中共中央党校学报》2002年第3期。

[2] 参见谷春德、郑杭生主编：《人权：从世界到中国——当代中国人权的人权的理论与实践》，第11页—42页，北京：党建读物出版社，1999年。笔者亦是该书的作者之一。只不过根据现在许多欧洲学者的看法，马克思、恩格斯和列宁的人权观并不代表现今欧洲思想界的主流。正因为如此，虽然西方的人权观属于一个整体或同一思想体系，但是我认为，在欧洲与美国之间还是有某些差异的，而这些差异中的最大之处就在于受马列主义的影响不同。与欧洲相比，马克思、恩格斯特别是列宁的人权思想在美国的影响并不大，因为马克思主义特别是列宁主义在美国的传播并不像在欧洲那样广。这可能也是德里达和福山对马克思主义的态度不同的原因之一。

[3] 习近平：《在纪念马克思诞辰200周年大会上的讲话》，《人民日报》2018年5月5日，第2版。

[4] [法]德里达：《马克思的幽灵》，第21页，着重点在法文原文中就有。

[5] 朱力宇：《马克思的"幽灵"与德里达的人权思想》，《中共中央党校学报》2002年第3期。

择马克思主义是完全正确的, 中国共产党把马克思主义写在自己的旗帜上是完全正确的, 坚持马克思主义基本原理同中国具体实际相结合、不断推进马克思主义中国化时代化是完全正确的! ”[1]

第三, 德里达是为了强调必须继承马克思主义。所以, 他提出: "我们全都生活在同一个世界上, 有些人享有的是同一种文化, 这文化在一种不可估量的深度上仍然保留着这一遗产的标记, 不论是以直接可见的方式还是以不可见的方式。"[2] 在德里达看来, 必须要继承马克思主义这一遗产, 这是不以人的意志为转移的。时隔二十多年后, 就德里达与福山关于"马克思主义是否已经终结"的争论, 现在在许多学者看来, 德里达的观点是正确的。对此, 福山也在一定程度上承认了这一事实。他说: "当初我写下《历史的终结》是要指出, 我认为长期看, 没有哪个替代方案比自由民主制度更出色。历史的终结推迟了, 但目前这对很多人来说并非现实。我们现在实际上走错了方向。但历史的发展终将归于自由民主形式。我依旧对此深信不疑。"[3]而我对福山此话需要进一步补充说明的是, 德里达观点的正确, 福山的走错方向, 至少在目前为止已经为中国在马克思主义指导下进行的社会主义建设和改革开放的实践证明了。

（作者朱力宇系中国人民大学人权研究中心副主任、教授）

---

[1] 习近平:《在纪念马克思诞辰200周年大会上的讲话》,《人民日报》2018年5月5日, 第2版。

[2] [法]德里达:《马克思的幽灵》, 第22页。

[3] 转引自《参考消息》2017年3月23日, 第10版。原文刊载于瑞士《新苏黎世报》对福山的专访, 2017年3月18日。

从发展权视角："一带一路"促进《2030年可持续发展议程》

南南合作对于发展与人权的重要性：古巴经验

[古巴] 巴勃罗·贝尔迪·奥利瓦

一、概要

南南合作在推动和保护人权与改善南半球人民生活条件方面发挥着重要的作用。无疑，它为使用普通方法解决共同问题带来了好处。古巴革命展现出当人们拥有真正的政治意愿来帮助彼此寻求一个更美好的世界时，我们能够做多少事。通过其国际主义和团结，分享现有的而非剩余的经验，古巴革命为构建人类命运共同体作出了重要的贡献。

二、引言

南南合作建立的原则可以追溯到二战结束时开始的非殖民化进程，以及20世纪70年代不结盟运动建立国际经济新秩序的提议。在此过程中，人们间接提到了南南合作，作为一个区别于南北关系传统模式的概念。

联合国将南南合作定义为"全球南部发展中国家间的技术合作"，而对于那些发展中国家而言，南南合作不止于此。

南南合作包含国际团结、尊重国家主权与自决的原则。它不仅仅是技术合作，还使得发展中国家互相帮助，来克服国家挑战并充分行使发展权。但我们不能将南南合作的范围仅限于这一重要权利。通过这种合作，全球南部的国家寻求更加公平平等的社会和一定水平的发展，这种发展能够使其人民行使一切人权。

南南合作的行动产生了十分积极的影响，因为它们允许南部国家间交流最佳实践方法来帮助运用普通方法解决共同问题,而且还为加强南部国家间经济、社会和文化纽带作出贡献。此外,由于这种非营利性合作是由相关国家的潜力维持的,它创造了培育融合的有效渠道。

与此同时,通过互相帮助,发展中国家向发达国家表明,为了支持国家发展战略,它们可以做出多大的努力。此外,它还否定了任何为发展提供援助附加条件而进行的辩护,其中包括基于人权的辩护。

基于这些前提,古巴在通过双边或三方合作的不同方式推动并改善全球数百万人生活质量,进而使其有机会享有人权与基本自由方面,发挥了重大作用。

三、南南合作: 对发展的重要性

发展是一种概念,它试图囊括大量复杂的社会变革过程,并指从殖民主义、贫困、压迫和落后的残余中将人民与国家解放出来的长期历史计划。

因此,南南合作数年来对发展的重要性不容忽视。南南合作在发展过程中发挥着越来越重要的作用,其巩固加强结果的潜力也得到了广泛认可。

当各国共同努力时,这一国际性合作就能够为缩小南北方国家日益扩大的差距和对抗饥饿、贫困、疾病与其它困扰人类的问题作出贡献。

有具体证据表明,发展中国家通过南南合作成功解决了南部国家共有的多维度发展问题。发展中国家成为应对气候变化、能源、土地使用、交通运输、垃圾、农业与水资源等问题以及向可持续基础设施与城市过渡的关键因素。此外,南南发展合作的方式非常适合加强地区适应性合作,建立地区性中心与网络,实施并加强发展中国家能力构建和有关气候议程的政策连贯与协调。经证实,南部国家的发展合作对于其相互间在关键领域增加并转移可复制的解决方案,从而实现2030年议程和气候议程是至关重要的。

四、南南合作: 对人权的重要性

满足人民对美好生活向往的需求,是各国的首要任务。为了实现这一目标,必须改善各国发展水平，而这一过程又对人民产生实实在在的影响。

可以说，可持续发展在促进和保护人权方面发挥了非常重要的作用，人权包括经济、社会、文化权利以及公民权利与政治权利。不仅如此，我们还应该认识到，各个国家、国际组织和其它利益相关者开展工作、进行投资来消除贫困，并且在这一领域取得了显著的进展，这些对于享有人权而言都具有重要意义。

经证实，发展合作，尤其是南南合作，在促进和保护人权方面是行之有效的。

西方的观点认为，必须将发展合作中的公民权利与政治权利放在首位，而且提供发展合作须基于一些附加条件，这表明它们缺乏信用，而且显露出其愿意帮助各国发展、不让任何国家落后的可疑动机背后隐藏的真实意图。

反之，南南合作充分表明，考虑国家发展要务，不附加任何不合理要求，各国才可以实现更高的发展水平，其人民也可以更好地享有人权。

从简单而重要的生命权到教育权、健康权，南南合作国家不断证明发展与人权是相互联系的，而且用一者对抗另一者通常是行不通的，哪个因素的情况更为严重，它就最脆弱，最亟待解决。

五、南南合作：古巴经验

古巴反复申明其在多个国际论坛上对南南合作作出的承诺，并意识到由于发达国家与发展中国家间的历史性差距，其范围远远超出对南北关系的补充。对古巴而言，60多年来，与别国合作都是其外交政策中的重要组成部分，由作为社会计划特点的团结与人道主义价值观维系，建立在相互尊重、无条件援助与互补性的基础之上。古巴政府领导人重申，尽管存在不足与困难，但古巴仍愿意合作，从而符合分享我们现有而非剩余经验的原则。数年来，古巴一直将人民置于援助其它国家、向国内外提供合作的中心，与拉丁美洲、非洲及亚洲国家开展合作而不论对方的社会政治体系与意识形态规范为何。从主题的角度而言，社会干预（卫生与教育）是其南南合作三分之二行动的焦点，剩余三分之一的行动与危机管理、灾害预防、农业和运动相关。

古巴积极的社会政策使这种合作成为可能，而且其进步堪比发达国家，这使得其能够与其他发展中国家分享其最佳的实践方法。与此同时，古巴人民无私、慷慨和人道主义的精神成为能够达到这种合作程度的另一基石。作为其持续行动主义的结果，古巴得到了国内与国际机构的认可，被视为地区协作的基准之一。

对古巴而言，国际合作是一项团结的举动，是该国宪法原则中所固有的，它还是其外交政策中的重要组成部分。尽管由于美国施加的经济、商业和金融封锁，导致古巴物资不足，但它仍向其它国家展现了古巴人民的才华、慷慨、勇敢、谦逊、牺牲、团结与人道主义价值观。古巴民族英雄何塞·马蒂的名言"人性即吾乡"为古巴的团结提供了另一维度：国际主义。古巴的合作将困难群体的利益置于首位，基于对受助国主权、法律、文化和宗教以及国家自决权的绝对尊重，向其他国家无条件提供援助。

古巴首批横向合作行动可以追溯到1963年。虽然1960年智利发生地震后，古巴派出了一小队医生向其提供援助，但1963年古巴向阿尔及利亚派出了第一支医疗旅。古巴南南合作活动的例子不胜枚举，即便是对没有建立外交关系，或当时没有建交的国家，古巴也施以援手。虽然古巴是一个自然资源有限的欠发达国家，但是它与186个国家开展了合作，其中包括对国内的学生进行培训。一百多万古巴人民向其他国家提供了援助，其中五成以上是女性。

古巴在卫生、教育和体育领域提供的合作取得了重要的成果。

"奇迹行动"就是其中的一个例子，发起该项目的目的是为了抗击失明与其它眼科疾病。作为该倡议的一部分，截至2018年底，古巴专家对拉丁美洲、加勒比海和非洲34个国家的患者进行了300万次手术。

另一个令人心怀感激的例子是教育领域中名为"是的，我可以"计划。多亏了该计划，32个国家的1050万人学会了读写。

古巴国际合作的另一个方面是制定了广泛的学生奖学金计划，该计划帮助来自其他国家的72000多名年轻人从不同的大学专业毕业。即便在经济严重困难时期，古巴依然履行了对这些年轻人及其政府的承诺。医学专业其他国家（141个国家）毕业生的历史数量就高达37000名，其中96%成为医生。

古巴南南合作的主要原则之一是帮助他国发展自身克服挑战的能力。例如：古巴往某一国家派遣医生，协助其卫生系统，同时还帮助该国进行能力建设，从而为其储备自身的人力资源，为将来做好准备。

六、最后要考虑的因素与总结

南南合作是推动两个方面的重要工具：发展与人权。同时，合作还需要考虑不同国家国情、能力与发展水平并尊重各国政策与首要任务。

因此，应当把南南合作理解为实现各国社会发展与可持续性，从而达到人权最高标准的战略。

正如中国国家主席习近平所声明的那样，发展中国家应当坚持自主选择、独具特色的发展道路，分享国家事务治理与管理的成功经验，聚焦能力建设，探索发展潜力，解决发展难题并提升人民福祉。

因此，可以发展创新工具来增进与实施这一理念，从而建立联系，允许文化、社会与政治上存在差异但在实现可持续发展方面存在共同利益的国家可以相互交流。通过此举，尊重主权、领土完整和国家自决作为南南合作的关键要素，将促进全体人民享有人权。

古巴通过区域性和全球性南南合作作出了重大贡献，分享现有而非剩余的经验，从而成为实施2030议程的重要基准并为人类命运共同体的创建作出了贡献。

(作者巴勃罗·贝尔迪·奥利瓦系古巴外交部多边事务和国际法总司国际组织司人权处处长、参赞)

发展权：建立"一带一路"倡议和《2063年议程》之间的协同效应

[赞比亚] 迈克尔·恩琼加·穆里基塔

一、背景和语境

本文的前提是，假设尽管西方学者在学术论文中宣称人权的普遍性，但权利应考虑到非洲社会和其他地方的文化、政治、社会经济和其他特异性和特殊性，而不是提倡一种刻板的人权概念框架，形成一种一刀切的模式。本文进一步认为，对于非洲、亚洲和南美的发展中国家，当务之急是追求发展权，因为贫困是发展中国家的大多数人不得不面对的主要人权挑战。本文的结尾将表明，中国推动的"一带一路"倡议和非洲的宏伟发展愿景（非洲联盟于2013年通过的《2063年议程》）表明，各国人民在共同拥护一个其人民能够享有发展权利的世界方面取得了一致，从而使所有人民能够过上以人的尊严和平等为前提的生活。本文的写作背景是，非洲国家必须面对来自西方国家的欺凌和恐吓，他们利用发展援助让非洲贫困国家承认和实施某些与非洲文化价值和规范相悖的权利。这种做法的一个例子表现在对非洲国家施加无形的压力，让他们承认同性婚姻和同性恋权利，迄今为止，许多签署《非洲人权和人民权利宪章》(African Charter on Human and Peoples Rights) 的非洲国家都对此予以抵制。另一方面，"一带一路"倡议的前提是更富有同情心和包容性，不让任何人掉队的全球化概念。"一带一路"倡议并未试图强加霸权的人权模式。它认识到每个社会确定权利的内在重要性，由大多数公民享有这种权利可以促进大多数公民的尊严、繁荣和平等。《2063年议程》的愿景本质上是关于"我们想要的非洲"。《2063年议程》简明扼要地阐明了非洲大陆的愿景,即其公民可以共同享有繁荣和人的尊严。在本文导言的结尾,作者主张,人权概念和叙述不应被强国狡猾地用来干涉发展中国家,特别是非洲大陆国家的内政。

(一)发展权:概述

半个世纪以来,发展中国家一直在联合国会议上主张,必须承认发展权是一项人权。随着全球化进程的发展和世界各地的若干政治变化,以及来自发展中国家的压力不断增加,联合国大会通过了《发展权利宣言》(Declaration on the Right to Development)。"发展权利是一项不可剥夺的人权,由于这种权利,每个人和所有各国人民均有权参与、促进并享受经济、社会、文化和政治发展,在这种发展中,所有人权和基本自由都能获得充分实现。"该宣言大大促进了以权利为本的发展方式,标志着社会发展的新时代。新的人权发展框架附带的一些原则是:

1. 普遍性

"人权是不可剥夺的,因为它们不能被他人夺走或自愿放弃。"

普遍性原则是将人权与公民权和合同权等其他获得的权利区分开来的原则。

2. 非歧视和平等

"人人有资格享有本宣言所载的一切权利和自由,不分种族、肤色、性别、语言、宗教、政治或其他见解、国籍或社会出身、财产、出生或其他身份等任何区别。"

人权适用于任何地方和任何情况下的任何人。

3. 不可分割性

"权利是不可分割的,应该整体看待。"

没有一项权利比另一项重要。例如,我们不能与一个团体协商以获得某些权利而放弃其他权利。采用以权力为本的发展方法,我们可能会设定优先事项来实现权利,但这并不意味着我们放弃了其他权利。

4. 相互依存和相互关联

"所有人权都是相互关联、相互依存和相互影响的。"

发展权影响工作权和健康权,反之亦然。这一原则有助于我们将问题的根本原因与问题的症状联系起来。

5. 参与

"参与是一项基本权利。"

联合国《发展权利宣言》的第一条对此做了说明。这意味着每个人都有权利自由充分地促进、参与并享受其社区的政治、经济、社会和文化发展。参与权需要得到国家和其他实体的保护和保障。

6. 法治

权利必须受到强有力的法律和独立司法系统的保护,以确保法律公正并适用于所有人。

7. 责任制

这是人权的另一个关键原则。关于权利的整体理念是必须实现权利。换句话说,有义务将这些权利赋予其权利持有者。所有人都有权利,被称为权利持有者。有义务实现和确保这些权利的人或实体被称为责任承担者。

我们可以将任何人视为权利持有者和责任承担者。然而,大多数时候责任承担者是政府和其他国家机构(以下简称国家)。以权利为本的方法还认识到其他非国家方可能是责任承担者。

通过让国家作为主要责任承担者进行以下工作,可以实现责任制:对它对人们生活的影响承担责任;通过提供信息、采取透明的流程和听取人们的意见进行合作;充分回应这些意见。

最后一项原则责任制是以权利为本的方法的核心部分,这种方法是社会正义主张的框架。

责任制原则在帮助发展工作者确立其合法参政,在政治进程中与公民团体互动方面做出了最大贡献。

8. 主要责任承担者: 国家

通过批准不同的联合国人权条约,国家自动担负起保障这些权利的主要角色,或者根据RBA的语言，它们成为"主要责任承担者"。各国必须采取一切必要步骤来保障其公民的权利。

9. 国际人权法下国家的义务

尊重义务要求国家避免执行、赞助或容忍任何侵犯个人诚信或其获取资源以满足其需求的自由的行为、政策或法律措施。它还要求立法和行政法规考虑到保障权利。

保护义务使国家有义务防止其他个人或非国家行为者侵犯权利。在发生侵权时，国家必须保证获得法律救济的权利。

满足义务涉及宣传，公共支出，政府对经济的管制，提供基本服务和相关基础设施以及再分配措施等问题。满足义务包括保证有机会获得权利的必要措施。

（二）发展权的附加价值是什么？

发展权为全球、区域、次区域和国家各级所有相关行为者的政策和方案提供了全面的框架和方法，因为这种权利：

1. 融合了人权和发展理论与实践的各个方面；涵盖公民、政治、经济、社会和文化权利等所有人权；

2. 需要积极、自由和有意义的参与；涉及国家责任的国家和国际层面，包括创造有利于发展环境和为所有人权创造有利条件；

3. 体现以人为本的全面发展政策和社会正义和公平；体现平等、无歧视、参与、透明、责任制等人权原则，以一体化方式开展国际合作；表明对自然财富和资源的自决权和完全主权原则；

4. 通过解决贫困的系统性和结构性原因，促进以统筹兼顾的方法解决贫困问题；加强益贫式增长的基础，对最边缘化人群的权利给予应有的关注；

5. 促进国家之间的友好关系和国际团结，加强在发展中国家关注领域的合作与援助，包括技术转让、基本药物可及性、债务可持续性，发展援助，国际贸易和决策的政策空间。[1]

---

[1] https://www.un.org/en/events/righttodevelopment/pdf/rtd_at_a_glance.pdf。

二、“一带一路”倡议和《2063年议程》概述及发展权的重点

非洲联盟通过的《2063年议程》和中国提出的“一带一路”倡议展现了一个共同的努力方向，即促进全世界发展中地区的人们，在寻求克服欠发达和贫困的困境和制约的过程中获得发展权。

习近平主席宣布“一带一路”倡议的主要目标是制定一个不让任何人掉队的经济全球化愿景。[1]习近平表示：“我们不会形成破坏稳定的小集团，而将建设和谐共存的大家庭。”

这一切主要围绕运输和能源建设生产性基础设施，包括道路、桥梁、燃气管道、港口、铁路和发电厂。

该计划由习近平主席在2013年提出，是一项预估为5万亿美元的基础设施支出计划，跨越亚洲、中东、欧洲和非洲的60多个国家。

“一带一路”愿景将为非洲数百万年轻人创造就业机会，他们目前面临着失业和边缘化的非人道生活。非洲的失业抹杀了发展权，因为缺乏就业会严重限制获得这项权利的机会，这会对人的尊严和平等产生有害的后果。传统的经济全球化模式往往会使发展中国家的绝大多数人边缘化和贫困化，因为经济全球化的利益和优势被西方发达国家的经济精英所垄断。

中国提出的“一带一路”概念为西方在全球发展方面的叙述提供了另一种视角。实际上，由于美国及其西方盟国在1980年代后期至1990年代初冷战结束时在意识形态上取得了胜利，因此，关于全球发展的知识范式已被“华盛顿共识”（Washington Consensus）支配。一家非洲智库最近出版的一本书将“北京共识”（Beijing Consensus）描述为“一种新的发展方式，其驱动力是希望实现公平、和平、高质量的增长，从而转变他们对私有化和自由贸易等传统观念的想法”[2]。因此，“一带一路”倡议提供的新的发展方法非常重视发展权。

---

[1]　https://qz.com/983460/obor-an-extremely-simple-guide-to-understanding-chinas-one-belt-one-road-forum-for-its-new-silk-road/。

[2]　查尔斯·奥纳奈朱（Charles Onunaiju）：《中国的现代化斗争：从革命到改革》（*Struggle for Modernization: From Revolution to Reform*），尼日利亚阿布贾：Yaliam出版社，2016年，第24页。

根植于泛非洲主义和非洲复兴的《2063年议程》为解决以往的不公正现象和让21世纪成为非洲世纪提供了强有力的框架。

根据《2063年议程》，非洲国家重新致力于长久的泛非洲愿景："一个一体化、繁荣、和平，由非洲公民领导，在国际舞台上成为一支活跃力量的非洲。"[1]

《2063年议程》概述了以下主要愿望：

1. 以包容性增长和可持续发展为基础的繁荣的非洲；

2. 以泛非洲和非洲复兴愿景为基础的政治团结的一体化非洲大陆；

3. 善治、民主、尊重人权、正义和法治的非洲；

4. 和平和安全的非洲；

5. 拥有强大文化认同、共同传承、共享价值观和道德观的非洲；

6. 以人为本追求发展，依靠非洲人民，特别是女性和青年的潜力，关爱儿童成长的非洲；

7. 让非洲成为强大、团结而富有影响力的国际行为体和合作伙伴。

到2063年，非洲国家将成为全球生活质量指标中表现最好的国家之一。这将通过包容性增长，创造就业，增加农业生产，科学、技术、研究和创新投资，性别平等，赋予青年权力和提供健康、营养、教育、住房、饮用水和卫生设施等基本服务战略来实现。通过实现这一崇高愿景，非洲国家将把发展权置于非洲大陆的复兴和转型议程的核心。

《2063年议程》通过以下声明加强了非洲进一步促进发展权的承诺："通过基于儿童早期发展和基础教育普及的持续投资，对高等教育、科学、技术、研究和创新的持续投资，以及消除各级教育中的性别差异，非洲的人力资本将作为其最宝贵的资源得到充分开发。研究生教育的机会将得到扩大和加强，以确保世界一流的学习和研究基础设施，并支持支撑非洲大陆转型的科学改革。"[2]

中国和非洲国家通过中非合作论坛（FOCAC）寻求扩大非洲不断增长的年轻人口获得发展权的途径。发展不能是高度理论化的学术抽象概念。实质上，这关乎

---

[1]　《2063年议程》

[2]　《2063年议程》

普通人获得医院、学校、饮用水、卫生设施、电力等的途径。中国通过让数百万人摆脱贫困，使大部分公民得以行使发展权。

三、结语和展望

中国和非洲国家在中非合作论坛框架下奉行的 "一带一路" 倡议和《2063年议程》可以建立非常强大的合作协同效应，这能改变当前的世界秩序，这种秩序建立在西方先进国家不受限制的经济霸权之上。希望实现《2063年议程》所述的崇高愿景的学者和发展专家应该欣然接受《2063年议程》和 "一带一路" 倡议拥护的发展权。通过联合《2063年议程》和 "一带一路" 倡议，非洲国家将朝着使非洲大陆的大多数人能够享受发展权带来的好处迈出重要一步。主权独立国家应根据自己最紧迫的需求确定人权优先事项。发展中国家应抵挡来自发达国家的压力，这迫使它们以发展权为代价，将某些权利置于优先地位。

（作者迈克尔·恩琼加·穆里基塔系赞比亚穆隆古希大学社会科学系主任）

中国特色人权发展道路：社会权保障与经济发展的协同推进

[中国] 龚向和　魏文松

2018年12月10日，习近平总书记在"纪念《世界人权宣言》发表70周年座谈会"的致信中强调，"时代在发展，人权在进步。中国坚持把人权的普遍性原则和当代实际相结合，走符合国情的人权发展道路，奉行以人民为中心的人权理念，把生存权、发展权作为首要的基本人权，协调增进全体人民的经济、政治、社会、文化、环境权利，努力维护社会公平正义，促进人的全面发展。"[1]习近平总书记的致信不仅深刻揭示了时代发展与人权进步的逻辑关联，也指出了以人民为中心始终是人权事业建设的根本所在，同时还为中国特色人权发展指明了前进方向。社会权作为特定的宪法学概念，是人权体系的重要构成，指公民依法享有并要求国家促成和提供相应服务的权利，主要包括生存权、工作权和受教育权。[2]改革开放四十年来，中国人权事业建设的成功经验表明，妥善处理好社会保障与经济发展二者之间的关系是中国特色人权发展道路行稳致远的关键。中国特色社会主义进入了新时代是中国发展新的历史方位，在新时代下中国人权发展面临着新的机遇和挑战，社会主要矛盾的转化也在影响着中国特色人权发展道路的选择，应当继续坚持社会权保障与经济发展的协同推进。

---

[1]　习近平：《纪念〈世界人权宣言〉发表70周年座谈会贺信》，《人民日报》2018年12月11日。

[2]　参见龚向和：《作为人权的社会权：社会权法律问题研究》，北京：人民出版社，2007年，第13页。

一、西方与中国处理社会权保障与经济发展关系的经验教训

(一) 西方处理社会权保障与经济发展关系的失败教训

人类文明不断成熟的标志就在于对人的尊严与自由的认知和维护,在文明多样性以及文化多元化的驱动下,不同国家、地区对于人权的认知程度和实现方式是不同的,所选择的人权发展道路也是不同的。二战之后西方国家主张高福利发展政策,认为政府应当为医疗、教育、工伤、养老等方面国民权利的实现提供尽可能的支持,这体现了西方国家对公民社会权的保障。西方国家对社会权的保障是建立在经济发展的超负荷状态之下的,在20世纪60年代世界经济平稳发展的期间,西方国家对社会权的保障取得了一定的成效,但是到了20世纪70年代,随着经济发展的不景气,西方国家对社会权的保障显得力不从心,也因而致使人权发展道路陷入巨大的困境之中,公民社会福利面临巨幅消减。特别是进入21世纪以来,受到相继发生的美国次贷危机、亚洲金融危机以及欧洲债务危机的影响,社会权保障与经济发展似乎成为西方国家人权事业建设中不可调和的一道难题。以2010年希腊爆发的主权债务危机为例,这场波及西班牙、爱尔兰、葡萄牙以及意大利等欧洲国家的危机之所以会出现,正是因为希腊的经济发展水平落后于欧盟水平,但却实施着紧随欧盟的高福利政策,没有处理好社会权保障与经济发展之间的内在关系。

西方国家人权事业建设的历程表明,超越经济发展水平的社会权保障会阻碍经济发展,建立在高福利政策之上的社会权保障体制缺乏稳定性和长效性,经济发展所经历的任何一次较大的危机都可能会对社会权保障产生致命性的破坏。西方国家在数次经济危机中,伴随出现的是经济的衰退、失业的增加以及补贴的减少,所面临的更为突出的问题是政府究竟是应当把有限的资金投入到生存权、工作权与受教育权等社会权保障当中去,还是应当将这些资金用于经济建设恢复当中去。西方发达国家逐渐在处理社会权保障与经济发展二者之间的关系中迷失了自我,并且认为二者是处于一种非此即彼、此消彼长的状态之中,经济的恢复与发展只能在控制社会权保障支出的基础上进一步实施财政紧缩的政策,反过来而言,为提高社会权保障水平又不得不在一定程度上放慢经济发展的实际速度。西方国家

之所以会在数次全球经济危机中迷失自我，其根本原因就在于这些国家错误地判断了社会权保障与经济发展之间的关系，认为二者之间存在必然的冲突。西方国家在这种错误理念的引导下，一味地追求较高水平的社会权保障，却忽视了经济发展水平的实际承载能力，过度地消费损害了经济发展的内生动力，因而并不利于社会权的保障。

（二）中国处理社会权保障与经济发展关系的成功经验

与西方国家所不同的是，中国较为稳妥地处理了社会权保障与经济发展之间的关系，展现出了中国人权事业发展道路在全球经济危机中的稳定力。理论认识及其实践上的偏差导致人权保障与经济发展之间的冲突长期存在，在社会权方面表现得尤其突出。如何实现社会权与经济发展的齐头并进、解决福利国家的危机一直是国际社会面临的重大理论与实践难题。[1]中国坚持以开放包容的理念推进人权事业的建设，尊重文明多样性对人权道路选择的客观影响。中国在跨越"中等收入陷阱"方面积累了丰富的经验，自1978年实施改革开放以来，坚持"以经济建设为中心"的经济发展战略与民生保障制度建设，中国的社会权保障也因此取得了巨大的进步，人民对幸福的获得感与满足感也逐渐提高，中国人权事业建设正是在此基础之上得到稳步推进。

中国人权事业建设的经验表明，社会权保障与经济发展之间具有密不可分的关系，这种关系是可以调控的，而不是绝对的对立与矛盾。中国人权事业建设之所以能在不同的历史时期，特别是在世界经济普遍处于低迷的阶段中，还能充分保障公民的基本权利诉求，经济平稳向好的态势也没有受到太大影响，正是得益于中国比较稳妥地处理了社会权保障与经济发展的内在关系。在社会运行过程中，经济发展与社会权保障彼此间存在着相互促进与相互制约的互动关系，二者呈现出一种交替往复的螺旋上升过程，并由此推动着整个社会的进步与人的发展。[2]一方面经济建设不断增强国家能力，为社会权的保障和实现提供物质基础；另一方面，公

---

[1]　龚向和：《社会权与经济发展：改革开放四十年中国发展奇迹的双轮驱动》，《云南师范大学学报（哲学社会科学版）》2018年第5期。

[2]　龚向和、董宏伟：《经济发展要求下社会权保障的合理区间》，《思想战线》2015年第1期。

民享有的社会权越充分，越能激发公民投身经济建设的热情，因为社会权的充分保障能够免除公民的后顾之忧，实现社会主义公平正义，真正做到了共谋发展，共享发展。[1]中国在改革开放以来，经济发展保持着10%左右的增长速度，成为世界上仅次于美国的第二大经济体、第一工业大国、第一贸易强国。改革开放政策实施的40余年中，经济建设始终是中国实现从站起来到富起来，再到强起来的重要举措。2018年中国GDP总量为919281亿元，比1978年增长了252.2倍，GDP占世界比重也从1978年的2.25%提升至2018年的16%。从贫困到温饱、从温饱到全面建成小康社会，伴随着中国经济的快速发展，在越来越丰厚的物质基础之上，中国的社会权保障得到了进一步的落实，围绕着人权保障所建构起的社会保障制度体系也在不断完善。

二、社会权保障与经济发展的协同推进是中国特色人权发展的道路选择

中国特色人权发展的正确道路选择是坚持社会权保障与经济发展的协同推进。按照马克思主义哲学的观点，社会主要矛盾是社会基本矛盾运动规律在一定阶段和一定范围的集中表现，是最基本的国情。准确把握社会主要矛盾是人权发展的前提和关键。[2]社会主要矛盾是社会整体发展状况和所处阶段的表征，是社会发展问题的集中概括，同时也影响着中国特色人权发展的道路选择与价值取向。中国特色人权发展应当充分把握和认识中国社会主要矛盾，社会主要矛盾的转化是对中国社会发展情况的全新研判，坚持社会权保障与经济发展的协同推进应当立足于中国社会主要矛盾的转化。一方面，应当着力解决经济发展领域中的不平衡不充分难题，确保经济发展作为第一要务和根本的手段为社会权保障奠定坚实的物质基础，从物质层面更好地满足人民美好生活权实现的条件需求；另一方面，应当更加重视社会权保障作为上层建筑的系统构成对经济发展的能动作用，确保社会权保障作

---

[1] 龚向和：《社会权与经济发展：改革开放四十年中国发展奇迹的双轮驱动》，《云南师范大学学报（哲学社会科学版）》2018年第5期，第48-49页。

[2] 张文显：《新时代的人权法理》，《人权》2019年第3期。

为最终目的和策略手段为经济发展增添新的助推动力，从顶层设计层面为经济的平衡充分发展提供制度保障。

以经济发展的高质量和高效率为社会权保障奠定坚实的物质基础。中国特色人权发展应立足中国实际，以国家战略与人民根本利益、权利与义务、"治理权"与发展权的统一，开创具有中国特色的治理建设与人权保障路径。[1]社会权保障建立在一定的经济基础之上，经济发展的高质量和高效率是不断提高社会权保障水平的重要前提和基础。长期以来中国经济发展一直处于一个快速增长的阶段，现在中国经济发展已经步入新常态，更加重视经济发展的质量，更加重视统筹兼顾质量和效率，更加注重与经济发展相关联的各个方面的协同发展。经济发展是第一要务，但其根本目的是保障民生等社会权的实现，为充分落实经济发展对社会权的物质保障作用，党和国家还制定了国家发展战略和国民经济与社会发展规划。改革开放以来，我党提出了现代化建设"三步走"发展战略目标和全面建设小康社会的战略构想，保证经济高速发展的同时人民生活从温饱、小康走向共同富裕。[2]与此同时，五年一度的《国民经济与社会发展规划》[3]对我国经济发展与社会权保障作出了阶段性的具体规定。

社会权保障作为最终目的和策略手段，为经济发展提供充分的前进动力。经济发展为社会权保障提供了物质基础，决定了社会权保障的程度和水平，但社会权保障可以促进经济发展。这是中国创造经济社会发展奇迹的另一条经验。社会权作

---

[1] 李龙、任颖：《论国家治理与人权保障》，《武汉大学学报（哲学社会科学版）》2014年第5期。

[2] 中国共产党在20世纪80年代初提出了现代化建设"三步走"发展战略目标：第一步，1981年到1990年，国民生产总值翻一番，解决人民的温饱问题；第二步，1991年到20世纪末，国民生产总值再翻一番，人民生活达到小康水平；第三步，到21世纪中叶，国民生产总值再翻两番，人民生活比较富裕，达到中等发达国家水平。1997年党的十五大将上述"三步走"的第三步战略目标具体化，提出了21世纪上半叶中国新"三步走"发展战略：21世纪第一个十年实现国民生产总值比2000年翻一番，使人民的小康生活更加富裕，形成比较完善的社会主义市场经济体制；再经过十年的努力，到中国共产党成立100年时，使国民经济更加发展，各项制度更加完善；到21世纪中叶中华人民共和国成立100年时，基本实现现代化，建成富强民主文明的社会主义国家。进入21世纪后，中国共产党提出了"全面建设小康社会"的战略构想。参见《发展权：中国的理念、实践与贡献》白皮书，中国政府网，http://www.gov.cn/zhengce/2016-12/01/content_5141177.htm，2019年11月7日。

[3] 中国从1953年开始制定第一个"五年计划"，从"十一五"起，"五年计划"改为"五年规划"，现有十三个"五年规划"。

为一种特殊的生产性制度资源或资本在现代社会中具有越来越重要的经济发展价值，包括内在价值和外在价值。内在价值是指社会权作为经济发展的构成要素、内生变量，亦即社会权不但以制度资源和生产资料的形式成为经济发展的构成要素，而且作为资本成为人力资本的核心内容，从而推动经济发展；外在价值是指社会权为经济发展提供公平有序的制度环境和稳定和谐的精神环境等社会环境。[1]

社会权保障与经济发展同步适应。经济发展与社会权保障相互依存、相互促进的密切关系要求我们树立一种正确的观念：经济发展为社会权保障提供物质基础，那么经济发展向前推进的同时必须带动社会权保障程度的提高，且达到同步、相适应，不能只强调前者而忽视后者。为此，我国通过宪法、法律以及国民经济与社会发展规划等国家积极行为，确立了社会权与经济发展同步、相适应的制度保障，明确规定了社会权保障水平须与经济发展水平相适应。例如，宪法第14条明确规定，"国家合理安排积累和消费，兼顾国家、集体和个人的利益，在发展生产的基础上，逐步改善人民的物质生活和文化生活。国家建立健全同经济发展水平相适应的社会保障制度。"《劳动法》第46条规定，"工资分配应当遵循按劳分配原则，实行同工同酬。工资水平在经济发展的基础上逐步提高。"

因此，中国特色人权发展道路已经从理念上合理澄清社会权保障与经济发展的内在关系，从制度上科学建构人权保障与经济发展的完备制度，从实践上贯彻践行社会权发展与经济发展的协同推进。坚持社会权保障与经济发展的协同推进是在中国人权不断进步的历史经验与实践探索基础之上所形成的，既体现了中国人权发展的时代特色，也科学建构了社会权保障与经济发展的动态关系，从而实现了对社会权与经济发展之间相互冲突的传统理念的实质性超越。坚持社会权保障与经济发展的协同推进能够更好地推动中国特色人权发展的实践进程，同时也为世界其他各国人权事业的建设与发展提供中国贡献与中国智慧。

（作者龚向和系东南大学人权研究院院长、教授；魏文松系东南大学法学院博士研究生）

---

[1] 龚向和：《论社会权的经济发展价值》，载《中国法学》2013年第5期。

移民与发展权问题

[中国] 郝鲁怡

一、发展问题是21世纪移民流动的根源之一

人员跨国流动一直是人类活动的重要组成部分。国际移民组织将作为跨国流动行为主体的移民概念界定为: 离开其通常居住地, 跨越国际边界前往非国籍国的人员。[1]

人类近现代历史经历了几个大规模人员跨国流动的时代。第一个时代为1500至1800年, 移民主要是大西洋奴隶贸易对象, 在这一过程中, 有1000万至1500万非洲人被强制运往美洲。第二个时代为19世纪初, 1800至1930年间逾5000万人离开欧洲, 为移民目的地国的工业化进程提供了充足的劳动力。第三个时代是第二次世界大战之后, 西方国家纷纷实施各种针对外来劳动力的用工计划, 吸引移民劳工涌入西方国家。同时, 非殖民化运动也推动国际移民数量增长。

21世纪初, 在商品、服务、资本的大规模跨国流动为特征的全球化大背景之下, 国际移民的形式与范围不断扩展, 亦演变为全球化的重要组成部分。人员流动的全球化潮流一方面作为推动创新和可持续发展的人力资本,[2] 对促进各国的经济、社会、文化在全球范围内的交流与融合发挥了重要作用, 另一方面却暴露出贫穷、冲突与迫害、环境恶化、人类安全与机会严重缺乏等对人员流动负面影响的扩展效应。据统计, 仅2016年全世界有4000多万名境内流离失所者和2250多万名难

---

[1] 参见国际移民组织网站: https://www.iom.int/key-migration-terms (last visited November 18, 2019)。

[2] United Nations, Global Compact for Safe, Orderly and Regular Migration, A/CONF, 231/1, para.8.

民，全球流离失所者创下历史最高纪录。[1]在非洲地区，持续的、不断新引发的国家内部及地区性冲突和暴力，气候变化和灾害频发等导致大量民众流离失所，向地中海地区与欧洲其他国家迁移；在中东地区，叙利亚、阿富汗等地区冲突造成的难民数量超过2016年世界难民总量的三分之一；在拉丁美洲和加勒比海地区，中美洲一些国家的社会经济条件偏低和普遍的集体暴力、犯罪等因素是移民外流的主要推力，并且迫使大量妇女和儿童跨国迁移。[2]有鉴于此，有学者主张，在21世纪，移民似乎在一个正在瓦解中的系统内越来越任意地流动，为的是规避威胁，是作为生存策略而不是单一经济策略的一部分进行流动，因而造成了大不相同的过程和跨国移动的新模式。[3]

早在1994年，联合国国际人口与发展会议在其行动纲领中强调，国际移民的形式多种多样，既影响发展进程，又受发展进程的影响。国际经济的不平衡、贫穷和环境退化，加之没有和平、缺少安全以及对人权的侵犯、司法和民主体制发展程度不一，都是影响到国际移民的因素。[4]进入21世纪，移民与发展的相互联结性更为突出，特别是移民流动的原因趋于复杂，在经济发展问题之外杂糅了与生存相关的、更普遍、综合性发展问题。正因如此，国际社会在移民问题上所面临的挑战日益严峻，表现为由全球、地区性以及国家内部的政治、经济等多重发展不平衡引发的移民无序、非正规流动及其负面影响。

二、发展权有助于减少与解决移民无序、非正规流动的不利肇因

（一）发展权作为新一代人权，是保障与促进个人人权的前提[5]

联合国《发展权利宣言》指出，发展是一个多方面综合的进程，发展权利是一项不可剥夺的人权，由于这种权利，每个人和所有各国人民均有权参与、促进并享

---

[1]　国际移民组织：《世界移民报告2018》，全球化智库译，2018年，第2页。

[2]　参见国际移民组织：《世界移民报告2018》，全球化智库译，2018年，第42-70页。

[3]　[美]道格拉斯·S.梅西：《用20世纪眼光看21世纪移民的危险》，赵元译，《国际社会科学杂志（中文版）》2019年第3期，第110-113页。

[4]　联合国人口基金：《国际人口与发展会议行动纲领》，2014年，第102页。

[5]　白桂梅：《论新一代人权》，《法学研究》1991年第5期，第5页。

受经济、社会、文化和政治发展，在这种发展中，所有人权和基本自由都能获得充分实现。当前，贫困的加剧、不平等的扩大、前所未有的经济、社会、文化、政治、环境和气候危机，都使得发展权比以往任何时候都事关重大。[1]这些问题无疑与造成大规模移民无序、非正规流动的根源性不利肇因高度重合。

从主体来看，发展权既是各个国家的特权，也是各国国内个人的特权。人是发展的主体，因此，广大的国际移民个人与群体无疑是发展权利的积极参与者和受益者。保障发展权与联合国《安全、有序和正常移民全球契约》所遵循的"以人为本""将个人置于核心地位"的基本原则相契合，能够确保在移民进程的所有阶段切实尊重、保护和落实所有移民的人权，不论其移民身份为何，无论任何时候，也无论在途中还是到达目的地，体现出保障个人基本权利的普遍性价值。[2]

从内容来看，发展权突破将单一经济增长等同于发展的局限性，具有个人–自然–社会协调、持续发展的内涵。发展权的实质内容具有多元性，以政治发展为前提、经济发展为核心，覆盖政治、经济、科技、文化、教育、社会各个方面，不仅各方面内容有机统一，而且相互依赖、相互弥补地持续发展。[3]

发展权强调了多方面权利的不可分割、相互依存，并且需要予以平等重视和紧迫考虑，有助于有效增进和保护所有移民的人权和基本自由，而无论其身份为何。全球移民契约》确认，移民促进全球化世界繁荣、创新和可持续发展，可以通过改善移民治理充分发挥这些积极影响。[4]保障移民的权利不仅仅惠及个别国家而是使全球受益，有助于维持劳动力的跨国流动性优势，并且鼓励增长与提升全球竞争力。如果移民进程井然有序，移民的人权得到更加有效的保障与尊重，那么发展的积极成果还将大大增强。[5]

---

[1] 联合国人权高级专员办事处：《关于发展权的常见问题：概况介绍第37号》，2016年，第1页。

[2] United Nations, Global Compact for Safe, Orderly and Regular Migration, A/CONF.231/1, para.15(a), para.15(f).

[3] 汪习根：《发展权法理探析》，《法学研究》1999年第4期，第21页。

[4] See United Nations, Global Compact for Safe, Orderly and Regular Migration, A/CONF.231/1, para.8.

[5] Report of the Special Rapporteur on the Human Rights of Migrants, Promotion and Protection of Human Rights: Human Rights Questions, Including Alternative Approaches or Improving the Effective Enjoyment of Human Rights and Fundamental Freedoms, 2016, A/71/40767, para.63.

同时，发展权从人权角度承认国家间对等相互义务对实现人权的相关性，增加了国际人权制度的价值，带来了国际人权的前沿和核心关键原则，包括普遍性和不可剥夺性、不可分割性、相互依存和相互关联、平等和不歧视、参与和包容、问责和法治等，因此，有助于督促原籍国、过境国和目的地国等国家在增进和保护所有移民的人权和避免采取可能加剧他们的脆弱性的做法方面的作用和责任。在此意义上，国家有权利和义务制定适当的国家发展政策，以消除贫困为基本目的，不断改善包括移民在内的所有个人的福利。[1]

发展权还注重国家义务在国家和国际层面具有相互平行、同时存在和互为加强的侧面，包括为发展权的实现建立扶持环境的义务。[2]有关发展的进程从来不是国家的独有领域，国际社会不同主体都需要为全球发展努力作出贡献。发展权有助于推动国际、区域或双边合作与全面对话来处理与解决国际移民问题。[3]

（二）发展权为实现移民个人权利提供全面、整体方法

传统上，移民目的地国与来源国在国际移民事务上存在与生俱来的不对称性。移民目的国家多为发达国家，经济优势使其移民政策占据主动性，仅仅从本国利益出发制定与实施单边的移民政策，丝毫不顾及作为移民来源国的大多数发展中国家的经济状况和具体发展情况。同时，近年来一些移民来源国发生的、导致该国家或周边地区移民大批外流的局部冲突、人道主义灾难、暴力犯罪盛行等现象，与少数发达国家长期干涉他国内政亦具有关联性，但是后者并没有因自身行为而承担相应责任。[4]

发展权一方面在国际人权领域体现了国家享有权利和承担义务的统一，另一方面确认以人为本，注重经济、社会、文化和政治等全面发展，因而彰显出较为全面、平衡的立场。[5]将发展权纳入移民领域有助于协调国家与移民之间的关系，强调个人权利与国家义务的相互依存与关联关系，为传统上目的地国管控外来移民

---

[1] 《联合国发展权利宣言》第1条，第2条。
[2] 联合国人权高级专员办事处：《关于发展权的常见问题：概况介绍第37号》，2016年，第10页。
[3] 第66届联合国大会决议：《我们希望的未来》，2012，A/RES/66/288，第157段。
[4] 联合国第70届大会第116次会议正式纪录，A/70/PV.116，2016年9月9日，第7页。
[5] 联合国人权高级专员办事处：《关于发展权的常见问题：概况介绍第37号》，2016年，第1页。

的单边政策提供一种制衡,促进移民政策在全球范围内的整体性与连贯性。

同时,武装冲突、迫害、暴力、恐怖主义等导致了大规模流离失所者,有必要致力于解决造成这种危机局势的根源,以和平手段防止或制止冲突。[1]发展权将联合国的三大支柱,和平与安全、发展及人权连接在一起,[2]有力地促进发展、和平与人权的有机统一:(1)发展权将发展与公平和正义的原则相连接,强调各国对创造有利于实现发展权利的国家和国际条件负有主要责任,包括在南北国家之间建立平等关系的需要;(2)发展权将发展与消除大规模侵犯人权现象以及保障国际和平和安全联系在一起,申明各国应采取坚决步骤,消除大规模公然侵犯受到下列情况影响的各国人民和个人人权的现象,所有国家应促进建立、维护并加强国际和平与安全。[3]

三、发展权为落实移民领域的可持续发展目标提供人权路径

(一) 可持续发展目标与移民的相关性

2015年9月联合国通过的《变革我们的世界:2030年可持续发展议程》(以下简称《议程》) 承诺"绝不让任何一个人掉队",致力于"增强弱势群体的权能",从而将难民和境内流离失所者以及移民纳入可持续发展目标当中。[4]

《2030年可持续发展议程》提供了一个解决移民与发展之间复杂和动态关系的框架。[5]在17项可持续发展目标和169项具体目标中,移民与特定具体目标具有直接联系,如提升合法移民的流动性、消除人口贩卖与剥削、促进就业保障经济权利、减少国家内部与国家间的不平衡,执行合理规划和管理完善的移民政策等,与其他广泛领域的可持续发展目标之间还存在可能相互影响的交叉联系,如贫困与增长、社会保障、健康、妇女与儿童、城市、气候变化、法治与包容性以及发展伙伴关系等。

---

[1] United Nations, New York Declaration for Refugees and Migrants, 2016, A/71/L.1, para.64.

[2] 联合国人权高级专员办事处:《关于发展权的常见问题:概况介绍第37号》,2016年,第10页。

[3] 《联合国发展权利宣言》第3条,第5条,第7条。

[4] United Nations, Transforming Our World: the 2030 Agenda for Sustainable Development, A/RES/70/1, Preamble, para.23.

[5] 国际移民组织:《移民与2030年可持续发展议程》,全球化智库译,2018年,第11页。

有许多目标指明了导致移民流动与产生流离失所者的关键因素。这些可持续发展目标旨在倡导包容的经济与社会发展，促进可持续的经济增长和创造就业的机会，弥合人类的不平等现象和贫困现象，加强风险评估、灾害预防和人道主义反应，化解冲突等，不仅增进移民生存与发展机会，有助于减少与解决产生移民及难民的不利肇因，而且致力于增强移民对原籍国与目的地国的贡献，帮助移民原籍国创造更加有利的条件，将移民留在自己国家以及引导外流移民返回家园。[1]

（二）发展权体现了从移民的可持续发展目标到发展的实有权利

可持续发展目标与发展权密切相关。《议程》不仅参考了《发展权利宣言》，并且确认尊重包括发展权在内的人权是和平与安全的一个先决条件，也是可持续发展的一个先决条件。[2]

首先，移民对发展的贡献程度与其获得服务、融入社会和与其原籍社区保持联系的能力直接相关。发展权讲求扶持与赋权，通过对个人赋权，让移民参与、增强权力并使之成为发展行动者，充分地利用移民的活力对原籍国和目的地国的经济和其他方面作出贡献。赋权的意义还在于提升移民融入社会的能力，在国际与国内层面建立相对公平的经济、社会接纳政策和扶持环境，特别是教育、医疗、司法和语言培训等坏节，提高社会的包容性以促进移民融合。这些政策与措施将减少移民的边缘化风险并防止移民与所在国公民之间矛盾与冲突的激化。

其次，发展权解决发达国家和发展中国家之间因不对称关系而产生的问题。发展权是发展中国家为获取自身解放和发展而提出的权利要求，聚焦于社会中处于弱势地位的人群，包括不发达国家、民族和社会弱者，并且纠正全球经济秩序中出现的错误。这也意味着发展权关注作为移民来源国的广大发展中国家的权利，以减少为建立和维持可持续生计而被迫到别处寻求生存机会等阻碍人们留在原籍国的不利肇因和结构性发展因素。[3]同时，发展权还要求国际社会有义务纠正不利的

---

[1] United Nations, New York Declaration for Refugees and Migrants, 2016, A/71/L.1, para.17.

[2] United Nations, Transforming Our World: the 2030 Agenda for Sustainable Development, A/RES/70/1, Preamble, para.35.

[3] Villaroman N, "Rescuing a Troubled Concept: an Alternative View of the Right to Development", (2011) 29 Netherland Quarterly of Human Rights 1, p.14.

发展趋势并为发展权的实现创造一个有利的国际条件。在这一国际环境中，所有国家都应共享经济和社会福利并发挥各自的资源优势，使人民过上免受匮乏和恐惧的生活。[1]

第三，发展权提供保障移民权利的国际合作路径。《发展权利宣言》规定："各国有义务在确保发展和消除发展的障碍方面相互合作。"在实现发展权方面，各国有责任遵守关于各国保持友好关系和合作的国际法原则，在此基础上维护国际和平和安全，建立公平互利的国际经济秩序，制定国际发展政策。[2]以合作推动全球移民治理是《全球移民契约》确立的指导原则之一，其确认移民现象本身具有跨国性，因此没有哪一个国家能够独自解决移民问题。移民领域的多边政策应考虑更广泛的关切，促使更多利益攸关当事方参与，使其实施与落地更加公平、人道以及更加有效。[3]

四、中国践行发展权与推动全球移民治理的举措

中国的边界地缘复杂、周边各国发展不均衡，对中国而言，关切全球移民局势并积极参与和推动全球移民与难民治理合作具有重要的现实意义。

发展权是人权的一项重要内容，中国积极践行与捍卫发展权，改善发展环境。经济发展不平衡以及贫困是移民流动的根源之一。1994年《国际人口与发展行动纲领》的"国际移民与发展"议题的首要目标是解决与贫穷有关的移民的根本原因。作为占世界人口最多的发展中国家，中国从基本国情出发，把人民的生存权、发展权放在首位，致力于减贫脱贫，努力保障和改善民生，使发展成果更多更公平惠及全体人民，保障人民平等发展权利。[4]同时，中国积极维护国家安全与和平，妥善处理好与周边国家的关系，会同各国人民共创安定、和谐、美好的生活，对于长期保

---

[1] Charter of Algiers, 10-25 October 1967, http: / /www. g77.org/doc/algier- 1.htm, Part One, Section 3 (last visited December 1, 2019).

[2] 朱炎生：《发展权的演变与实现途径—略论发展中国家争取发展的人权》，《厦门大学学报（哲学社会科学版）》2001年第3期，第116页。

[3] Gary P. Freeman, Democratic Politics and Multilateral Immigration Policy, (1999) 22 In Defense of the Alien 223, p. 223.

[4] 参见国务院新闻办公室：《中国的减贫行动与人权进步》白皮书，2016年10月。

持地区稳定、促进地区繁荣作出了巨大贡献。

中国倡行全球移民治理合作，加大发展援助。中国与其他国家间开展移民领域合作，并且协助与配合联合国难民机构的工作，共同为寻求自愿遣返、重新安置、就地融合等永久解决难民问题方案而努力。中国向有关国家和国际机构提供人道主义救援和慷慨资助，切实帮助在世界各地流离失所的难民回到自己的祖国和重建自己的家园。同时，还积极倡导可持续发展原则，推进南南合作，坚定支持发展中国家的共同发展，将保障发展权与国家可持续目标相结合改善民生，营造难民回归家园的和平与发展环境。

中国积极参与发展议程，拓宽移民发展道路。中国促进国际社会达成并实施《2030年可持续发展议程》，发布了《落实2030年可持续发展议程中方立场文件》和《中国落实2030年可持续发展议程国别方案》，为加快各国尤其是发展中国家的整体发展进程注入了强劲动力。[1]在移民领域，中国深入参与了《全球移民契约》谈判，承诺将结合本国国情，根据国内法律法规，本着自愿原则循序渐进落实契约，并且愿同国际社会一道为共同促进安全、有序、正常移民发挥积极作用。[2]

（作者郝鲁怡系中国社会科学院国际法研究所副研究员）

---

[1] 参见国务院新闻办公室：《发展权：中国的理念、实践与贡献》白皮书，2016年12月。

[2] "外交部发言人介绍《移民问题全球契约》相关情况"，新华网，2018年12月11日。

中国人权道路的独特性及世界意义

[中国] 贾玉娇

一、世界人权话语的多元转向与辨析

源自近代西方历史与文化的人权曾一度主导世界人权话语。这一人权的基本预设是个人主义,假设社会是由一个个具有自由意志和理性观念的个人组成,这些个人都拥有不言自明的自然权利,这些权利是天然正当的,在法律上表现为公民的人权。换言之,现代人权观就其发生学来说,渊源于西方的人本主义传统和自然权利说。伴随着非西方国家的发展,世界多元性显现,非西方人权话语开始形成。与西方个人主义不同,非西方人权源自集体主义和社群意识。在这些国家中,人作为社群中的成员,享受群体赋予他的成员资格。资格不仅是一种权利,还是一种义务。这些国家主要存在于伊斯兰教和儒教等文明体系之中。

由此,一个蕴含多元人权观的世界人权话语体系逐渐形成,同时辨析多种人权观,探寻能够得到世界普遍认同的人权维度成为显性话题。罗尔斯的《万民法》就是这样一部尝试回答这一问题的著作。在该书中,罗尔斯力图破除受某一价值逻辑主导的人权观给人权实现所带来的不确定性,提出人权的底线法则。他指出这种不确定性来自于两个方面:没有公民政治参与的国家与社群成员精神世界存在控制神。

我们从中可以获得的深刻启示是,既不能以基于自然权利的人权观来否定基于社群义务的人权观,同时也不能以基于社群义务的人权观来否定基于自然权利的人权观,而是二者之间彼此增促,从而拓展人权的价值预设,丰富人权意涵。同时,一种人权道路的优劣需要在长期的人类社会发展历程中显现。

二、中国人权的西方意象与实质

中国人权道路存有两种形态，一种是西方意象中的形态，一种是经由人类历史检验而呈现出来的客观形态。

在西方视域下，中国从传统社会直至新中国成立都具有专制、威权的国家政治属性。按照西方国家与社会二元对立的思维范式，强国家-弱社会互动框架下无法产生人权得以形成的自然权利前提。改革开放以后，中国创造了经济奇迹，中国人民的物质生活水平得到显著提高，引起西方世界的关注。然而，西方学者认为中国的高速经济增长是以牺牲社会福利为代价而换得的。发展型国家与生产性福利等范式被提出。因此，在这一时期中，西方国家往往以人权问题来抵消中国经济奇迹带来的发展成果。

然而，强国家包含国家责任的主导性，政治稳定所带来的社会有序，实现了正义的首要价值，为人民追求美好生活提供基本前提。新中国成立后，中国共产党治理水患和失业等天灾人祸，有效解决四亿人口的生存问题，保障四亿人口的生存权和发展权。这在一穷二白的基础上本身就是一项人权保障奇迹。1965年6月26日，毛泽东主席提出把医疗卫生的重点放到农村去的指示，解决了长期以来农村缺医少药的困境，保证了人民的健康权。这一指示又被称作"六二六"指示，得到世界卫生组织的高度赞扬，对世界健康权发展作出重大贡献。此外，毛泽东在听取中央34个部委的经济建设调查汇报后，反思苏联社会主义模式弊端，确定符合中国国情与经济发展规律的发展规划，亦即《论十大关系》报告。这是对中国社会主义独特建设道路的探索，对后来中国国家治理与人权实现产生极为深远的影响。在这一报告中，毛泽东主席提出给地方政府一定决策自主权和企业经营自主权，激发地方政府和单位活力，表明这一时期的国家使命不仅是解决好当时的经济社会建设问题，还着眼于下一个中国发展阶段——改革开放，甚至更为长远的发展目标。在新中国建设过程中，中国人权获得累进增长。

改革开放后，中国以社会代价换得经济发展成就的声音不绝于耳，社会保护、社会抗争、社会运动、群体性事件等成为20世纪末21世纪初引起国内外各界普遍关注的中国现象。国家与市场合谋侵害社会利益，人权被侵害等成为西方对中国人权的基本判断。然而，中国经济社会发展是一个大局，这是一个时空一体化的大局。这一时期的中国掌舵人邓小平指出，让一部分人和地区先发展起来，实现先富带后富，最终实现共同富裕的目标。因此，这一时期所呈现出来的经济社会发展的失衡是整体发展任务的阶段性分解。换言之，这一阶段不是完结篇，而是为下一阶段经济社会发展奠定物质基础。中国共产党的领导是实现这一过程的政治保障，能够实现在做大蛋糕后再更好地、更多地向人民分蛋糕。

随着中国进入新时代，中国发展的连续性与整体性效应明显。一系列中国发展事实打破了西方对中国的既有认知，超出其解释框架。

三、中国人权道路所具有的整体性特性分析

中国人权的整体性表现在国家与社会的容括关系中，还表现在国家不同发展阶段之间的接替关系中。

(一) 国家目标与人权实现的容括性

中国人权实现的结构性前提是国家与社会的容括性关系。社会发展蕴含于国家目标之中，国家目标反映社会发展诉求，这一国家社会独特的互动机理源于中国传统政治社会文化。对此，部分西方学者一直有所误解，认为中国政治压制人，作为一种关系存在的中国人，一旦去除承载于个人之上的关系，个人将被取消。然而，中国的人权正是在这一关系网络的不同主体之间的相互成全中实现的，也就是说中国的人权以关系网络中的主体义务为前提。

(二) 不同国家发展时期的接替性

人权是由多个维度所构成的综合体系。虽然中国在每一时期中同时推进人权的多维发展，但是由于新中国建设的先天条件不足，中国需要在发展中循序渐进地实现人权。将理想型人权拆解为一系列主要指标，并在与中国阶段性国情与国家建设相契合的过程中有条不紊地逐一实现，最终在中华民族实现伟大复兴目标时全面实现人权。在这个历史进程中，后一阶段人权的实现容括在前一阶段人的义务中，后一阶段人权实现的国家建设方案蕴含、接替于前一阶段之中。

四、中国人权道路的世界意义

不同的人权观与道路是否立得住，需要接受历史检验与人民选择。西方现代性支配下的民生进步与人权发展曾一度极大地推动世界民生与人权发展，并在世界范围内起到引领作用，但是资本与人民相对立的属性未变，并在技术革新日益加快且与人的对立日益加重的过程中，西方人权问题重重，科技创新所带来的经济发展成果越来越难以惠及全体人民；在注重社群资格与义务的非西方国家中，一些国家过于强调社群成员在精神层面的自我实现而忽视现实物质层面的人权保障，同样导致人权问题。

与西方不同，中国没有给生存权与发展权内在水平设限的政治障碍。中国共产党将人民作为全部工作的出发点。一切为了人民的根本价值立场，全心全意为人民服务的工作宗旨，从群众中来、到群众中去的工作路线等使中国国家建设与民生发展、人权保障达到高度契合；中国共产党重视保障人的生存权与发展权，并确保全体人民享有上述权力。与其他崇尚社群主义的国家不同，中国共产党始终重视人民物质生活水平的提高，并在国家建设中，实现共建共享。

自党的十八大以来，中国人权事业取得令世界瞩目的重大成就。养老保险在实现全覆盖后，连年提高企业退休人员和城乡居民基本养老金，加快推进养老保险全国统筹；实现全国医保异地结算，提出健康中国战略，在保障十四亿人口健康权的道路上向前推进；实现医疗救助全面覆盖因病致贫家庭；反贫困政策持续大力推进，贫困人口逐年减少；应急救灾机制不断完备，第一时间有效启动救援力量，确保人民生命财产安全等等。许多国家的领导人和国际组织的负责人都对中国人权道路与制度保障表示高度赞赏，并期待向中国学习。

今天中国在世界舞台上正在释放其几千年大国文明的魅力，彰显中国共产党的治国理政智慧，人类命运共同体的提出展现出了中国的大国担当，在未来的人类历史进程中，中国必将与世界各国共享发展与人权实现的理念、方案与道路，共担未来人类面临的风险。

（作者贾玉娇系吉林大学哲学社会学院教授）

非洲享有发展权所面临的挑战

[莫桑比克] 莱昂纳多·桑多斯·西芒

《联合国宪章》建立在三大相互关联的支柱上，它们分别为和平与安全、发展和人权。这些支柱是相互依存，彼此影响的。这一点在今天可能显而易见，但是多年来，这些理念是在冷战逻辑中，按照发达国家和发展中国家的不同利益各自演变的。因此，发达国家要求关注政治与公民权利，而发展中国家则坚持聚焦经济、社会与文化权利。

然而，过去三十年，情况已经发生了重大转变并向更好的方向发展，其开端是联合国大会通过《发展权利宣言》，明确申明了发展的人权。在此期间，还召开了多次国际性、区域性和国家级会议与峰会。受到共同渴望冷战结束带来和平红利的启发，现如今，国际上广泛希望冷战结束能够释放出用于冷战的人力、金融与科技资源，将其运用于全球发展。

这些会议都有一个共同的目标，就是讨论为了让我们的世界变得更加安全美好应当采取何种举措，尤其要关注消除贫困与提升人类尊严。2000年通过的"千年宣言"与"千年发展目标"是联合国所有成员国对人类发展作出的一项重要承诺。人类发展定义为一个以人为中心，经济、社会、文化与政治进步的综合性过程，其中一切个人与全人类的人权与基本自由都能够实现。这些权利包括公民与政治权利、经济、社会与文化权利。这是目前人们所接受的人类可持续发展的概念。

从那以后，我们取得了长足的进步，特别是在南部国家。数项认真的研究与报告证实，贫困程度确实在降低，越来越多的公民享有基本自由。这一进步体现在越来越多的人享有基本商品与服务，尤其是医疗、教育、清洁的水资源、住房与营养，并享有政治与公民权利。

这是值得赞扬的,但同样的研究表明,国与国之间,甚至各国内部仍然存在许多差异。许多国家基于人权获取发展的方法不能有效实施,其原因是多种多样的,其中包括发展政策不足,没有足够资金支持发展项目与计划,机制薄弱与未完全开发的人力资本等。

这些因素是相互关联、相互依存且相互影响的。然而一切因素的关键是国家机构,尤其是公共机构。这些机构是工具,国家和政府通过它们向全体公民提供商品与服务。换言之,它们是政府与公民间互动的工具。

为了能够妥善完成工作,机构需要不断具备相应的能力,因为不论政府或官员如何变换,只有称职的机构才能按照其规定的职权与规则履行责任,确保政府与公民互动的质量。

的确,总体而言,在非洲地区,尤其是在我的祖国莫桑比克,国家公共机构不仅在履行其各自职责能力方面,还有在人口和领土范围方面都仍在发展。尽管取得了一定的进步,但大多数非洲国家要实现并保持良好的机构职能水平依然任重道远,这是因为我们面临许多挑战,下面我将谈及其中的一部分挑战。

的确,机构是由官员集成的,这些官员代表国家和政府,必须按照授权来提供商品与服务。他们必须精通业务,积极主动,投身工作,从而确保公民获得他们有权享有的一切。

不幸的是,事实并非总是如此,有时由于对这些公务员的职业培训与教育不到位,他们可能因为薪酬低、工作和生活条件差而缺乏主动性。因此,他们很容易收受贿赂或产生其它形式的腐败并逃脱惩罚,因为执法机构出于同样的原因也十分薄弱。

职业不幸导致非洲许多国家公共部门人员缩减程度很高,而这通常与无法升迁和低薪有关。包括企业和国外的非营利性组织在内的私营部门往往有更多薪水丰厚的职位,这使得公共部门成为某种"过渡区",特别是在地区和省级别尤为如此。

在中央级别，薄弱的机构可能会对一个国家的整体发展造成非常负面的影响，通过采取不充分的发展政策，经商的成本高昂，这不利于投资，尤其是私人投资，而税收少会导致国家无力为其发展项目和计划投入资金。缺少投资，尤其是对农业和制造业的投入，可能导致非正规部门膨胀、贫困与犯罪水平上升，尤其年轻人的情况更为严重。

国家机构薄弱的另一个恶果是公民无法获得包括土地和水资源在内的自然资源。甚至公民政治权利与公民权利的享有可能会遭到不公正的否决或限制，令其感到挫败并最终导致其反抗。

不仅如此，不称职的机构还可能导致集中采取的政策无法得到有效实施，其结果是虽然宏观经济增长，但贫困状况并未改善，因为减贫在很大程度上取决于地方机构的工作情况。

然而，尽管机构薄弱，但非洲及其他地区公民的整体教育水平在不断提高，而且他们获取全球资讯的能力也越来越强，而且这种资讯通常是实时获取的。这使他们越来越清楚地意识到自身拥有的权利并越来越无法容忍不公正的对待，尤其是政府官员的不公正行为。

我相信在座许多人都羡慕中国为其人民所取得的成就，尤其是1978年中国采取"改革开放"政策后所取得的成就。看到中国从那时起走过的人类发展道路，我们意识到这是一条平稳的道路，中国公民也随之享有越来越高的幸福水平。

在不同的历史阶段，中国确实拥有优秀的领导人，领导国家采用更合乎时代需求的政策，从中央到村级或乡镇级持续平稳发展的机构环境中，他们也在履行自己被授予的职权。不仅如此，这些机构还让越来越多的公民参与到国家事务各级治理的决策过程中，尤其是地方实施中央、区域和当地计划的过程中。但是这些政治与公民权利是随着人民获得更好的医疗、教育、营养、住房和交通等服务而享有的。

中国经验告诉我们，称职的机构保障国家尊重公民的政治、经济、社会和文化权利，并保障全体公民享有这些权利。但同时，它也告诉我们机构发展需要时间，是一个循序渐进的过程，需要反复尝试，也会出现错误。机构发展不仅仅是雇用高学历职员。

非常感谢中国与我们分享如何以和谐与全面的方式推动人权的享有，在国家整体发展的框架下，保障全体公民的政治、经济、社会与文化权利并使之逐步享有这些权利。贵国的经验持续激励着非洲国家及其他地区。

（作者莱昂纳多·桑多斯·西芒系莫桑比克希萨诺基金会执行主任、前外长）

"一带一路"倡议对全球减贫事业的促进作用

[中国] 李云龙

　　贫困是一个全球性问题。近几十年来,在国际社会的共同努力下,全球减贫努力取得显著成果。通过实施联合国千年发展目标,全球极端贫困人口减少了一半以上,从1990年的19亿人降至2015年的8.36亿人。尽管如此,贫困仍然是国际社会面临的重大问题。2015年,联合国制定《2030年可持续发展议程》,确定2030年消除极端贫困的目标。长期以来,中国是国际减贫事业的积极参与者。中国政府一方面大力开展脱贫攻坚,确保2020年全面消除国内的绝对贫困,另一方面积极支持国际减贫活动,努力帮助其他国家解决贫困问题。"一带一路"倡议是中国推动国际减贫的一个重要行动。"一带一路"倡议的理念和方向同《2030年可持续发展议程》高度契合。

一、"一带一路"倡议推动沿线国家经济发展

　　2013年9月,中国国家主席习近平在访问哈萨克斯坦期间发表演讲,首次提出欧亚各国共建"丝绸之路经济带"构想,建议打通从太平洋到波罗的海的运输大通道,逐步形成连接东亚、西亚、南亚的交通运输网络,加强道路联通、贸易畅通、货币流通和民心相通,实现欧亚经济融合。[1]同年10月,习近平在印度尼西亚国会发表演讲,呼吁共同建设21世纪"海上丝绸之路",加强同东盟国家的互联互通建设。[2]这两个国际合作倡议一经提出,就受到国际社会高度关注。此后,"一带一路"倡议成为中

---

[1]　习近平:《弘扬人民友谊,共创美好未来》,人民网,2013年9月8日。

[2]　习近平:《携手建设中国–东盟命运共同体》,人民网,2013年10月4日。

国的国家政策。中国政府积极与沿线国家沟通磋商，推动与沿线国家的务实合作，与许多国家签署了共建"一带一路"合作备忘录，与一些毗邻国家签署了地区合作和边境合作的备忘录以及经贸合作中长期发展规划，推进了一批条件成熟的重点合作项目。

"一带一路"是一个追求发展和繁荣的倡议。这个倡议聚焦发展问题，释放各国发展潜力，实现经济大融合、发展大联动、成果大共享。世界各国发展经验都证明，基础设施和对外经贸在落后国家发展中有举足轻重的作用。"一带一路"抓住互联互通这个关键，一举解决了基础设施和对外经贸这两个制约发展的瓶颈问题。交通基础设施的互联互通首先要建设和完善铁路、公路、机场、港口、口岸等设施，提升通达水平。能源基础设施的互联互通包括建设和维护输油输气管道、跨境输电线路等。国际通信的互联互通涉及跨境光缆等通信干线的建设。以互联互通的基础设施为依托，在沿线地区建设自由贸易区，吸引外来投资，就可以切实促进经济增长，实现繁荣。"一带一路"倡议就是要在亚非欧广大地区复制发达国家和东亚国家的成功故事，推动沿线国家经济增长。

"一带一路"建设取得明显进展。在设施联通方面，一批以"六廊六路多国多港"为中心的标志性项目取得实质性进展。新亚欧大陆桥、中蒙俄经济走廊、中国—中亚—西亚经济走廊、中国—中南半岛经济走廊、中巴经济走廊和孟中印缅经济走廊等六大经济走廊建设持续推进，大批项目开工建设或已经建成。中老铁路、中泰铁路、匈塞铁路、雅万高铁等区际、洲际铁路网络建设等扎实推进；中国与沿线国家在电力、油气、核电、新能源、煤炭等领域开展了广泛合作，中国—中亚天然气管道保持稳定运营，中缅油气管道全线贯通。以中巴经济走廊为例，截至2018年底，走廊框架下已启动或建成项目19个，总投资近200亿美元。其中，能源领域已投产运营项目7个，总装机340万千瓦，可满足860万户家庭用电需求。交通建设项目已启动3个，喀喇昆仑公路升级改造二期、卡拉奇至白沙瓦高速、拉合尔橙线稳步推进。[1]

"一带一路"倡议推动贸易规模持续扩大。中国与东盟、新加坡、巴基斯坦、格

---

[1] 《"硬联通"与"软联通"互促互进》，《经济日报》2019年9月10日。

鲁吉亚等多个国家和地区签署或升级了自由贸易协定,与沿线国家的自由贸易区网络体系逐步形成。中国和哈萨克斯坦、吉尔吉斯斯坦、塔吉克斯坦农产品快速通关"绿色通道"建设积极推进,农产品通关时间缩短了90%。2013至2018年,中国与沿线国家货物贸易进出口总额超过6万亿美元。2018年,中国与沿线国家货物贸易进出口总额达到1.3万亿美元,同比增长16.4%。[1]

中国对"一带一路"建设投入巨额资金。自成立以来,亚洲基础设施投资银行(以下简称"亚投行")已批准15个国家的39个贷款或投资项目。[2]截至2019年11月,亚投行投资总额近100亿美元,所投项目主要是能源、交通和供水等基础设施项目。亚投行投资的国家有印度、孟加拉国、印度尼西亚、巴基斯坦、土耳其、埃及、斯里兰卡、菲律宾、老挝、柬埔寨、尼泊尔等国,全部是"一带一路"沿线国家。[3]2014年,中国出资400亿美元设立丝路基金,专门用来支持"一带一路"建设。2017年,中国进一步给丝路基金增资1000亿人民币。截至2019年11月,丝路基金已签约34个项目,承诺投资约123亿美元,项目覆盖东南亚、南亚、中亚、西亚、北非、欧洲、北美以及南美等国家和地区。[4]中国还将追加提供7800亿元资金,用于支持"一带一路"基础设施建设、产能、金融合作。[5]截至2018年底,中国出口信用保险公司累计支持对沿线国家的出口和投资超过6000亿美元。2013至2018年,中国企业对沿线国家直接投资超过900亿美元,在沿线国家完成对外承包工程营业额超过4000亿美元。[6]截至2019年4月,中国已在24个共建国家建设了82个境外经贸合作区,累计投资300多亿美元,上缴东道国税收近22亿美元,为当地创造近30万个就业岗位。[7]

贫困的根源是发展不足。发展是减贫的基础,没有发展就无法减贫。"一带一

---

[1] 《共建"一带一路"倡议:进展、贡献与展望》,中国一带一路网,2019年4月22日。

[2] 《亚投行:已批准15个国家的39个项目 将开展联合融资》,证券时报网,2019年4月20日。

[3] 《金立群:未来亚投行投资将从集中走向平衡,覆盖更多国家》,界面,2019年11月8日。

[4] 《丝路基金董事长:已签约34个项目承诺投资金额约123亿美元》,中国新闻网,2019年11月4日。

[5] 《携手推进"一带一路"建设——在"一带一路"国际合作高峰论坛开幕式上的演讲》,新华网,2017年5月14日。

[6] 《共建"一带一路"倡议:进展、贡献与展望》,中国一带一路网,2019年4月22日。

[7] 《境外经贸合作区使"一带一路"开枝散叶》,新华网,2019年4月24日。

路"倡议着眼长远,勾画了一幅促进亚洲和非洲发展中国家经济发展的蓝图,可以为这些地区减缓和消除贫困创造条件。

二、"一带一路"倡议在减贫方面的积极作用

"一带一路"贯穿亚欧非大陆,沿线国家除东亚和欧洲经济较为发达外,还有很多国家经济不够发达,存在比较严重的贫困问题。"一带一路"沿线的中亚、西亚、东南亚、南亚、非洲以及处于"一带一路"延长线上的拉丁美洲,集中了绝大部分发展中国家,也是全球贫困人口的主要聚集地。根据世界银行2018年发布的报告,南亚地区有极端贫困人口2.16亿,贫困率为12%;中东和北非地区有极端贫困人口1860万人,贫困率为5%;东亚和太平洋国家有贫困人口4720万人,贫困率为2%;撒哈拉以南非洲有贫困人口4.13亿,贫困率为41%;世界上28个最贫穷的国家中,有27个位于撒哈拉以南非洲地区。[1]在这些地区,贫困问题始终是需要优先解决的重大问题。"一带一路"倡议旨在促进当地经济社会发展,对沿线地区减贫有积极的促进作用。

"一带一路"倡议的实质是以发展促减贫。贫困是一个古老的现象,存在于人类历史的绝大部分时间。在进入工业社会以前,所有国家都经历过严重的贫困问题,都曾经有过食不果腹、衣不蔽体和居无定所的苦难经历。在传统经济形态下,由于生产力水平的限制,大部分人注定无法摆脱绝对贫困。从英国开始的工业革命极大地提高了生产力,社会财富急剧增加,为减缓贫困创造了物质条件。十九世纪以来,欧洲和北美许多国家相继完成了工业化,实现了现代化转型。第二次世界大战以后,在经济高度发达的基础上,发达国家普遍建立包括最低生活保障在内的福利国家制度,总体上解决了绝对贫困问题。从历史经验看,经济发展水平同减贫有着正相关的关系。经济发展得好、现代化水平高的国家,减贫成绩也就更好。新加坡、韩国等新兴工业国的减贫过程就是很好的佐证。20世纪60年代,新加坡和韩国都是十分落后的国家,大部分居民处于绝对贫困状态。70年代以后,新加坡和韩国经济起飞,快速实现工业化。随着经济发展的成果外溢到整个社会,新加坡和韩国

---

[1] World Bank, *Poverty and Shared Prosperity 2018: Piecing Together the Poverty Puzzle*, https://openknowledge.worldbank.org/handle/10986/30418.

总体上消除了绝对贫困现象。中国的减贫经历也与此类似。改革开放以来，中国经济高速发展，工业化进程快速推进，实现了从贫困到温饱、再到小康的飞跃，贫困人口大量减少。1978至2015年，中国有7亿多人口摆脱贫困，这主要是经济发展的结果，扶贫措施的作用是第二位的。中国扶贫对象最多的年份是2011年，当年的贫困人口也只有1.2亿多人。[1]更多的贫困人口是通过参与工业化和城镇化进程实现脱贫的。经济发展带动了大量贫困的农业人口进入工业企业和城镇就业，从而使他们的收入增加，生活富裕起来。中国经验表明，"大规模减贫的最有力手段是经济增长。"[2]从世界各国的发展过程看，发展是消除贫困的主要方法。那些成功脱贫的人，绝大多数都是由于搭上了发展的列车，加入到了现代经济体系之中。"一带一路"倡议的主旨是复制欧美发达国家和中国等新兴国家的成功模式，在广大亚洲和非洲等发展中国家推动发展。因此，"一带一路"倡议实施以后，肯定会产生减贫效果，促进国际减贫事业。

"一带一路"倡议提供了发展促减贫的有效路径。改革开放以来，中国推动经济增长的主要经验就是重视基础设施建设。中国实行适度超前的基础设施发展战略，在经济还不太发达的情况下，投入大量资源，建起了世界级的交通、能源、通讯和水利等基础设施，有力地推动了经济发展。目前，中国高速公路总里程居全球首位，高铁营业里程超过其他国家的总和，发电量占世界的1/4，光纤宽带接入数量居全球首位。发达的基础设施为中国经济发展提供了有力支撑，是中国经济竞争力的基础。"一带一路"倡议实质上是要在更广的范围内复制中国成功的故事，通过投资基础设施建设，让更多国家实现经济繁荣，最终消除贫困。

根据世界银行2019年的一项研究，"一带一路"倡议可以有力促进沿线国家的发展和减贫。"一带一路"交通基础设施能够缩短走廊沿线经济体的运输时间，缩短幅度最高可达12%，从而降低贸易成本，扩大贸易，增加外资，减少贫困。"一带一路"交通项目可使走廊沿线经济体的贸易增加2.8%到9.7%，世界贸易增加1.7%到6.2%。预计走廊沿线经济体的实际收入增加1.2%–3.4%。"一带一路"倡议对相关

---

[1]　《中华人民共和国2011年国民经济和社会发展统计公报》，国家统计局网站，2012年2月22日。

[2]　Yuen Yuen Ang, Missing the Big Picture on Poverty Reduction, project-syndicate, Nov 13, 2019.

国家的减贫有显著影响。预计到2030年，"一带一路"倡议相关的投资能够使760万人口摆脱极端贫困（按购买力平价计算日均生活费低于1.90美元），使高达3200万的人口脱离中度贫困（按购买力平价计算日均生活费低于3.20美元）。肯尼亚和坦桑尼亚摆脱极端贫困的人数预计将额外增加70万人，极端贫困人口比例将分别降低1.0和0.9个百分点，巴基斯坦摆脱极端贫困的人口将额外增加110万人，孟加拉国将额外增加20万人。[1]

三、"一带一路"倡议促进中国与沿线国家的减贫合作

中国在致力于自身消除贫困、走出特色减贫道路的同时，积极开展南南合作，支持和帮助广大发展中国家消除贫困。"一带一路"倡议为中国与沿线国家的减贫合作提供了新的动力。

"一带一路"倡议实施以来，中国向沿线国家提供了许多减贫脱困、农业、教育、卫生、环保等领域的民生援助。中国社会组织积极参与"一带一路"沿线国家民生改善事业，实施了一系列惠及普通民众的公益项目。[2]2017年以来，中国向沿线发展中国家提供20亿人民币紧急粮食援助，向南南合作援助基金增资10亿美元，在沿线国家实施了100个"幸福家园"、100个"爱心助困"、100个"康复助医"等项目。中国在柬埔寨、尼泊尔开展社会组织合作项目24个，助力改善当地民众生活。[3]

中非减贫惠民合作计划扎实促进非洲减贫。自2015年底以来，中国企业在非洲建设的公路、铁路、港口、发电站等基建项目，累计为非洲国家创造近90万个就业岗位。中国在非洲实施了20多个区域职业教育中心和能力建设学院项目，到2018年底，在非洲本地培训20多万各类职业技术人才，在中国培训超过4万名非洲官员和技术人员。中国向非洲派遣医疗队员1500人次，诊治患者约46万人次。在东非国家肯尼亚，由中国路桥工程有限责任公司承建并已投入运营的内罗毕至蒙巴萨铁路，

[1] Belt and Road Economics: Opportunities and Risks of Transport Corridors, World Bank, https://openknowledge.worldbank.org/handle/10986/31878.

[2] 《共建"一带一路"：理念、实践与中国的贡献》，中国一带一路网，2017年5月11日。

[3] 《共建"一带一路"倡议：进展、贡献与展望》，中国一带一路网，2019年4月22日。

累计为肯尼亚创造近5万个工作岗位，培训5000多名专业技术工人。公司还在铁路沿线开展260多次公益活动，为村庄打井铺路。[1]中国援助非洲国家的打井供水项目解决了许多非洲人的饮水问题。中国在加纳6个省832个村援建1000口水井，约有50万加纳农村人口从水井项目中受益。在苏丹、马拉维、津巴布韦、吉布提、几内亚和多哥等国，这样的打井供水项目还有数十个之多。[2]中国在坦桑尼亚、埃塞俄比亚、赞比亚等国建立了农业技术示范中心，帮助当地农村发展现代农业、提高农业发展水平和农产品附加值，增加农民收入，改善乡村社区环境条件。坦桑尼亚农民采用中国水稻种植技术后，水稻亩产量从原来的237公斤提高到570公斤，翻了一番还多。在坦桑尼亚莫罗戈罗省达卡瓦稻作区，中国建立了15000多亩的水稻种植技术高产示范区，2000多农民直接受益。[3]

东亚减贫合作有效改善贫困人口的生产生活条件。2014年11月，中国政府提出《东亚减贫合作倡议》，并设立1亿元人民币的东亚减贫合作专项基金，开展乡村减贫推进计划，建设东亚减贫合作示范点。[4]2016年底，东亚减贫合作示范项目正式启动。根据项目设计，中国将在老挝、柬埔寨、缅甸的6个村庄合作开展道路、供水等基础设施建设，扶持种植、养殖等农业产业，并开展社区环境整治，提供物资支持和派遣专家开展培训等活动，以便改善村民的生产生活条件，增强村庄的发展活力。[5]

中国民间组织积极参加"一带一路"减贫国际合作。截至2018年底，中国扶贫基金会在国际救灾和发展援助方面投入的资金和物资价值已超过1.6亿元人民币，惠及20多个国家和地区约45万人次。中国扶贫基金会实施了国际爱心包裹项目、非洲微笑儿童供餐项目、非洲水窖项目、缅甸奖助学金项目等扶贫济困项目，让"一带一路"沿线国家百姓得到实惠。2018年，数以万计的爱心包裹在尼泊尔、缅甸、柬埔寨和纳米比亚进行了试点发放，受到当地政府、学校和民众的热烈欢迎。缅甸助

[1] 《中非互利合作助力非洲减贫惠民》，《新华每日电讯》2018年9月3日。

[2] 《聚焦中非"十大合作计划"——减贫惠民合作深入实施》，央广网，2018年8月28日。

[3] 《中非减贫惠民合作计划助当地农户增产增收》，央广网，2018年8月30日。

[4] 《中方提议实施"东亚减贫合作倡议"》，中国政府网，2014年11月13日。

[5] 《东亚减贫合作示范项目正式启动》，中华人民共和国商务部，2016年12月15日。

学金项目为缅甸贫困大学生提供1年至4年不等的经济资助和成才支持,目前项目第一批受益大学生已完成大学4年的学业,部分毕业生被缅甸中资企业聘用。未来三年,国际爱心包裹项目将对"一带一路"沿线发展中国家小学生发放100万个以上爱心包裹。未来两年,非洲微笑儿童供餐项内将为9000名埃塞俄比亚和苏丹贫困小学生提供免费餐食。非洲水窖项目计划每年募集200万元,在埃塞俄比亚建设水窖等安全饮水设施,为3000人提供清洁饮水。[1]

四、"一带一路"倡议推动中国减贫经验的传播

贫困成因复杂。贫困不仅是物质的不足,更是知识和技能的匮乏。减贫离不开知识和技能的传播。对于全球减贫事业来说,减贫知识和减贫经验的扩散有重要意义。

改革开放以来,中国大力开展农村扶贫工作,积极探索,不断改革创新,积累了丰富的经验,走出了一条具有中国特色的减贫道路,为国际减贫事业提出了中国方案,贡献了中国智慧。第一,坚持政府全面主导扶贫。中国政府坚持以人民为中心,努力实现共同富裕,统筹制定扶贫规划,建立扶贫开发领导机构,安排扶贫开发专项资金,全力推进扶贫减贫事业。第二,坚持开发式扶贫的基本方针。中国坚持把发展作为解决贫困的根本途径,引导贫困地区干部群众在国家和社会各界的帮助和扶持下,实行区域开发,发展适合当地条件的产业,开发人力资源,激发贫困人口的内生动力,走出一条符合实际的、有自己特色的发展道路。第三,坚持实行精准扶贫方略。党的十八大以来,中国提出精准扶贫精准脱贫基本方略,要求做到扶持对象精准、项目安排精准、资金使用精准、措施到户精准、因村派人精准、脱贫成效精准,把真正的贫困人口弄清楚,把贫困人口、贫困程度、致贫原因等搞清楚,以便做到因户施策、因人施策。精准扶贫精准脱贫是新时代打赢脱贫攻坚战的正确方略,是决胜脱贫攻坚的关键。第四,坚持大扶贫格局。中国充分发挥社会主义制度集中力量办大事的优势,广泛动员各方力量参与扶贫开发工作,构建了政府、市

---

[1]　李慧:《民心相通,让中国与世界联结》,《光明日报》2019年4月5日。

场、社会互动，专项扶贫、行业扶贫、社会扶贫联动的大扶贫格局。[1]

中国的扶贫经验得到联合国的认可。2018年12月，第73届联合国大会通过《消除农村贫困以执行〈2030年可持续发展议程〉》的决议。这是联合国大会第一个关于农村贫困问题的决议。这个决议把中国农村扶贫脱贫的经验同联合国《2030可持续发展议程》有效对接，提出了实现2030年可持续发展目标的新思路，为国际减贫事业提供了中国智慧中国方案。《消除农村贫困以执行〈2030年可持续发展议程〉》以中国农村扶贫实践为基础，提出了消除农村贫困问题基本政策框架，从基础设施建设、包容性金融、消除数字鸿沟、增加就业、推进高质量教育、加强社会保障体系建设等方面加大减贫力度，采取精准措施消除一切贫困，制定农村发展战略，加强国际合作，以合作共赢的精神，努力帮助发展中国家农村地区的经济和社会发展，构建人类命运共同体。这是一套完整的消除农村贫困方案，且经过中国改革开放40年实践检验，对其他发展中国家有巨大的参考价值。[2]

"一带一路"沿线国家十分关注中国减贫经验。巴基斯坦总理伊姆兰·汗多次称赞中国在减贫方面取得的成就，认为创造财富是减少贫困的必由之路。中国为巴基斯坦提供了值得学习效仿的成功榜样。巴基斯坦希望学习中国发展经验，结合巴本国国情推出鼓励经济发展的新政策，推动巴基斯坦实现跨越式发展。[3]中国减贫的成功实践，给非洲国家带去摆脱贫困的希望。埃塞俄比亚总理经济顾问、总理府部际协调人阿尔卡贝·阿克贝说，他很赞同中国倡导的"一村一品"，即每个村子都要有自己的产业特色。他认为，"产业政策必须与农业政策相结合。非洲地区多样性强，要采取区别性的政策来推动产业发展"。[4]

通过对外援助、示范项目合作、经验分享与培训、智库交流等多种形式，中国同东盟国家开展了广泛的减贫合作。菲律宾国家减贫委员会秘书长黎萨·马萨高度评价中国取得的减贫成就，认为中国在减贫领域的成功，主要归功于中国政府坚定的减贫

[1] 《中国扶贫改革40周年座谈会在京召开 刘永富主持会议并讲话》，国务院扶贫开发领导小组办公室网站，2018年12月8日。
[2] 《消除农村贫困以执行〈2030年可持续发展议程〉》，A/RES/73/244，联合国网站。
[3] 《巴基斯坦希望学习中国发展经验》，《经济日报》2018年12月22日。
[4] 《聚焦中非"十大合作计划"——减贫惠民合作深入实施》，《人民日报》2018年8月28日。

决心和全面有效执行减贫政策。中国减贫成功经验值得学习。菲方期待全方位地向中方学习减贫经验，加强交流合作。缅甸农业、畜牧业和水利部副部长吴腊觉表示，缅甸和中国在减贫领域的合作进展顺利。缅甸减贫事业需要技术、资金支持。只有通过改善民生、创造就业和扩大农产品销售渠道，才能有效消除贫困。在这方面，中国提供的技术和资金支持发挥了重要作用，帮助缅甸建立了新型社区主导的减贫模式。[1]柬埔寨人民党中央外委会亚洲局副局长兼参议院主席顾问柴索迪认为，中国之所以能成为一个世界减贫奇迹的关键原因在于政府决定通过发展基础设施带动贫困地区的经济起飞。"一带一路"倡议下的道路、铁路、机场和港口建设有力促进经济和就业增长，帮助政府加快减贫工作。柬埔寨近年的减贫成绩同路网改善密不可分。由于交通条件改善，许多偏远地区得以修建工厂，农村贫困人口实现就业脱贫。[2]

随着"一带一路"建设的深入发展，中国同广大亚非拉国家的减贫合作势必不断扩大，对国际减贫事业的贡献也会越来越大。在这个过程中，中国也会同"一带一路"沿线国家更多地分享中国的减贫经验，共同建设一个没有贫困的世界。

（作者李云龙系中央党校国际战略研究院教授）

---

[1]　《"中国减贫成功经验值得学习"》，《人民日报》2018年7月2日。

[2]　孙语双：《从"造血"到产业扶贫，中国减贫模式对东盟国家政党有何启发》，澎湃网，2019年6月6日。

《2030年可持续发展议程》、"一带一路" 与发展权实现

[中国] 廖 奕

在千年发展目标未竟处，国际社会以真诚的雄心，秉持人权精神，为2030年的美好世界规划未来——联合国《变革我们的世界：2030年可持续发展议程》（以下简称《议程》）正是代表性成果，其中的人权话语理念高远、原则科学、目标明确、框架宏整，不仅内容丰富，而且具有很强的可操作性和执行机能。这个文件为我们思考新时代全球人权行动方案提供了范本，通过话语分析和实践比较，我们可以将"一带一路"的实践经验融入，为全球发展权实现寻思新的更佳路径。

一、联合国《2030年可持续发展议程》中的人权话语

《议程》的核心要求是消除贫困，突出特质是权能导向，根本依循是人权精神。让所有人平等且有尊严地在健康环境中发挥潜能、发展权能，既表明了国际社会普遍赞同、一贯秉持的整体人权观，也彰显了"发展权能"新观念。

（一）人权理念话语方面

在人权理念话语方面，《议程》提出，创建一个没有贫困、饥饿、疾病、匮乏、愚昧、歧视、恐惧与暴力，适于万物生存的世界；一个普遍尊重人权和人的尊严、法治、公正、平等和非歧视，尊重种族、民族和文化多样性，尊重机会均等以充分发挥人的潜能和促进共同繁荣的世界；一个国家都实现持久、包容和可持续的经济增长，人人体面工作，生态良好，维护生物多样性和有复原力的世界。这些

话语不仅是对愿景的描绘，更是人权理念变化的深层体现。从分割式的个体人权观到全球性的整体人权观，从单纯的公民政治人权观到复合的经济社会人权观，从与发展脱嵌的人权观到嵌入发展的人权观，这些理念的变化，引导着人权原则和实践的变革。

（二）人权原则话语方面

一是国际法治原则。《议程》首先专门强调：依循《联合国宪章》的宗旨和原则，充分尊重国际法。《世界人权宣言》、国际人权条约、《联合国千年宣言》和2005年世界首脑会议成果文件为其制订依据，《发展权利宣言》等其他文书则是重要参考。二是人权责任原则。《议程》重申了《里约环境与发展宣言》的各项原则，特别是宣言原则7提出的共同但有区别的责任原则。此原则完整表述为："各国应本着全球伙伴关系的精神进行合作，以维持、保护和恢复地球生态系统的健康和完整。鉴于造成全球环境退化的原因不同，各国负有程度不同的共同责任。发达国家承认，鉴于其社会对全球环境造成的压力和它们掌握的技术和资金，它们在国际寻求持续发展的进程中承担着责任。"三是整体关联原则。《议程》重点强调："在实现可持续发展方面，消除一切形式和表现的贫困，消除国家内和国家间的不平等，保护地球，实现持久、包容和可持续的经济增长和促进社会包容，是相互关联和相辅相成的。"上述三种原则中，国际法治是理念根基，人权责任是制度关键，统筹关联是实践指引。

（三）人权实践话语方面

第一，形势诊断。通过人权保障，应对发展挑战，乃是发展权实践的重心。《议程》首先概括巨大发展挑战的主要方面，在此基础上阐释了"充满机遇时代"的内涵，同时着重分析了最不发达国家、其他特殊处境国家及其弱势人群的人权和发展境况，为新目标确定提供了现实捆据。第二，目标明确。在内容框架上，《议程》远远超越了千年发展目标，包含17项可持续发展目标和169项具体目标，涉及环境保护、经济发展和社会进步等领域的方方面面。在内在关联上，虽然目标内容繁多，但是是一个不可分割的整体。在实施效力上，以依循法治和责任原则，目标生效后即成为国际社会的决策指南。第三，机制完善。一是国际社会的伙伴式联合实施机制。《议程》强调通过新的伙伴关系推动全球高度参与，把各国政府、私营部门、民间社会、联合国系统和其他各方召集在一起，调动现有的一切资源，协助落实所有目标和具体目标。二是各个国家负有首要责任的落实机制。手段性机制包括调动财政资源，开展能力建设，以优惠条件向发展中国家转让对环境无害的技术，包括按照相互商定的减让和优惠条件进行转让。此外，各国立法机关在颁布法律、制定预算和确保有效履行承诺方面发挥重要作用；各国政府和公共机构还须与区域和地方当局、次区域机构、国际机构、学术界、慈善组织、志愿团体以及其他各方密切合作，开展执行工作。三是国际金融机构和国际公共资金的落实机制。国际金融机构必须按照其章程支持各国、特别是发展中国家享有政策空间。国际公共资金包括官方发展援助的一个重要用途是促进从其他公共和私人来源筹集更多的资源。四是后续落实和评估机制。联合国大会和经社理事会主办的高级别政治论坛将在监督全球的后续落实和评估工作方面起核心作用。

（四）人权话语分析方面

《议程》非常强调发展中国家政府、社会组织、私营部门等多元行为体的参与，而包括新兴国家在内的广大发展中国家也积极参与了讨论。但从最后确定的17项目标看，发达国家在议程与目标的设定方面依然占据主导地位。欧盟委员会在2014年6月提出了17个示范性目标，而联合国大会最后通过的也是17个目标，其中绝大部分与欧盟的提议相同，就连具体语言表述都是相同的。这充分表明：发达国家的知识和影响力优势使其在全球发展目标的制定过程中掌握着制度性话语权。[1]与此同时，我们也应正确认识到，人权实践话语并非孤立的，它与理念话语、原则话语存在密切关联。议程在人权理念和原则上的开放性，可以引导实践话语中的目标设定朝向全球正义的方向解释。长远来看，人权话语实践并不等于人权实践话语，它需要不断在交流中丰富。就此而言，"一带一路"倡议与中国发展权的实践，对于提升国际人权话语的影响力和共识度富有裨益。

---

[1] 参见黄梅波、吴仪君：《2030可持续发展议程与国际发展治理中的中国角色》，《国际展望》2016年第1期。

二、"一带一路"倡议与中国的发展权实践

2013年秋，中国国家主席习近平在哈萨克斯坦和印度尼西亚提出共建丝绸之路经济带和21世纪海上丝绸之路，即"一带一路"倡议。2015年9月，习近平主席出席联合国发展峰会，同各国领导人一致通过《议程》，开启全球可持续发展事业新纪元，为各国发展和国际发展合作指明方向。2019年4月，习近平在第二届"一带一路"国际合作高峰论坛开幕式致辞中指出，要把共商共建共享原则落到实处；本着开放、绿色、廉洁理念，追求高标准、惠民生、可持续目标；把支持联合国2030年可持续发展议程融入共建"一带一路"，统筹推进经济增长、社会发展、环境保护。六年来，"一带一路"建设逐渐从理念转化为行动，从愿景转变为现实，建设成果丰硕。其中，中国的发展权实践尤为引人瞩目。

(一) 以人类命运共同体和共同发展新理念为依托，探索克服发展困境的人权道路

2017年1月18日，习近平在联合国日内瓦总部发表的主旨演讲中指出："我提出'一带一路'倡议，就是要实现共赢共享发展。目前，已经有100多个国家和国际组织积极响应支持，一大批早期收获项目落地开花。中国支持建设好亚洲基础设施投资银行等新型多边金融机构，为国际社会提供更多公共产品。"

(二) 积极推进共建"一带一路"，国际发展合作有效推进

截至2019年7月底，中国政府共与136个国家和30个国际组织签署了195份合作文件，为有关国家落实2030年议程作出重要贡献。积极推进南南合作，利用中国–联合国和平与发展基金、南南合作援助基金等平台并通过双边渠道，为其他发展中国家实现可持续发展目标提供力所能及的帮助。[1]

(三) 在"一带一路"倡议背景下，着力提升其他发展中国家的发展权能

发起成立亚洲基础设施投资银行、丝路基金，与其他金砖国家共同发起成立新开发银行等国际金融机构，充分借助上海合作组织、金砖国家等机制的带动作用，与沿线国家或地区达成合作项目，主动分享发展机遇和经验，共商共建共享，

---

[1] 参见中华人民共和国外交部：《中国落实2030年可持续发展议程进展报告 (2019)》，2019年9月。

为增进各国民生福祉作出贡献。[1]落实"一带一路"科技创新行动计划,培养青年科技领军人才。截至2018年底,共邀请452名青年科学家来华从事农业、化学化工、生命科学等领域的研究。实施发展中国家技术培训班,增强发展中国家自主发展能力。截至2019年3月,开展培训班290个,培训来自133个发展中国家和地区的学员共5487人。与国际货币基金组织成立能力建设中心,为"一带一路"相关国家改善宏观经济和金融政策框架提供培训。推动建立"一带一路"税收合作机制,为发展中国家提供技术援助和税收能力建设支持。发布《"一带一路"融资指导原则》和《"一带一路"债务可持续性分析框架》,完善"一带一路"融资及债务可持续性相关政策及标准体系。

(四)深化减贫南南合作,为国际减贫事业作出积极贡献

设立中国–联合国和平与发展基金和南南合作援助基金,在有关发展中国家实施近百个减贫项目。全面落实"中非减贫惠民合作计划",实施200个"幸福生活工程"。2018年,为发展中国家举办39期扶贫能力建设培训,受训人数达1440人。积极在有关国家推进减贫示范村建设,举办减贫与发展高层论坛、中非合作论坛减贫与发展会议、中国–东盟社会发展与减贫论坛等高级别国际会议,分享中国扶贫减贫经验。[2]

(五)农业合作发展成为"一带一路"沿线国家共建利益和命运共同体的最佳结合点之一[3]

"一带一路"建设起来的互联互通,为农产品进口搭建了快速通道。优化农业领域的投资是"一带一路"农业合作的重要内容。2017年,中国农业部、发改委、商务部、外交部四部委联合发布的《共同推进"一带一路"建设农业合作的愿景与行动》提出,要发挥沿线国家农业比较优势,充分利用相关国际金融机构合作机制与渠道,加大农业基础设施和生产、加工、储运、流通等全产业链环节投资。截至2018年,中国已与60多个"一带一路"沿线国家和国际组织签署120多个农业合作协议。

---

[1] 参见中华人民共和国国务院新闻办公室:《为人民谋幸福:新中国人权事业发展70年》,2019年9月。

[2] 参见中华人民共和国外交部:《中国落实2030年可持续发展议程进展报告(2019)》,2019年9月。

[3] 参见《"一带一路"农业合作前景广阔》,新华网,2019年4月30日。

在"一带一路"投资农业项目200多个,投资额700多亿元。[1]加强农业科技交流和共享,也是"一带一路"农业合作发展的重要内容。

(六)健康权保障

"一带一路"倡议加强了卫生合作国际合作,进一步推动了南北合作、南南合作和三方合作。通过"一带一路"国家援外医疗队派遣工作,开展对口医院合作,通过"光明行""微笑行"等短期义诊及捐献药械等多种形式,向"一带一路"国家提供卫生援助。通过"一带一路"卫生合作,落实"中非健康卫生行动",分享中国解决方案与实践经验。

(七)"一带一路"建设推动妇女儿童权能的发展

妇女是经济社会发展的重要动力,"一带一路"倡议通过合作和交流消除分歧,推动实现性别平等,保障妇女权利,提高妇女发展能力。在"一带一路"建设进程中,妇女发挥显著作用,推动沿线国家互联互通,促进可持续发展。

(八)在工商业与人权方面,合作发展不断取得新突破

签署《"一带一路"绿色投资原则》,成立"一带一路"绿色发展国际联盟。2019年4月,中国成功举办第二届"一带一路"国际合作高峰论坛,38位国家元首和政府首脑等领导人以及两位重要国际组织负责人出席圆桌峰会,150国、92个国际组织的6000余名外宾参加论坛。论坛就高质量共建"一带一路"达成广泛共识,提出构建全球互联互通伙伴关系,取得丰硕务实成果,同时搭建工商界对接新平台,完善"一带一路"合作架构,为可持续发展议程全球落实注入新动力。

三、探寻发展权实现的新路径

"一带一路"倡议不仅改变了中国,其落实有望为世界地缘政治和社会、经济秩序带来革命性的变化。通过国家的发展倡议行动,推动全球社会发展权的实现,这是一个值得深入讨论的重大理论问题。

人权与发展互动而成的发展权概念,在联合国系统已有全面深入的讨论,其

---

[1] 《搭起农业国际合作大平台》

重要地位得到了国际社会的普遍认同。作为一项重要的新兴人权，发展权被载入一系列宣言。但时至今日，发展权依然是既无"可司法性"又无"可执行性"的纸面权利。因此，当我们面对"发展权实现"这一议题，诸多基础性需求必然包含其中。对越来越多的政治家、人权行动人士和学者而言，在全球社会背景下实现发展权的法律承诺，通过整体人权系统的有效实施创构新的未来，成为事关亿万生民境况福祉的中心任务。对于这一关键议题，现有的绝大多数研究都以发展权面临的理论争议为基点，遵循"道德权利"－"法定权利"－"现实权利"的传统人权话语三段论，忽略了广阔、复杂、深潜的实践理性。更重要的是，这些研究都没有看到"发展权实现"与"国家倡议的区域发展行动"的内在关联，尤其是未能体察发展权的统合性特征与全球－区域－国家整体发展的契合。通过对《议程》人权话语的分析，以及中国"一带一路"实践的梳理，我们可以对发展权的实现有新的认识和思索。

（一）中国发展具有"天下为公"的文化传统

中国的发展奇迹不但体现在本国民众发展权能快速、稳步提升，而且产生出强大、主动、磅礴的溢出效应，推动其他发展中国家以"搭顺风车"的方式实现合作共赢。

（二）中国的国家治理具有显著的政治优势

中国共产党对人权、发展和法治事业的全面、集中、统一、高效领导，总揽全局、协调各方，可以充分发挥法律政策体系的调控功能，有效发挥集中力量办大事的制度优势。在党的领导下，国内发展规划与国际发展议程不仅可以实现制度对接，国家治理各项制度体系还能确保各项发展目标落到实处。

（三）中国的法治体系建设为发展权的整体实现创设了牢固基础

随着中国改革开放进入新时代，国内法治与国际法治在制度上趋于融合，对外开放走向规则、标准、制度开放的新阶段，以法治的思维和方式提升国际化的营商环境，加强国家治理能力建设，对于发展权整体实现的意义也越来越重要。

（四）中国人民的发展权能具有极大的提升和拓展空间

当前中国人民基于美好生活向往的人权需求，前所未有地旺盛，这可以成为实现高质量发展、避免发展陷阱的根本支撑。人民中心和人民主体原则的确立，解决了发展权的所属和归宿，明确了发展权的理念和方向，也化解了国家和社会、集体与个体的紧张。人民是发展权的中心和主体，围绕人民发展的权利、权能、权益，执政党、政府、社会组织、武装力量及各阶层各方面都应有相应的义务配置和责任担当。

（五）中国经济改革有利于发展权实现机制的完善

这是中国改革开放的重要经验，也是下一阶段中国制度体系建设的内在逻辑。经济发展权的实现，带动政治、社会、文化、生态各方面的发展权进步。全面脱贫目标的完成，正是经济发展权全面启动的节点动员令。与之同时，各领域的发展权问题都会得到越来越充分的重视，相关解决机制也会逐渐形成并产生实际作用。

（作者廖奕系武汉大学人权与发展研究中心主任、教授）

"一带一路"：提升国家发展权的新范式

[中国] 刘　成

　　"一带一路"建设彰显了人类命运共同体的愿景，是全球治理的一种新机制，为世界和平发展提供了正能量。"一带一路"建设实施以来的成效有目共睹，得到越来越多国家的积极回应。然而，一个值得注意的现象是，尽管各国对"一带一路"的态度存在差异，往往主要出于对本国利益的考量。但是，"一带一路"建设秉承共商共享共建原则，恪守《联合国宪章》的宗旨，坚持开放合作，坚持和谐包容，坚持市场运作，坚持互利共赢。简言之，"一带一路"主张一起付出，共同发展，大家得益，促使全球化发展造福全人类。全球化发展到今天出现了诸多困境，它需要全球治理的新机制和新动力去支撑，以推动全球化时代的现代化发展为全人类带来共同富裕与美好未来。

一

　　全球化是现代化发展的最新表象。现代化是一个世界性的历史进程，是文明的一种转换，即从传统农业社会向现代工业社会的全球性的大转变过程。现代化的大门最早是欧洲国家用资本主义的方式打开的，由此形成了英国模式、法国模式、德国模式等现代化不同路径。西欧是现代化的先行者，现代化的效应现象由此全球出现。欧洲其他国家首先被牵动起来，1848年革命、德国统一、意大利统一、波兰独立斗争、俄国革命等，为国家经济发展创造合适的条件。接着就是按照现代社会的要求进行社会整合，因此经历了许多社会动荡，诸如工人运动、民众造反、种族冲突、利益集团的冲突等等。

19世纪下半叶到20世纪初，工业革命冲出西欧北美的地理范围，开启了全球现代化的时代。现代化的扩张最初在具有异质文明的俄国与东欧推进，并且在非洲、南北美洲、澳洲等非常落后的地区进行征服。早期殖民扩张为西欧集聚了资本，西欧的力量变强大了，最终形成绝对优势，其殖民扩张逐渐向世界具有自身文明体系的核心区推进，西亚北非、印度、中国等古代文明最发达的地区相继落入它的控制。二战以后，现代化席卷全世界，所有角落都被卷入其中。二战后出现了真正的"全球化"，现代化是它真实的内容。

由此可见，全球化是由欧美国家引导现代化发生的，但这个由西方国家引领的现代化是为他们自身的全球性利益甚至霸权服务的。19世纪，世界被分为两个部分：西方发达国家组成的"核心地区"，它们向外输出工业品、技术和资金；亚非拉组成的"边缘地区"，它们输出农产品和原料，接受"核心地区"的掠夺。需要指出的是，当今世界这种"核心"和"边缘"依然存在，"发达国家""发展中国家"依然有明显的分野，但"西方"发达和"非西方"不发达的态势已被彻底打破。今天的世界，西方的"核心"地位已受到冲击，"非西方"正在迎头赶上，这是世界现代化过程的结果，也是现代化的始作俑者所始料未及的。然而这却是世界现代化的历史逻辑。五百年前，西方凭借现代化的启动，从落伍走向领先；五百年后的今天，世界又开始发生逆转了。这就是"一带一路"倡议的时代背景。

二

经济全球化是全球化的最重要内容，经济的全球一体化是不可抗拒的大趋势。自1945年以来，经济一体化趋势逐年增长，统一的无所不包的国际贸易、资本、劳力、劳工、技术等市场把全球经济连成一体。这种全球化的重要特点是"跨国化"：跨国商务，劳动力国际间分工，生产向第三世界转移，国际间银行业和股票市场的高速增长，跨国的媒体、计算机技术和自动控制技术的相互作用等。

当然，全球化必然会涉及社会、经济、政治和文化等领域的问题。而且，全球化带来了许多新问题和新挑战：贫富分化加剧、民族分裂、宗教冲突，生态环境恶化、国际犯罪、国际游资投机、恐怖主义等。这些问题越出了民族国家疆域的范围，单靠民族国家本身和冷战时代建立的以西方为中心的各种国际组织和机制已无法解决。比如，联合国开发计划署的工作重点已不再是民族国家，而是直接与人相关的新主题——人类安全 (human security)。

民族国家是现代化的有形载体。在全球化社会，民族国家由于遭到超过自身能力的外界的束缚，因而不能仅仅依靠自身解决全球问题。西欧人企图建立超国家机构，解决它们在现代化几百年中所积留的问题，这是西欧国家现代化发展到一定阶段出现的一种新情况。随着英国的脱欧，欧盟前景如何现在很难下结论。而且，由于世界现代化发展的不平衡性，西欧在这一点上出现的新变化并不意味着在其他地区也能出现。全球化时代的社会的问题是广泛而严峻的，现代化并不是理想的天国。但"现代化"已是一种客观事实，全球化已无法逆转，试图否定全球化与现代化的思潮并不足取，更不能以全球化社会某些问题阻挡发展中国家追求现代化的发展权诉求。

然而，面对世界近年来的变化和压力，西方发达国家阵营开始出现逆全球化方向而动的事例，即不愿为全球社会的难题付出自己的应尽之责，而这些问题的根源则是它们引领现代化的负面结果。事实证明，全球化是大势所趋，是任何力量所不能阻挡的，特别是以中国为代表的发展中国家的崛起，"一带一路""人类命运共同体"等中国倡议更为全球化的深入发展指明了方向。

二

中国是"东亚文化圈"或东亚古典文明的源头，至18世纪，社会经济发展及制度建设卓有成就，形成了中国自身的发展轨迹。中古时期，中国在世界上的发展领先地位众所公认，"盛唐"的辉煌更是世界文明史上的光辉一页。但明中叶以后世界的格局变化了，中国却进入明清"锁国"，失去了了解世界和紧跟潮流的机会。19

世纪中叶以后，西方列强大举进犯中国，在一百多年中，中国国势衰微，几乎落入亡国之灾。一百多年中，中国人一再摸索救国救亡的道路，而现代化也在这个过程中逐渐启动。辛亥革命表明，现代意义上的中国民族国家终于在形成之中，而只有在国家完全巩固之后，中国的现代化才能焕发出巨大的光彩。中华人民共和国的成立，尤其是改革开放后，中国的现代化进程出现了迅猛发展的势头，其光辉成就让整个世界震惊。如今，中国是欧美国家之外，在现代化方面表现最出色、也是成就最突出的国家之一。社会主义建构出独特的社会经济制度，其目标是避免资本主义的失误，在落后国家快速推行现代化。

中国现代化的巨大成就，促使了中国自信力的提高，形成了中国现代化的模式。这种模式对于其他国家的发展，特别是对广大发展中国家摸索各自的现代化模式提供了一个出色的范例。"一带一路"就是在这样的大背景之下呈现出来的，它是"先富带动后富，最后达到共同富裕"这一中国发展思路的国际升级版。

"和平"是"一带一路"倡议本质特征和根本诉求。"一带一路"是21世纪中国促进世界发展与全球治理的行动纲领，是中国为世界和平贡献智慧的重要平台。以此对照，随着现代化在欧美各国发展，大国争霸行为愈演愈烈，世界开始变得越来越不太平。从欧洲三十年战争开始，国际性战争一再把欧洲最后把全世界都席卷在内。国际性战争随着西方国家主导现代化进程而出现并不断升级，这是现代化的历史抱憾。

"一带一路"是共同发展与消除南北差异之路。据统计，该倡议实施后的四年中，中国对"一带一路"沿线国家投资累计已超过500亿美元。未来，中国将向包括南南合作援助基金在内的各类"国际扶贫"项目提供更多援助计划。以此对照，欧美国家引领现代化的一个结果，就是形成了世界不同地区的巨大差异，南北经济差距非常明显。

习近平指出："一带一路"建设秉持的是共商、共建、共享原则，不是封闭的，而是开放包容的；不同民族、不同文化要"交而通"，而不是"交而恶"；不是要营造自己的后花园，而是要建设各国共享的百花园，不是中国一家的独奏，而是沿线国家的合唱。人类的文明因其多样而璀璨，一支独放不是春，万紫千红春满园，这是"一带一路"的价值取向与道德基础，是共生互利的发展，奉行的不是历史上现代化过程中的零和游戏规则，更不是对其他文明的征服。"一带一路"是保障发展中国家发展权的一项创新方案，是全球治理的一种新机制，也是全球化发展的一个新引擎。

（作者刘成系南京大学和平学研究所所长、联合国教科文组织和平学讲席教授）

发展权：“一带一路”倡议促进实现《2030年可持续发展议程》

[老挝] 普塔班迪·瓦林拉萨

一、引言

2013年9月，中国国家主席习近平呼吁通过共建“丝绸之路经济带”搭建全新区域合作模式。一个月后，习近平在印尼再次呼吁建立亚洲基础设施投资银行与“21世纪海上丝绸之路”。以上倡议官方统称为“一带一路”倡议。2013年11月，该倡议被写入党领导层通过的全面改革蓝图 (2013年中国共产党中央委员会)，作为2020年前的关键政策重点。2015年3月，经国务院批准，多个政府部门 (国家发改委、外交部和商务部) 共同制定了“一带一路”倡议的详细计划。

国际社会对这一倡议的看法参差不齐。有些人将其与二战后美国的“马歇尔计划”相提并论，而另一些人则将该倡议更多地视为国际经济合作机制，而非国际援助。有人认为这是中国雄心的例证，望以通过出口所谓“中国模式”最终取代美国主导的国际经济体系，而另一些人则从中看到了中国倡议与现有体系之间存在的合作空间。此外，“一带一路”地区的许多沿线国家对中国为促进区域合作发展作出的努力表示欢迎，但也有声音表示担心，认为如果中国开始大量出口其过剩产能，特别是钢铁、有色金属、煤炭和造船业，那这将对本国经济产生潜在的负面影响。

二、文献综述

目前已有针对反映习近平关于广泛开放和区域一体化政策，即“一带一路”的研究。Eom的研究 (2017) 为其中之一:《重走丝绸之路:再访欧亚大陆的连接之路》。有关丝绸之路的特别章节再次出现在该篇论文中。该论文勾勒了将丝绸之路概念化为欧亚互联互通的隐喻,以此丰富有关欧亚再一体化的讨论。此外,该论文还从文化角度介绍了当今丝绸之路的复兴,并揭示了这条"鲜活的"丝绸之路在日常生活中的体现与影响,此方面内容则恰巧是经常被丝绸之路政策制定者所忽略的。另外,新独立的中亚国家纷纷目光东移,将这作为其多媒介外交政策的一部分,从而建立起自己与越来越多亚洲次区域 (东亚、南亚、东南亚和中东) 的跨区联系;另一方面,欧亚腹地也为外交伙伴关系、能源与新市场开拓带来了新机遇。

在2016年的研究《关于中国"一带一路"倡议的三个问题》中,郑国汉的主要兴趣集中在以下三个方面。首先,倡议背后的真正目标可能是什么? 从计划角度来审视中美间总经济实力和军事实力的差距,中国是否有雄心或能力推进这样一个宏伟的经济地缘政治战略都需画上一个大问号,看起来中国的真正目标似乎相对于过度行动要有限的多。更重要的是,上述目标甚至在中国自己的官方表述中似乎也只能在"一带一路"地区的部分国家中实现。第二,中国视该倡议的主要任务为投资和贸易,那么这两项任务是由以交易为基础的市场实现,还是不计损益,以外国援助的形式实现? 该倡议的三项经济交互,即投资和贸易、金融,与基础设施,与"一带一路"区域人民、政府关系的两个方面 (民心相通与政策沟通) 呈中立相关。第三,哪些国家是经济合作的优先对象? 由于特定条件与关键因素,这一问题似乎难以回答。显然,其中一个前提条件是"一带一路"地区的特定国家欢迎,或至少不反对中国的贸易和投资。尤其要指出的是,贸易投资东道国需要在政治上感到尊重,以及平等的获利机会。正如全球所期待的那样,在对中国贸易投资表示欢迎的国家中,总有一些更为热情,而热情将成为实现经济效益的一个有效动力。

根据何华武的文章《古丝绸之路铁路畅通关键问题及对策》(2016),丝绸之路起源于长安 (今西安),连接了从中亚河中地区国家起,至波斯湾和地中海国家的陆路。这是中国历史上与中亚、西亚、南欧和北非进行经贸文化交流的主要道路。丝绸之路沿线的贸易、投资、合作与交流再次活跃了起来。为振兴丝绸之路，中国政府宣布了其建设丝绸之路经济带和21世纪海上丝绸之路（也称为"一带一路"倡议）的愿景和行动。这一关键战略的重点是依靠主要国际走廊，以沿线中心城市为关键支持，利用重要经贸园区为合作平台，共建中国/中亚/西亚国际经济合作走廊。

根据Huang于2016年发表的文章，"一带一路"倡议是中国伟大国际经济宏伟计划的雄心体现，旨在刺激覆盖亚欧非洲等广袤次区域的经济发展。这一区域总人口占世界人口的64%，GDP占世界的30%。该计划旨在重新配置中国的对外部门，以继续保持经济的强劲增长。基础设施建设扮演着核心角色，但"一带一路"倡议是一项全面的倡议，内涵包括政策对话、无碍贸易、资金支持和人员交流。现在就对这项抱负远大的倡议影响进行评价尚且为时过早，但可以肯定的是，这一倡议必有潜力将"一带一路"沿线欠发达地区扭转为一支新的富有活力的经济支柱力量，该倡议也将通过吸收新兴市场经济体的成功经验，为经济政策思考作贡献。但是，该倡议面临的障碍也不可小觑，包括中央协调机制的缺乏，不同政治制度和理念的潜在冲突，以及跨境项目的财务可行性。

根据Rolland于2015年2月12日发表的文章，新丝绸之路经济带也被称为"一带一路"，它为贸易自由化提供了平台，且加强了由铁路线连接的经济体间的货币合作，最终将建立起一种新型的区域经济共同体。"一带一路"覆盖全球44亿人口，成员GDP总计21万亿美元（世界财富的三分之一），以强劲的潜能将新兴市场联系在一起。得益于现有的经贸合作，中国已经与"一带一路"国家建立了紧密联系，但中国仍希望加强交通基础设施联系，打造新的区域枢纽和大型工业园区集群。中国构想的基础设施网络最终将通过铁路、管道和公路恢复陆上贸易以及运输路线，将中国与三大洲紧密相连。

三、研究问题

—— 绿色"一带一路"和《2030年可持续发展议程》如何取得成功？

—— 中国将利用哪一部门实现2030年议程?

四、研究方法论

本文将通过定性描述的方法, 更详细地反映研究问题来进行论证分析。绿色"一带一路"将为沿线国家的绿色发展和能力建设创造巨大机遇, 包括: (1) 使用"绿色化"促进文化保护, 降低资源消耗, 推进绿色产业和低碳生活方式; (2) 帮助"一带一路"沿线国家在国家、地区和项目层面整合可持续发展目标; (3) 促进所有"一带一路"项目的高标准设立; (4) 为"一带一路"建设全面风险治理体系, 并实现可持续发展; (5) 与"一带一路"沿线国家政策制定者携手, 建立刺激现有因财务受限的"一带一路"基础设施投资框架, 并为可持续"一带一路"基础设施项目建立开放数据库, 以实现最佳环境和基础设施规划; (6) 建立跨部门绿色"一带一路"学习和领导平台, 以提请广大民众重视环境风险, 以及应对风险的机会和方法; (7) 支持建立开放优化的政策环境, 并不断提高透明度。

1. "一带一路"倡议的概念框架

"一带一路"倡议致力于通过实现合作共赢和共同繁荣来促进区域经济发展。倡议旨在增进了解和信任, 并加强区域内各国交流与友谊。倡议遵循以下四个原则: (a) 开放与合作; (b) 和谐与包容; (c) 市场运营; (d) 所有国家互利共赢。与世贸组织和二十国集团等其他形式的国际经济合作相比, "一带一路"倡议具有开放性, 不排除任何有意向集团。中方明确表示, 欢迎日本和韩国等国家加入该倡议。基于市场的规则意味着, 尽管该倡议是一项政策提案, 但其实施必须具有商业意义。该倡议并非中国政府主导的国际援助。

从地理位置上看, 丝绸之路经济带包含三条路线。第一条路线起始于中国, 经中亚和俄罗斯到达欧洲 (波罗的海)。第二条路线从中国经中亚和西亚到达波斯湾和地中海地区。第三条路线则从中国经过东南亚和南亚到印度洋。海上丝绸之路开端于中国沿海港口, 穿过中国南海抵达印度洋, 一路延伸到非洲和欧洲, 该路线也从中国沿海港口穿过中国南海到达太平洋。中巴经济走廊和孟加拉国–中国–印度–

缅甸经济走廊也将与"一带一路"沿线国家紧密协同发展。

狭义来讲，该倡议至少覆盖60个国家，占世界人口的64%（44亿人）和全球GDP的30%（21万亿美元）。"一带一路"欠发达地区跨越三大洲，位于东亚经济与欧洲发达经济体之间，具有巨大的经济发展潜力。

"一带"将依托沿线的主要城市作为支柱、经贸区作为平台，在中国-蒙古-俄罗斯，中国-中亚-西亚，及中南半岛之间建立新的欧亚大陆桥和经济合作走廊。"一路"将依靠主要港口共建畅通无阻、安全充足的运通路线。

基础设施在国际合作发展中的中心作用是将"一带一路"倡议与许多其他国际合作机制区分开来的最重要特征。这一点极为关键，因为基础设施的大量投资促进了中国改革时期的经济快速增长，也是实现"中国奇迹"的关键因素之一；也因为大多数"一带一路"国家的基础设施投资严重不足。各国基础设施欠发达的原因各异，其中一些受财政支持的约束，而另一些则因为规划、建设和协调能力的缺乏。

从这个意义上讲，"一带一路"倡议填补了现有国际经济体系的重要空白，即帮助发展中和发达国家建设基础设施项目。2014年初，国际货币基金组织呼吁在全球范围内增加基础设施投资作为手段之一，实现经济稳定增长。但由于缺乏资金支持，这一倡议并未取得更多进展。根据亚洲开发银行估算，亚洲的基础设施需求到2020年可达7300亿美元。但是亚洲开发银行每年只能提供100亿美元。新成立的亚洲基础设施投资银行可以帮助缩小这差距。

"一带一路"倡议比基础设施发展更为全面，它包含以下五个优先合作领域：

(1) 政策沟通

该倡议旨在建立一个多层政府间机制，促进宏观政策对话、加深共同利益、达成新的共识并增进政治信任。所有一切最终目的都是通过充分交换发展战略、行动计划和具体措施，为大型项目合作提供政策支持。

(2) 设施联通

该倡议旨在加强基本基础设施计划，实现技术标准融合，并逐步形成一个基础设施网络，以连接亚欧非次区域。这些计划还应充分考虑气候变化的影响，促进低碳和绿色经济。

(3) 贸易畅通

该倡议计划严格研究投资贸易便利化的解决方案，消除贸易投资壁垒，并在该区域各国间建立自由贸易区。倡议还将加强双边投资条约，促进"一带一路"一体化进程和区域产业兼容性，并促进跨国产业价值链的形成。

(4) 资金融通

财政合作与支持是"一带一路"倡议的重要支柱。该倡议将致力于广泛的跨境金融政策议程，新旧都含。其中包括货币可兑换和结算、亚洲债券市场、人民币跨境发行、计价债券、亚投行和金砖国家新开发银行，丝绸之路基金以及中国-东盟银行联合体。通过以上合作，倡议希望促进亚洲货币、投资和信贷体系的稳健发展。

(5) 民心相通

友好的合作精神是丝绸文化的一部分，应成为新倡议的成功基础。倡议也有意为文化、学术和人才交流培训、媒体合作以及青年与妇女对话建立形式和机制。跨国旅游、疾病控制、实验室和政党联合研究中心以及议会交往也是增进相互了解和信任的重要手段。

若以上优先领域能取得重大进展，那么"一带一路"倡议将成为国际经济合作的另一种全面模式。但是，除了强调基础设施发展外，目前尚不清楚这种模式与其他国际举措有何不同。在中国，许多地区已经在积极探索加强国内一体化和国际合作的方法。西南地区力争成为连接"一带"和"一路"的重要通道。东北和西北地区也努力与中亚、西亚和俄罗斯建立有效的运输联系。东部沿海地区同样在积极发展海陆空运输设施，以巩固其在新"路"上的前沿地位。

2. 前期评估

"一带一路"倡议可能是历史上中国最雄心勃勃的一项国际政策倡议。尽管历史学家发现早在工业革命之前，中国就已经是世界上最大的经济体。但背后原因主要是由于其巨大的人口规模，而非较高的人均收入水平。中国鲜少超越国界发挥过任何积极的国际经济作用。

中国对国际经济领导地位产生的新兴趣与"一带一路"倡议的制定很可能由三个因素引起。首先，随着中国经济增长持续放缓，过去的发展模式，包括对国际贸易和成熟经济体投资的依赖，正在逐渐枯竭。中国需要找到新的途径，通过重新配置国内国际经济模式来支持持续且强劲的经济增长。其次，在改革的大部分时间里，尽管中国一直在国际事务中保持低调，但现在她已经成长为一个崛起的大国力量，这只"大象"再也无法躲在树后。国际社会也不断呼吁中国在国际经济体系中承担更大的责任。最后，现有的国际经济体系不再与目前的世界经济新现实相适应了。在这个新现实中，新兴市场经济体起着重要作用，但国际组织的改革却步步为营，国际组织奉行的传统政策学在"一带一路"地区等发展中世界也未能取得显著成效。

如果成功，"一带一路"倡议将为世界经济带来重要机遇。一方面，该倡议有可能将"一带一路"地区内经济欠发达和政治不稳定的地区变成世界经济全新的活力支柱。这不仅将显著提高该地区64%世界人口的生活水平，也将使这里成为全球供应链的全新组成部分，为世界经济增长作贡献。

另一方面，该倡议也为国际经济发展政策提供了一些新思路。倡议遵循开放平等互利的合作原则，与其他为发展中国家政府提供政策建议的国际组织做法大不相同。对经济发展基础设施的重视，特别是基础设施解决方案，应为现有的国际经济体系提供宝贵补充。"一带一路"倡议的深层信念，不同国家在不同发展阶段的最佳政策和机构可能有所不同，但在改革现有制度时都应认真考虑。

除有关各种利益机会的讨论外，现在对"一带一路"倡议可能带来的结果进行任何评估还为时过早，因为倡议才刚刚起步。可能发生的风险因素如下[1]：

首先，缺乏明确的协调机制。尽管诸如上海合作组织类似的现有组织和安排可能实现对话和交流的目的，依赖双边协调也能实现灵活性，但对双边协调的过度依赖则会牺牲一致性。例如，沿线国家跨境高速铁路程序标准一致性、效率与安全难以得到保证。尽管该倡议包含五个优先合作领域，但如果缺乏有效的协调机制，

---

[1] Huang,Y.《理解中国的"一带一路"倡议：动机、框架与评估》，《中经评论》2016 (40) 。

大多数优先事项将难以执行。在没有底线的协同政策框架或原则下开展的国际合作能否取得成果，还有待观察。

其次，各国政治价值存在冲突风险。"一带一路"地区的60个国家拥有极为丰富的政治和经济体制，包括社会主义、资本主义等。传统来讲，中国的外交政策遵循不干涉别国内政的原则。目前尚不清楚国际经济合作是否能在完全不掺杂政治因素的情况下顺利进行，特别是当涉及人员交流时，明智的做法是至少中国应尽量避免造成利用"一带一路"倡议出口所谓"中国模式"的印象。

再次，中国出口过剩产能已初露紧张信号。一些中国专家认为倡议可能适得其反，其论据之一就是"一带一路"倡议有助于中国化解庞大的过剩产能。尽管这一论调并不毫无道理，但将多余产能倾销至"一带一路"国家可能会破坏整个倡议。中国近期的钢铁出口增长已经压低了国际价格，并在许多国家引起了担忧。

最后，即使从最狭义角度看"一带一路"倡议，跨国项目的财务可持续性也可能难以实现。例如，以基础设施建设促进经济发展的商业可行性堪忧。中国政府和公司缺乏跨境项目运营经验。2015年，中国公司对外直接投资约1000亿美元，其中约15%流向了"一带一路"沿线国家。但是，大多数中国对外直接投资项目都未能盈利。考虑到文化、法律制度以及其他制度政策的差异，在国外开展项目本身就具有难度，更不用说管理跨越众多政治社会制度各异国家的跨境项目了。

五、结论

《关于推进绿色"一带一路"建设的指导意见》与联合国《2030年可持续发展议程》是面向世界所有国家、未来发展目标和实现共识的影响深远的框架。但是，沿线国家享受建设绿色"一带一路"的意义和好处可能不尽相同。只有当事各方都认识到发展绿色"一带一路"在自身长期可持续发展中的积极作用时，该倡议才能促进合作。因此，首先应加强国家间可持续发展实施计划与绿色"一带一路"倡议间的战略协调，同时又不违背"一带一路"倡议的主要原则，包括包容性、协调性、一致性和能力建设。其次，通过了解绿色"一带一路"倡议的实质，须将绿色发展的概念融入实现"五通"目标 (即政策沟通、设施联通、贸易畅通、资金融通、民心相通) 的努力中, 并减少"一带一路"倡议实施过程中对生态环境的不利影响。有关促进"设施联通"和"贸易畅通"的活动绿色化是重点, 而"绿色政策沟通""绿色资金融通"和""色民心相通"的目标可作为政策和金融支持, 有利于营造友善的外部氛围。

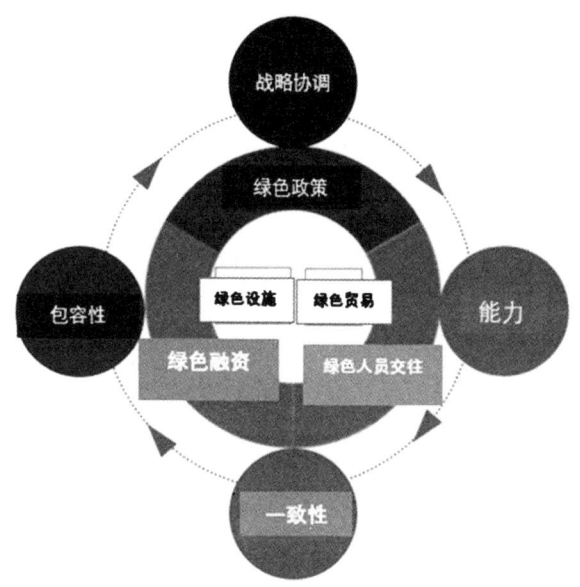

1. 在全球环境治理中发挥积极作用, 将"一带一路"倡议转变为全球生态文明建设倡议

在绿色"一带一路"平台上建立国际伙伴关系和绿色发展网络。国际社会需要共同努力, 尊重自然, 强调绿色发展。生态文明建设不仅是中国作为世界第一大发展中国家促进可持续发展的有效尝试, 也是中国为全球环境治理提供的重要理念和途径。在"一带一路"建设中, 生态文明的概念提供了中国智慧, 建设人类命运共同体提供了模式和经验, 可以帮助后来者在绿色发展道路上避免依赖传统道路, 防止锁住效应。此种做法需要效仿, 以帮助更多国家和地区接受并实施可持续发展。

通过建立"一带一路"绿色发展国际联盟以加强"一带一路"生态和环境合作。联盟是一个开放、包容与自发的国际网络。联盟将提供政策对话与交流的平台, 共享生态文明与绿色发展, 并促进绿色发展与"一带一路"倡议实施的一体化。联盟也将增强国际共识, 促进集体行动。同时, 联盟将搭建一个知识信息平台, 汇聚国际智囊团, 开展联合研究, 共同推动"一带一路"沿线国家落实2030年议程。

参与全球环境治理, 在绿色"一带一路"平台上共同推动全球生态文明建设。为此需要积极参与全球环境治理体系的改革和建设。此外, 还需要提高"一带一路"沿线国家共建责任共担、利益共享命运共同体的意识, 并通过联合讨论协商制定国际规则以进行全球环境治理。在考虑到各方利益的情况下, 为全球环境治理制定公平规则, 促进全球环境治理的能力建设, 为在全球范围内实施2030年议程提供新路径、新计划, 并推进全球环境治理系统, 这些都可能是解决方案的要素。

弘扬生态文明理念, 促进"一带一路"绿色平台上达成的生态文明共识。生态文明和可持续发展的概念都是在全球经济治理体系深刻调整的背景下形成的。尽管这两个概念在观点、立场和最终目标表达上的差异各异, 但由于二者都旨在为人类社会建设绿色家园, 因此仍然拥有很多共同点。因此, 促进绿色"一带一路"与联合国2030年议程的发展协调一致, 中国生态文明的共同学习、理解和支持以及"一带一路"沿线国家的可持续发展, 将推动全球绿色发展议程的开展。

2. 促进绿色"一带一路"发展的战略契合

2.1 推进绿色"一带一路"建设战略对接

将绿色发展纳入"一带一路"各项目, 作为中国与有关国家与国际组织"一带一路"建设谅解备忘录的重要内容。任何谅解备忘录都应包括与生态文明和绿色发展概念有关内容, 共建绿色"一带一路", 促进"一带一路"发展与联合国2030年可持续发展目标 (SDGs) 的对接。充分利用中国与"一带一路"沿线国家及国际组织的双边战略协议, 建立生态和环境工作小组, 负责协调绿色发展战略和计划也是极为必要的。

充分利用交流平台, 促进战略一致。有必要与有关各方磋商, 在诸如中国-东盟环境合作论坛, 欧亚经济论坛和中阿环境保护与合作论坛等对话机制下建立一个关于绿色"一带一路"发展的固定专家组。还建议利用"一带一路"国际合作论坛 (BRF) 咨询委员会和交流办公室, 建立"一带一路"绿色发展平行专家组。该小组旨在讨论绿色"一带一路"发展项目建设、融资指导和技术标准，以促进标准和规则的战略协调。

促进与东道国生态环境保护政策的协调一致。必须严格监控"一带一路"项目，以清楚了解项目对本地和全球环境的影响；国际伙伴关系的开展可以支持一个成功监测系统的建立。该伙伴关系应参与制定"一带一路"政策协调，并确定一个全面且得到国际认可的"绿色与非绿色"概念。

促进"一带一路"倡议和南南合作的统一。"一带一路"倡议在许多方面与南南合作统一。因此，在南南合作的框架下加大力度推进"一带一路"建设，使其成为中国与发展中国家南南合作的典范极为必要。还需建立一个国际研究小组，以帮助发展中国家更好地了解绿色发展和可持续发展。

2.2 生态环境合作与"一带一路"倡议实施全过程的融合

"一带一路"发展规划要丰富并强调与生态和环境合作相关内容。有必要制定《"一带一路"发展合作计划编制指南》，规定将"生态与环境保护，绿色发展合作纳入'一带一路'发展规划"，并指导有关部门丰富综合规划和部门相关章节内涵，并将建设绿色"一带一路"囊括其中，成为未来相关文件的关键部分。

与"一带一路"沿线国家，尤其是拥有多个合作项目的国家共同制定生态环境保护计划。需要与"一带一路"沿线国家共同研讨生态、环保和绿色发展分析计划与国际工业产能合作计划，应对突出的生态和环境挑战。此类分析需要定期更新。

促进不同"一带一路"项目的技术一致性。"一带一路"项目大多为跨国项目，由于严格的技术限制，项目开发极为复杂。应设立一个特别委员会，逐渐为关键部门商定一致认可的关键"一带一路"技术标准，以简化公开招标和国际招标程序。

3. 从源头建设绿色"一带一路"的保障机制

3.1 以绿色金融支持绿色"一带一路"发展

在全球范围内采用绿色金融工具绿化"一带一路"。首先，"一带一路"绿色投融资原则需要进一步研究。需要根据联合国《2030年可持续发展目标》和《巴黎协定》，并参照国际规则和标准制定"一带一路"绿色投融资原则和准则。这些原则和准则一旦发布，就需要在"一带一路"沿线国家推广。其次，需要建立"一带一路"绿色投融资担保机构，为绿色、节能减排项目的投融资提供担保，以分担风险，吸引私营部门投资绿色产业。这些担保机构都是指导和促进"一带一路"项目发展的非营利性、面向市场的机构。第三，需在"一带一路"生态环保大数据服务平台上建立环境和社会信息数据库，为"一带一路"沿线的投资者、贷方、金融家和财产所有人提供信息服务。第四，"一带一路"沿线金融机构需要披露环境信息，以促进金融机构的绿色发展，同时帮助企业追求绿色发展，实现绿色经济发展和环境质量改善。

鼓励"一带一路"沿线国家将绿色金融视为实现向绿色发展模式过渡的重要手段。改善"一带一路"沿线国家发展绿色金融的能力，并鼓励他们分享相关经验。首先，鼓励绿色产业、部门和客户的发展，并促进绿色投融资需求增长。二是出台金融监管政策，鼓励金融机构积极支持绿色产业、部门、公司和客户的发展，引导和鼓励金融机构建立绿色投融资机制，形成促进绿色经济金融发展的长效机制。第三，培养负责任的投资者。

充分发挥金融机构作为代理商的作用，以改善企业客户的环境绩效。首先，鼓励金融机构制定明确的绿色金融发展战略。他们需要确定绿色金融的战略目标，树立绿色理念和价值观，改善绿色金融的组织结构，积极拓展绿色金融市场，以有效控制环境和气候风险。第二，建立完善海外业务的绿色金融政策体系。环境和气候因素既内藏风险，也富有机遇，这就要求金融机构进行深入研究，评估并有效控制环境风险，并推出创新的绿色金融产品，以优化绿色金融服务。第三，通过建立国际标准（例如国际金融公司《环境和社会绩效标准》和《赤道原则》）基础上的环境社会风险评估工具包，以分析"一带一路"沿线的环境和社会状况。第四，在投资前、中、后三环节内将环境和社会风险管理纳入信贷和投资管理中，从而确保环境社会风险的生命周期管理。第五，通过建立环境信息披露框架与改善信息披露能力实施环境信息披露机制。

3.2 建立"一带一路"项目生态环境影响评价机制

建立"一带一路"项目环境影响评价机制。需要建立"一带一路"发展投资项目环境影响评价与管理数据库,将生态和环境影响纳入"一带一路"发展项目评估体系和风险评估体系,并对"一带一路"发展项目进行风险评估,包括经济、政治、社会、文化以及生态和环境风险。投资项目对生态安全和环境污染等不同方面的生态环境影响需得到确定,项目的环境效益也需得到评估。评估结果可能成为发展和基于政策的财政支持的重要参考。

发展"一带一路"项目环评工具。开发用于识别、评估、监测和管理发展和投资项目环境、气候和社会风险的工具,开展对投资咨询服务工具的研究,充分考虑政策、法律法规、数据和信息,并制定针对特定国家生态的工具,要与"一带一路"沿线主要投资目的地的环境信息系统和评估工具以及技术支持工具一并开发,以提高公共环境数据的可用性。需要对生态敏感和脆弱地区的生态环境风险进行全面深入的评估,并建立风险和控制措施清单,并做投资项目执行相关清单的任务和要求。在评估范围方面,需要促进在国际基础上自愿将生态健康和气候变化纳入环境评估的做法。

改进"一带一路"项目的环境影响评价平台和程序。需建立环保评价咨询服务平台,与针对政府、企业、银行及其他利益相关者的投融资信息共享平台,以对"一带一路"发展项目信息披露进行独立评估和讨论,并确保相关项目环境社会保障措施的实施,从而保护相关方利益。

鼓励利益相关者参与环评程序。需鼓励利益相关者全面并有效参与环境影响评估,严格按照所在国法律法规执行项目。重要的是要确保做出客观科学的判断,并杜绝潜在的风险隐患。

4. 通过实施"一带一路"倡议构建绿色管理机制

促进环境标准的合作与应用。中国与"一带一路"沿线国家的绿色基础设施标准需进行协调。通过联合研究,双方应制定一套在绿色运输、建筑和能源方面被"一带一路"国家广泛认可的国际标准。依托"一带一路"环境技术创新与转移中心和产业合作示范基地，为与"一带一路"沿线国家合作的企业提供支持，并与相关协会共同发布公认的环境产业标准。

加强绿色供应链管理。需将中国和国际竞争性产业整合到全球绿色供应链体系中。通过汇聚"一带一路"沿线国家政府部门、机构和企业，区域绿色供应链系统可以得到建立。每个国家都能充分发挥其工业和市场优势，使国际合作更加广泛、深入与高层次。此外，应充分利用"一带一路"绿色供应链合作平台来支持和鼓励企业积极参与对外贸易投资合作，促进绿色创新。开展绿色供应链管理试点示范项目，开发绿色供应链环境管理政策工具，促进生产、流通和消费全产业链绿色发展。需要开发一种绿色供应链绩效衡量指标体系，以评估企业绩效并提高企业的可持续发展社会责任。

探索建立"一带一路"绿色发展基金。加大财政投入，维护绿色"一带一路"相关工作的开展极为必要。我们需要促进建立资源开发和环境保护专项基金，重点支持"一带一路"沿线国家的环境基础设施、能力和绿色产业建设。同时，要充分发挥国家开发银行，中国进出口银行等政策性银行的主导作用，引导和鼓励将各种资源集中到绿色发展基金中。该基金将支持绿色"一带一路"发展并为其注入新动力。

发展绿色价值链。中国已成为世界上最大的制造业中心，第二大消费国（并有望在中期甚至短期内成为最大的消费国）和最大的商品（能源、资源和农产品）市场国，在全球价值链中扮演着关键作用。"一带一路"沿线国家可以发展绿色价值链试点区和示范项目，以绿色标准和标签推动绿色价值链发展。

促进环境商品和服务贸易。促进环境商品和服务贸易将为"一带一路"沿线国家带来巨大的环境收益。提高环境产品和服务的市场开放度，发展绿色产业，鼓励空气污染控制、水污染预防控制及固体废物管理处置技术服务相关的环境产品和服务进出口。区分面向绿色和非绿色产品的政策，并为产品贸易投资提供分类指导和管理，例如降低绿色产品关税，提供特殊或优惠关税待遇，将绿色产品列为鼓励工业投资类别，与提供绿色金融服务等。从世界银行和亚洲开发银行等国际金融机构寻求绿色项目的优惠贷款。此外，还建议改善国家间绿色产品标识和标签系统，及绿色产品间的相互认可，并鼓励"一带一路"沿线各国政府更多购买带有生态标签的产品。

5. 通过加强民心相通，开展人员交流和能力建设，维护绿色"一带一路"发展

将海上绿色丝路使者计划作为环保能力建设的旗舰活动。绿色使者计划（2016年升级为海上绿色丝路使者计划）是中国开展南南环境合作并促进区域可持续和绿色发展的重要平台。海上绿色丝路使者计划应成为旗舰活动，该计划能够提高公众对环保的认识并加强"一带一路"沿线国家的能力建设。通过推进"政策沟通"，促进"民心相通"，中国将通过提供环境管理人员和专业培训以及政策，加强在环境管理、污染防治、绿色经济等领域的合作与交流。中国也将与世界分享其实现生态文明和绿色发展的思想和实践。地方政府应受到鼓励参加海上绿色丝路使者计划，并通过中国–东盟环境技术与产业合作示范基地，"一带一路"环境技术交流与转移中心（深圳）等平台引导环保企业有序"走出去"。

支持和促进中国与沿线国家环保社会组织的交流合作。需要建立一个确保政府指导、企业支持、社会参与和行业互助的支持网络。负责合作的政府实体角色应得到明确，并应通过发布政策或指导原则以吸引各方以界定中国企业在海外的环境责任，并鼓励环境社会组织建立自己的合作网络。多元化的财务机制应当得以建立，并增加政府对环保组织服务的采购。应当设立专项合作资金，支持环保社会组织走出去。环境社会组织的参与机制设计也相当必要，以鼓励他们参与谈判和决策，并为环境和社会组织打造国际交流活动清单。

促进性别主流化，并提高妇女领导能力。提高决策者对妇女在社会环境发展中作用的认识极为必要，一样必要的还有促进性别主流化被纳入"一带一路"政策制定和项目实施过程。重要的是在发展"一带一路"项目实施过程中确保性别主流化的最佳实践，并促进"一带一路"沿线国家生态环保领域女性政府领导人、专家和年轻学者参与"提高妇女的绿色领导力"培训计划，并与"一带一路"合作伙伴分享在海上绿色丝路使者计划帮助下实现性别主流化的方法和经验。

（作者普塔班迪·瓦林拉萨系老挝外交部条法司人权处副处长）

论发展权对多元主体、多元权利的整合

[中国] 王瑞雪

一、引言

"人权"一词具有丰富的内涵，根据学术界的一般讨论，人权被定义为人的尊严，是人作为人应该享有的自由或资格。无论侵害主体如何，国家的义务都应该是保持其统治下的所有个人享受人作为人所具有的尊严。[1]而较为公认的人权代际划分则分为三代，分别是形成于美国和法国大革命时期，旨在保护公民自由免遭国家专横之害的第一代人权；形成于俄国革命时期，旨在要求国家积极干预社会经济生活，发展社会福利事业的第二代人权；形成于20世纪下半叶反对殖民主义过程，旨在保障民族自决权、发展权、环境权、和平权等集体人权的第三代人权。虽然从历史的发展来看，这些权利是以不同的代际呈现的，但观察当今社会，这些权利以及相关的核心保障机制早已经共同存在于整个社会，因此罗豪才教授和宋功德教授提出，将之称为三类人权，而不是三代人权，似乎更为恰当。[2]中国同时面临着三类人权的尊重、保障与发展责任，面临着多元主体的多元权利需要深化保障的诉求。

二、多元主体、多元权利同时发展的现实背景

与西方渐进式的发展进路相比，各种类型的人权问题在改革开放后的中国集中凸显。鉴于国家之前的集权程度以及控权理念的长期缺乏，对公民自由权的尊重

---

[1] 张文显：《二十世纪西方法哲学思潮研究》，北京：法律出版社，1996年，第508页。
[2] 罗豪才、宋功德：《人权法的失衡与平衡》，《中国社会科学》2011年第3期。

与保障任务十分艰巨。同时，鉴于国家之前经济发展的停滞与"民生"整体上的落后状态，对公民社会权利的保障与实现也成为人权保障的重中之重。百废待兴背后是多元主体的多元权利需要深化保障的诉求，是所有权利维度需要发展的诉求。总体上，我国权利诉求多元集中，其所指向的国家义务亦纷繁复杂。国家人权责任的重心并没有在不同类型的人权上有明显的分疏，刑法领域中的以犯罪嫌疑人为核心的人权保障诉求，公民社会权利的保障诉求、环境权利诉求以及不同群体的集体人权保障诉求，均没有明显代际区分地同时迫切要求发展。

从履行人权责任的方式看，中国政府在政府放权、开放市场、培育社会的道路上，虽然曲折往返，但总体的思路与西方晚近发展经验是契合的，大量的民营化与外包正在不断塑造新的政府–市场–社会关系。社会权利的保障在公私合作的背景下，将直接履行的责任越来越多地赋予了私人主体，政府购买服务，或者直接将相关服务交由市场化机制来供给。[1]但仍须强调的是，国家并非像切蛋糕一般将这些任务转移给了市场与社会，而是通过有序地配置资源来更好地履行人权责任。

在复杂的发展语境下，人权在整体上不断得到深化保障，是一个整体的发展趋势；但与此同时，权利需要得以保障，保障程度须不断提高，这也导致人权所涉的问题越来越多，程度越来越深化。一方面，传统人权法理论中，人权是最低限度道德权利的论断，仍旧深深影响着我们，人权的本初涵义是作为"最低限度的道德权利"，其所保障的人之为人的尊严，在理论上原本并不指向权利的高级实现；[2]然而另一方面，现实生活中，人们对更高程度的权利保障与权利实现的诉求，却又令人必须直视。可以说，日益深化的人权责任直接源于权利诉求的深化发展，它既体现在每一个微观领域与人权意义上的权利义务关系中，同时也是一种整体性的、时代性的深化。[3]某个人群某项权利的深化发展，在社会连带效用无比强大的当代

[1] 胡敏洁：《履行给付行政任务的私人之法律地位——以养老保障行政为例》，《华东政法大学学报》2011年第2期。

[2] [英]A.J.M.米尔恩：《人的权利与人的多样性——人权哲学》，夏勇、张志铭译，北京：中国大百科全书出版社，1995年，第161页。

[3] 郁建兴、瞿志远：《公私合作伙伴中的主体间关系——基于两个居家养老服务案例的研究》，《经济社会体制比较》2011年第4期。

社会,带来的不仅是微观上这项权利在更高程度上的实现,也有可能是对相互竞争的其他人群的利益影响与减损。因此,从整体上理解权利诉求的深化发展是十分重要的,实现权利的均衡发展、平等发展是十分复杂的任务。

三、将多元人权责任融入发展权的整体方案

面对多元主体、多元权利诉求所带来的人权挑战,中国采取的解决方案是将多元人权责任融入发展权之中,"拥有平等的发展机会,共享发展成果,使每个人都得到全面发展,实现充分的发展权,是人类社会的理想追求。"[1]发展权是从满足人类物质和非物质需要之上的发展政策中获益并参与发展过程的个人权利,又是发展中国家清除妨碍自身发展的国际经济秩序中结构障碍的集体权利。[2]联合国《发展权利宣言》提出至今已有三十年的时间,其"承认发展是经济、社会、文化和政治的全面进程,其目的是在全体人民和所有个人积极、自由和有意义地参与发展及其带来的利益的公平分配的基础上,不断改善全体人民和所有个人的福利"的主张,恰恰与中国改革开放以来的人权实践深刻契合。中国的人权发展路径,可以被总结为将多元人权责任融入发展权的整体方案。无论是现代化建设发展战略目标、全面建设小康社会以及民生建设等方面的制度内容,还是我国先后制定实施的三个国家人权行动计划,都把保障发展权放在保障人权的首要位置,将为人的发展提供条件作为保障人权的基本方案。

其一,发展权整合了集体权利和个人权利。集体权利首先以国家、区域的发展权利为代表,发展权的正当性基础在于任何国家、地区以及个人都希望获得发展机会并享有发展收益的事实,因此在历史上曾经发展机会受到严重剥夺、威胁的发展中国家,发展权越发重要。[3]此外,集体权利也在一个国家内部被不断细分,如处于社会弱势和具有特定文化、语言、宗教和习俗的少数民族群体的发展权,[4]老年

---

[1]　国务院新闻办公室:《发展权:中国的理念、实践与贡献》白皮书,2016年12月1日。

[2]　斯蒂芬·P.马克斯:《正在出现的人权:八十年代的新一代人权》,《法学译丛》1987年第2期。

[3]　占红沣:《发展权全球性法治的价值目标》,《政治与法律》2007年第4期。

[4]　彭建军:《少数民族发展权法律保障研究》,武汉大学2012届博士学位论文,指导教师:汪习根教授。

人群体、病残人员、妇女、未成年人等相对弱势群体的发展权，[1]不同区域、地方的发展权等。[2]个人的发展权则是发展权全面实现的基础，正如《发展权利宣言》所指出的，发展机会均等是国家和组成国家的个人的一项特有权利，任何国家和组成国家的任何个人，都有参与发展、平等享有发展成果的权利。[3]

其二，发展权整合了经济、文化、社会、环境权利。经济发展权旨在保障各类主体在经济领域的发展，解决阻碍公平竞争和公平分配等影响经济发展权实现的突出现实问题。[4]文化发展权是公民个体及其组成的集合体包括一个民族、区域、国家拥有的文化得到保护与发展并由此获益的权利。[5]社会发展权指向社会保障水平的提高以及各项社会事业的发展。环境发展权则更为特殊，也更为重要。环境保护与发展之间客观存在的紧张关系，需要在发展权实现过程中，加入可持续发展的理念。

其三，可持续发展理念对发展权的更新。当然发展过程中出现的发展不平衡、不协调、不平等，发展方式粗放等问题，都是发展不可持续的表现。[6]发展权如果希冀融合更多的权利诉求，就必须在可持续发展的理念下进行。必须指出的是，环境、气候、资源等方面的可持续发展是十分重要的侧面，却并不是唯一的方面，不同经济领域的可持续发展、更公平更可持续的社会保障制度等等，都是可持续发展的题中之意。[7]

发展权将个人与集体置于整体的国家治理、社会治理网络中，不再强调自由权的消极性，也不再着力于第二代人权的积极性，国家以及市场主体、社会主体、家庭、个人，在特定情境下都对个体的发展负责，这样的网络性、连带性更为妥当地表明了在当今世界中人权发展与国家、社会及其他主体的关联。[8]总体上，发展权

[1]　姜素红：《弱势群体发展权的法理精神阐释》，《求索》2006年第7期。
[2]　汪习根、王康敏：《论区域发展权与法理念的更新》，《政治与法律》2009年第11期。
[3]　国务院新闻办公室：《发展权：中国的理念、实践与贡献》白皮书，2016年12月1日。
[4]　张守文：《经济发展权的经济法思考》，《现代法学》2012年第2期。
[5]　汪习根、王信川：《论文化发展权》，《太平洋学报》2007年第12期。
[6]　国务院新闻办公室：《发展权：中国的理念、实践与贡献》白皮书，2016年12月1日。
[7]　国务院新闻办公室：《发展权：中国的理念、实践与贡献》白皮书，2016年12月1日。
[8]　齐延平：《论发展权的制度保护》，《学习与探索》2008年第2期。

融合了多元权利诉求，整合了集体权利和个人权利，整合了经济、文化、社会、环境权利，通过可持续发展的理念整合了不同代际的权利发展需求。

四、公共治理语境下发展责任的共担

如果说人权责任中尊重的责任、保障的责任主要置于国家（政府）之上，那么发展的责任，就是在国家调整下，整个社会、市场、多元主体甚至个体都发挥作用、承担相应责任的机制。

一方面，国家通过一系列权利保障法律法规，对于各项权利进行确认，同时厘清不同主体之间的权利义务，不仅立足于对整个社会生活的基础秩序进行调整，还着眼于权利保障程度的不断提升，通过一系列方案、机制，在公共治理的框架下调动尽可能多的主体，促进权利的更高实现。如在社会权利的实现中，各级政府越来越多地通过购买社会服务的方式来促进福利供给质量的提升。另一方面，通过制度化激励，让企业承担更多的人权责任，以及培育和鼓励社会组织在发展人权的过程中扮演更重要的角色，也是当今人权实践的重要特点。政府通过绿色金融、税收优惠、评级排名等激励手段，公众通过舆论监督等手段，促使企业处在"政府和私人之间"，承担更多的环境责任、社会责任等人权责任，成为晚近发展的重要趋势。企业行业协会、慈善组织等社会组织，也在各自不同的领域担负了发展人权的责任。

人权责任是一种开放的责任体系，为人际关系提供了一张宽松织就的最低标准和程序规则网络，这些标准和规则不仅适用于国家（政府），而且也原则上适用于企业、社会组织和个人。[1]开放性的人权责任至少具有横纵两个方面的维度，一方面，人权责任不断深化，即向更高程度的实现进行深化；另一方面，人权责任不断扩展，即向更多主体共同承担进行拓展。这既是人权责任的发展趋势，同时也是发展权的题中之意。

---

[1] ［奥］曼弗雷德·诺瓦克：《国际人权制度导论》，柳华文译，北京：北京大学出版社，2010年，第1页。

五、结语

从西方国家人权责任的历史演进中我们可以看出，越来越多的权利类型被固定下来，成为人权意义上的权利，国家需要付出艰辛努力才能在一个整体的意义上实现对这些权利的制度性保障，在不同的历史阶段，面对不同的权利难题，国家履行人权责任的方式也不断变迁。而中国面临的境况则更加复杂，人权诉求并非通过不断积累、发酵而逐渐发展，相反，当代权利的不同维度与多元诉求交织复杂地呈现在我们面前。一方面，面对多元主体、多元权利诉求所带来的人权挑战，中国采取了将诸多权利融入发展权实现过程的解决路径，将集体、个人的社会、经济、文化、环境等相关权利，统筹在可持续发展之下以争取更高程度的实现。另一方面，政府–社会–市场–个人联动的人权责任实现机制逐渐发展起来，将人权看作是公共治理的核心价值之一，不仅重视国家的人权责任，也重视市场主体、社会主体的人权责任。发展权不仅丰富了人权体系的内容，而且扩展了人权的视野，弥合了国家、社会的权利保障能力与纷繁复杂的权利诉求之间的紧张关系，为人权的更高程度保障提供了实现路径。

（作者王瑞雪系南开大学法学院讲师）

新疆的人权发展和人权保障成就

[中国] 祖力亚提·司马义

实现充分的人权是人类长期追求的理想，也是包括新疆各族人民在内的全中国人民长期为之奋斗的目标。1949年中华人民共和国成立前，新疆各族人民遭受着外国侵略势力、封建剥削阶级和官僚资本主义的压迫，社会地位极其低下，很难享受基本人权。新中国的成立和社会主义制度的确立，为新疆各族人民真正享有人权奠定了根本政治前提和制度保证。1955年，中国在新疆实行民族区域自治制度，进一步保障了新疆各族人民享受当家作主的权利。自1978年中国实行改革开放以来，新疆经济社会发展进入了一个新的历史时期，各族人民的人权保障水平不断提升。就目前而言，我国正在大力发展新疆各项事业，切实保障各族人民平等参与、平等发展的权利，共享发展的成果，新疆的人权事业不断得到新的发展和进步。

一、中国保障新疆各族人民权益的举措

（一）法律法规的保障

国家高度重视维护和保障新疆各族人民的基本权利。2004年，十届全国人大二次会议通过宪法修正案，把"国家尊重和保障人权"正式写入《宪法》，使人权由一个政治概念转变为法律概念，开创了中国人权发展新进程。国家发布的《中华人民共和国民族区域自治法》是实现民族团结、民族平等、各民族繁荣发展的保证。民族区域自治制度的确立，为新疆各族人民在维护国家统一原则下，充分行使自治权利，自主管理地方事务，平等参与管理国家事务提供了有力的制度保障，进一步

保障新疆人权。国家颁布的《中华人民共和国教育法》和《中华人民共和国妇女权益保障法》在法律层面保障了新疆妇女儿童的权利。2011年，新疆颁布了《新疆维吾尔自治区未成年人保护条例》和《新疆维吾尔自治区宗教事务条例》等法律条例。这一系列法律法规及官方文件的发布与实施，为新疆各民族的合法权益提供了强有力的法律保障。

（二）中国政府对新疆人权保障的高度重视

1997年和1998年，我国分别签署了联合国国际人权两公约，2002年，中国共产党的十六大会议确认将保障人权作为党和国家的发展目标，2007年10月，中国共产党的十七大会议首次将"尊重和保障人权"写入党的章程。新疆维吾尔自治区发布的《新疆维吾尔自治区妇女发展纲要（2011–2020年）》和《新疆维吾尔自治区儿童发展纲要（2011–2020年）》，极大地保障了妇女儿童的权利。1991年中国首次发表人权白皮书《中国的人权状况》之后，中国政府通过国务院新闻办公室先后发布了《新疆人权事业的发展进步》《新疆的宗教信仰自由状况》《新疆的反恐、去极端化斗争与人权保障》《新疆的文化保护与发展》《新疆的若干历史问题》和《新疆各民族平等团结发展的历史见证》等一系列关于中国新疆人权事业发展状况和成就的白皮书。

二、新疆保障人权的成就

（一）经济权利得到有效保障

一是发展权利得到提升。新中国成立前，93%的农牧民没有基本生产生活资料，农业生产方式极其落后，新中国成立后，新疆大力改善发展条件，逐步形成了现代农业生产体系，并建立起完备的工业体系，经济社会发生了翻天覆地的变化，经过不懈努力，新疆地区生产总值由1978年的39.07亿元增长至2018年的12199.08亿元，人均生产总值由313元增长至49475元，分别增长311.2倍和157.1倍；其中城镇居民人均可支配收入从319元增加到32764元，农村居民人均可支配收入从119元增加到11975元，分别增加了101.7倍和99.6倍。

二是贫困群众生产生活条件得到极大改善。新疆把南疆地区作为脱贫攻坚的主战场,加大财政扶贫资金投入力度,加快基础设施和基本公共服务建设步伐。

三是工作权利得到切实保障。推进国家通用语言培训和技能培训不仅让新疆各族人民群众掌握了必备的国家通用语言文字能力和生活技能,还为就业创业铺平了道路,很多少数民族群众不再局限于农业、牧业,而是走向了多种岗位,推动更多少数民族劳动者到城镇、企业、园区集中规范就业。据2019年新疆维吾尔自治区政府工作报告指出:2018年新疆城镇新增就业47.58万人,农村富余劳动力转移就业280.5万人次。[1]

(二) 社会权利得到切实提高

通过70年的不懈努力,新疆各族人民社会权利的保障达到了前所未有的水平。一是社会保障水平稳步提高。到2018年,已连续12年增加企业退休人员基本养老金和提高工伤保险待遇,连续7年提高失业保险待遇。二是社会救助制度发挥积极作用。2009年至2018年,城镇和农村居民平均最低生活保障标准,分别从每人每月172元和69元提高到428元和288元;三是健康权保障条件显著改善,各民族人民健康水平持续提升,人口死亡率由1949年的2.082%下降到2017年的0.448%,人均预期寿命从1949年30岁延长至2018年的72岁。[2]自2016年始,城乡居民每年可享受一次免费健康体检。

(三) 受教育权得到全面保障

1949年以前,新疆文化教育水平极低,普通民众基本没有接受教育的机会。新中国成立后,在中央的大力支持下,新疆采取各种措施大力发展教育事业。从1949年到2018年,3至6岁儿童入园率从2000年的16.20%上升到95.95%,学龄儿童净入学率从1949年的19.8%一跃升至99.91%。目前,小学由1335所增加到3368所,中学由9所增加到935所,中等职业学校由11所增加到158所,普通高校由1所增加到51所。高校在校生由0.04万人增加到37.49万人,中等职业学校在校生由0.20万人增加到25.37万人。中央政府和新疆持续加大对新疆教育的投入力度,2018年新疆各类教育投入

---

[1] 雪克来提·扎克尔:《新疆维吾尔自治区政府工作报告》,人民网,2019年1月15日。

[2] 雪克来提·扎克尔:《新疆维吾尔自治区政府工作报告》,人民网,2019年1月15日。

810.3亿元，较2017年增长14%，新疆现已基本实现15年义务教育。这些举措对于提高民族地区教育质量、保障新疆各族人民受教育权具有十分重要的意义。

（四）文化权利得到保障和提升

一是依法推广和使用国家通用语言文字，同时保护民族语言文字广泛使用。《中华人民共和国宪法》规定"国家推广全国通用的普通话"，这为国家通用语言文字推广提供了最根本的法律依据。2001年1月1日，《中华人民共和国国家通用语言文字法》正式施行，进一步明确了普通话和规范汉字作为国家通用语言文字的法定地位。2015年修订的《新疆维吾尔自治区语言文字工作条例》规定"大力推广国家通用语言文字"。截至2018年9月秋季开学，新疆全区义务教育阶段294.19万名学生全面实现国家通用语言文字教育100%全覆盖目标；少数民族群众通过学习国家通用语言文字，提升了外出就业、走出熟人社会、向其他区域流动的信心和决心，使就业渠道拓宽和多样化，收入水平明显提升，为新疆各族人民创造美好生活打下坚实基础。

根据宪法规定，国家在依法保障推行通用语言文字的同时，充分保障各少数民族使用本民族语言文字的权利。目前，新疆使用汉、维吾尔、哈萨克、柯尔克孜、蒙古、锡伯等6种语言文字出版报纸、图书、音像制品和电子出版物，使用多语言、多文种播送电视和广播节目等。新疆设立民族语言文字工作委员会和各级民族语言文字研究机构，负责各民族语言文字的科学研究，推动各民族语言文字的规范化、标准化、信息化。

二是文化遗产得到有效保护。多年来，国家高度重视保护、传承和弘扬新疆非物质文化遗产。中国政府支持新疆以汉文和维吾尔文翻译、整理，出版了濒于失传的《福乐智慧》和《突厥语大词典》等古籍。现阶段，新疆维吾尔木卡姆艺术、柯尔克孜史诗《玛纳斯》、维吾尔族麦西热甫分别列入联合国教科文组织"人类非物质文化遗产代表作名录"和"急需保护的非物质文化遗产名录"。新疆各民族均有代表性非遗项目列入国家级和自治区级非遗名录。

三是基本公共文化服务均等化水平不断提高。现新疆地区共有公共图书馆107个、博物馆90个、美术馆53个、文化馆119个、乡镇（街道）文化站1170个，并全部向社会免费开放。

（五）弱势群体得到特殊保护与关爱

一是妇女权利得到特殊保障与关爱。截至2018年底，孕产妇死亡率由1949年的1.5%下降到2018年的0.027%，减少了56倍。二是儿童权利得到特殊关爱。截至2018年底，婴儿死亡率由1949年的60%下降到2018年的1.4%，减少了42倍；计划免疫接种率达98%以上。三是老年人权利保障机制不断健全。新疆先投入大量资金建设老年养护院、社会福利院、乡镇服务福利中心、社区日间照料中心、农村互助幸福院等项目。四是残疾人权益保障成效显著。2019年新疆财政下达残疾人生活补贴和护理补贴2.24亿元，较去年同期增长44.21%，以加快推进残疾人小康进程，并加强残疾人保障制度落实。

三、未来新疆人权保障重点方向

（一）重视经济权利发展

在中国社会发展的现阶段，经济权利涉及面广，对社会发展和稳定具有特殊重要的意义。因此保障经济权利具有至关重要的作用。首先，大力促进新疆经济高质量发展。其次，促进居民生活水平的提升。再次，关注新疆未脱贫人口的需求。截至2018年底，新疆贫困发生率已经由2013年底的19.4%下降到6.1%，脱贫质量进一步提高。在继续关注贫困问题的同时，把解决贫困人口的返贫、复贫问题作为发展方向，提高贫困人群和农民的自我发展能力。

（二）重视新疆弱势群体的权利

弱势群体的人权保障在人权保障事业中占有非常重要的地位，由于它能够反映出最基层民众的实际生存状态。解决弱势群体的人权保障问题：首先，要发展经济，这将为更好地解决弱势群体人权问题提供相应的经济基础；其次，要深化社会改革，缩小贫富差距；再次，要完善社会保障机制，保障弱势群体的基本生存和发展权利；最后，要建立弱势群体的社会救助机制和畅通的权利诉求机制。

（作者祖力亚提·司马义系新疆大学马克思主义学院院长、教授）

南方国家人权保障的实践与经验

哥斯达黎加国家监察机构的贫困与脱贫计划：
消除贫困，不让任何一个人掉队

[哥斯达黎加] 安娜·卡林娜·赛莱东·莱皮兹

贫困不是天生的，贫困也不是不可避免的。我们的人民陷于贫困之中，这威胁了世界的生存、损害了一个人的尊严和他/她对人权的有效享有。

贫困的含义并不局限于缺乏收入和资源来满足最低水平的生活质量。而在哥斯达黎加国家监察机构，我们了解到贫困还意味着饥饿、营养不良、住房短缺以及缺乏获得医疗和教育服务的途径，还意味着社会排斥与歧视。

尽管贫困是一个全球性的事实，但它是可以消除的。这是联合国2030年议程可持续发展目标1"消除贫困"的一次赌注。在这种情况下，哥斯达黎加国家监察机构已经着眼于研究哥斯达黎加旨在消除贫困的公共政策和机构，并从一个非常简单的问题出发：如果我们作为一个国家，反复做同一件事，怎样才能取得不同的结果？

对此提出疑问的原因是，在过去的15年中，哥斯达黎加一直约有20%的人口生活在贫困线以下（每月170美元，每天6美元），约有6%的人口生活在赤贫线以下（每月79美元，每天2.6美元），如图1所示。

图1所示的数据使我们与哥斯达黎加政府不禁扪心自问：我们该做些什么来消除这15年的积弊，以便能够像可持续发展目标1所要达到的那样，实现零贫困的目标？为了回答这个问题，2017年，我们在哥斯达黎加国家监察机构启动了"贫困与脱贫计划"。通过此项计划，我们旨在从人权的角度出发促进公共政策和机构的改革，促使我国改变自己的战略，以实现可持续发展目标1。

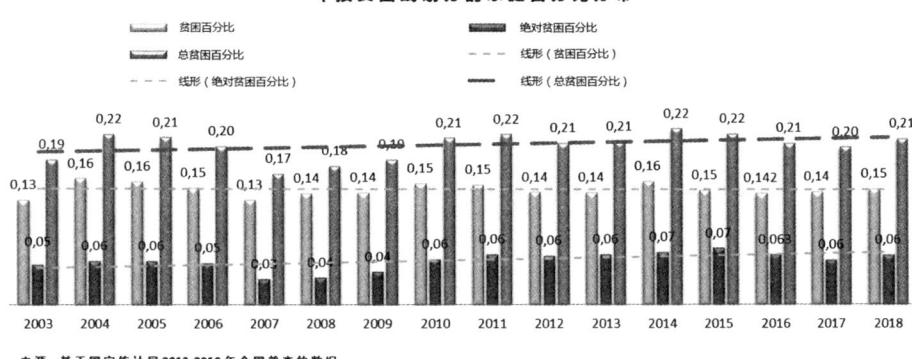

图1: 2003-2018年按贫困线划分的家庭分布百分比
资料来源: 哥斯达黎加国家监察机构, 根据2019年官方数据。

在过去两年中, "贫困与脱贫计划"进行了若干研究项目, 期望促进体制改革, 使我国朝着可持续发展目标1迈进。

一、2017年

1. 关于政府消除贫困战略的研究: 通向发展的桥梁——从集中援助到全人医疗照护

2. 关于为贫困人口提供住房的政府金融体系研究: 为避免资金错配而进行的结构性改革

3. 哥斯达黎加东海岸和西海岸贫困特征的比较研究: 文化造成差异

4. 消除贫困的体制结构和以人权为基础的治理需求

二、2019年

1. 不让任何一个人掉队: 一项为贫困老年人非缴费型养老金的普遍覆盖提供的资助提案

2. 哥斯达黎加开发银行: 用创业精神和软条件贷款以消除贫困

3.更多的儿童和老年人看护选择,使贫困女性更容易获得商业或就业机会:一种社会共同的责任,而不是女性的负担

这些研究工作有一些共同的特征:

1.以人权为基础的原则:参与、问责、不歧视和平等、授权和合法性。

2.因此,这些调查具有三重螺旋的重点:治理分析、调查过程中贫困人口的参与以及公务员作为关键信息来源。

3.期待促进改革:这些工作不是学术研究。尽管我们使用定量和定性研究技术来完成这项严格的研究,以建立可靠的调查结果,但是我们的目标是为了提出体制、法律或行为方面的改革,以便在消除贫困方面取得更好的成果。一旦哥斯达黎加国家监察机构提出改革建议,我们将竭尽全力去实现它们。

例如,关于"不让任何一个人掉队:一项为贫困老年人非缴费型养老金的普遍覆盖提供的资助提案"的研究,提出了一项法律改革,以利用食品增值税(VAT)中的资源来支付普遍覆盖的费用。

接下来该怎么做?

哥斯达黎加国家监察机构的目标是为了让政府当局落实其所有的建议,并推动国家消除贫困所需的法律改革。但这并不是全部。还包括通过"贫困与脱贫计划",促进更好的公共机构和治理,以刺激贫困人口的微型企业诞生和就业选择:使贫困消失、不让任何一个人掉队的可持续选择。

(作者安娜·卡林娜·赛莱东·莱皮兹系哥斯达黎加护民署经济事务司司长、国家监察员机构贫困与脱贫计划协调员)

新中国成立以来中国对世界人权事业的贡献

[几内亚比绍] 巴卡尔·卡马拉

自1949年10月1日中华人民共和国成立以来，为了保障人民福祉，中国在全世界（尤其是不发达国家）范围内发起了一系列社会发展项目。

中国为非洲作出了重大贡献，例如减少贫困并确保大众获得教育、健康、交通、得体的住房以及媒体资源，以上各项均属于公民的真正权利。

作为非洲和拉丁美洲不可或缺的一个发展伙伴，中国为促进两地基础设施项目的发展已经制定了一个强有力的外交及金融机制，此类举措在保障各国人权方面发挥着至关重要的作用。

中国为全世界作出的财政贡献在很大程度上惠及最弱势社会群体。此外，中国还在此类国家开展发展项目及贸易交易（包括商品出口及电子产品），为这些国家的人民带来更加便利的生活。

中国还承诺将促进全球基础设施建设，这一举措完全符合人权、尊重环境及自然资源可持续性的原则。

在我看来，中国为发展并促进人权，不仅在合作伙伴国家开展相关项目，在实施"双赢"政策的过程中同样贯彻这一原则。

除了全面开放及在人权促进和保护方面保持开放态度外，中国政府正在制定一系列行动（即扶贫），以确保实现真正的人权。

世界上任何一个未消除贫困的国家均无法保障真正的人权。中国针对扶贫所采取的行动是促进外国投资，该行动是在当今世界消除贫困及社会不平等的过程中必不可少的。

中国在多边框架内为人权及环境筹资事业作出了重大贡献。

为了促进在不发达国家的投资，中国还在多边框架内提出了旨在全面落实人权的项目。

尽管世界上的许多国家并不认可具有中国特色的人权方针，但是中国在促进人权、尊重人民的基本需求、创造有效条件以满足此类需求方面起了很好的示范作用。

在过去几年的时间中，中国在中国共产党的领导下开创了一种扶贫及开放模式，该模式推动了不发达国家（尤其是非洲）的发展。中国政府采取的这一开放模式为世界和平和共同发展作出了重大贡献。

中国的扶贫战略应成为所有不发达国家（尤其是诸如非洲之类的正在突破发展道路的国家）的一种榜样。

如今，中国政府通过投资（目的在于扶贫）为促进人权作出了毋庸置疑的贡献。

因此，中国在保障全球人权方面（必然涉及扶贫）所作出的贡献是至关重要的。

中国人权事业前途光明，其旨在确保和平、发展、平等和正义，此类要素对于促进真正人权而言是必不可少的。

中国通过"一带一路"所倡导的协调发展政策揭示了一种保障民主及自由的真正方式，即维护人的尊严和人权。

"一带一路"倡议还促进了更加公平、更加强大且更具包容性的全球人权治理，并建立了一个人类命运共同体。

改革开放40年来，中国在应对重大全球挑战的过程中取得了显著的进展，尤其是在消除贫困、改善民生方面。

中国在促进人权方面付出了巨大的努力，包括开展相关发展项目，以帮助大众获得基本服务。

尽管中国的人权事业面临一定的挑战，但中国政府正制定一系列举措，以应对这些挑战，并大力在几个不发达国家进行投资。此类投资为非洲消除贫困及社会不平等做出了重大贡献,这是保障人权必不可少的举措。

很显然,中国通过以上举措促进了互利互惠的合作伙伴关系的发展,帮助不发达国家实现快速发展。

中国政府还在全世界范围内兴建基础设施并以此作为发展项目的一部分,该举措已帮助数千人脱离贫困。

总体而言,中国正采取相关措施,以确保全世界的基础设施建设项目完全符合人权、尊重环境及自然资源可持续性的原则。

(作者巴卡尔·卡马拉系几内亚比绍国家电台信息部主任)

发展中国家的人权发展

[津巴布韦] 布丽吉特·穆塔布瓦

我的演讲重点是"发展中国家"的人权发展。首先,什么样的国家能被视为"发达国家"并不明确。"经济欠发达国家或经济最不发达国家"等术语则使问题更加复杂。在此次演讲中,我将采用奥沙利文 (O' Sullivan) 和谢夫林 (Sheffrin) 的全面定义:发展中国家或中低收入国家、经济欠发达国家或欠发达国家是一个相对于其他国家而言,工业基础欠发达,人类发展指数较低的国家。[1]

有许多国家都属于这一类。由于时间所限,我将介绍非洲、美洲、亚洲和中东的人权发展,概述区域人权制度。最后,我想对两种权利进行分析,所谓的第一代权利,即公民和政治权利,以及第二代权利,即在发展中国家背景下的经济、社会和文化权利。

一、非洲

在非洲统一组织 (OAU) 的主持下,非洲制定了各种文书和建立了各种机构来保护非洲大陆的人权。OAU后来成为非洲联盟 (AU)。非盟人权条约法的法律体系及其相应的监督机构包括6个主要人权条约,即:

1969年《非统组织关于非洲难民问题特定方面的宪章》(OAU Charter Governing Specific Aspects of the Refugee Problem in Africa)(1974年生效);

1981年《非洲人权和人民权利宪章》(African Charter on Human and

---

[1] 奥沙利文·A (O' Sullivan A)、谢夫林·SM (Sheffrin SM):《经济学:行动原则》(*Economics: Principles in Action*),2003年。Upper Saddle River, New Jersey 07458: Pearson Prentice Hall, p. 471. ISBN 978-0-13-063085-8.

Peoples' Rights)（1986年生效）；

1990年《非洲儿童权利和福利宪章》(African Charter on the Rights and Welfare of the Child)（1999年生效）；

1998年《非洲人权和人民权利宪章建立非洲人权和人民权利法院议定书》(Protocol to the African Charter on Human and Peoples' Rights Establishing the African Court on Human and Peoples' Rights)（2004年生效）；

2003年《非洲人权和人民权利宪章关于非洲妇女权利的议定书》(Protocol to the African Charter on Human and Peoples' Rights on the Rights of Women in Africa)（2005年11月生效）；

2008年《非洲法院与人权规约议定书》(Protocol on the Statute of the African Court of Justice and Human Rights)。

除非盟条约外，以下三个非洲分地区还拥有活跃的法律体系和人权法院，以裁定各自分地区的案件。它们是：南部非洲发展共同体 (SADC) 法院，东非共同体 (EAC) 法院和西非国家经济共同体 (ECOWAS) 法院。

由于时间有限，我不会详细探讨这些活动。简单来说，它们表明了非洲人权得到实质性承认和发展。

虽然我提到的非统组织和非盟条约对于非洲人权的生态至关重要，但我还要特别提及《非洲人权和人民权利宪章》。作为非洲人权制度的基础文件，它的确立是非洲人权发展的一个里程碑。我将其简称为《非洲人权宪章》，在某种程度上，《非洲人权宪章》的实质性规定与其他主要国际和区域人权文书中的类似规定相符，例如《公民权利和政治权利国际公约》(ICCPR)，《经济、社会和文化权利国际公约》(ICESCR)，《美国人权公约》（美国公约）和《欧洲人权与基本自由公约》（欧洲公约）。

《非洲人权宪章》包含详尽的规定，对所有领域的人权进行实质性保护，而又不受公民和政治权利与经济、社会、文化权利之间的传统鸿沟的束缚，人权仍然是所有个人都有权享有的一项独特的典型权利。

非洲人权和人民权利委员会 (非洲委员会) 是该地区第一个人权机构。《非洲人权宪章》和非洲委员会共同构成了人权法及其在非洲实践和发展的基础。非洲委员会在非洲大陆的人权执行方面开展了重要工作, 负责促进和保护人权, 监督对《非洲人权宪章》的解释。

二、美洲

美洲人权保护系统负责监督、促进和保护属于美洲国家组织 (OAS) 的美洲独立国家的人权。《美洲人权公约》于1969年11月22日在哥斯达黎加圣何塞通过, 但直到1978年7月才生效。《美洲人权公约》中的条款着重于所有个人的公民权利和政治权利, 但《公约》第26条承诺各国逐步实现经济、社会和文化权利。

像非洲委员会一样, 美洲人权委员会 (IACHR) 要应对美洲国家组织35个成员国的人权状况和侵犯人权行为。美洲人权法院是美洲人权制度的司法机关。目前, 美洲国家组织中有23个成员国是《美洲人权公约》的缔约国, 20个成员国选择接受法院的管辖权。

美洲国家组织的成员包括: 阿根廷、巴巴多斯、玻利维亚、巴西、智利、哥伦比亚、哥斯达黎加、多米尼加共和国、厄瓜多尔、萨尔瓦多、危地马拉、海地、洪都拉斯、墨西哥、尼加拉瓜、巴拿马、巴拉圭、秘鲁、苏里南和乌拉圭。

三、亚洲

东盟政府间人权委员会 (AICHR) 在东南亚国家联盟 (ASEAN) 的主持下于2009年10月成立, 该政府间组织有10个成员国: 文莱达鲁萨兰国、柬埔寨、印度尼西亚、老挝、马来西亚、缅甸、菲律宾、新加坡、泰国和越南。2012年11月18日, 东盟通过了《东盟人权宣言》, 该宣言被称为"发展区域人权事业的路线图"。

四、中东和北非

在中东和北非 (或阿拉伯国家), 阿拉伯人权委员会监管各国执行《阿拉伯人权宪章》，该宪章于2008年3月生效。截至2019年2月，《阿拉伯人权宪章》有15个缔约国：阿尔及利亚、巴林、埃及、伊拉克、约旦、科威特、黎巴嫩、利比亚、巴勒斯坦、卡塔尔、沙特阿拉伯、苏丹、叙利亚、阿拉伯联合酋长国和也门 (请参阅阿拉伯国家联盟的阿拉伯文正式批准清单)。叙利亚原是阿拉伯国家联盟的22个成员国之一，自2011年以来已被该组织中止成员国身份。

五、分析

这些区域人权制度的成员国符合我在开头概述的"发展中国家"定义。在整个1990年代，关于人权与发展的辩论日益融合。在一定程度上，这些区域人权制度的建立对国际法律文书中所拥护的人权"普遍性"提出了挑战。这些地区在自己的区域背景下建立了权利制度。例如，《东盟宣言》第7条要求"牢记不同的政治、经济、法律、社会、文化、历史和宗教背景，在区域和国家的范围内考虑权利"。

以往，围绕人权的许多辩论和实践都局限于关于个人或私人权利的所谓的"第一代"人权，有时被称为公民权利和政治权利，而关于经济、社会和文化权利的辩论和实践则较少。尽管这些权利被认为是不可分割的，但经济、社会和文化权利在发展中国家引起了更大的吸引力和共鸣。鉴于发展中国家的文化和历史，奴隶制和殖民主义导致了不发达，关注经济、社会、文化这套权利是合乎逻辑的。

需要明确的是，这两种权利其实是不可分割的。如果一个政府的目的是为所有公民提供福利和安全，那么政府在承诺仅执行公民权利和政治权利时就无法实现这一目标。未实现经济、社会和文化权利给享有公民和政治权利制造了障碍。例如，文盲、无知和贫穷是实现公民权利和政治权利的障碍。对于发展中国家的许多农村居民，乃至城市贫民来说，缺乏认识或方法，使他们无法主张自己的权利。因此，即使是仅对保护公民权利和政治权利感兴趣的社会，也应将经济、社会和文化权利作为实现前者的实际手段予以优先考虑。

因此，如果要在全球范围内基本实现人权，甚至要实现可持续发展目标 (SDGs)，必须认真对待"发展权"。发展与人权之间的联系是显而易见的。《发展权利宣言》将"发展"描述为"经济、社会、文化和政治的全面进程,其目的是在全体人民和所有个人积极、自由和有意义地参与发展和利益的公平分配的基础上,不断改善的他们的福利……"

人们认识到了经济和社会权利的重要性。《阿拉伯宪章》第37条规定:"发展权是一项基本人权。"

术语"发展中国家"是相对于"发达国家"而言。发展中国家工业化程度较低,没有与发达国家相同的资源。享受人权来之不易,即使是公民权利和政治权利,也要付出巨大的代价。

不要忘记,在发展中国家,"成本"之一来自与殖民主义的解放斗争。只有自由的国家才能享有权利。对此,应该承认中国在支持实现这两种权利方面的作用。首先,中国支持非洲的解放斗争,并因此帮助消除了剥夺这些国家公民的平等权利的压迫性殖民体系。现在,独立国家正在努力建立民主的治理体系。挑战必然存在,这种过渡需要时间。

其次,中国支持这些发展中国家独立后的政府。有人认为,由于发展中国家的社会经济问题(由不发达引起),不能合理地期望他们实现经济、社会和文化权利。在这方面,中国通过向独立后的政府提供支持来协助其实现经济、社会和文化权利。中国已经投资了经济和社会项目。

简而言之,人权的经济代价高昂。对人权适用或不适用的批评者(主要来自西方国家)必须从实践出发而不是纸上谈兵,承认人权的不可分割性首先要帮助实现经济、社会和文化权利。

六、去殖民化权利

我简要提及下近年来出现的与此有关的有趣讨论。在学术领域,尤其是在西方学术界,人权的背景现已得到认可。近年来出现了一种以"去殖民化"教育(包括人权教育)为旗帜的讨论。在国际法和人权教育研究中,这种学术研究正在挑战西方观点的霸权。这是一个积极的发展。在欠发达和殖民主义(让我们不要忘记西方国家自身所犯下的罪行) 的背景下, 发展中国家已经通过在各自的范围内制定权利, 优先考虑对他们重要的事情, 在"去殖民化人权"方面作出了努力。人权教育的"去殖民化"将关注国际法的其他观点, 并将人权置于相关背景中考虑。

七、结论

最后, 发展中国家多年来建立了健全的人权制度。我简要概述了发展中国家区域内的一些区域人权制度的发展。这些区域人权保护机制是促进和保护人权的国际体系的重要支柱。通过建立区域人权制度, 可以说发展中国家将人权讨论"去殖民化", 并挑战了人权普遍主义的概念。人权条约与国际人权文书有一些相似之处, 而区域条约在本质上是独特的。这些机制在发展中国家的背景下运作。我试图建立公民权利和政治权利与经济、社会和文化权利之间的联系。在我看来, 为了享有公民权利和政治权利, 必须获得经济和社会权利, 这是理所当然的。在这方面, 发达国家可以通过为实现这一目标提供支持而发挥作用。

(作者布丽吉特·穆塔布瓦系中国外文局北京周报社英文编辑)

国际人权法的发展及中国对世界人权事业的贡献

[中国] 迟德强

一、国际人权法的形成及国际人权保护体系

二战前，人权主要是各国国内管辖的事项，属于一国内政的范畴；国际社会只在少数者保护、废除奴隶贸易、劳工保护、国际人道法等少数领域适用国际法进行规制。二战后，基于战争给人类带来的惨痛教训，国际社会有识之士意识到保护人权于维持世界和平安全的重要意义，因此在1945年制定的《联合国宪章》中纳入人权条款，将促进对人权的尊重和基本自由的保护规定为联合国的宗旨，并在宪章第56条中将实现该项宗旨作为联合国各成员国的一项义务，由此为国际人权法的形成奠定了基础。尤其是1948年《世界人权宣言》的通过，标志着人权不再单纯是各国国内管辖的事项，而成为国际社会的共同关注。

经过七十多年的发展，国际人权法体系已经建立。国际人权法体系由具有法律拘束力的条约、公约以及不具有法律拘束力的宣言、纲领等软法性文件共同构成，既有适用于全球层面的文件，亦包括区域组织制定的适用于区域层面的文件。在整个国际人权法体系中居于中心地位的是9个核心人权公约：《消除一切形式种族歧视国际公约》《公民权利和政治权利国际公约》《经济、社会和文化权利国际公约》《消除对妇女一切形式歧视公约》《儿童权利公约》《禁止酷刑和其他残忍、不人道或有辱人格的待遇或处罚公约》《保护所有人免遭强迫失踪国际公约》《保护所有移徙工人及其家庭成员权利国际公约》《残疾人权利公约》。

	缔约国	签署国
消除一切形式种族歧视公约（1965）	182	88
公民权利和政治权利国际公约（1966）	173	74
经济、社会和文化权利国际公约（1966）	171	71
废除一切形式对妇女歧视公约（1979）	189	99
禁止酷刑和其他残忍、不人道或有辱人格的待遇或处罚公约（1984）	171	83
儿童权利公约（1989）	196	140
保护所有移徙工人及其家庭成员权利国际公约（1990）	55	39
保护所有人免遭强迫失踪国际公约（2006）	63	98
残疾人权利公约（2006）	182	164

二、中国参加国际人权公约及履行情况

中国一贯支持和赞成《世界人权宣言》，积极参加各项人权公约。截至目前，中国已参加26项国际人权公约及相关议定书。

1997年和1998年中国政府分别签署《公民权利和政治权利国际公约》和《经济、社会和文化权利国际公约》，是中国在人权保护方面与国际标准相一致的重大进展。尽管中国尚未批准《公民权利和政治权利国际公约》，但有关部门正在积极稳妥地推进立法、行政和司法改革，如废止了劳动教养制度、严禁刑讯逼供等；全国人大及其常委会对《刑法》《刑事诉讼法》等相关法律进行了多次修改，例如，2015年通过的《刑法修正案（九）》又取消了9个罪名的死刑（《刑法修正案（八）》取消了13个罪名的死刑），严格控制和慎重适用死刑，并提高了死刑适用标准，最高人民检察院成立死刑复核检察厅，严格死刑复核法律监督程序；《刑事诉讼法》明确规定了公开审判、非法证据排除、无罪推定、律师辩护、禁止刑讯逼供等保障被告人合法权利的制度。在选举权和政治参与、监督权、宗教信仰自由、言论及新闻自由等政治权利方面，中国也取得为世人所瞩目的成就，如中国建立了最大规模的基层民主选举体系，越来越多的妇女参政议政，强化了对宗教信仰自由和宗教界合法权益的保障，依法保护言论及新闻自由等。这些都是为中国未来批准《公民权利

和政治权利国际公约》做准备。

2001年中国批准《经济、社会和文化权利国际公约》，中国认真履行公约中各项义务，采取立法、司法、行政等适宜措施，保障公民充分享有和实现各项经济、社会和文化权利。按照公约要求，中国政府于2003年向联合国经济、社会和文化委员会提交首次履约报告，于2010年提交第二次履约报告。随着中国经济的迅速发展，中国政府在保障公民享有经济、社会、文化权利方面采取积极措施，加大财政投入，取得了举世瞩目的成绩，例如精准扶贫和精准脱贫，实现充分就业，社会保障水平大幅提高，加大教育投入、大幅提高义务教育普及率，保障农民工子女、残疾人等群体受教育权，提高公共卫生服务的可获得性和公平性，将生态文明建设纳入人权保障体系等。

在上述9个国际核心人权公约中，除了《经济、社会和文化权利国际公约》外，中国还批准了《消除一切形式种族歧视公约》《儿童权利公约》《消除对妇女一切歧视公约》《禁止酷刑和其他残忍、不人道或有辱人格的待遇或处罚公约》和《残疾人权利公约》；根据公约要求，中国政府向依公约设立的委员会提交履约报告及参加对履约报告的审议，如联合国儿童权利委员会对履行《儿童权利公约》第三、四次合并报告，联合国消除对妇女歧视委员会对履行《消除对妇女一切形式歧视公约》第七、八次合并报告及联合国禁止酷刑委员会对履行《禁止酷刑和其他残忍、不人道或有辱人格的待遇或处罚公约》第六次报告的审议。2017年，中国分别向禁止酷刑委员会和消除对妇女歧视委员会提交后续行动的答复材料，为澳门特区提交执行《公民权利和政治权利国际公约》情况的首次报告审议后续行动报告，向联合国消除种族歧视委员会提交《消除一切形式种族歧视国际公约》第十四至十七次合并履约报告并于2018年8月接受审议。

三、中国对国际人权事业的贡献

新中国成立以来，尤其是改革开放以来，中国政府拨乱反正，确立以经济建设为中心、全面改革开放的大政方针，大力发展经济，国民经济得以迅速发展，为中国人民充分享有人权奠定了坚实的物质基础。中国在人权的理论和实践中不断探索，为世界人权事业作出了独特的贡献。

（一）中国特色社会主义人权理论为国际人权理论注入新鲜血液

人权思想源自西方启蒙思想家，历经资产阶级革命及其后数百年发展，西方人权理论已经发展为一套成熟、完整的理论体系并一直在国际人权领域占据主导地位，几乎垄断了国际人权的话语权，体现在国际人权立法中很少听到发展中国家的声音，难以反映广大发展中国家的诉求。国际人权立法所确立的国际人权标准实质上等同于西方人权标准。

尽管中国古代也有人权思想的萌芽，但中国长达几千年的封建社会并不具备人权思想生长、壮大的土壤。在近代，西方人权思想开始传入中国并对中国的历史进程产生一定的影响，但总体来说，中国对人权理念的接受还是较为缓慢的，新中国成立之前中国一直处于封建社会以及半殖民地半封建社会，人民处于被统治、被压迫的悲惨境地，人民的人权意识淡薄。新中国成立后，人民翻身做主，获得国家主人翁的地位，人民的人权意识才真正开始觉醒。"文化大革命"十年浩劫对人权的践踏给中国带来了深刻的教训，使人们意识到健全社会主义法治、保护人权的重要性。党的十一届三中全会果断纠正历史错误，提出全面改革开放的方针政策，以经济建设为中心，从计划经济体制过渡到社会主义商品经济进而过渡到社会主义市场经济体制，深化所有制改革，在继续发挥大中型国有企业的领头军作用同时，进一步鼓励和释放中小企业和私营经济的活力；吸引外资和发达国家先进的技术和管理经验，扩大和加快对外开放的步伐，人力发展国际贸易和对外投资。经过40余年的发展，中国已成为世界第二大经济体，这为中国人民充分享有人权奠定了坚实的物质基础。随着改革的深入、经济的发展和对外开放的扩大，人民的法制观念和人权意识不断增强，特别是2001年中国批准《经济、社会和文化权利国际公约》和2004年人权入宪，标志着中国的人权保护事业迈上一个新的台阶；同时中国的人权研究也蓬勃开展，提出中国特色的社会主义人权理论并逐渐得以完善。

中国特色社会主义人权理论是中国特色社会主义理论的重要组成部分，是马克思主义理论中国化的成果。中国特色社会主义人权理论植根于中国国情，是人权普遍性和特殊性的有机统一。中国特色社会主义人权理论并不否定人权的普遍性，承认普遍性国际人权标准对于人权保护的重要意义，但同时认为，人权与一个国家的历史传统、文化、宗教、价值观念、资源以及经济发展程度等密切相关，人权的享有水平和程度存在差异，实现人权的具体方法手段和模式也不尽相同，人权有其特殊性。在中国特色社会主义人权理论的指引下，中国一方面加快国内人权立法进程，制定了《民法总则》《反家庭暴力法》《慈善法》《公共服务文化保障法》《环境保护税法》等新法律，并修改了《刑法》《计划生育法》《教育法》《环境保护法》《民事诉讼法》等已有法律，建立了以宪法为核心、以法律为主干，包括行政法规、地方性法规在内的保障人权的综合法律体系；另一方面，中国积极参与国际人权立法，已批准了包括《经济、社会和文化权利国际公约》在内的26个国际条约，在人权理事会等国际场合不断阐释中国的人权主张，扩大中国在国际人权领域的话语权。

中国特色社会主义人权理论打破了长期以来西方人权理论在国际人权领域的垄断局面，丰富了国际人权理论，为广大发展中国家提供了有益的启示。

（二）强调主权对人权保护的重要性

主权与人权的关系问题，即究竟是人权高于主权还是主权高于人权的问题，一直是国际人权保护的争议焦点。西方学术界提出"人权高于主权"的学说，其实质是限制甚至否定国家主权原则，从而为西方国家对外进行干涉提供法理依据。从20世纪80年代末开始，随着全球化的不断深入，人权高于主权的理论甚嚣尘上。从20世纪末到21世纪初先后发生的科索沃战争、阿富汗战争、伊拉克战争、利比亚战争这些所谓的"人道主义干涉"活动，干涉国无一不是从人权高于主权的理论中寻找依据的。

中国自1840年鸦片战争以来沦为半殖民地半封建社会，国家主权丧失殆尽，外忧内患，战乱频仍，民不聊生，人民深受帝国主义的奴役、压迫，人权根本无从谈起。经过近百年艰苦卓绝的斗争，推翻了国民党的反动统治和帝国主义的奴役、压迫,国家主权得以全面恢复,中国人民终于获得解放,开始当家作主。正是基于中国所遭受这段屈辱的历史教训,新中国成立后,特别珍视来之不易的主权,在国际关系中一贯坚持国家主权原则,不以任何借口及任何形式干涉别国内政。在主权与人权的关系问题上,中国坚持国家主权对于人权保护的重要意义,"皮之不存,毛将焉附",失去国家主权,人权保护必将成为一纸空谈;同时,中国也承认国家主权在保护人权方面的责任和义务,一直采取各项措施,将保护人权的承诺落实到实践中来,切实改善人权享有的条件。

(三)坚持以对话而非对抗的方式解决人权争议

二战结束后,以美国为首的西方阵营与以苏联为首的东方阵营旋即步入"冷战"阶段,东西方意识形态的对立也反映在人权领域的激烈对抗上;同时,南北方国家之间的发展差异,也使南北方之间在人权领域的分歧加大。西方世界一贯以"人权卫士"自居,动辄对他国的人权问题指手画脚,轻则予以批评、谴责,重则甚至使用武力横加干涉。20世纪90年代随着苏联的解体和东欧剧变,冷战结束,东西方之间在意识形态领域的对立大为缓和,但以美国为首的西方国家仍然固守冷战思维,在国际关系中使用人权外交,奉行双重标准,对自己存在的人权问题视而不见,却频频以人权为借口干涉他国内政,挑起在人权领域的对抗,试图将自己的标准强加于他国。

中国则一贯反对将人权政治化,反对人权领域的霸权主义,在国际关系中不以任何借口(包括人权)干涉他国内政,包括在对外援助中不附加任何政治条件,主张通过对话而非对抗的方法解决各国之间在人权问题上的争议。各国由于国情不同,各自的历史传统、文化、宗教、资源可及性以及经济发展水平等存在差异,因此对人权的认识、实现方法等存在争议弥足正常。实践证明,西方国家试图以对抗的方式解决这些人权争议,往往会引发有关国家的抵制情绪,进一步加深和激化有关国家的矛盾,无助于达成西方国家所称的促进对人权的保护和基本自由的尊重,甚至有些情况下,还会恶化有关国家的人权形势。中国主张通过对话的方式解决人权争议,有关国家在相互尊重、平等自愿的基础上友好协商,开诚布公,直面人权领域存在的问题，则有助于弥合在人权问题上的分歧，找到解决争议的答案，从而真正有效地促进对人权和基本自由的尊重和保护。中国的实践为通过对话解决人权争议提供了可兹参考的范例。中国已加入26项国际人权条约，一直根据有关条约规定，积极履行条约规定的报告义务，向条约下设的相关机构提交条约履行情况报告，并认真接受相关机构的建议，对条约履行中存在的问题予以纠正。联合国人权理事会2006年成立后确立了普遍定期审议机制，中国以认真、开放和坦诚的态度接受人权理事会对中国人权状况的审议，现已接受人权理事会三轮国别人权审查。中国欢迎善意批评和建设性建议，对于所提出的这些建设性建议，中国将通过采取政治、经济和社会战略和方案，全面实施已接受的建议和其他建议中的合理成分。中国作为人权理事会成员，也积极参与对其他国家人权状况的审议，在审议中恰当运用赞扬、关切、声援与呼吁、询问、建议等手段，发挥建设性作用，积极开展人权交流、合作、对话和斗争，赢得了广大被审议国家的赞扬和支持，对被审议国家人权状况的改善起到积极促进的作用。

（作者迟德强系山东大学法学院副教授）

柬埔寨的人权发展

［柬埔寨］ 秦马林

今年是柬埔寨推翻波尔布特的种族灭绝政权，获得解放的40周年。波尔布特政权完全剥夺了包括生命权在内的所有柬埔寨人的人权。柬埔寨政府摆脱了1979年模糊的生死线，决心并始终致力于保护柬埔寨，不允许柬埔寨再次陷入种族灭绝、反人类罪以及无休止的干涉主义武装斗争这样黑暗、残暴的时代。不论是过去还是现在，实现每位公民有权享有的基本人权都是政府的首要任务。

众所周知，柬埔寨曾被认为是一个不安全的地方，是一片危险的雷区，但它现在已经成为一个享有全面和平的国家，一个每年接待数百万游客的东南亚热门旅游目的地，也是一个文化展台。柬埔寨曾因武装权力斗争和政府更迭闻名，但是它现在定期举行自由、公平、公正的选举，允许公民选择国家领导人，是一个坚定遵守自由多党民主原则的国家；一个严格遵守法律原则的法治国家；一个完全独立、领土完整的主权国家。

1991年的《巴黎和平协定》结束了柬埔寨长达几十年、消耗国力的内战。然而，直到1998年，在首相洪森的双赢政策下，全国才实现全面和平。

伴随全面和平而来的是发展。从经济上来说，柬埔寨曾被认为是一个陷入贫困和粮食不安全的经济欠发达国家。现在，柬埔寨已成为一个粮食出口国，是世界上增长最快的经济体之一，在减贫和改善社会指标方面表现出色。过去20年中，柬埔寨的平均增长率达到了7%，并在2016年成为中低收入经济体。如果能够维持这一增长率，柬埔寨很可能在2025年后摘掉最不发达国家的帽子。

就保护和促进人权而言，柬埔寨一贯承诺与联合国合作，这一点有据可查。柬埔寨采取了广泛的机制,如始终保留特别报告员和联合国人权事务高级专员办事处(OHCHR)、参与普遍定期审议(UPR)以及承担向各条约机构机制报告的义务。柬埔寨是联合国八项核心人权条约的缔约国,毫无保留地批准了这些条约,也是亚洲唯一一个设有人权事务高级专员办事处外地办事处的国家。

就第三轮普遍定期审议而言,柬埔寨王国政府接受了收到的198项建议中的173项(相当于87%),记录并合理回应了其余的25项建议。如此高的建议接受率进一步反映出政府已经并将继续在促进和保护人权方面所做的坚定承诺和采取的认真态度。除此之外,柬埔寨人权委员会、联合国驻柬埔寨办事处以及日内瓦的普遍定期审议资讯组织最近共同举办了一次全国研讨会,传播和落实2019年的普遍定期审议建议。值得强调的是,此次研讨会是有史以来第一次由政府代表、公民社会组织和发展伙伴等所有利益攸关方参与的、在柬埔寨全国传播普遍定期审议建议的活动。

为改善政治氛围和民主空间,使公民能够本着民族和解精神行使其合法权利并享有自由,柬埔寨王国政府最近采取了以下具体行动和措施:

2018年7月29日,国民议会第六届立法机构进行了自由、公平、和平和透明的选举。20个政党登记参选,83.02%的登记选民参与了投票,表达了希望看到柬埔寨能够继续在和平、稳定、民主和法治的道路上走下去的愿望。

对违反法律的政党采取合法行动是民主国家坚持法治原则、加强民主进程和维护和平与稳定的常规流程,是长期可持续社会经济发展的基础。

王国政府坚定致力于在社会发展的所有方面与公民社会组织建立真正的伙伴关系。柬埔寨希望能够提及联合国特别报告员罗娜教授提出的几个积极问题。她对最近在内政部领导下成立政府工作组,定期与公民社会协商的做法表示了欢迎。

王国政府一贯重视根据宪法和现行法律促进新闻自由和言论自由。首相每年定期与柬埔寨媒体举行一次会面,以加强政府和媒体之间的合作及其伙伴关系。

柬埔寨王国政府期待所有相关利益攸关方能够提供支持,为上述努力作出贡献,确保一个充分尊重法治、民主和人权的和平与和谐社会。

包括发展权在内的所有人权都不可分割。人权问题必须在全球范围内通过建设性、非对抗、非政治化和基于对话的方法来解决。考虑到每个国家的政治、历史和社会背景,尊重国家主权和领土完整、不干涉国家内政、保证公正与非选择性已被视为促进人权的指导原则。

为进一步增进和保护本国的人权,柬埔寨仍然致力于加强与所有联合国人权机制和相关利益攸关方的密切合作与建设性伙伴关系。但是与此同时,我们也建议所有合作与伙伴关系都应以相互尊重为基础。《联合国宪章》第二条第七项明确规定,应避免干涉会员国国内管辖范围内的事务。

(作者秦马林系柬埔寨人权委员会副主席)

中国在促进国际人道主义保护领域的相关主张与实践

[中国] 冯洁菡　邱慧心

一、保护的责任

"保护的责任"是20世纪初出现的一个新概念。2005年联合国世界首脑会议成果文件对保护责任作出了非常谨慎的描述。《成果文件》将"保护的责任"的适用范围严格限于"种族灭绝、战争罪、种族清洗和反人类罪"等四种严重的国际罪行。[1]中国一贯支持该原则所体现的国际道德共识,同时主张具体适用时应持审慎态度:[2]

第一,应遵守国家主导的原则。国家负有保护本国公民的首要责任。国际社会在必要时可提供建设性援助,并根据所涉国家的情势采取适当措施,但必须首先尊重国家的主导。关键在于增强能力,包括增强国内管理能力,增进司法协助,以及促进对话与和解。同时,应遵守《联合国宪章》的宗旨和原则,遵循国家当家作主和主导的原则,尊重危难国家的司法传统和民族实情,并避免对所涉国家的国内情势造成消极影响。以人权和人道主义援助为托辞的滥用,是对国家主权的侵犯,与保护责任的目标背道而驰。

第二,应全面履行2005年联合国世界首脑会议成果文件。成果文件清晰地界定了"保护的责任"的概念,规定"保护的责任"的适用应限于种族灭绝、战争罪、种族清洗和反人类罪等四种国际罪行。不应对该概念作扩大或任意解释。联合国应继续就"保护的责任"的概念进行对话和阐述。

---

[1]　2009年7月24日中国代表在第63届联合国大会关于"保护的责任"问题全会上的发言。

[2]　参见2015年9月8日中国代表在联合国大会关于"保护的责任"非正式互动对话上的发言。

第三，在履行"保护的责任"时，各国应根据国家的具体情况及其需求采取相关政策和机制。各国应更多地致力于预防和解决冲突。中国此前提倡在危机的早期阶段采取适当及合理的措施，并通过和平方法，例如谈判和对话解决争端。这些应成为履行"保护的责任"，并防止残暴罪行的重要组成部分。国际社会应对有需求的国家提供建设性援助，以为预防性外交创造国家合力。

第四，在采取预防性行动时，应优先考虑对话、谈判和调停等和平方法。中国随时准备与国际社会共同协作，以全面履行2005年联合国世界首脑会议成果文件所规定的目标。中国承诺促进联合国在维持和建设和平领域的重要作用，并促进发展，以实现全球规模的和平、稳定与发展。

第五，国际社会应优先使用和平手段解决问题。采取强制性措施、授权使用武力只能是用尽一切和平手段后的选择，并应满足《联合国宪章》设定的条件。国际社会为保护平民采取军事行动应事先得到安理会授权，且需严格限定执行条件和方式。[1]

二、武装冲突中对平民及弱势群体的保护

当前国际安全形势仍然复杂严峻，武装冲突持续不断，恐怖主义活动猖獗，一些国家和地区的人民仍然生活在战争和冲突的阴影之下，平民及弱势群体的保护问题日益突出，受到了国际社会的高度重视，如武装冲突中的性暴力、绑架儿童和利用儿童实施恐怖袭击等问题更是层出不穷，动荡地区儿童流离失所现象更趋严重。中国积极参与联合国安理会关于各类人道主义保护事项的讨论，并提出如下主张：

（一）预防和解决冲突是从根源上消除对平民及弱势群体权益的侵害

中国认为，若要从根源上消除武装冲突对平民及弱势群体权益的侵害，国际社会应当首先加强冲突的预防和解决，这也是《联合国宪章》赋予安理会的神圣职责。为此，中国提出应从以下几个方面增强预防和解决冲突的系统性、综合性和针

---

[1] 参见"姚绍俊参赞在联大关于'保护的责任以及预防种族灭绝、战争罪、种族清洗和反人类罪'全会上的发言"，2018年7月4日。

对性：

首先，应着力构建更有利于预防冲突的国际大环境，树立共同、综合、合作、可持续的新安全观。各国应树立人类命运共同体意识，构建"对话而不对抗、结伴而不结盟"的全球伙伴关系。[1]与此同时，国际社会还应重视冲突根源性问题的解决，如极端贫困、发展失衡、资源匮乏和民族与部族矛盾等。因此，弘扬和平文化，加强各民族之间文明与文化交流，全面落实2030年可持续发展议程，推动实现共同发展，是努力营造和平、稳定的国际环境的重要一步。[2]

其次，联合国各机构应各司其职，在预防冲突和建设和平方面形成合力。[3]如安理会作为集体安全机制的核心应坚持政治解决热点问题的大方向，根据《联合国宪章》宗旨和原则协助有关冲突国家推进和平进程及民族和解，和平解决争端。[4]联合国还应进一步加强同区域和次区域组织之间的合作，支持其为推进对话协商、斡旋和调解热点问题发挥更大独特作用，[5]帮助当事国在冲突中增强保护平民的能力，如充分发挥非盟等区域组织和国际人道救援机构的优势和作用，加强信息通报与政策沟通等。

最后，在解决冲突和在冲突中进行人道主义保护的过程中还应明确，要以当事国政府和冲突各方为主导。联合国援助行动及维和行动不仅应严格遵循安理会授权，更应明确其只是加强对平民及弱势群体保护的手段，不能取代当事国政府和冲突各方履行保护平民的主要责任和义务。因而，安理会制定授权时，应综合考虑当事国情况和需求，综合施策，形成合力。

（二）打击武装冲突中的性暴力，推进全球妇女事业的不断发展

针对武装冲突中频发的性暴力事件，除了上述要以和平手段预防和化解武装冲突之外，国际社会应着力在推进和平进程的各个阶段，确保妇女有充分的参与

---

[1] 参见常驻联合国副代表吴海涛大使在安理会"预防冲突与持续和平"部长级公开会上的发言，2017年1月10日。
[2] 参见常驻联合国代表刘结一大使在安理会"武装冲突中保护平民及医疗人员和设施问题"公开会上的发言，2017年5月25日。
[3] 参见常驻联合国副代表吴海涛大使在安理会"预防冲突与持续和平"部长级公开会上的发言，2017年1月10日。
[4] 参见常驻联合国副代表吴海涛大使在安理会打击武装冲突中性暴力问题公开会上的发言，2017年5月15日。
[5] 参见常驻联合国代表刘结一大使在安理会人权与预防武装冲突问题公开会的发言，2017年4月18日。

权和决策权，重视发挥其独特优势，切实解决其安全关切，推动妇女成为缔结和平的主要力量。

同时，国际社会还应尊重当事国主权和意愿，尊重当事国政府根据本国国情采取的各项措施，积极向当事国提供建设性帮助，增强其安全、经济、治理等各方面能力建设，推动其落实好有关妇女、和平与安全问题安理会和联大决议，增强当事国打击冲突中性暴力的能力。安理会则应充分发挥维护国际和平与安全的首要职责，同联大、经社理事会、建设和平委员会和联合国妇女署等相关机构加强协调，共同处理妇女、和平与安全领域问题。联合国维和行动应继续对维和人员性侵犯问题采取"零容忍"政策。维和行动出兵国和出警国应继续加强对维和人员相关培训，增强维和人员保护妇女儿童意识，扩大妇女参与维和行动。[1]

（三）保护武装冲突中的儿童权益，营造和谐安定的儿童成长环境

针对武装冲突与儿童权益保护问题，中国认为，首先是要打击一切形式的恐怖主义，防止儿童受到伤害。国际社会应对恐怖主义零容忍、无差别，坚决打击恐怖组织杀害、虐待和绑架儿童等罪行。国际社会应采取有效举措，共同打击恐怖组织利用互联网、社交媒体等传播暴恐音视频、从事招募和煽动暴力极端行为的活动，防止儿童受到恐怖极端思想毒害。要重视发挥家庭、学校和社区作用，帮助儿童抵御恐怖极端思想侵蚀。

在国际人道主义援助方面，应当加大对受武装冲突影响的儿童提供帮助。联合国开发计划署、世界卫生组织和世界粮食计划署等国际组织应当在尊重当事国主权的前提下，与当事国政府加强对话与沟通，与区域、此区域组织加强合作与配合，向受武装冲突影响的儿童提供食品、医疗、教育等人道主义援助。

最后，还应当关注受武装冲突影响儿童的冲突后重建工作。在冲突后重建过程中，注意帮助受武装冲突影响的儿童顺利重返社会，为儿童健康成长提供有利的安全和社会环境。联合国儿童基金会、教科文组织和世界银行等相关机构应发挥各自优势，加强协调合作，支持冲突当事国为消除贫困、普及教育、促进可持续发展

---

[1]　参见常驻联合国副代表吴海涛大使在安理会打击武装冲突中性暴力问题公开会上的发言，2017年5月15日。

所作的努力。[1]

（四）保护武装冲突中的平民及医疗人员，促进人道主义救援顺利进行

保护平民是当事国政府和冲突各方义不容辞的责任。中国主张，各国政府对保护本国平民负有首要责任。冲突各方均应遵守国际人道法，落实包括安理会第2286号决议在内的相关决议，履行保护平民及医疗人员和设施的义务，确保人道准入。对于武装冲突受害者，当事国政府和社区有责任保护其合法权益和尊严，帮助他们重新融入社会。对武装冲突中侵犯人权、威胁或攻击医疗人员和设施安全等违反国际人道法行为，当事国应依法调查和惩处。联合国则应充分发挥协调作用，同冲突各方保持沟通，对人道救援人员等加强指导，为实现及时、安全的人道准入创造条件。

中国认为，一方面，医疗人员和人道救援机构在武装冲突中救死扶伤的人道主义精神是值得赞颂和肯定的，但另一方面也需要谨记，只有妥善开展的，坚持《联合国宪章》宗旨，遵循联合国人道救援指导原则，尊重当事国主权和领土完整的救援行动，才能赢得各方理解和信任，避免卷入冲突，也更有助于保障冲突地区医疗人员和设施及人道工作者的安全。[2]

三、打击武装冲突中的人口贩运

（一）打击贩运人口问题

贩运人口是一个全球性的突出问题，任何国家都不可独善其身。中国一贯支持国际社会加强合作共同应对人口贩运，并强烈谴责贩卖人口，特别是拐卖妇女和儿童的行为。为此，中国呼吁国际社会应从四个方面做好打击人口贩运的工作，即"全面落实2030年可持续发展议程，从根本上铲除贩运人口罪行滋生的土壤"、"建立健全工作机制，做好预防、打击和救助、康复工作"、"加强国际执法合作，发挥区

---

[1] 参见常驻联合国代表团临时代办吴海涛大使在儿童与武装冲突问题安理会公开辩论会上的发言，2017年10月31日。

[2] 参见常驻联合国代表刘结一大使在安理会"武装冲突中保护平民及医疗人员和设施问题"公开会上的发言，2017年5月25日。

域和此区域组织作用"，以及"切实保障受害者合法权益，加强各国对受害者的救助和保护"。

不仅如此，中国还高度重视打击贩运人口工作，认真落实《联合国打击跨国有组织犯罪公约关于预防、禁止和惩治贩运人口特别是妇女和儿童行为的补充议定书》，并分别于2007年、2013年发布和实施了《中国反对拐卖妇女儿童行动计划（2008–2012年）》《中国反对拐卖人口行动计划（2013–2020年）》。2009年，中国成立了由33个部门组成的国务院反拐部际联席会议制度，完善以政府为主导、社会各界力量广泛参与的工作机制，为预防和打击贩运人口、救助和保护受害者提供了坚实的体制保障。[1]

（二）武装冲突中的人口贩运问题

关于武装冲突中的人口贩运问题，中国坚决反对一切形式的武装冲突中人口贩运，并指出其实质上与恐怖主义和移民、难民问题紧密相连。因此，中国在联大打击贩运人口问题高级别会议一般性辩论上特别指出，应对武装冲突中的人口贩运问题应当从以下几个方面着手：[2]

第一，加大力度打击冲突地区贩运人口和奴役问题。一方面，国际社会应积极支持当事国打击有关犯罪活动的努力，根据当事国国情和要求帮助其有针对性地加强执法、边境管理、资金监管等能力建设。另一方面，应加强国际合作，特别是执法合作，发挥区域和次区域组织作用，集中各种资源调查、瓦解和捣毁有关贩运网络，同时鼓励联合国毒罪办、妇女署、国际移民组织等联合国机构和国际组织根据自身职责和专业特长向有关冲突国家提供资金、人力和技术等援助。

第二，重视打击恐怖主义。"伊斯兰国"等恐怖组织利用贩运人口、强迫劳动和奴役等获取资金，手段残忍。国际社会应当坚持反恐统一标准，采取协调一致行动，对恐怖主义零容忍，坚决打击恐怖组织贩运、剥削、奴役冲突地区民众特别是妇女儿童的罪行，综合运用政治、经济等手段，彻底切断恐怖组织利用贩运人口和

---

[1] 参见常驻联合国副代表吴海涛大使在联大打击贩运人口问题高级别会议一般性辩论上的发言，2017年9月28日。

[2] 参见常驻联合国代表刘结一大使在安理会武装冲突地区贩运人口和奴役问题部长级公开会上的发言，2017年3月15日。

非法奴役获利的资金链条，摧毁其犯罪网络。与此同时，还应当采取有效措施，打击恐怖组织利用互联网传播恐怖音视频、从事招募和煽动等活动，防止冲突地区民众被恐怖极端思潮蒙蔽，从而成为贩运人口等罪行受害者，并要确保受害者和幸存者得到救助，帮助其尽快重新融入社会。

第三，加大相关冲突的政治解决。延宕不绝的地区冲突是滋生贩运人口等犯罪活动的温床。国际社会应加大政治解决地区热点问题的紧迫感，根据《联合国宪章》宗旨和原则，协助有关冲突国家推进政治进程与民族和解，通过对话协商等和平手段解决争端、化解分歧。应更加重视加强预防冲突工作，帮助相关国家提高自身可持续发展能力，夯实和平基础，从根本上消除冲突地区贩运人口和奴役犯罪活动的条件和土壤，为保护冲突地区妇女儿童创造良好外部环境。

此外，中国在安理会冲突中贩运人口问题公开会上还表示，"各国应坚持统一标准，综合运用政治、经济、文化等手段，坚决打击所有被安理会列名的恐怖组织，彻底切断恐怖组织利用贩运人口获利的资金链条"；"在恐怖主义、地区冲突及难移民混合流动等挑战交织的背景下，国际社会应当在1951年关于难民地位的公约及1967年议定书的国际法框架下，合力解决全球难民问题，加大对难民接受国支持，消除针对难民的排外、歧视，重视对发展中国家的发展援助，为难民返乡创造条件。"[1]

（三）移民、难民问题

关于移民、难民问题，中国一直积极参与联合国就该事项的讨论，如2017年11月，中国积极参与了联大三委就"保护移民"决议草案的协商会议，并在会上强调了《难民和移民问题纽约宣言》及其执行方式应符合国际法赋予各国的权利和义务。

在该问题上，中国主张，导致难民问题产生的原因错综复杂，其根源是地区不稳定和发展不平衡，解决难民问题要综合施策、标本兼治。国际社会更要加强合作，既要保障难民的生存、安全和基本尊严，缓解人道主义危机，更要加大力度治

---

[1] 参见常驻联合国代表团临时代办吴海涛大使在安理会冲突中贩运人口问题公开会上的发言，2017年11月21日。

本，坚持和平解决争端，避免引发新的动荡和冲突，拿出切实举措，帮助冲突和战乱地区恢复和平稳定，促进经济发展，为难民返乡创造良好条件。[1]

中国更进一步认为，在考虑移民、难民问题时，应基于各国不同的实际情况、能力和发展程度，尊重各国的政策和优先事项，根据国际法，各国有权利也有责任管理和控制本国边境，并根据本国具体情况，制定移民和出入境管理政策，包括对违反上述政策的非正常移民采取必要的法律和行政措施。[2]移民问题涉及多方面因素，应全面施策，协调应对。国际社会既要制定有利于安全、有序、正常移民的政策，拓展正常移民渠道，也要合作打击人口贩运、偷渡等非正常移民现象，为正常移民创造良好环境。[3]

在移民保护方面，中国主张，各国要保护移民享有人权和基本自由，消除歧视和排外，帮助移民融入当地社会，同时移民也应接受目的地国的管理，遵守当地法律法规和风俗习惯，主动适应和融入当地社会和文化。中国高度重视并深入参与解决难移民问题，积极维护国际和平与稳定，坚定支持发展中国家实现共同发展，积极向有关国家和国际机构提供人道主义援助。中国已向叙利亚人民包括境外难民提供超过6.8亿元人民币的人道物资和现汇援助，2017年1月，决定再提供2亿元人民币新援助。最近，中国分别向世界卫生组织、联合国儿童基金会、联合国难民署提供新增捐款100万美元，支持其向有关国家难民及流离失所者提供人道援助。中国－联合国发展基金部分资金将用于支持联合国难民署和国际移民组织向巴基斯坦、伊朗、埃塞俄比亚、加纳等国境内的难移民提供教育、培训、卫生服务。[4]

四、武装冲突中对文化遗产的保护

丰富多彩的文化遗产是传承人类文明的载体，也是平等、包容和多样文化的象

---

[1] 参见第72届联合国大会中方立场文件，2017年8月29日。

[2] 参见常驻联合国副代表吴海涛大使在第71届联大地中海难民问题会议上的发言，2017年4月7日。

[3] 参见中国代表团姚绍俊参赞在联大三委就"保护移民"决议草案的解释性发言，2017年11月20日。

[4] 参见常驻联合国副代表吴海涛大使在第71届联大地中海难民问题会议上的发言，2017年4月7日。

征。近年来,不断发生恐怖组织与武装冲突破坏宝贵文化遗产行为,恐怖组织还将走私、贩运文化遗产作为融资手段。这不仅威胁国际和平与安全,也是对世界文化与文明的蔑视。中国一贯支持与国际社会一同努力,致力于打击恐怖组织的破坏行为,并提倡采取有效措施切断恐怖组织走私、贩运文化遗产渠道,保护冲突地区的文化遗产。具体而言,中国建议:[1]

第一,应切实执行安理会有关决议,充分发挥联合国安理会相关机制作用。安理会第2347号决议为保护文化遗产提供了合作框架。会员国应当承担起首要责任,切实执行安理会有关决议要求,通过完善国内立法,建立预警机制,强化执法能力,坚决打击恐怖组织破坏和走私文化遗产的行为。联合国、安理会及其下属机制应当充分发挥作用,协助会员国提高相关能力建设,切断恐怖组织利用走私和贩运文化遗产进行恐怖融资的渠道。[2]

第二,应采取有效措施保护冲突地区文化遗产,不断推进相关国际合作。冲突地区国家文化遗产面临更为严峻的挑战,国际社会应在尊重冲突地区国家主权和对文化遗产所有权基础上提供建设性支持。联合国教科文组织、联合国毒品和犯罪办公室、国际刑警组织和世界海关组织等应发挥优势,建立非法贸易等犯罪活动数据库,分享有关情报和信息,形成保护冲突地区文化遗产的国际合力。

第三,应加强不同文明之间对话、促进冲突地区稳定与发展。各国应共同弘扬世界文明多样性,要相互尊重、平等协商,以文明交流互鉴超越隔阂和冲突。各方应倡导国际关系民主化,根据《联合国宪章》宗旨和原则,协助冲突地区国家推进政治进程与实现民族和解,早日恢复和平与稳定。国际社会应当帮助有关国家提高可持续发展能力,全面落实2030年可持续发展议程,早日实现减贫脱困和共同繁荣。

---

[1] 参见常驻联合国代表刘结一大使在安理会防止恐怖组织与武装冲突破坏和走私文化遗产问题公开会上的发言,2017年3月24日。

[2] 参见常驻联合国代表团临时代办吴海涛大使在安理会防止恐怖组织与武装冲突破坏和走私文化遗产公开会上的发言,2017年11月30日。

五、联合国人道主义救援

近年来，传统和非传统安全威胁相互交织，部分地区冲突久拖不决，自然灾害、气候变化、粮食危机、难移民问题等全球性挑战突出，国际人道主义形势总体严峻。国际社会亟须团结一致、凝聚共识，标本兼治，采取切实措施应对日益严峻的人道形势。中国主张：[1]

第一，尊重国际法和国际关系准则是有效开展人道援助的基本前提。国际人道主义援助必须遵守《联合国宪章》，恪守人道、中立、公正原则，尊重受援国主权、独立、领土完整和国家统一，遵守国际法和东道国法律。国际社会应坚持通过政治手段、以和平方式解决争端，防止将人道主义问题政治化，坚持人道援助非军事化。

第二，帮助发展中国家实现发展是减少人道主义需求的根本出路。当今世界的很多问题，都能从贫困落后上找到根源，都需要通过促进发展寻求根本解决之道。在有效应对短期人道主义需求的同时，国际社会应共同落实2030年可持续发展议程，实现发展。增加人道主义资源不应以牺牲发展领域资源为代价。发达国家应切实履行官方发展援助承诺，特别是加大对非洲和最不发达国家的资金、技术和能力建设支持，帮助发展中国家走上长治久安和发展繁荣之路。

第三，气候变化、粮食安全等因素加剧了人们遭受自然灾害的风险和脆弱性。与此同时，各类信息技术的迅速发展极大提高了人类预防和应对灾害的能力。国际社会应在充分尊重受灾国国情和需求基础上，通过增加投入、向发展中国家转让技术和知识、加强基础设施建设等途径，切实加强受灾国灾害风险管理能力和防灾减灾备灾抗灾能力建设和复原力。

第四，联合国人道主义系统的高效运作是提供有效人道主义援助的重要保障。联合国人道主义协调办公室应根据其职权，在协调国际人道援助中发挥重要作用，并建立和完善以成员国为主导的合作伙伴关系，保障各国平等参与，增强发展中国家在国际人道事务中的代表性和发言权。提供人道主义援助应根据

---

[1] 参见常驻联合国副代表吴海涛大使在第71届联大关于议题69"加强联合国人道主义和救灾援助，包括特别经济援助的协调"的发言，2016年12月8日。

受援国政府和民众实际需求和优先重点，推动国家、地区及国际层面的工作形成合力。

中国高度重视并积极参与国际人道主义救援行动，近年来向几十个国家提供了紧急人道主义援助。中方将继续在力所能及的范围内，积极参与多双边人道主义行动，为国际人道主义事业作出新贡献。中国是自然灾害频发国家，中国政府在不断提高自身灾害管理能力的同时，积极开展减灾领域国际合作，建立和完善国际减灾合作机制，深入参与国际减灾救援行动。中国愿进一步深化国际合作与交流，与国际社会一道，共同提高防灾减灾救灾能力。

（作者冯洁菡系武汉大学人权研究院副院长、法学院教授；邱慧心系武汉大学国际法研究所博士研究生）

新中国对世界人权事业的贡献

[加蓬] 格尔曼·姆贝加·埃邦

一、引言

与其他国家一样，中国也越来越多且以前所未有的姿态关注人权问题。中国共产党和中国政府对人权问题非常重视，这一点通过他们在卫生、教育、就业、农业、政治、治国和外交方面的努力得以体现。上述行为领域毫无疑问包含在人权这一概念中。本次论坛的主题"文明的多样性与人权发展"仍然在提醒着我们多边关系中每种文化的贡献；在关系中每个民族都在努力让人类尊严更好地被尊重，各族人民都分享着自己的文明经验。鉴于中国的地位以及对各个分议题的分析，我们选择了第四个分议题"新中国对世界人权事业的贡献"。

谈论中国对人权事业的贡献恰合时宜，因为无论在国内还是国外，中国在维护基本人权方面都作出了表率。

二、加蓬简介

位于赤道附近的加蓬，森林茂盛，是一个自然资源丰富的国家。据估算，加蓬的人口为150万，其中女性占52%，男性占48%，年轻人比例为47%。国家的经济收入主要来源于石油和其他原材料。

虽然加蓬被列为中等收入国家，但就贫困水平而言与低收入国家无异，尽管政府当局正在努力使该国摆脱当前这种状况。因此，加蓬最高领导人即国家元首共和国总统阿里·邦戈·翁丁巴 (Ali BONGO ONDIMBA) 阁下领导下的加蓬最高当局认为消除各方不平等肯定是一项艰巨的挑战。

三、"人权"概念的定义

根据联合国的定义，人权是保护个人和团体的法律权利，用于对抗损害权利、尊严和自由的行为和疏漏。无论性别、种族、宗教信仰或政治见解如何，人权是每个人固有的自然权利。人权现已成为当今世界的重要组织原则。国内、国际政治参与者，以及城市居民、家庭成员之间和平共处无不是以此为基础。尽管工作仍任重而道远，但人权的准则在任何时期对任何人都适用。因此，尊重人权对于世界的稳定与发展是必不可少的，中国也在为此努力。

四、中国在加蓬实施的人权行动

伙伴关系中的相互认识和相互理解仍然存在，这不仅促进和实现国家或政府间关系发展的基本原则，还是各方坚实、广泛交流与合作的基础。自中加建立合作关系以来，中国在我们所谓的"双赢伙伴关系"中占有重要地位。需要指出的是，中国长久以来一直向加蓬政府表达希望创造一条发展道路的愿望，让加蓬人民能够在医疗、教育和粮食供应方面自给自足。此举说明中国有意通过经济、社会和文化等手段为人权作出贡献。

（一）卫生领域

健康是人类生存和社会发展的基本条件。这是确保人类生存和尊严的重要权利和基本保证。在这方面，中国一直是一个重要的合作伙伴，它在弗朗西维尔市美景II号街区和利伯维尔援建的两所大型医院就是证明。这些医院为加蓬人民提供了长期且便宜的医疗服务。此外，在首都和国内其他地方还援建有其他一些私人医疗机构。中国除了自发组织一些在医疗保健方面的行动外，2017年9月，配备了优质技术平台和有资质医务人员的中国和平号方舟来到奥文多港口，让利伯维尔，奥文多和阿坎达公社的全体居民都享受到了为期一个月的免费医疗服务。

（二）教育领域

教育和健康一样是一个国家发展的重要方面，这项古来有之的权利不仅在消除贫困的过程中对各方产生直接影响，也可以更好地应对风险。教育对于在工业领域获得一份正式工作必不可少。中国制定了《国家教育改革与发展中长期计划（2010－2020年）》。在两国合作的框架下，中国已能够在利伯维尔和弗朗斯维尔建立试点学校来教授中国文化。职业技术培训部长于2017年8月10日会晤了中航国际控股集团执行副总裁，为该公司在NKOK的特别经济区建立培训和职业再教育中心奠定了基石，并计划在弗朗斯维尔和让蒂尔港建立三个现代化实验中心。在中国大使馆的支持下，加蓬政府刚刚在奥马尔·邦戈大学成立了一个中文系，并以著名的文人"孔夫子"命名。由此可见，中国在国内和国际层面都为加蓬教育的发展作出了巨大贡献。

（三）食品领域

粮食和食品安全权是许多国家关注的问题，因为满足人民的粮食和生产需求是必须的。中国在消除饥饿方面采取了积极行动。在加蓬，中国建立了两座分别负责稻米生产和渔业的公司。除此之外，中国还在农业和粮食安全方面向加蓬政府提供了多方面的支持。

（四）就业领域

加蓬近几年的就业形势发展相对平稳。国家就业办公室（ONE）处理的求职者数量正在稳步增加。为了解决这个问题，中国公司在木材、渔业、购物中心等行业中招募了大量的加蓬青年男女。

例如，在就业领域，中国在利伯维尔和内陆就设有多家伐木和木材加工公司。这些公司雇用了不少当地劳动力，有助于解决失业问题。

五、总结

在一个没有歧视、没有痛苦、没有人权侵犯的世界上生活是各国人民的共同目标，也是我们的殷切期望。中国为包括加蓬在内的全世界的人权事业已经采取了一系列措施，表现其尊重自由和尊严的价值观。加蓬人民再次表示诚挚的感谢。

（作者格尔曼·姆贝加·埃邦系加蓬民主党全国委员会委员、司法部人权总司研究员）

萨赫勒地区的安全挑战与人权保护问题

[尼日尔] 哈里德·易克西里

自从某些西方国家结成的联盟在2011年对利比亚发动可耻的袭击，导致卡扎菲遇害以来，萨赫勒国家，主要是尼日尔、马里、布基纳法索以及乍得正在面临恐怖主义和有组织犯罪的威胁。

各非国家武装组织给出的理由是要在该地区建立一个伊斯兰国家，然而，他们对平民所采取的行动与伊斯兰教的基本原则，即宽容与和平的黄金法则背道而驰。

此外，我们注意到，这种错误利用伊斯兰教的行为是为了实现其他未知或不会产生混淆的目的。否则，我们要怎样理解，诸如冠以伊斯兰教的名义袭击清真寺，导致许多人丧生的行为？例如，联合国难民事务高级专员办事处的最新报告指出，2019年1月至8月，蒂拉贝里共发生337起袭击事件，造成21人丧生；同年1月至6月，迪法共发生380起袭击事件，造成95人丧生。为了应对这一区域威胁，萨赫勒地区的五个国家（尼日尔、马里、毛里塔尼亚、布基纳法索和乍得）建立了一个统一框架，以便在这片所谓的亚区域共同开展打击恐怖主义的行动。

尼日尔及该区域的其他国家遭受的几次袭击，引发了几种侵犯人权的行为。

由于圣战分子与博科圣地组织的袭击，尼日尔与马里、尼日利亚和布基纳法索的边境正在面临两场"国内流离失所者"（IDP）危机。这是3月18日至24日国内流离失所者问题特别报告员前往尼日尔的主要原因，其目的是评估国内流离失所者的状况。

应当指出，尼日尔国家人权委员会（NCHR）积极参与联合国难民事务高级专员办事处集群保护工作组的工作，通过各联络点与区域办事处将工作范围拓展到全国，以便能够在寻找解决办法、确保国内流离失所者可以更好地享受权利的过程中提供技术专长。

此外，鉴于尼日尔共和国国家人权委员会肩负着在全国范围内促进和保护人权的使命，自迪法与蒂拉贝里地区爆发安全危机以来，委员会定期派出特派团前往这些地区，调查那里的普遍局势。特派团在不同报告中明确指出，由于该地区实施宵禁，紧急状态禁止了对当地经济而言至关重要的某些活动，同时也禁止双轮车通行，而危机爆发前，双轮车是该地区大部分居民的出行工具。

2016年以来，蒂拉贝里地区的安全局势已经严重恶化。因此，为确保人员及财产安全，自2017年3月3日起，该地区也开始实施紧急状态。与迪法一样，蒂拉贝里的紧急状态也实施了限制汽车和摩托车的通行时间或关闭重要的每周集市等措施。此外，生活在北部与马里交界地区的边境居民依然遭受袭击与威胁，非国家武装组织依旧在对该地区实施侵害行为，从而导致人口流离失所。

联合国难民事务高级专员办事处的最新报告指出，2019年1月至8月，蒂拉贝里地区有54938名国内流离失所者；2019年1月至6月，迪法地区有21446名国内流离失所者，安顿在临时居所和收容家庭，其中30%是儿童。

这些国内流离失所者可能会使生活在受影响地区的人口变得更加脆弱。由于这些地区主要依靠农业、畜牧业以及与马里和布基纳法索之间的商业往来为生，这些地区的社会经济联系也会因此出现严重的退化。

国家人权委员会 (CNDH) 在这方面发现的侵犯人权的案件主要有：

1. 家庭分离

家庭分离现象说明了国内流离失所者造成的负面影响。家庭分离会造成很多问题，因为大多数情况下，这些家庭都是被强制拆散的。感觉孤独、孤立的妇女和/或其子女尤其如此。

2. 生命、安全与保障受到威胁

2017年至2019年间报告了多起侵犯人身完整性的事件与安全事件，主要是由非国家武装组织的袭击、针对平民及国防和安全部队的暴力侵害所造成的,日常的绑架和杀戮较少提及。

3. 难以获取基本服务

迪法和蒂拉贝里的居民正在努力获取基本服务。难以获得医疗服务、水、公共厕所以及教育等。伴随这种情况出现的还有流离失所人口与收容社区缺乏谋生手段以及卫生条件不稳定等问题。

4. 无法获得法律文件

迪法和蒂拉贝里地区大多数的国内流离失所者都没有公民身份证件,新生儿也没有进行登记。这种情况可能会给他们的旅行/行动以及获得基本服务、找到体面工作造成困难。由于缺乏公民身份证件,一些触犯法律的儿童可能被视作成年人。

5. 性别暴力

国内流离失所者生活条件恶化,营地/场所和收容社区过度拥挤,这些都使他们不得不面临遭受强奸、家庭暴力、早婚、性剥削、虐待和残害的风险。

6. 侵犯儿童权利,包括非国家武装组织征募儿童的行径

生活在国内流离失所者营地的大多数儿童都面临遭受虐待以及童婚、忽视、剥削、拘留、绑架、武装组织征募以及污名化等暴力行为的风险。大多数此类儿童需要心理社会援助和/或心理健康援助。

7. 难以获得住房和土地

由于经济拮据且遭到收容地人民的歧视,国内流离失所者很难获得住房和农田。此外,迪法和蒂拉贝里地区持续存在的流离失所问题加大了与住房、土地和财产权 (HLP) 有关的保护风险,并有可能导致家庭遭到驱逐。

8. 社会凝聚力恶化

由于不安全、人口流动以及难以获得自然资源 (水、牧场),族群间的紧张关系和冲突越来越频繁,尤其是在迪法和蒂拉贝里地区。

这些地区记录在案的族群冲突的主要类型有: (1) 为争夺资源与人道主义

援助而产生的冲突；(2) 牧民与农民之间的冲突，由于饲养者及其牲畜提前到达农业区，造成作物受损；(3) 由犯罪和土匪行为引发的冲突；(4) 流离失所人口与收容人口和某些族裔群体之间的冲突；(5) 由住房、土地和财产 (HLP) 问题引发的冲突。

(作者哈里德·易克西里系尼日尔全国人权委员会主席)

中国人权司法保障制度及对世界人权事业的贡献

[中国] 李　晓

几十年来，中国司法领域的人权保障走过了非常不平凡的历程，取得了非凡的成就。人民法院以宪法、人民法院组织法以及相关诉讼法为法律依据，坚持以人民为中心，将"尊重与保障人权"作为贯穿在司法改革中的一条主线，不断改革完善相关司法人权保障机制和措施，努力让人民群众在每一个司法案件中感受到公平正义。

一、近年来中国人权司法保障的发展历程

（一）改革开放初期，立法先行，纠正冤假错案，中国开启了人权司法保障的初级阶段。在这个阶段，中国出台了刑法、刑事诉讼法，颁布了"82宪法"以及其他法律。逐步做到有法可依，通过正当程序惩罚犯罪以及保障诉讼参与人特别是被告人的合法权益。确立了对一切公民在适用法律上一律平等、审判公开、被告人有辩护权、依照法定情形不追究刑事责任等在司法中保护人权的原则和制度。

纠正历次政治运动中的冤假错案。截止到1981年底，全国各级人民法院复查了"文化大革命"期间判处的120余万件刑事案件，改判纠正了冤假错案30.1万余件，涉及当事人32.6万余人。可以说，这个阶段是司法人权保障初见成效的时期。

（二）改革开放不断深化，人权入宪，两次修改刑事诉讼法，司法人权保障水平不断提升的阶段。1996年、1997年中国先后修改了刑事诉讼法、律师法和刑法，加强对犯罪嫌疑人、被告人的辩护权保障，规定律师提前参加诉讼，律师辩护制度不

断完善；取消免予起诉制度，增加了人民法院统一定罪原则和疑罪从无原则。加强对被害人权利的保障。取消收容审查制度。2004年"尊重和保障人权"写入宪法。2007年1月1日，最高人民法院收回死刑核准权。2012年，中国再次修改刑事诉讼法，将"尊重与保障人权"写入刑诉法，进一步完善辩护制度、证据制度，确立非法证据排除规则等，这个时期，中国进入了人权司法保障的快速发展时期。

（三）中共十八大以来，全面推进依法治国，深化司法体制改革，人权司法保障水平进入全面提升的阶段。积极推进以审判为中心的刑事诉讼制度改革，试行庭前会议、排除非法证据、法庭调查三项规程，完善刑事诉讼制度。全面贯彻证据裁判原则，严格实行非法证据排除规则，防止和纠正冤假错案。2013年至2019年3月，人民法院对5876名被告人依法宣告无罪，确保无罪的人不受刑事追究；再审改判刑事案件8568件，其中人民法院纠正了聂树斌案、呼格吉勒图案等重大冤错案件49件，并依法予以国家赔偿，彰显了中国尊重和保障人权、正确对待历史错案的决心，提升了司法公信力和人权保障形象。

二、中国司法人权保障的最新进展

（一）深入推进刑事司法改革

积极推进庭审实质化改革。最高人民检察院会同相关部门制定推进以审判为中心刑事诉讼制度改革意见及其实施意见，制定庭前会议、非法证据排除、法庭调查三项规程，完善侦查人员、鉴定人、证人出庭作证机制，强化控辩平等对抗，保障被告人和律师诉讼权利，扎实推进庭审司法证明实质化、控辩对抗实质化、依法裁判实质化，提高证人出庭作证率、律师辩护率和当庭宣判率，确保诉讼证据出示在法庭、案件事实查明在法庭、控辩意见发表在法庭、裁判结果形成在法庭，使法庭成为以看得见的方式保障司法公正、实现公平正义的"殿堂"。

严格实行非法证据排除规则。会同有关部门出台严格排除非法证据规定，发挥审判程序的配合制约作用，促进落实不得强迫任何人证实自己有罪的要求，推动完善讯问过程录音录像制度，强化侦查机关、检察机关对非法证据的审查和排除职责，加强对刑讯逼供和非法取证的源头预防，实现办案质量和人权保障水平整体提升。积极推动公检法机关破解技侦证据使用难题，完善技术侦查证据的法庭调查和使用规则，把深化改革和"智慧法院"建设结合起来，指导制定常见犯罪证据标准指引，推动公检法三机关数据共享，积极探索数据化、模型化的统一证据标准，并嵌入刑事审判智能辅助办案系统，有效防止刑事案件"起点错、跟着错、错到底"，在更高层面上实现惩治犯罪与保障人权的有机统一。

（二）防范和纠正冤假错案

防范冤假错案。出台防范刑事冤假错案指导意见，严格落实罪刑法定、证据裁判、非法证据排除、疑罪从无等法律制度和原则，坚决纠正"疑罪从有""疑罪从挂""疑罪从轻"的做法，确保每个案件事实证据的认定都经得起法律和历史的检验。充分发挥一审程序的基础作用、二审程序的把关作用，不断完善证据审查机制、案件审理机制、审核监督机制和制约机制，坚决守住防范冤假错案的底线。承办陶雪案、范太应案的法官都是顶着被害方和社会公众的压力作出无罪判决，体现出精湛的业务能力和敢于担当的勇气，对最终查实案件真凶、有效避免冤错案件，让有罪的人受到公正惩罚发挥了关键作用。

依法纠正冤假错案。坚持实事求是、有错必纠，以对法律负责、对人民负责的态度，坚决纠正冤假错案，发现一起、纠正一起。恪守法定证明标准，依法不予确认赵志红案4起犯罪事实。

出台依法妥善处理历史形成的产权案件工作实施意见，加强产权刑事司法保护，坚决防止使用刑事手段干预经济纠纷，依法甄别纠正张文中、顾雏军等一批涉产权冤错案件，全面落实党中央保护产权、保护民营企业和企业家合法权益的决定部署。认真分析总结冤错案件形成原因和经验教训，完善冤假错案主动发现、及时复查和依法纠正机制，充分发挥错案的警示教育作用，以纠正错案推动制度完善和法治进步，充分体现全面依法治国、深化司法改革的成效。

（三）完善相关配套改革措施，保护当事人诉讼权利

刑事案件律师辩护全覆盖。2017年10月，最高人民法院和司法部联合出台《关

于开展刑事案件律师辩护全覆盖试点工作的办法》，在北京、上海、浙江、安徽、河南、广东、四川、陕西等八省（直辖市）试行一年。要求适用普通程序审理的一审案件、二审案件、按照审判监督程序审理的再审案件，被告人没有委托辩护人的，人民法院应当通知法律援助机构指派律师为其提供辩护。适用简易程序、速裁程序审理的案件，被告人没有委托辩护人的，人民法院应当通知法律援助机构派驻的值班律师为其提供法律帮助。2019年1月正式启动其他23个省、自治区、直辖市和新疆建设兵团进行试点工作。全面推进值班律师工作，目前在全国法院、看守所已全部建立法律援助工作站，总数近6000个，值班律师法律职能不断扩展；依法保障辩护人会见、阅卷、收集证据和发问、质证、辩论辩护等权利，完善便利辩护人参与诉讼的工作机制。

积极推进认罪认罚从宽制度和刑事速裁程序改革。会同有关部门在全国18个地区281个试点法院开展相关改革试点，为完善中国特色多层次刑事诉讼制度体系奠定了实践基础。2018年刑事诉讼法系统吸纳了试点经验，试点期间，相关法院审结认罪认罚案件占同期审结刑事案件的53.5%，其中适用速裁程序审结案件占65.5%，非监禁刑适用率达37.2%。推进案件繁简分流，完善刑事速裁程序，基层法院适用速裁程序、简易程序审结刑事案件18.9万件，其中速裁案件当庭宣判率达92.8%。

（四）完善权利救济机制，人权司法保障落到实处

完善国家赔偿制度。1994年5月，颁布国家赔偿法，该法规定，国家机关及其工作人员如在行使职权中侵犯公民合法权益造成损害的，受害人有权依法取得国家赔偿。2010年修改后的国家赔偿法健全了国家赔偿工作机构，畅通了赔偿请求渠道，扩大了赔偿范围，明确了举证责任，增加了精神损害赔偿，提高了赔偿标准，保障了赔偿金及时支付，进一步完善了行政赔偿、刑事赔偿和非刑事司法赔偿制度。国家刑事赔偿标准随经济社会发展不断提高，侵犯公民人身自由权每日赔偿金额从1995年的17.16元人民币，上升到2019年的315.94元人民币。联合发布《关于办理刑事赔偿案件适用法律若干问题的解释》，规范终止追究刑事责任的情形，解决实践

中因刑事案件久拖不决公民无法申请国家赔偿的问题。不断完善相关司法解释，规范精神损害抚慰金裁量标准。呼格吉勒图案、聂树斌案、张氏叔侄案等一系列冤错案件的受害人及其近亲属及时获得国家赔偿。2013年至2019年3月，各级人民法院审结国家赔偿案件61978件。

健全国家司法救助制度，依法维护受害人获得救济的权利。2009年3月，最高人民法院、最高人民检察院等联合下发《关于开展刑事被害人救助工作的若干意见》。最高人民法院会同有关部门，以"救助制度法治化、救助案件司法化"为目标，先试点、后铺开，先后出台了《关于规范涉诉信访司法救助工作的意见（试行）》和《关于加强和规范人民法院司法救助工作的意见》，设立司法救助委员会，积极推动司法救助与社会救助、法律援助的衔接。2013年至2019年3月，对生活困难当事人发放司法救助款37.5亿元，帮助无法获得有效赔偿的受害人摆脱生活困境，加强权利救济。

有效破解执行难题，保障胜诉当事人权利。落实《关于加快推进失信被执行人信用监督、警示和惩戒机制建设的意见》，将解决执行难纳入法治建设重点任务和社会治安综合治理目标考核，建立联席会议制度，形成综合治理执行难工作格局。建成网络查控系统，完善联合惩戒体系，推行网络司法拍卖，解决查人找物难题、财产变现难题等，不断完善执行工作规范，保障各方当事人合法权益，全面公开执行流程信息，严格保护公民企业信息安全，依法规范文明善意执行。2016年3月至2019年3月，人民法院共受理执行案件2270.2万件，执结2060.1万件，促进了法治建设和社会诚信建设，如期实现"基本解决执行难"阶段性目标。

（五）全面推进司法公开，保障当事人诉权、知情权、参与权和监督权

坚持以公开为原则，以不公开为例外，将司法公开覆盖法院工作全领域、各环节。开通审判流程、庭审活动、裁判文书、执行信息四大平台。截止到2019年10月23日，文书总量7880多万份，当天新增139997篇文书，中国裁判文书网访问量365多亿次，用户覆盖210多个国家和地区，成为全球最大的裁判文书资源库。截至2019年10月23日，全国各级法院依托中国庭审公开网累计直播案件庭审超过523多万件，网站总访问量超过198多亿次,当天累计直播19442件。还开通了中国移动微法院,基于微信小程序,支持立案、调解、送达、庭审、执行等诉讼环节在手机移动端办理,让当事人和法官充分感受到"指尖诉讼,掌上办公"的便利。

三、中国司法人权保障的制度特性及对世界人权事业的贡献

尊重与保障人权,是中国宪法的重要原则,也是贯穿审判以及司法改革的一条主线。多年来,人民法院坚持以人民为中心的人权司法保障理念,紧紧围绕"努力让人民群众在每一个司法案件中感受到公平正义"的目标,坚持司法为民、公正司法,坚持法律面前人人平等,坚持程序公正与实体公正相统一。完善冤假错案防范纠正机制,严格落实罪刑法定、疑罪从无原则,严格落实非法证据排除规则等。推进以审判为中心的刑事诉讼制度改革,保障当事人获得公正审判的权利。积累了具有中国特色的人权司法保障制度特点。

(一)司法为民的人民性特点。中国的法院都是以"人民"冠名的法院,这是不同于其他国家的一个显著特点。审判制度深深植根于人民之中,体现人民意志,保障人民合法权益,努力满足人民的司法需求。推行立案登记制,实现"有案必立,有诉必理"。推行跨区域立案诉讼服务,实现诉讼更便捷。依法审理涉及民生的案件,每年将近千万件。依法审理公益诉讼案件。创新司法便民利民惠民机制,推行网上立案、自助立案等便民服务。深化涉诉信访改革,对群众来信坚持"有信必录、有信必复"。加强在线平台建设,及时化解矛盾纠纷。最大限度地保障人民的诉权。

(二)实体和程序公正的正义性特点。中国是成文法国家,但不是机械地适用法律,而是追求程序和实体两方面的公正,追求实质正义。在适用规则的同时,充分实现"天理、国法、人情"的统一,充分实现法律效果和社会效果的统一,在保证个案公正的前提下,同时引导社会正义,认真接受社会监督、诉讼监督,确保让人民群众在每一个案件中感受到公平正义。

(三)司法公开的透明性特点。中国的法院拥有世界上最大的司法公开平台,从审判流程、庭审活动、裁判文书到执行信息等四大公开平台,除了法律规定的涉

及国家秘密、商业秘密、个人隐私等不能公开的信息外，其他信息都可以通过互联网看到，真正做到了开放、动态、透明、便民的阳光司法机制。

（四）法律适用的统一性特点。中国有统一的法律法规，同时，为更加有效地解决审判实践中遇到的法律适用问题，依照立法法的规定，最高人民法院有权就审判工作中具体应用法律问题作出司法解释。此外，最高人民法院还会就审判工作中遇到的具体问题作出答复，发布指导性案例等，促进类案同判和量刑规范化，有效保证法律实施的统一性。

（五）案件管理的高效性特点。中国的诉讼法对案件的审理期限作出了明确规定，确保刑事案件的被告人得到及时的公正审理，避免就押不决。民事纠纷和行政案件得到及时处理，最大限度地保障当事人的诉权和合法权益。中国有统一的审判管理系统和司法统计、大数据分析以及审判动态分析等，保证了审判效率的高效性以及审判管理的有序性。

综上，这些中国独有的司法活动特点和优势，正在逐步地被其他国家司法系统所了解和借鉴。有数个发展中国家已表示希望借鉴中国法院的先进管理经验和信息化、大数据建设的经验，助力其提高司法效率。相信中国在司法人权保障领域的经验和做法，将对世界人权事业发展进步作出应有的贡献。

（作者李晓系最高人民法院高级法官、副局级审判员）

中国残疾人受教育权利保障的发展进程
（2012–2018年）

［中国］ 刘　璞

　　受教育权是一项基本人权，作为特殊群体的残疾人享有受教育权已经被世界公认。残疾人受教育的程度不仅体现国家的综合实力，也反映国家的人权保障水平。当今社会，残疾人受教育权的保障状况是国家人权状况的晴雨表，是衡量社会文明发展水平的标尺。

　　发展残疾人教育事业，是解决因残致贫及贫困代际传递的治本之策，也是实现教育公平，提升综合国力，提高人权保障水平的重要途径。二战后，国际社会以《残疾人权利公约》（以下简称《公约》）为基础，建立了残疾人权利保护的基本法律框架。中国是国际残疾人权利保护事业的倡导者和积极推动者，参与了《公约》谈判的全过程，在文本的拟定、协调和促成各方达成妥协等方面发挥了建设性的作用。我国政府高度重视残疾人的教育问题，近年来，党中央先后提出"发展特殊教育""办好特殊教育"的要求。伴随着《国家人权行动计划（2016–2020年）》《中国教育现代化2035》《加快推进教育现代化实施方案（2018–2022年）》的提出，残疾人受教育保障制度不断完善，残疾人受教育的水平得到提高。本文依据《中国教育监测与评价统计指标体系》规定的计算方法，对2012至2018年我国残疾人教育相关数据进行统计分析，以期客观地反映我国残疾人受教育保障状况的发展进程。

一、完善教育保障制度

2012至2017年，我国制定或修改多部有关残疾人权利的法规、规章。仅2017年，制定或修改关于残疾人权利的专门法规、规章共21部，制定或修改规范性文件共217个。[1]2008年，国家重新颁布了《残疾人保障法》，2010年，《国家中长期教育改革和发展规划纲要 (2010–2020年)》发布，2014年国家出台《第一期特殊教育提升计划 (2014–2016年)》(以下简称《一期特殊教育提升计划》)，对提高残疾人教育保障水平发挥着重要的作用。2016年《一期特殊教育提升计划》的任务顺利完成。为巩固前期成果，2017年国家出台《第二期特殊教育提升计划 (2017–2020年)》，明确了残疾人教育保障事业的总体目标和任务，提出了残疾儿童受教育权的具体保障措施。2017年，国家修改了《残疾人教育条例》(以下简称《条例》)。修订后的《条例》对残疾人学前教育、义务教育、职业教育、高等教育的保障制度予以规定，完善了随班就读、教师培养培训等制度。为规范特殊教育学校的教学工作，提高特殊教育质量，2016年教育部颁布了《盲校义务教育课程标准》《聋校义务教育课程标准》《培智学校义务教育课程标准》。

为落实中央精神，地方政府积极出台具体保障措施。2016年底，37个国家特殊教育改革实验区共出台了150多份地方性文件。2017年，上海市《关于加强特殊职业教育管理的实施意见》、福建省《实施残疾人事业专项彩票公益金助学项目 (学前教育) 方案》、浙江省《关于进一步加强残疾人职业技能培训工作的通知》等地方文件也相继出台，这些规范性文件完善了残疾儿童的教育保障制度，推动了残疾儿童教育事业的发展。

(一) 特殊教育经费投入加大，生均公用经费标准提高

近年来，随着我国经济实力的增强，中央政府加大对特殊教育的经费投入。2012年，中央政府累计下达资金24.42亿元，重点支持残疾会基础设施建设及教学康复实验设备的购置。[2]2012至2017年五年间，残疾人福利基金项目增多，仅中国残疾人福利基金会在特教方面的筹款就达2亿多元，受益残疾儿童少年共28万人

[1]　资料来源：残疾人联合会网站数据中心。
[2]　《〈国家中长期教育改革和发展规划纲要〉中期评估特殊教育专题评估报告》

次。[1]2012至2015年, 我国特殊教育生均经费持续增长 (见图1)。

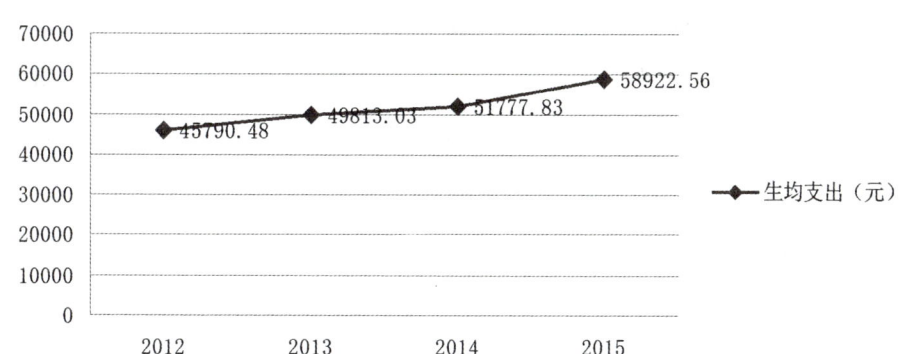

图1　2012–2015年特殊教育生均经费支出统计 (地方教育和其他部门)
资料来源: 2013、2014、2015、2016年《中国教育经费统计年鉴》

在此期间, 地方政府采取以下措施加大特殊教育经费的投入：(1) 一些地方设立了地方性特殊教育补助金。如广东省, 2014–2017年, 共下达省级专项补助资金14.11亿元, 云南省每年补助5000万元。[2] (2) 一些地方在残疾人就业保障金中提取一定比例, 用于支持特殊教育及残疾人职业培训。例如, 河南省将6%的残疾人就业保障金用于支持特殊教育学校开展劳动技能教育。(3) 各地在执行义务教育"两免一补"政策时, 增加补助项目。例如, 北京、福建等地将"两免一补"拓大到"三免两补"或者"三免一补"。(4) 地方政府不断提高残疾学生的补助标准。2016年, 地方政府普遍将义务教育阶段特殊教育学校生均公用经费标准提高至6000元以上, [3]广东特殊教育学校学生按不低于普通学生8–10倍的标准拨付。(5) 扩大补助对象和范围。多地努力提高非义务教育阶段生均公用经费标准, 如新疆维吾尔自治区规定, 特殊职业教育学校的残疾学生, 其生均公用经费, 在义务教育阶段标准的基础上再提高50%。经过几年的努力, 我国残疾学生的教育补助项目增多, 补助标准普遍高于同一教育阶段的普通学生。[4]

[1]　《教育部介绍〈第二期特殊教育提升计划 (2017-2020年)〉有关情况》
[2]　《教育部对十二届全国人大五次会议第5114号建议的答复》
[3]　《〈国家中长期教育改革和发展规划纲要〉中期评估特殊教育专题评估报告》
[4]　《教育部对十二届全国人大五次会议第5114号建议的答复》

（二）特殊教育学校数量增多，办学条件改善

残疾人接受教育的场所不仅包括普通学校、特殊教育学校（班）、特殊教育机构，还包括医院或家庭，但传统意义上的学校仍然是他们接受教育的主要场所。依据国际发展趋势和我国政策法律的要求，不可否认的是，发展融合教育是主流。但现阶段，特殊教育学校仍然发挥着重要作用。近年来，各级政府大力支持特殊教育的发展，积极投资建设特殊教育学校，帮助普通学校建设特殊教育资源教室，学校的办学条件得到明显地改善。2012至2018年七年间，特殊教育学校从原有的1853所增加到2152所，增长了16.1%（见图2）。

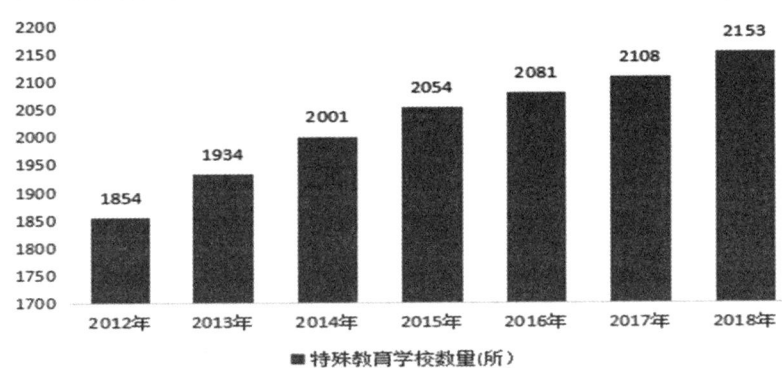

图2 2012–2018年特殊教育学校数量
资料来源：2012–2018年《全国教育事业发展统计公报》

为加快特殊教育的发展，政府通过专项补助金，为学校增加设备、设施，提高办学条件。《一期特殊教育提升计划》颁布后，教育部和财政部共同实施特殊教育办学条件改善项目，并提高特教专项补助经费。特教专项补助经费从开始用于资助中西部地区扩大到除京津沪以外的全国所有省份，资助范围基本实现了全覆盖，特教专项补助经费从支持特殊教育学校，扩大到支持普通学校资源教室和区域内"医教结合"实验室的建设。经过政府和学校的共同努力，特殊教育学校少、破、旧、陋等状况得到改变，办学条件明显改善。

（三）特殊教育在校生人数增多，教育规模加大

2012到2018年，我国义务教育阶段特殊教育在校生数量增长较快。2018年比2013年增加了29.8万人，增长了81.0%（见图3）。

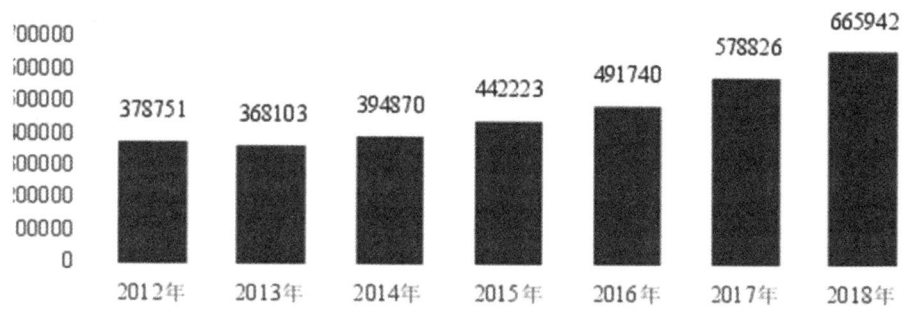

图3　2012–2018年义务教育阶段特殊教育在校生人数统计
资料来源: 2012–2018年《全国教育事业发展统计公报》

　　义务教育阶段特殊教育在校生所占比例,能够反映义务教育阶段特殊教育的规模。2012至2018年, 我国义务教育阶段特殊教育在校生所占比例从2.6%上升至11.7%。这说明义务教育阶段的特殊教育规模增大, 残疾儿童少年的入学率提高 (见图4)。

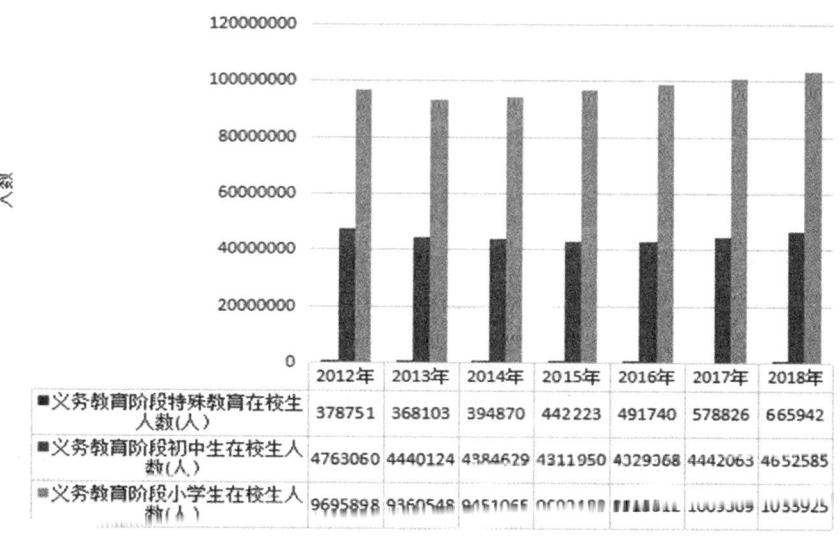

	2012年	2013年	2014年	2015年	2016年	2017年	2018年
■义务教育阶段特殊教育在校生人数(人)	378751	368103	394870	442223	491740	578826	665942
■义务教育阶段初中生在校人数(人)	4763060	4440124	4384629	4311950	4329368	4442063	4652585
■义务教育阶段小学生在校生人数(人)	9695898	9360548	9451065	9602100		1003309	1033925

　　计算方法: 义务教育阶段特殊教育在校生所占比例=义务教育阶段特殊教育在校生数/义务教育阶段在校生总数*100%

图4　义务教育阶段特殊教育在校生所占比例
资料来源: 2012–2018年《全国教育事业发展统计公报》

残疾学生入学率的提高得益于政府采取的相关措施：(1)建立入学评估制度。要求区县教育行政部门负责设立由教育、心理、康复、社会工作等方面专家组成的残疾人教育专家委员会，健全残疾儿童入学评估机制，完善教育安置办法。(2)完善入学登记管理工作。区县相关部门全面掌握适龄残疾儿童少年的数量和残疾情况，对义务教育适龄残疾儿童少年进行入学前登记。中国残疾人联合会做好未入学适龄残疾儿童少年调查登记、统计录入、建档造册，及时向教育行政部门通报相关数据和情况，并协助做好家访和入学动员工作。地方政府针对实名登记的未入学残疾儿童少年残疾状况和教育需求，采用多种形式，逐一安排其入学。[1] (3)修订《残疾人教育条例》，规定残疾人在义务教育阶段入学不得被拒绝；各级各类学校及其他教育机构不得拒绝符合法律、法规规定条件的残疾人申请入学；学校、其他教育机构及其工作人员违法拒绝招收残疾学生入学的，由其主管的行政部门责令改正，对直接负责的主管人员和其他直接责任人员依法给予处分。这些措施增加了残疾儿童的入学机会，使残疾儿童的入学率获得增长。

(四)融合教育在校生数量增加，发展速度加快

在我国，残疾人在普通学校的普通班、普通学校的特殊教育班接受教育，这种形式被称为融合教育，其中在普通学校的普通班接受教育又被称为随班就读。《一期特殊教育提升计划》和《二期特殊教育提升计划》都将推进融合教育作为特殊教育的发展目标。义务教育阶段随班就读和在普通学校附设的特教班学习的残疾人人数能够反映融合教育的发展状况。2012至2018年，义务教育随班就读人数和普通学校附设的特教班人数增加，2018年比2012年的小学接受融合教育人数增加了65.58%，初中接受融合教育的人数增加了249.02%，这说明，义务教育阶段融合教育发展速度加快(见图5)。

---

[1] 《教育部对十二届全国人大五次会议第4744号建议的答复》

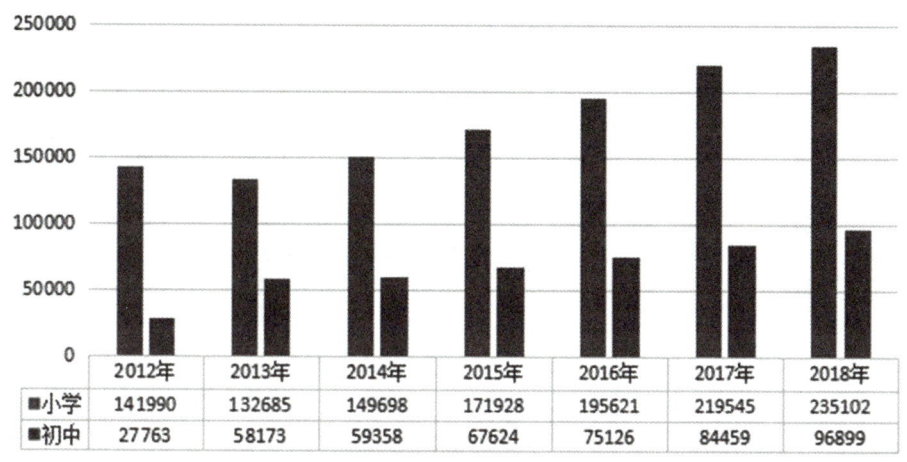

图5 义务教育阶段随班就读和在普通学校附设特教班学习的残疾人的人数
资料来源: 2012–2018年《全国教育事业发展统计公报》

中央和地方政府主要采取了以下措施: (1) 鼓励引导企业发展人工智能技术, 开发残疾人辅助设备, 提高残疾学生接受融合教育的能力。(2) 加强校园无障碍设施和无障碍环境建设, 满足适龄残疾儿童随班就读的需要, 为残疾人参与融合教育创造条件。(3) 对普通学校承担随班就读教学和管理工作的教师, 给予政策倾斜。(4) 颁布《普通学校特殊教育资源教室建设指南》, 规定在招收5人以上残疾学生的普通学校设立资源教室, 配备专兼职资源教师。(5) 设立特殊教育改革实验区, 围绕随班就读等重点难点问题, 进行体制机制、政策措施等方面的改革探索。经过几年的努力, 义务教育阶段的融合教育规模增大, 发展速度加快。

(五) 教师队伍建设取得一定成效

教师数量的多少和素质的高低决定着教育的质量。为加快特殊教育教师队伍建设, 2012年教育部和财政部印发《关于进一步加强特殊教育教师队伍建设的意见》, 对特殊教育教师的培养、培训、职称评定、工资待遇等问题做出具体要求, 2012年之后, 全国专任特殊教育教师人数增长, 2018年比2012年增长了55.81% (见

图6）。

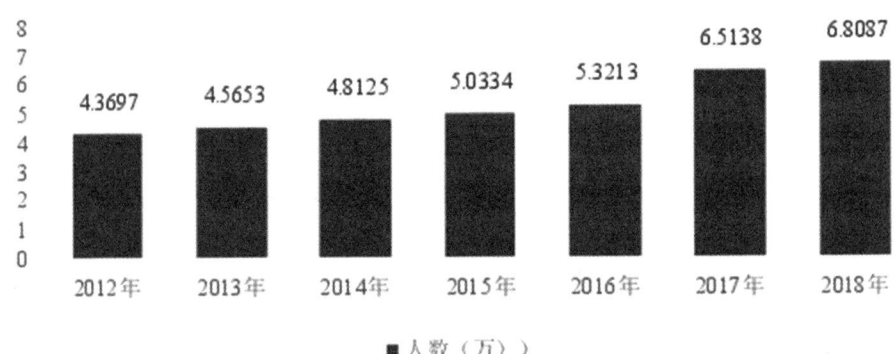

图6　2012–2018年专任教师数
资料来源: 2012–2018年《全国教育事业发展统计公报》

特殊教育学校接受过特教专业培训的专任教师数的多少可以反映特殊教育教师的专业化程度。从2013年开始, 特殊教育专任教师中接受过特教专业培训的教师已经超过50%, 而且逐年增加（见图7）。

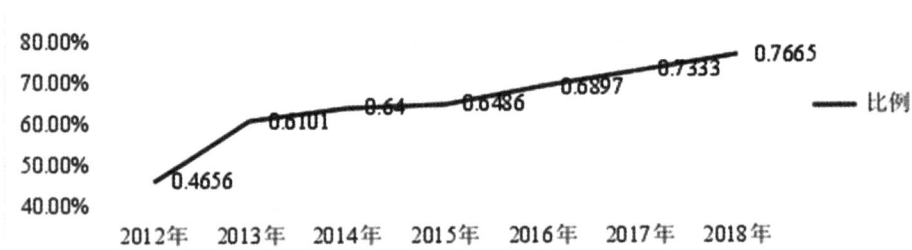

计算方法: 特殊教育学校受过特教专业培训的专任教师比例=特殊教育学校受过特教专业培训的专任教师数/特殊教育学校专任教师总数×100%

图7　2012–2018年特殊教育学校接受过特教专业培训的专任教师比例
资料来源: 2012–2018年《全国教育事业发展统计公报》

为提升教师的专业知识和能力, 政府采取了多项措施:（1）加强教师的培养工作。中央财政加大投入, 重点支持25所高校特殊教育师范专业, 建立了一批特殊教育师资培养培训基地。2014年, 启动"特殊教育教师培养计划改革项目", 开展卓越教师培养的试点工作，增加特殊教育专业招生计划，加大人才培养规模。(2) 增加教师的培训机会。设立特殊教育骨干教师培训项目，在省培计划中，增加融合教育教师培训项目。(3) 加强特教课程建设。推动普通师范院校和综合性院校的师范专业开设特教课程的试点工作，鼓励高校在教育硕士专业学位研究生课程体系中开设特殊教育课程。(4) 完善教师管理制度。给特殊教育学校配足配齐专业教师和工作人员，落实国家规定的特殊教育津贴、制定特教教师工资待遇倾斜政策；对承担送教上门工作的教师和"医教结合"实验的医务人员提供工作和交通补贴。

(5) 对优秀特教教师进行奖励。2010年起设立了"交通银行特教园丁奖"，每年评选200名优秀特教教师，在全国"十大教书育人楷模"等各类教师表彰奖励都专设特教教师名额。通过这些措施，吸引更多的人才从事特殊教育职业，增加教师数量，提高教师的专业水平。

二、存在的问题与建议

各级政府认真贯彻落实残疾人教育的保障措施，经过几年的努力，残疾人受教育机会不断扩大，残疾人受教育权保障水平不断提高，但是不可否认，我们仍然存在着地区发展不平衡、教育阶段发展不平衡的问题。在义务教育阶段，中西部地区、农村地区、特别是边远贫困地区的特殊教育普及水平相对低。在边远贫困地区、农村地区或牧区，残疾人受教育的普及水平偏低，[1]特殊教育专业人才不足，教育保障水平相对，康复、教育等基本公共服务不能满足残疾人的需求。同时，我国残疾人接受非义务教育的比率和义务教育阶段的教育质量有待提升。因此，笔者建议从以下几个方面予以完善。

第一，总结我国特殊教育改革的经验成果，着手制定《特殊教育法》，将成熟的制度与改革成果转化为特殊教育制度的基本原则和具体程序。健全残疾儿童教育保障制度，推动残疾儿童教育事业的进一步发展。

第二，加强特殊教育专项督导和评估，促进教育均衡发展。将地方政府实施特

---

[1] 《国务院关于印发"十三五"加快残疾人小康进程规划纲要的通知》

殊教育工作的情况列入工作日程和年度任务,建立督导检查和问责机制,将目标任务的落实情况纳入地方各级政府的考核体系,并建立相应的追责机制;建立特殊教育督导评估监测指标体系和评估机制,加强特殊教育的综合督导和专项督导。

第三,完善重度和多重残疾学生的教育保障制度,落实并完善送教上门制度。对从事特殊教育的教师在教师编制、工资待遇、职务(职称)评聘等方面继续加大倾斜力度,吸引更多的优秀人才从事特殊教育工作;

第四,积极发展残疾儿童非义务教育,扩大教育规模。完善普通幼儿园接收残疾儿童的制度,加快发展以残疾人职业教育为主的高中教育,扩大招收残疾学生的规模,稳步发展残疾人高等教育,帮助普通高等学校进行无障碍环境建设,改造设施、提供设备,给残疾学生的生活和学习提供便利。

(作者刘璞系西北政法大学人权研究院副院长、副教授)

新中国70年：对于国际人权事业的贡献

[中国] 罗艳华

新中国成立70年来，对于国际人权事业的发展作出了突出的贡献。中国积极参与国际人权领域的活动，认真履行自己的职责，在如下多个方面对国际人权事业的贡献是国际公认的。

一、中国积极开展与联合国人权机构的合作并发挥建设性的作用

（一）中国与联合国人权理事会

中国在设立联合国人权理事会的磋商和最后表决过程中发挥了积极作用。中国认为联合国人权理事会应该确保其代表性，应当成为对话、交流与合作的场所；应重视并解决联合国人权委员会长期存在的信誉危机问题，在审议侵犯人权的问题时，应制定公正、客观、透明的审议标准和程序，避免政治化、双重标准和选择性。联合国人权理事会在履行职责时，应认识到世界的多样性，尊重各国自主选择社会制度和发展道路的权利，推动各国开展对话和交流，共同探索促进和保护人权的有效途径。中国提出的这些主张得到了绝大多数国家的认同，对于人权理事会运行机制和规范的形成具有建设性的作用。

在联合国人权理事会设立后，中国在其中发挥了重要作用。中国已经四次当选联合国理事会成员，而且四次当选的票数分别是146票（2006年）、167票（2009年）、176票（2013年）、180票（2016年），可谓是屡创新高。中国四次当选的票数都

大大超过了联大三分之二的多数，说明中国得到了国际社会绝大多数国家的支持，反映了国际社会对中国的高度认可。

作为人权理事会成员国，中国认真履行自己的职责，积极参加人权理事会的历次会议和各项工作，并认真接受联合国人权理事会的普遍定期审议。到目前为止，中国已经接受了三次普遍定期审议，具体时间为：2009年2月，中国接受第一次普遍定期审议；2013年10月，接受第二次普遍定期审议；2018年11月，接受第三次普遍定期审议。三次审议都对中国的《国家人权报告》及人权状况给予了积极的评价。

（二）中国与国际人权条约机构

自新中国成立至今，中国共加入了27项国际人权条约。[1]对于已加入的国际人权公约，中国非常重视对这些条约义务的履行，包括认真撰写履约报告，按时接受人权条约机构的审议，本着负责任的态度诚恳接受国际社会提出的建设性意见，不断改进自己在人权保护方面的工作。截至2018年8月，中国已向各条约机构提交履约报告26次，总计39期，接受审议26次。[2]

此外，中国还积极推荐中国专家参与国际人权条约机构的工作。1984年开始，中国推荐的专家连续当选为防止歧视和保护少数小组委员会的委员和候补委员。此后中国专家很长时间以来都在经济、社会及文化权利委员会、消除种族歧视委员会、消除对妇女歧视委员会、禁止酷刑委员会、残疾人权利委员会等条约机构出任委员。

---

[1] 李君如主编：《中国人权事业发展报告NO.1(2011)》，北京：社会科学文献出版社，2011年8月，第34-36页。

[2] 国务院新闻办公室：《改革开放40年中国人权事业的发展进步》白皮书，2018年12月，国务院新闻办公室网站，http://www.scio.gov.cn/zfbps/32832/Document/1643346/1643346.htm，2019年5月2日。

2018年中国专家在国际人权条约机构的任职情况[1]:

姓名	任职的联合国人权条约机构	担任职务	本届任期到期时间	现任职是否是连任
陈士球	经济、社会和文化权利委员会	委 员	2020.12.31	是
李燕端（女）	消除种族歧视委员会	副主席	2020	否
宋文艳（女）	消除对妇女歧视委员会	委 员	2020.12.31	否
张红虹（女）	禁止酷刑委员会	委 员	2021	否
尤 亮	残疾人权利委员会	委 员	2018.12.31	否

（三）中国与联合国人权高专办公室

中国与联合国人权高专办公室一直保持着良好的合作关系。1998年9月，中国政府邀请时任联合国人权事务高级专员罗宾逊夫人来华访问，并签署了《技术合作项目的合作意向备忘录》。联合国人权高专罗宾逊夫人 (Mary Robinson) 在任期间曾应邀七次访华。中国重视与联合国人权事务高级专员办公室开展技术合作，于2000年11月与高专办签署了开展人权领域技术合作的《谅解备忘录》，并于2001年签署了第二阶段合作协议。在此框架下，双方开展了轻罪惩罚、监狱管理、人权教育以及人权奖学金等合作项目。2005年8月29日至9月2日，人权高专路易丝·阿伯女士 (Louise Arbour) 访华。双方签署了新的合作《谅解备忘录》，为此后三年开展技术合作确立了框架。中国积极支持高专办的工作，分别于2000年和2005年与高专办共同举办了第8次和第13次亚太区域人权研讨会。2009年再次向高专办捐款2万美元。此后，中国政府继续向高专办捐款支持其工作，自2010年起每年捐款数额从2万美元增加到5万美元。2011年，中国与高专办成功合办"中国–联合国司法研讨会"。2017年向发展权问题特别报告员捐款10万美元。

2018年11月，中国代表团团长、外交部副部长乐玉成在中国参加人权理事会

---

[1] 本文作者根据联合国相关机构的材料整理而成，资料来源分别为联合国网站的如下网页，时间截至2018年12月31日: Membership of the Committee on Economic, Social and Cultural Rights, http://www.ohchr.org/EN/HRBodies/CESCR/Pages/Membership.aspx; Membership of the Committee on the Elimination of Racial Discrimination, http://www.ohchr.org/EN/HRBodies/CERD/Pages/Membership.aspx; Membership of the Committee on the Elimination of Discrimination against Women, http://www.ohchr.org/EN/HRBodies/CEDAW/Pages/Membership.aspx; Membership of the Committee against Torture, http://www.ohchr.org/EN/HRBodies/CAT/Pages/Membership.aspx; Committee on the Rights of Persons with Disabilities, http://www.ohchr.org/ch/HRBodies/CRPD/Pages/Membership.aspx。

第三轮国别人权审议时发言承诺，中国将大力支持联合国人权机制工作，已邀请人权高专巴切莱特女士适时访华。未来5年，中国每年将向人权高专办捐款80万美元。[1]

二、中国积极参与筹备、主办和出席重要的国际人权会议

1993年3月，中国派代表团出席了在曼谷举行的世界人权大会亚洲区域筹备会，并担任了第一次筹备会、亚洲区域筹备会和世界人权大会的副主席，为世界人权大会的筹备和成功举行发挥了重要作用。同年6月中国代表参加了维也纳世界人权大会并参加了《维也纳宣言和行动纲领》的讨论、起草和制定，提出了许多建设性的意见。1995年9月，中国成功主办了联合国第四次世界妇女大会，为促进世界妇女权利的实现作出了突出贡献。会议通过的《北京宣言》和《行动纲领》，制定了今后战略目标和具体行动计划，成为妇女权利保障的重要里程碑。中国还积极参加了2002年举行的联合国第三届反对种族主义世界大会。自2000年古巴等发展中国家发起举行反对种族主义世界大会的动议之日起，中国政府就对这一动议给予了高度的评价和支持。中国代表积极参与了亚洲区域筹备会议的各项准备工作并于2001年2月19–21日出席了在伊朗首都德黑兰举行的此次会议。8月31日至9月8日，中国外交部副部长王光亚率团出席了在南非德班举行的联合国第三届反对种族主义世界大会。在中国和广大发展中国家的共同努力下，出席大会的各国代表最终通过了《德班宣言和行动纲领》，宣言首次在联合国文件中确认奴隶贸易是一桩"反人类罪"，宣言还敦促有关国家给过去殖民统治对殖民地国家和人民造成的危害表示道歉和反省，呼吁国际社会相互尊重，和平共处。

三、中国积极倡导双边人权对话，创新国际人权交流形式

进行双边人权对话是中国对国际人权交流形式的重要探索。自20世纪90年代

---

[1] 《走中国特色人权发展道路 谱写中国人权事业新篇章——中国代表团团长、外交部副部长乐玉成在我国参加人权理事会第三轮国别人权审议时的发言》，2018年11月7日，中华人民共和国外交部网站，https://www.mfa.gov.cn/web/ziliao_674904/zyjh_674906/t1610915.shtml，2019年6月1日。

初开始,中国先后与美国、欧盟、澳大利亚、英国、德国、荷兰、瑞士、挪威等西方发达国家和地区组织进行了官方层面的双边人权对话。近些年来,中国也开始与俄罗斯、巴西、巴基斯坦、南非、古巴、非盟等发展中国家和地区组织进行官方层面的双边人权磋商。

中国参加的这些人权对话与磋商取得了积极的成效:(1) 增加了相互理解,开辟了交流渠道,与对话伙伴达成了很多共识,一定程度上减少了道听途说和妄自揣测所产生的影响。(2) 推动了双方的人权进步。双方可以通过面对面的交流彼此人权保障的成功做法,共同探讨存在的问题,相互借鉴,取长补短。(3) 体现了中国开放的姿态。

中国开展的主要双边人权对话与交流情况[1]:

对话和交流名称	次数	最近一次对话时间
中国与美国人权对话	19	2015年8月13日至14日
中国与欧盟人权对话	37	2019年4月3日
中国与澳大利亚人权对话	15	2014年2月10日
中国与德国人权对话	15	2018年12月6日至8日
中国与英国人权对话	24	2017年6月27日至28日
中国与瑞士人权对话	11	2018年6月11日至12日
中国与荷兰人权对话	11	2018年6月20日至21日
中国与挪威人权与司法圆桌会议	13	2010年6月10日至11日
中国与俄罗斯人权磋商	11	2018年8月31日
中国与巴基斯坦人权磋商	4	2018年5月10日
中国与非盟人权磋商	2	2017年10月31日
中国与南非人权磋商	1	2016年4月14日
中国与巴西人权磋商	2	2016年12月6日
中国与古巴人权磋商	4	2015年1月22日

四、中国积极参与国际人权规则与机制的创设

自20世纪80年代开始,中国多次派代表参与国际人权法律文书的起草工作,先

---

[1] 资料来源:本章作者根据外交部有关信息统计而成,时间截止到2019年6月1日。

后参加了《儿童权利公约》《保护所有移徙工人及其家属权利国际公约》《禁止酷刑和其他残忍、不人道或有辱人格的待遇或处罚公约》《残疾人权利公约》《个人、团体和社会机构在促进和保护世界所公认的人权和基本自由方面的权利和义务宣言》《经济、社会和文化权利国际公约》任择议定书和和《保护民族、种族、语言、宗教上属于少数人的权利宣言》的工作组，为这些规则的起草、修改和完善作出了重要贡献。在这些工作组会议上，中国提出的意见和修正案受到了各方面的重视。自1981年起，中国作为主要推动者之一，参加了联合国人权委员会起草《发展权宣言》的政府专家组的历届会议，并积极提出意见，直至《发展权宣言》于1986年在第四十一届联大获得通过。中国还积极推动联合国人权委员会和人权理事会就实现发展权问题进行全球磋商，致力于推动构建发展权实施机制，支持将发展权问题作为一个单独的议题在人权委员会加以审议。中国一直是人权委员会关于发展权问题决议的共同提案国。1993年6月，中国代表参加了维也纳世界人权大会并参加了《维也纳宣言和行动纲领》的讨论、起草和制定，提出了许多建设性的意见，为《维也纳宣言和行动纲领》的制定和通过作出了自己的努力和贡献。1995年9月，中国成功地主办了联合国第四次世界妇女大会，为制定和通过《北京宣言》和《行动纲领》作出了突出贡献。

2006年以来，中国支持联合国人权理事会设立安全饮用水、文化权、残疾人权利等专题性特别机制；倡导召开关于粮食安全、国际金融危机等的特别会议，积极推动完善国际人权机制。在2009年底，中国政府派团参加了《儿童权利公约》来文申诉机制任择议定书制定工作组第一次会议，深入广泛地就各项议题参与了讨论。[1]中国派团参加了联大反恐特委会2009年届会议，继续参与制定关于国际恐怖主义的全面公约的谈判。为进一步完善现行国际反恐法律框架，中国赞同制定一项新的全面反恐国际公约，赞同在联合国主持下适时召开反恐高级别会议的倡议，以便为反恐国际法律合作提供政策指引。[2]中国是最早参加联合国

---

[1] 中华人民共和国常驻联合国代表团：《中国代表团副代表张丹参赞在第65届联大三委关于执行人权文书（议题68A）的发言》，2010年10月19日，http://www.china-un.org/chn/hyyfy/t762570.htm，2019年5月2日。

[2] 《中国法治建设年度报告（2009）》，人民网，http://ip.people.com.cn/GB/139288/11922739.html，2019年4月5日。

气候变化大会的国家，全程参与并有效推动国际气候谈判，为《巴黎气候变化协定》的最终通过作出贡献。中国还积极推动了联合国《2030年可持续发展议程》的制定和实施。[1]

五、中国积极推动国际人权话语体系的发展

中国认为国际人权话语体系应该不断地丰富和发展。近年来，中国所倡导的一些重要理念已经被纳入到了国际人权话语体系。

（一）中国倡导的"构建人类命运共同体"理念被纳入国际人权话语体系

2017年2月10日，联合国社会发展委员会第55届会议协商一致通过了"非洲发展新伙伴关系的社会层面"决议，"构建人类命运共同体"理念被首次被写入联合国决议。3月1日，在人权理事会第34次会议上，中国代表140个国家发表了题为"促进和保护人权，共建人类命运共同体"的联合声明，在国际人权舞台上进一步阐释了构建人类命运共同体的理念及其对推动国际人权事业发展的重要意义，在国际社会引起了广泛共鸣。3月23日，在联合国人权理事会第34次会议通过的众多决议中，有两个决议即"在所有国家实现经济、社会及文化权利问题"决议和"粮食权"决议明确载入了"构建人类命运共同体"的措辞。其中，"在所有国家实现经济、社会及文化权利问题"决议指出，"……决心不遗余力，促进民主和加强法治，实现和平、发展并尊重一切国际公认的人权和基本自由，包括发展权；相信需要作出广泛而持久的努力，来构建人类命运共同体……""粮食权"决议指出，"决心为实现国际社会的承诺采取新的步骤，以通过加强国际合作和团结，坚持不懈地作出努力，争取在实现食物权方面取得重大进展，从而构建人类命运共同体。"[2]这是构建人类命运共同体的理念首次被载入联合国人权理事会的决

---

[1] 国务院新闻办公室：《改革开放40年中国人权事业的发展进步》白皮书，2018年12月，国务院新闻办公室网站，http://www.scio.gov.cn/zfbps/32832/Document/1643346/1643346.htm，2019年5月1日。

[2] OHCHR | Session34 Resolutions, decisions and President's statements，经社文权利决议文件号34/4，粮食权决议文件号34/12，联合国网站，https://www.ohchr.org/EN/HRBodies/HRC/RegularSessions/Session34/Pages/ResDecStat.aspx，2019年5月3日。

议[1],成为国际人权话语。

（二）中国提出的"发展促进人权"的理念被引入国际人权话语体系

2017年6月22日,联合国人权理事会通过了中国提出的题为"发展对享有所有人权的贡献"的决议。该决议反映了发展中国家诉求和心声,得到了广大发展中国家的支持和拥护,获得了70多个国家联署。这是人权理事会历史上第一次就发展问题通过决议。[2]决议明确指出构建人类命运共同体是国际社会的共同愿望,确认了发展对享有所有人权的重大贡献,呼吁各国实现以人民为中心的发展,在人民中寻找发展动力,依靠人民推动发展,使发展造福人民。决议呼吁各国加强国际合作,全力推进可持续发展,特别是落实2030年可持续发展议程,促进全面享有人权。决议欢迎各国进一步推进发展倡议,促进伙伴关系,实现合作共赢和共同发展。2019年7月12日,联合国人权理事会再次通过了中国提交的"发展对享有所有人权的贡献"决议。这是中国继2017年人权理事会通过该决议后,第二次提出这一重要决议并得到人权理事会成员的广泛支持。

（三）中国倡导的"在人权领域促进合作共赢"的理念成为国际人权话语

2018年3月23日,联合国人权理事会第37届会议通过了中国提出的"在人权领域促进合作共赢"决议。决议呼吁各国共同努力,构建相互尊重、公平正义、合作共赢的新型国际关系,构建人类命运共同体,强调各国要坚持多边主义,加强人权领域对话与合作,实现合作共赢。

六、中国积极为发展中国家在人权领域的交流与合作搭建高端平台

2017年12月7-8日,中国国务院新闻办公室和外交部在北京共同主办了首届"南南人权论坛"。来自70多个国家和国际组织的官员、学者等300余人出席了论坛,此次论坛的规模之大、规格之高都是空前的。中国国家主席习近平专门向论坛

---

[1] 《人类命运共同体理念首次载入联合国人权理事会决议》,人民网,2017年3月25日。

[2] 《人权理事会通过中国提出的"发展对享有所有人权的贡献"决议,"发展促进人权"理念首次被引入国际人权体系》,中国外交部网站,2017年6月28日,http://www.fmprc.gov.cn/ce/cegv/chn/dbtzyhd/t1473892.htm,2019年5月3日。

发来了贺信表示祝贺，并指出全球人权事业发展离不开广大发展中国家共同努力，希望国际社会本着公正、公平、开放、包容的精神，尊重并反映发展中国家人民的意愿，促进发展中国家人民享有更加充分的人权，实现全人类共同繁荣发展[1]。本次论坛以"构建人类命运共同体：南南人权发展的新机遇"为主题，下设"构建人类命运共同体与推进全球人权治理""包容性发展与南南人权的实现""南南国家教育权的保障""南南国家减贫及粮食权的保障""南南国家健康权的保障""中国与南南合作：对推进世界人权事业发展的重要作用"等六个分论坛。与会代表就相关议题进行了深入的探讨和交流，达成了很多共识，并最终形成了凝聚这些共识的"北京宣言"。中国主办的"南南人权论坛"是广大发展中国家在人权领域进行交流与合作新平台。这不仅是拓展南南合作领域的有益尝试，而且对于推动发展中国家参与全球人权治理，增加发展中国家在国际人权领域的发言权具有重要意义。

现在，我们正在举行第二届"南南人权论坛"，相信这一高端交流平台的机制化对于国际人权事业的发展将发挥重要的推动作用。

（作者罗艳华系北京大学国际关系学院教授、中国人权研究会理事）

---

[1] 《习近平致首届"南南人权论坛"的贺信》，新华网，http://www.xinhuanet.com/politics/2017-12/07/c_1122073544.htm，2019年3月2日。

完善公共卫生应急体系 保障公民生命健康权利

[中国] 满洪杰

公共卫生应急体系是一个国家应对公共卫生风险的制度建设与物质保障的综合体系。"公共卫生风险"是指发生不利于人群健康事件。[1]重大传染性疾病、自然灾害以及重大事故,均具有公共卫生风险,并可能形成突发性公共卫生事件,给人民生命健康带来重大挑战。公民健康权利要求国家通过建立卫生应急体系,积极应对突发性公共事件带来的生命健康损害。《经济、社会和文化权利国际公约》第12条规定,"本公约缔约各国承认人人有权享有能达到的最高的体质和心理健康的标准。"为充分实现这一权利,该条第二款要求缔约国"预防、治疗和控制传染病、风土病、职业病以及其他的疾病"。[2]《联合国经社文权利委员会第14号一般性意见》指出,《公约》第12条规定的"享有能达到的最高健康标准的权利"包括"得到治疗的权利,包括在事故、流行病和类似健康危险的情况下,建立一套应急的医疗保健制度,及在紧急情况下提供救灾和人道主义援助"。该意见将"采取措施,防止环境和职业健康危险,和流行病资料显示的任何其他威胁"作为缔约国所负有的对健康权的实现义务之一。

中国政府高度重视卫生应急体系建设,通过长期的努力,已经构建了较为完备的公共卫生应急体系,为公民生命身体健康权利提供了坚强屏障。2016年10月,中共中央、国务院印发了《"健康中国2030"规划纲要》(以下简称《纲要》)[3],作

---

[1] 世界卫生组织:《国际卫生条例2005》第二版。

[2] 第12条第二(丙)项

[3] 参见《中共中央、国务院印发〈"健康中国2030"规划纲要〉》,中国政府网,2016年10月25日,http://www.gov.cn/gongbao/2016-11/20/content_5133024.htm,2017年12月1日。

为推进健康中国建设的宏伟蓝图和行动纲领。《纲要》提出，要提高突发事件应急能力，提高防灾减灾和应急能力，完善突发事件卫生应急体系，提高早期预防、及时发现、快速反应和有效处置能力。《纲要》特别提出，要"建立包括军队医疗卫生机构在内的海陆空立体化的紧急医学救援体系，提升突发事件紧急医学救援能力"[1]。2017年1月，国务院办公厅印发了《国家突发事件应急体系建设"十三五"规划》[2]，提出，"到2020年，建成与有效应对公共安全风险挑战相匹配、与全面建成小康社会要求相适应、覆盖应急管理全过程、全社会共同参与的突发事件应急体系，应急管理基础能力持续提升，核心应急救援能力显著增强，综合应急保障能力全面加强，社会协同应对能力明显改善，涉外应急能力得到加强，应急管理体系进一步完善，应急管理水平再上新台阶。"[3]

一、以保障公民健康权利为目标建设中国卫生应急体系

公共卫生应急体系是指以公共卫生应急能力为核心，应对公共卫生突发事件和开展突发事件紧急医学救援的体系，包括卫生应急决策指挥平台、突发急性传染病防治体系和突发事件紧急医学救援网络。中国政府一向关注公共卫生应急体系建设，经过十几年的努力，已经初步建成全球最大、最先进的传染病疫情和突发公共卫生事件网络直报系统，构建了各类突发事件应对和紧急医学救援的法规和预案体系和多部门联防联控工作机制，卫生应急综合实力明显增强，并按期达到了《国际卫生条例 (2005)》规定的公共卫生应急核心能力建设要求和目标。

(一) 以立法和预案体系建设实现公共卫生应急法制化

法制化建设是应对突发事件基础，是我国在战胜"非典疫情"以来在应对突发事件中的宝贵经验和教训。中国政府高度关注对于公共卫生应急立法建设。

---

[1]　参见《中共中央、国务院印发〈"健康中国2030"规划纲要〉》，中国政府网，2016年10月25日，http://www.gov.cn/gongbao/2016-11/20/content_5133024.htm，2017年12月1日。

[2]　《国务院办公厅关于印发国家突发事件应急体系建设"十三五"规划的通知》，中国政府网，http://www.gov.cn/zhengce/content/2017-07-19/content_5211752.htm，2017年12月5日。

[3]　《国务院办公厅关于印发国家突发事件应急体系建设"十三五"规划的通知》，中国政府网，http://www.gov.cn/zhengce/content/2017-07-19/content_5211752.htm，2017年12月5日。

2003年5月,在抗击"非典"的战斗进程中,国务院制定并颁布了《突发公共卫生事件应急管理条例》,开启了公共卫生应急立法和预案体系建设的进程。2007年第十届全国人大常委会通过了《中华人民共和国突发事件应对法》。10余年来,中国先后制定了70多部相关法律法规、10余个部门规章,形成了以法律法规、行业规章、规范性标准和管理操作四个层级的突发公共卫生事件和其他突发事件紧急医学援助的立法和预案体系。

2006年1月8日,国务院发布了《国家突发公共事件总体应急预案》,并逐步建立了国家级专项预案体系,包括国家防汛抗旱应急预案、国家自然灾害救助预案、国家破坏性地震救助预案等自然灾害类预案,国家安全生产事故应急预案、国家突发环境事件应急预案、国家核应急预案等事故灾难类预案,以及国家突发公共卫生事件应急预案、国家突发公共事件医学救援应急预案、国家食品安全事故应急预案等突发公共卫生事件专项预案。[1]在预案体系中,强调了预防为主,常备不懈、统一领导,分级负责、依法规范,措施果断、依靠科学,加强合作等基本原则,建立了在国务院统一领导下,各地方、各部门分级负责应急指挥体系,完善了监测、应急反应和报告体系,明确了应急事件处理的保障体制,成为构建我国公共卫生应急体系,应对各种公共卫生突发事件,保护人民健康权利的重要制度保障。

(二)塑造和完善卫生应急管理体制

中国高度重视卫生应急体系建设。2003年卫生应急办公室在原卫生部设立了,并在全国各级地方建立和指定了卫生应急工作的负责部门。中央财政投资建设了国家、省级、地市级突发事件卫生应急指挥系统建设,并在各政府部门、军地之间、区域之间建立了联防联控工作机制。

"十三五"期间,卫生应急体系建设围绕以体系和核心能力建设为"主体",以突发急性传染病防治、突发事件紧急医学救援力量建设为"两翼"的"一体两翼"发展思路。《国家突发事件应急体系建设"十三五"规划》要求,要"健全公共卫生、食品药品安全检验检测和风险防控体系,提高突发急性传染病、重大动植物疫

---

[1] 参见《国家突发公共事件预案体系》,中国政府网,http://www.gov.cn/yjgl/2005-08/31/content_27872. htm, 2017年12月5日。

情、食品安全突发事件、药品不良反应和医疗器械不良事件、农产品质量安全突发事件等早期预防和及时发现能力，强化风险沟通"。规划指出，要"强化突发急性传染病预防预警措施，不断改进监测手段，健全风险评估和报告制度，推进突发急性传染病快速检测技术平台建设，提高及时发现和科学预警能力"[1]。

（三）卫生应急基础建设持续增强

中国政府不断加强卫生应急基础建设，建设了17个国家级和省级核辐射损伤治疗基地、32个化学中毒救治基地，启动了7个国家级紧急医疗救援基地建设，探索建立海（水）上、航空紧急医疗救援网络。十三五期间，将持续推进国家紧急医学救援基地和区域紧急医学救援中心建设，构建陆海空立体化、综合与专科救援兼顾的紧急医学救援网络。健全各级紧急医学救援队伍，优化国家卫生应急队伍布局，建立队伍运维保障长效机制；推进帐篷化现场卫生应急处置中心建设，强化远程航空投送能力和极端条件下的自我保障能力；完善国家卫生应急现场处置指导专家库，逐步建设国家和省级突发事件心理干预救援队伍。鼓励加强航空医疗救援和转运能力建设。加强突发急性传染病防控队伍建设；推广实验室快速检测，推动生物安全四级实验室建设，完善国家级突发急性传染病检测平台和高等级生物安全实验室网络，强化对突发急性传染病已知病原体全面检测和未知病原体快速筛查能力。[2]

同时，伴随着医疗体制改革的步伐，中国不断推进公共卫生应急体制与医疗服务体制的共同发展。特别是在公立医院改革中，强调了公立医院在卫生应急工作中所发挥的物质条件和人员保障基础的作用。2015年9月，国家卫计委发布了《关于进一步加强公立医院卫生应急工作的通知》，指出卫生应急实践彰显了公立医院的公益性，公立医院卫生应急工作是其公益性的具体体现之一；公立医院是卫生应急医疗救治的主体力量、专业技术机构；公立医院卫生应急工作是城乡公共卫生安全和紧急医疗救援体系的重要组成部分。《通知》要求公立医院在突发公共事件紧急医

---

[1] 《国务院办公厅关于印发国家突发事件应急体系建设"十三五"规划的通知》，中国政府网，http://www.gov.cn/zhengce/content/2017-07/19/content_5211752.htm，2017年12月5日。

[2] 《国务院办公厅关于印发国家突发事件应急体系建设"十三五"规划的通知》，中国政府网，http://www.gov.cn/zhengce/content/2017-07/19/content_5211752.htm，2017年12月5日。

学救援方面，重点开展伤病员的接诊、收治工作，为伤病员提供医疗救护和现场救援等专业服务。在突发公共卫生事件应急处置方面，要按照"早发现、早报告、早隔离、早诊断、早治疗"要求，切实做好医院感染性疾病的预检分诊，强化国家规定的突发公共卫生事件病例和法定传染病的报告；协助疾病预防控制机构开展样本采集、流行病学调查；同时，严格执行院内感染控制相关规定，严格消毒隔离、个人防护、医疗垃圾和污水处理等措施。为充分履行公立医院在应急机制中的职责，《通知》要求公立医院要建立完善卫生应急投入保障机制，不断改善工作条件，保障公立医院卫生应急工作健康和可持续发展。

（四）突发事件监测预警处置能力获得提升

监测预警能力不断增强。中国自2004年以来，启用了全球最大的传染病和突发公共卫生事件网络直报系统，突发性公共事件信息从乡镇到国家的报告事件，从过去的5天缩短到现在5小时，具备72小时内检测300余种病原体的能力。[1]完善了流感监测系统等一系列专项监测系统，加强了实验室网络监测体系建设。

应急处置队伍不断优化。"十二五"期间，中央和地方累计投入近5亿元，在全国23个省份分区域建成紧急医学救援、突发急性传染病防控、突发中毒事件处置、核和辐射突发事件卫生应急等4大类37支国家卫生应急队伍，和近2万支、20多万人的地方卫生应急处置队伍。

应急科研工作取得丰硕成果。广大科技人员根据卫生应急工作的需要，积极开展科学研究，近年来在世界范围内率先研发了H1N1流感疫苗、H5N1高致病性禽流感快速诊断试剂盒、H7N9禽流感病毒快速检验试剂等应急医疗成果，为应对相关公共卫生紧急事件发挥了重大作用。2014年中国疾控中心病毒病所成功研制埃博拉病毒核酸、抗原和抗体检测试剂，并利用该试剂在塞拉利昂开展病毒检测任务。2015年由中国企业研发生产的埃博拉病毒核酸检测试剂盒被世界卫生组织批准正式列入其官方采购名录，并作为埃博拉病毒的检测手段之一向全世界推荐。

---

[1] 崔丽："构建科学高效的卫生应急体系"，《人民日报》2017年1月25日，第7版。

随着中国公共卫生应急能力的不断提升，2014年中国达到了《国际卫生条例（2005）》的标准。经过中央和地方各级政府的共同能力，2014年我国在突发公共卫生事件监测及应对、实验室能力和生物安全管理、出入境口岸核心能力、人畜共患病防控、食品药品安全事故防控能力、化学性和核辐射事件防控等方面的公共卫生核心能力均达到了《国际卫生条例（2005）》的要求。2013年各相关部门开展的公共卫生应急核心能力评估结果显示，达标率已升到91.5%，超过了全球平均水平（70%）和2012年已达标西太区国家的平均水平（86.4%）。

二、公共卫生应急体系在突发事件中成为健康权利的守护者

健全高效的公共卫生应急体系，已经成为我国应对突发公共卫生事件，以及在自然灾害和事故中开展应急救援的有力武器，为保护公民健康权利发挥了突出的作用。

（一）积极应对突发公共卫生事件

突发公共卫生事件(以下简称突发事件)，是指突然发生，造成或者可能造成社会公众健康严重损害的重大传染病疫情、群体性不明原因疾病、重大食物和职业中毒以及其他严重影响公众健康的事件。[1]自"非典"疫情以来，中国对传染病疫情和其他严重影响公众健康事件高度关注，建立了一整套行之有效的应对和处置体系。在抗击H5N1禽流感、H1N1猪流感、H7N9禽流感等传染性疾病疫情的过程中，中国的公共卫生应急体系接受了考验，也取得了突出的成果。近年米，中国公共卫生应急体系积极应对了H7N9禽流感、输入性裂谷热病例、输入性黄热病病例、输入性塞卡病毒感染病例、输入性中东呼吸综合征病例等主要突发公共卫生事件，措施有力得当，避免了疫情的发生。

（二）自然灾害紧急医学救援

中国地域广阔，自然环境复杂，也是自然灾害多发国家，地震、洪涝灾害等自然灾害发生频繁。自然灾害不仅自身威胁着人民的生命健康，伴随自然灾害而来的

---

[1] 《突发公共卫生事件应急条例》第二条

流行病等公共卫生风险也对保障人民健康权利造成重大挑战。中国卫生应急体系随时保持应急准备，切实落实防范措施，在应对地震（2013年四川雅安庐山地震、2013年甘肃定西地震、2014年云南昭通地震、2014年云南景谷地震、2014年四川康定地震、2017年四川九寨沟地震、2017年新疆精河地震）、地质灾害（2017年四川茂县新磨村山体垮塌、2019年山西省临汾市乡宁县枣岭乡山体滑坡）、气象灾害（2016年江苏盐城龙卷风、2019年辽宁开原龙卷风）等自然灾害中发挥了关键作用。通过紧急医学救援和灾后卫生防疫，不仅使受灾群众伤病得到及时救治，同时有效预防了灾后疫情的发生。

（三）事故紧急医学救援

随着我国经济社会的不断发展，特别是工业、交通、建筑等行业的迅速成长，各种事故风险也不断增大。各类生产事故、交通事故具有突发性和重大危害性，并受到社会高度关注。同时，事故不仅会损害受害人的生命健康权利，如果应对不及时、不适当，还可能造成对环境的次生性公共卫生风险甚至疫情。此外，某些受害人众多的刑事犯罪行为，特别是暴力恐怖犯罪，也对人民群众生命健康造成重大损害，必须及时给予应急救助。近年来，中国卫生应急先后在2015年天津"8·12"火灾爆炸事故（2015年）、湖北省监利县"东方之星"号客轮沉没事故（2015）、江苏省昆山市"8·2"爆炸事故（2014年）、山东省青岛市黄岛燃爆事故（2013年）、陕西省京昆高速秦岭段重大交通事故（2017年）、吉林省松原市天然气管道爆炸事故（2017年）、辽宁省本溪华煤极端铁矿爆炸事故（2018年）等重大安全生产事故，云南省昆明市火车站暴力恐怖案件（2014年）、福建省厦门市公交车燃烧事件（2013年）、江苏省丰县幼儿园爆炸事件（2017）年等社会突发事件中，对伤员进行积极救治和心理危机干预工作。

三、构建人类命运共同体，为全球公共卫生安全作出高度贡献

人类只有一个地球，各国共处一个世界。中国政府提出构建人类命运共同体的重要思想，主张世界各国在追求本国利益时兼顾他国合理关切，在谋求本国发

展中促进各国共同发展。疾病等公共卫生风险,是全人类的共同敌人,各国不仅要关注本国国民的健康权利,建立和完善公共卫生应急体制,而且应当积极履行国际义务,在他国发生公共卫生紧急事件时提供必要的国际援助。《联合国经社文权利委员会第14号一般性意见》第40项也明确要求:"根据《联合国宪章》和联合国大会、世界卫生大会的有关决议,缔约国有共同和单独的责任,在发生紧急情况时,在提供救灾和人道主义援助方面进行合作,包括援助难民和国内流离失所者。各国应尽其最大能力为这项工作作出贡献。在提供国际医疗援助、分配和管理资源等方面,如安全和洁净的饮水、食物和医疗物资,以及在财政援助中,应优先考虑人口中最脆弱和边缘的群体。此外,鉴于有些疾病很容易跨过国家的边界传播,国际社会都有责任解决这个问题。经济发达的缔约国有特殊的责任和利益,在这方面帮助较穷的发展中国家。"中国政府从构建人类命运共同体的责任感和使命感出发,积极履行相关国际义务,在其他国家发生公共卫生紧急事件时,向相关国家提供紧急救助和人道主义援助。

(一) 对大规模传染性疾病的应急防控

2014年以来,西非部分国家特别是塞拉利昂爆发埃博拉出血热疫情。8月8日,世界卫生组织发布声明,宣布西非埃博拉出血热疫情为"国际关注的突发公共卫生事件"。中国及时向几内亚、利比里亚和塞拉利昂三国提供了抗击埃博拉疫情紧急人道主义援助物资。2014年9月16日,中国首批援塞医疗队一行30人,搭乘专机从北京启程飞赴西非塞拉利昂,执行埃博拉出血热患者诊治任务。至2015年7月,中国并先后派出5批医疗队、累计近1200名军地医疗和公共卫生人员,向西非国家提供了价值达7.5亿元的援助,第一时间向塞拉利昂投送了移动生物安全三级实验室,高质量、高标准地完成了援利诊疗中心、援塞固定生物安全实验室建设。在短时间内自主研制成功了埃博拉出血热的诊断试剂,在抗病毒药品、治疗抗体和疫苗研发等方面取得了重要进展。援非抗埃队伍建立了十多种防控方案和感染控制管理体系,确保了零感染目标的实现。我国在塞拉利昂部署的生物安全三级实验室,检测准确率达到100%,累计为疫区国家检测样本近9000份,留观诊疗相关病例900多例,培训当地医护人员和社区防控骨干1.3万多人。

2015年11月7日，世界卫生组织宣布塞拉利昂摆脱了埃博拉病毒。塞拉利昂卫生部副部长Madina Rahman女士表示，如果没有采取多部门协同作战的手段，没有中国等国际伙伴的密切合作，是不可能战胜埃博拉病毒的。

2017年下半年，马达加斯加爆发鼠疫疫情。应马达加斯加卫生部请求，中国于10月下旬派出6人公共卫生专家组赴马达加斯加援助疫情防控工作，并于11月上旬再派出3人医疗专家组赴马达加斯加提供医疗救治支持。

（二）自然灾害应急救援

2013年11月8日，菲律宾遭受台风"海燕"袭击，造成重大人员伤亡。中国政府派遣应急医疗队赴菲律宾提供紧急医疗救助工作。应急医疗队由15个专业的专家组成，携带了紧急医学救援、卫生防疫等药品、物资以及相关医疗救治设备，将在灾区开展创伤救治和医疗服务，并为灾区卫生防疫工作提供技术指导。11月24日，中国政府应急医疗队于阿布约（Abuyog）镇开设小型野战医院，可开展B超、血常规、血生化、心电图等辅助检查，提供内、外、妇、儿、皮肤等多个专业常见病、多发病的诊治服务，覆盖了阿布约镇及其周边地区20万人口，深受当地民众的欢迎。

2015年4月25日，尼泊尔发生8.1级地震，中国国际救援队、中国政府医疗队和中国军方救援队及医疗队震后第一时间抵达尼泊尔，并立即投入人员搜救、医疗救治、疫情防治和人员培训等工作。在尼境内参与救灾的中国政府、军队和武警部队的搜救、医护、防疫和工程抢险人员超过1000人，是新中国成立以来在境外实施的最大规模的国际人道主义救援行动。中国政府迅速宣布向尼方提供两批总值达6000万人民币的紧急人道主义援助，动用40多架飞机，将650吨帐篷、发电机、净水设备和毛毯等紧急救援物资全部运抵尼泊尔。5月12日，尼泊尔遭遇强烈余震，中国政府再次宣布提供8000万元人民币的紧急援助。中国红十字会、中国扶贫基金会、蓝天救援队等社会团体及中国多个省市的民众和企业也纷纷向尼方提供现汇或物资援助。

四、发展与展望

在肯定成绩的同时，我们也应当清醒地认识到，当前我国卫生应急能力仍面临着巨大的挑战。当今世界，随着全球各区域之间人员、物资交流的空前频繁，以及人类活动引发的环境变化，各种突发急性传染病威胁持续存在，远距离传播风险不断增加，突发事件关联性、衍生性、复合性和非常规性不断增强。[1]近几十年来，"非典"、禽流感、埃博拉病毒等高致病性、高破坏性、高传染性疾病的传播即为例证。在国内卫生事业建设中，随着人民对健康需求的不断提高，卫生应急体系所肩负的保障人民健康权利的职责越来越重大。当前，卫生应急体系存在的主要问题主要包括：观念上重事后处置、轻事前预防；实践中保障措施不完善，信息、资源共享不充分，基层应急能力薄弱，公众有序参与应急管理的程度低等。[2]

《纲要》提出，到2030年要建立起覆盖全国、较为完善的紧急医学救援网络，突发事件卫生应急处置能力和紧急医学救援能力达到发达国家水平。[3]根据这一部署，国家卫健委等主管部门也提出了今后一段时期卫生应急工作的"一体两翼"的总体发展目标，即以卫生应急体系和核心能力建设为"体"，以突发急性传染病防治、突发事件紧急医学救援为"翼"。[4]我们可以期待，随着中国对卫生应急体系的持续关注和大力投入，一个以更好地保障人民健康权利为目标，以应对人类共同健康问题为己任，科学高效、具有可持续性的中国特色卫生应急体系将不断获得加强和完善。

（作者满洪杰系山东大学人权研究中心副主任、山东大学法学院副院长、教授）

---

[1] 崔丽："构建科学高效的卫生应急体系"，《人民日报》2017年1月25日，第7版。

[2] 崔丽："构建科学高效的卫生应急体系"，《人民日报》2017年1月25日，第7版。

[3] 参见《中共中央、国务院印发〈"健康中国2030"规划纲要〉》，中国政府网，2016年10月25日，http://www.gov.cn/gongbao/2016-11/20/content_5133024.htm，2017年12月1日。

[4] 崔丽："构建科学高效的卫生应急体系"，《人民日报》2017年1月25日，第7版。

国际人权领域的规范性力量——中国

[中国] 毛俊响

一、问题的提出

20世纪80年代以来，中国参与国际人权机制，经历了谨慎观察、逐步介入、推动变革的过程。对于中国在国际人权领域中的角色，不同学者有不同的观察，如规则遵守者、规则破坏者、规则变革者等。以上都是基于对特定时期中国与国际人权机制关系而得出的结论，且不论当时是否具有合理性，如果用来判定当前中国在国际人权领域的角色显然具有片面性。随着当前中国综合国力的持续上升，中国在全球治理，特别是国际人权治理中发挥着越来越重要的作用。我们认为有必要重新对中国在国际人权领域中的角色进行定位。对此，本文提出"规范性力量"这一框架来进行分析。

二、规范性力量的概念及其核心要素

一般认为，"规范性力量"是国际关系理论学者伊恩·曼纳斯在2000年提出的概念。但是曼纳斯也承认，规范性力量的研究还可以追溯到20世纪60—70年代Carr和Duchêne以及Galtung等人对于意识形态权力的研究。[1]例如，Galtung认为，意识形态权力之所以强大，是因为权力施行者的思想通过文化媒介渗透并塑造了权力受动者的意志。[2]曼纳斯认为，欧洲规范力量的概念是建立在对

[1] Ian Manners, "Normative Power Europe: A Contradiction in Terms?", Journal of Common Market Studies, 2002 Volume 40, Number 2, pp. 235-58.

[2] Ian Manners, "Normative Power Europe: A Contradiction in Terms?", Journal of Common Market Studies, 2002 Volume 40, Number 2, pp. 235-58.

"舆论力量""观念力量"或"意识形态力量"的讨论之上,由此区别于民事力量欧洲和军事力量欧洲。[1]由此,规范性力量主要内涵是"塑造规范概念的能力"(ability to shape conceptions of "normal"),不再以物质力量为手段,而以观念为核心。[2]托马斯·迪亚兹进一步认为,规范性力量这一概念本身还指涉了一种特殊工具,不依赖军事能力的力量,通过"规范"就能做到军事力量和经济刺激所能做到的事情。[3]

曼纳斯规范性力量主要应用于对欧盟在国际社会影响力的观察,提出了"规范性力量欧洲"(Normative Power Europe)的概念。他认为,欧洲联盟的广泛规范基础是在过去50年中通过一系列宣言、条约、政策、标准和条件而发展起来的。在这一庞大的联盟法律和政策体系中,有可能确定五个核心规范,这些法律和政策构成了共同体和国家,即和平、自由、民主、法治、尊重人权和基本自由。此外,曼纳斯还补充了四个有争议的次要规范,即社会团结、反歧视、可持续发展和良治。[4]因此,曼纳斯认为,所谓规范性力量欧洲,实质上就是"欧盟可以被概念化为国际体系中规范的改变者"以及"欧盟应该采取行动将其规范扩展到国际体系"。[5]

曼纳斯有关规范性力量的分析具有启发意义。"规范性"应该是规范供给和规范扩展相结合;而"力量"则意味着实现规范变革的能力。因此,成为规范性力量,必须具有秩序影响能力、规范生成能力和规范遵守能力三项核心要素。

首先,规范性力量具有影响和塑造国际秩序的能力。规范性力量应该是具有推动国际秩序变革能力的主体,属于国际体系的主导者、施动者。国际关系和国际规范的从属者、受动者,因不具有足够影响力而难以成为规范性力量。

---

[1] Ian Manners, "Normative Power Europe: A Contradiction in Terms?", Journal of Common Market Studies, 2002 Volume 40, Number 2, pp. 235-58.

[2] 曲兵:《"规范性力量欧洲"的理念与实践:以罗马尼亚入盟为例》,《俄罗斯东欧中亚研究》2017年第5期。

[3] Thomas Diez, "Constructing the self and changing others: reconsidering Normative Power Europe", Millennium: Journal of International Studies, 2005, vol.33, No.3, pp.616.

[4] Ian Manners, "Normative Power Europe: A Contradiction in Terms?", Journal of Common Market Studies, 2002 Volume 40, Number 2, pp. 235-58.

[5] Ian Manners, "Normative Power Europe: A Contradiction in Terms?", Journal of Common Market Studies, 2002 Volume 40, Number 2, pp. 235-58.

其次，规范性力量具有生成和变革国际规范的能力。规范性力量改造国际关系的方式，主要是概念供给、价值引导、规范制定和规范实施等软性手段，而非军事、经济实力等强制手段。运用强制力量推行所谓的"规范"，只能是霸权力量而非规范性力量。规范性力量应使用国际规范而非国内规范来发挥改造国际社会的作用，防止将国内规范凌驾于国际规范之上。在现有国际规范落后于国际社会发展要求的情况下，规范性力量应该具有更新或变革现有国际秩序的意愿和能力。

再次，规范性力量具有尊重和维护国际规范的能力。曼纳斯认为："欧盟不仅是在规范的基础上建立起来的，而且重要的是，这使它能够在世界政治中以规范的方式行事"。[1]规范性力量的行为本身也应该符合国际规范，换言之，它应该也是国际规范的模范遵守者、坚定维护者。只负责制定国际规则但却游离于国际规则之外的大国，是霸权力量而非规范性力量；规范性力量是在国际规范被违反的情况下维护国际规范的保障力量；规范性力量还应该通过自身对国际规范的遵守来形成对国际法治的信仰，成为国际治理的正义力量。

三、历史与现实中的规范性力量

规范性力量的候选主体主要是曾经或正在影响国际秩序的大国或国际组织。这样，候选主体包括历史上的大国，如西班牙、葡萄牙、荷兰、英国、美国，以及地区性组织，如欧盟等。西班牙、葡萄牙和荷兰在崛起过程中，分别对地理大发现、领土取得、航行自由、现代金融和商业制度等国际规范的形成发挥着重要作用。英国是工业革命发源地、日不落帝国，最早确立了现代国家制度，是现在民主制度的发源地，也是全球自由市场体系形成的重要推动力量。但是，葡萄牙、西班牙、荷兰在17世纪后逐渐衰落，英国也在二战后元气大伤。因此，如果说他们在历史上曾发挥着规范性作用的话，那么现在却不能被认为是规范性力量。

综合来看，美国、欧盟是国际规范的传播者，比较符合当前国际社会中规范

---

[1] Ian Manners, "Normative Power Europe: A Contradiction in Terms?", Journal of Common Market Studies, 2002 Volume 40, Number 2, pp. 235-58.

性力量的标准。首先，美国和欧盟均是国际经济中心、科技中心，在国际政治和经济秩序中具有举足轻重的影响。美欧本身对于国际秩序，如和平、发展和人权等事项，具有重要影响力，是具有改造国际体系能力或潜力的主要行为体。其次，美欧的国际行为具有强烈的规范色彩，注重在外交政策中融入民主、良治、法治、人权、市场经济等规范性因素，并且通过自身实力传播上述规范性因素，使之成为国际规范的核心内容。例如，战后国际人权规范秩序总体上是美欧人权观念的产物，尽管它也反映非西方国家的立场。不仅如此，美国将人权纳入外交政策之中，在对外经济援助之中纳入人权规范；欧盟更是通过对外关系协定，将人权外交纳入规范轨道。有学者评述道：相比欧盟，世界上"没有其他大国正式将支持人权写进自己的外交政策目标中，并将之付诸实践……而且还为此建立了法律基础；没有其他国家会将自己和他国的关系与'人权条款'联系到一起，也没有其他区域性或国际性组织能动用与欧盟相同的权力和影响力来做这些事情"。再次，美欧主导了战后国际规范秩序的再造，总体上也是在遵守国际秩序。虽然美国也是国际关系准则的破坏者，但是美国时常通过国家实践来影响国际法规则的产生和发展，美国总体上也是国际秩序的一支规范力量。当然，我们看到，美国近年来逐步推行单边主义，强调本国发展优先地位。如果美国与多边主义渐行渐远，那么美国在国际体系中作为规范性力量的影响力就会日渐下降。

四、中国是国际人权领域的规范性力量吗?

(一) 中国正在发挥规范影响力

中国是否成为国际人权领域的规范性力量，也需要根据主体影响能力、规范生成能力和行为示范能力三要素来分析。

首先，中国已经成为国际社会中举足轻重的力量。中国综合国力持续上升，国内生产总值稳居世界第二，对世界经济增长贡献率超过30%。7亿多贫困人口摆脱绝对贫困，中国对全球减贫的贡献率超过70%，是世界上率先完成联合国千年发展目标减贫目标的发展中国家。中国努力提升发展中国家的发展能力、提供发展援助、进行人道主义援助,在维护世界和平与发展、推动国际人权事业发展进步等方面作出了重要贡献。[1]

其次,中国已经展现出较为明显的制度生成能力。近年来,中国频频就国际治理问题发出中国声音,提出中国方案。中国实施共建"一带一路"倡议,发起创办亚洲基础设施投资银行,设立丝路基金。中国在国际人权规范生成和发展过程中的作用越来越主动。中国参加了多份重要人权文件的制定工作,积极推动构建发展权实施机制,参与劳工保护、人道主义等领域国际规则制定。中国提出构建新型国际关系,倡导构建人类命运共同体,促进全球治理体系变革。构建新型国际关系和人类命运共同体理念已经被越来越多的国家所认同和接受,先后被写入联合国大会、安全理事会、人权理事会的决议,必将引导国际人权机制产生不可忽视的影响。

再次,中国已经表现出较为积极的规范遵守能力。中国加入26项国际人权公约,切实履行国际人权义务,及时向相关条约机构提交履约报告,与条约机构开展建设性对话,并充分考虑条约机构提出的建议与意见,结合中国国情对合理可行的建议加以采纳和落实。2018年11月,人权理事会一致通过中国参加第三轮国别人权审议报告,120多个国家充分肯定中国在履行国际人权义务、促进和保护人权方面取得的巨大成就。[2]在国际人权领域,中国是遵守规则的示范者。

所以,总体上中国已经具备在国际人权领域发挥规范性力量的能力。中国近年来在国际人权治理中的作为至少表明,中国意图起到国际人权治理规范性力量的作用,并切实在发挥着这样的作用。

(二)规范性力量中国对待国际规范的态度

正在成为规范性力量的中国,如何看待当前国际规范秩序?是推倒重来还是维护维持?我想,通过对中国领导人的政策宣示可以看出,中国仍然是在当前国际规范体系内部发挥影响。首先,中国坚持在现有国际法治秩序的框架下发挥规范性影响。中国外交部长在第74届联大一般性辩论中发言说:"我们将坚定维护联合国

---

[1] 国务院新闻办公室:《为人民谋幸福:新中国人权事业发展70年》白皮书,2019年9月22日。

[2] 国务院新闻办公室:《为人民谋幸福:新中国人权事业发展70年》白皮书,2019年9月22日。

的地位和作用,坚定维护以联合国为核心的国际体系,坚定维护以国际法为基础的国际秩序。"第二,中国推动现有国际规范秩序走向更加公正合理。中国倡导国际关系民主化,坚持国家不分大小、强弱、贫富一律平等,支持扩大发展中国家在国际事务中的代表性和发言权。第三,中国推动现有国际规范秩序变革,最终目的是实现建设新型国际关系,合力构建人类命运共同体。

五、中国规范力量的运用:构建人类命运共同体

人类命运共同体之所以具有规范性意义,主要是因为:

第一,人类命运共同体是为了应对当前全球治理危机而提出的理念。当前,人类正处在大发展大变革大调整时期,也正处在一个挑战层出不穷、风险日益增多的时代。治理赤字、信任赤字、和平赤字、发展赤字越来越大,没有哪个国家能够独自应对人类面临的各种挑战,也没有哪个国家能够在全球治理危机中悄然而立、独善其身。面对百年未有之大变局,面对当前治理难题和发展困境,习近平指出:"宇宙只有一个地球,人类共有一个家园。让和平的薪火代代相传,让发展的动力源源不断,让文明的光芒熠熠生辉,是各国人民的期待,也是我们这一代政治家应有的担当。中国方案是:构建人类命运共同体,实现共赢共享。"

第二,人类命运共同体具有推动国际规范变革的意义。构建人类命运共同体,建设持久和平、普遍安全、共同繁荣、开放包容、清洁美丽的世界,为应对当前全球性治理危机提供了方向指引,也为国际人权治理勾画了清晰的发展前景。人类命运共同体吸收了古今中外人类文明中的合理思想资源,从关注个人价值向同时关注个人价值和全人类价值转变,旨在克服个人中心主义、利益至上主义、单边主义和霸权主义,具有超越西方传统人权观和国际政治观的普遍意义和历史意义。人类命运共同体理念强调以共同体的视角来处理不同文明、不同国家之间的共处与合作问题,以实现全人类共同利益的价值导向来协调各国行动、应对国际治理危机。

第三,人类命运共同体具有推动国际规范变革的效果。近年来,构建人类命运

共同体这一倡议已被多次写入联合国人权文件，正在从理念转化为行动，产生日益广泛而深远的国际影响。

第四，人类命运共同体要从理念转化为规范，还需要从政治、经济、社会、文化、环境等各个方面具体化。中国应该依循"理念–规则–机制"的规范路径，推动人类命运共同体成为国际治理的基础性理念，以此指引国际社会在气候变化、人权保护、海洋资源利用、外层空间开发、南北极利用与保护、反恐等方面的规则制定、解释和适用。

（作者毛俊响系中南大学人权研究中心执行主任、教授）

通往幸福生活之路

——中国国家治理的价值定位及其路径

[中国] 钱锦宇

一、幸福生活——中国国家治理现代化的价值定位

自启蒙运动以来，人权就被启蒙思想家和政治家逐步塑造为一项基本的道德原则、法律原则和政治原则。尤其是二战之后，纳粹德国和日本军国主义的侵略暴行，使得人们形成了一个共识，即是否维护和保障人权，是判断任何政治共同体是否具有正当性与合法性的重要标志之一，以及判断任何政体的性质良善与否的重要标准。

尽管今天，人们普遍认为，人权是指人作为人（而非局限于公民或人民）所应当享有的权利。其核心是人的尊严和权利必须受到尊重和保护。但是，关于人权的核心要素和基本权利形态到底是什么，还远未能达成理论共识。但是毫无疑问的是，任何政治共同体的正当性及其活力，均源自共同体成员的最普遍的诉求，即以生存为前提的幸福生活。

西方的人权概念是伴随着新兴资产阶级与封建王权斗争的过程而产生的。无论是霍布斯还是洛克，在建构其政治契约共同体时，无不以基于生存的幸福生活为价值目标。其言之，霍布斯、洛克和卢梭等人，以自然状态中人们对于自身福祉与安全的诉求为逻辑起点，从不同角度阐发了社会契约的缔结和自然权利的转让，并建构了其古典自然法理论。安全、秩序、自由与平等，成为社会契约论所确立和高扬的价值。与此同时，任何能够展示现代政治文明的国家，都把安全、自由、平等和

秩序奉为政治制度和人权体系的核心价值而予以确立和保护。而安全、自由、平等和秩序，是人类实现其构建政治共同体的根本目标——追求以生存为前提的幸福生活的必要条件。

被马克思称为世界上"第一个人权宣言"的北美《独立宣言》，就将"生命、自由和追求幸福的权利"宣布为人的确定且不可剥夺的权利，作为人权的基本权利形态。而在21世纪的今天，重申"人类幸福"作为政治制度的根本价值，具有更为重要的意义。因为，古典自然法学说赖以支撑的自然状态、自然权利和社会契约假说，无法有效应对来自于科学帝国主义所支配的现代人文科学的质疑和挑战。因此，当代西方政治哲学家和伦理学家转而从人类的幸福与人的基本价值层面来为人权进行辩护，通过证明人权对于人的幸福和安宁的不可或缺性，来证明其正当性。

而在马克思主义的理论视域中，人类历史是人在现实生活世界中不断走向自由解放的历史，是人类不断实现自身全面自由发展的历史，究其实质，就是不断实现其幸福的历史。而异化，则是人类实现幸福的最大障碍。马克思主义首先要解决的核心问题，就是私有制导致的人的异化问题。私有制的社会存在，使得人性被褫夺而处于奴役状态。马克思所谓的"羊吃人"，实际上是被资本所异化了的"羊"吃掉了被资本所异化了的"人"。在马克思主义理论体系中，最终的理论奋斗目标和最高的社会理想，是实现人的彻底解放，创建"每个人的自由发展是一切人的自由发展的条件"[1]的联合体。因此，实现人的解放和人的自由发展，追求人的幸福生活，是马克思主义的灵魂所在。

正是因为如此，中国领导人习近平主席庄严指出："人民幸福生活是最大的人权。"[2]

对于中国政府而言，人权始终是一个伟大的事业。习近平主席旗帜鲜明地指出："将坚定不移走和平发展道路、坚定不移推进中国人权事业和世界人权事

---

[1]　《马克思恩格斯选集》（第1卷），北京：人民出版社，1972年，第273页。

[2]　参见习近平主席致"纪念《世界人权宣言》发表70周年座谈会"的贺信。

业。"[1]从根本意义上看，中国梦的实质最终将是人权梦，人的权利和尊严、人的全面发展和人的幸福生活，是中国梦的终极价值。中国梦的主体是人民，中国梦的内核是人民的根本利益，而利益的外在化即是人权。因此，民族的历史复兴梦、民主富强文明的强国梦和人的以尊严和全面发展为中心的幸福生活梦，是三位一体的结构。正如习近平总书记指出的那样："中国人民正在为实现中华民族伟大复兴的中国梦而奋斗，这将在更高水平上保障中国人民的人权，促进人的全面发展。"[2]

可见，无论是从西方的理论学说，还是从马克思主义来看，人民的幸福生活是任何政治的最高价值，而对这些价值的实现和维护，则是任何政治及其发展模式的根本目的。建构以法治为中心的中国现代国家治理模式，必须以追求和实现人民的幸福生活为终极目标。

二、善治：中国国家治理现代化的必由之路

如前所述，21世纪的今天，人民的幸福生活，是国家治理现代化的价值定位。而如何实现这一伟大的价值，即通过何种样式的国家治理才能够保障人民对于幸福生活的追求和实现？十八届四中全会决定明确指出，法律是治国之重器，良法是善治之前提。以法治为特征的善治，是中国现代国家治理模式的基本样式。

在比较政治学的视域中，西方民主统治的异化使得善治成为人们开始探索的一种新的治理理论和治理模式。西方民主统治的异化主要源自两种因素，即选民与代表的分离和官僚主义。代议制民主无法解决选民与代表相分离、人民统治与精英政治相分离的矛盾。投票的功能退化为产生政府，只要选举一经结束，民主即行终结。民主政治不再是"人民的统治"，而是沦为"政治家的统治"。[3]而在一定意义上，官僚主义是一种大众政治的异化产物。马克思主义认为，人民才是历史的创造者，而官僚主义的实质就是脱离群众。一旦执政党脱离人民群众，

---

[1] 《习近平致"2015 · 北京人权论坛"的贺信》，新华网，2015年9月16日，http://www.xinhuanet.com/politics/2015-09/16/c_1116583281.htm。

[2] 《习近平致"2015 · 北京人权论坛"的贺信》，新华网，2015年9月16日，http://www.xinhuanet.com/politics/2015-09/16/c_1116583281.htm。

[3] [美]约瑟夫 · 熊彼特：《资本主义、社会主义与民主》，吴良健译，北京：商务印书馆，1999年，第415页。

其执政的正当性就会面临质疑和削弱的风险。同时需要指出的是,人民与代表的分离和官僚主义的盛行,都将会导致政府公共责任的退化,使得国家和政府极容易偏离如下两个创制政治共同体的原初目标和根本责任,即:谋求全体共同体成员的公共福祉和促进其全面发展。异化后的代议制民主统治为人们展现的,往往是"一旦选择了政体,政治的逻辑便认为,重点必须大幅度地转向需要什么来维护政府形式,而不再仅仅是什么因素推动人类发展"[1]。其最终结果,将是对政治统治正当性产生直接和间接的消解,即,"当理性官僚制的公共责任被化约成政治统治的工具时,官僚制的精神开始背离公共责任,伴随公共责任坍塌的则是信任这一行政伦理出现了危机。"[2]

正是为了解决传统民主统治的异化和官僚主义,以及由此二者所带来的政府公共责任的退化,理论界才提出"善治"的观念。善治的本意就是良好的治理,是使公共利益最大化的社会治理过程,而不是政府利益或某个集团利益的最大化效果。善治的本质特征是通过治理主体的多元化,实现政府与公民对公共事务进行有序和有效的合作治理,是政府与市场、社会、民众的一种新型合作网络关系。

建构以法治为中心的中国现代国家治理模式,按照十八届四中全会的战略部署,必须以善治为重要目标。甚至还有政治学家指出,"善治的实现是政治制度的终极目的"[3]。对于善治而言,现代化和法治化,恰恰就是善治的两个鲜明的时代特征。当然,对于任何一个特定国家而言,善治还离不开另外一个特征,就是民族性(或本土化)。因此,现代化、法治化和民族性(或本土化)的善治,与以法治为中心的国家治理的中国道路有着本质的内在关联。善治作为以法治为中心的国家治理的中国道路的目标之一,客观上要求必须在以法治为中心的国家治理当中,有机地嵌入具有中国特色的公众参与和政府信息公开制度,实现党的领导、人民代表大会制度和公众参与的有机结合,强化代议制民主和参与式民主的有机对接和相互配合,实现中国式的善治。

---

[1] [美]詹姆斯·W. 西瑟:《自由民主与政治学》,竺乾威译,上海:上海人民出版社,1998年,第113页。

[2] 张凤阳等:《政治哲学关键词》,南京:江苏人民出版社,2006年,第313页。

[3] 俞可平:《善治与幸福》,《马克思主义与现实》2011年第2期。

需要指出的是，善治不仅体现出治理主体的多元性，还表现出治理规则的多样性。具言之，要实现有效的国家治理，实现善治的目标，一方面要强调党的领导、政府的主导和社会公众的参与，另一方面也需要强调治理的规范性依据的多元性。参与国家治理的规则，不仅是要依靠各项国家法律，还需要依靠党内法规，要认识到党内法规既是管党治党的规范性依据，也是推动社会主义法治国家建设的制度性保障。同时，面对多民族国家的现实国情，在国家治理现代化的推进当中，还需要注意宗教戒律和民族习惯法对于特定区域的社会治理、民间纠纷解决所具有的潜在价值和独特作用，探索如何实现国家法律与党内法规、国家法与民间法的协同合作、良性互动和调试与整合，共同推进以法治为中心的中国现代国家治理模式，提升治理现代化，实现善治。

由此可见，建构以法治为中心的中国善治，是实现以人的尊严和权利为基础，以人的全面发展为核心的幸福生活的政治治理样式。为此，有必要"不断推动经济社会发展，增进人民福祉，促进社会公平正义，加强人权法治保障，努力促进经济、社会、文化权利和公民、政治权利全面协调发展，显著提高人民生存权、发展权的保障水平，走出一条适合中国国情的人权发展道路。"[1]如果失去人权保障和人权发展的目标，则以法治为中心的善治，则必然就会迷失方向，丧失其核心价值。

三、人类命运共同体：以全人类幸福生活为中心的理念表达

如前所述，作为中国国家治理现代化的模式，中国式善治以人民的幸福生活为价值定位。这种价值定位的确立，根本上是由中国共产党的宗旨和理念，以及中国传统文化的精神内涵所决定。"为人民服务"，"代表着中国最广大人民的根本利益"，"权为民所用、情为民所系、利为民所谋"，表达的都是中国共产党人"以人为本"的理念。而以"以人为本"为核心的科学发展观，全面体现了新时期党的宗旨的时代要求。另外，生产力的解放和发展，消除社会两极分化，实现共同富裕，最终都是为实现人民的幸福创造条件。

---

[1] 《习近平致"2015·北京人权论坛"的贺信》，新华社，2015年9月16日，http://www.xinhuanet.com/politics/2015-09/16/c_1116583281.htm。

当我们把目光从中国国家治理转向全球治理时，我们会发现，人类命运共同体承载着全人类幸福生活的愿望和诉求。

中国传统文化精神内核强调天下、仁、和、信等，主张政治上平等相待、互商互谅，安全上守望相助、共建共享，经济上合作共赢、互惠互利，文化上交流互鉴、求同存异。《礼记·礼运》提出："大道之行也，天下为公，选贤与能，讲信修睦。"在处理人与人之间关系时，要求"己所不欲，勿施于人"，不将自己观点强加于人。在处理国与国关系当中，主张"远人不服，则修文德以来之"，不提倡使用武力，要求"处大国不攻小国"，不恃强凌弱。古人还认为，"和"是最可贵的状态。《礼记·中庸》中提出："和也者，天下之达道也。"[1]而这些价值和主张的时代表达，就是人类命运共同体理念。人类命运共同体理念否认国际政治的排他性支配模式的正当性，主张全球治理主体的多元性和利益诉求的多样性是谋求全球治理现代化的根本要求，习近平主席强调，"各国平等参与决策，构成了完善全球治理的重要力量"，不仅为全球治理指出了方向，同时也是对于"多元共治"具有充分的政治道德性和有效性的肯定。与此同时，人类命运共同体理念主张通过全球治理的现代化来实现全人类的共同发展、协调发展、均衡发展和普惠发展。在这种发展过程中，只有寻求对话、结伴与共赢合作，拒绝对抗、结盟与零和博弈，才能推进全球治理的现代化，有效应对世界人权事业面临的结构性挑战、分享全球治理和发展的红利和实现全人类的全面发展。

因此，只有坚持人类命运共同体理念所强调合作的共赢性、发展的普惠性，治理的多元性，才能够保证全人类获得发展和治理的红利，在保障全球治理现代化的可持续性的基础上，不断追求和实现全人类的幸福生活。

（作者钱锦宇系西北政法大学人权研究院执行院长、教授）

---

[1] 参见蔡玮：《人类命运共同体思想蕴含中华优秀传统文化因子》。

过去七十年中国对国际人权的贡献

[荷兰] 汤姆·茨瓦特

一、导语

今年恰逢中华人民共和国成立70周年，这是回顾中国对国际人权所作贡献的恰当时机。在漫长的七十年里发生了很多变化。因此，对这段历史的回顾也需要作出一定的选择。

本论文将聚焦于中国在构建与维护国际人权体系方面所作的三大重要贡献。首先，本文将关注中国在起草人权体系创始文件《世界人权宣言》方面所作的贡献。其次，探讨中国在国际人权体系中扮演的角色，这可以被描述为"在遵行中挑战"。最后，本文将着重分析习近平主席提出的构建人类命运共同体的理念。

二、中国是国际人权体系的创始国之一

在《世界人权宣言》的起草过程中，中国发挥了举足轻重的作用，其代表张彭春是一位杰出的学者、教育家、剧作家和外交官。在起草《世界人权宣言》期间，他曾是联合国人权委员会的成员和副主席，作为起草委员会的成员之一，他在撰写这份文件中发挥了重要作用。[1] 他是人权委员会中的智囊团成员之一，他的意见很有权威。[2] 因此，他应被视为《世界人权宣言》的创建人之一。

在讨论中，张彭春提出了关于人权的愿景，这与自由主义模式截然不同并可以

---

[1] 萨姆纳·特维斯 (Sumner B. Twiss)："儒家对《世界人权宣言》的贡献：从历史和哲学的角度分析"，阿文德·夏尔马 (Arvind Sharma) 编，《世界的宗教：当代读者》，明尼阿波利斯，2011年，第102-114页，第103-104页。以下简称特维斯 (Twiss)。

[2] 特维斯 (Twiss)，第102页。

替代自由主义模式，这对《世界人权宣言》的起草过程产生了重大影响。通过对辩论的干预，张为对待人权的替代模式奠定了基础，该模式结合了儒家思想的长处和新兴的人权理论。为此，他把儒家家庭关系的优点投射到整个社会。这样，作为熟人社会核心价值观的人性和相互关联性也成为陌生人社会的基础。在《世界人权宣言》中，儒家的个人道德观念——"私德"转化为"公德"，即公民道德。张彭春所强调的并非"承担权利的个体"，而是"承担责任的个人"。[1]

张彭春强调，一个人在任何时候都必须意识到他所生活的社会的其他人[2]，这一观点可以概括为"仁"或"二人思想"[3]。这种同胞意识[4]，或人际关系意识，说明了每个人都是一个社会性的存在，其生活是通过与他人的关系形成的。实现个人成就的基础是对社区的承诺，而不是自私和孤立。[5]张彭春认为，《世界人权宣言》应该以人的人性化为目标。[6]因此，在张彭春的坚持下，"仁"的理念被纳入《世界人权宣言》中，体现于第一条关于"良心"和"兄弟关系"的表述。[7]根据张彭春的观点，"兄弟关系"的概念对应中国关于"礼"或礼节和"任"（体贴对待他人）的概念。[8]

张彭春为《世界人权宣言》增加了一个社区的维度。"仁"的这种社区维度不仅见诸"兄弟关系"的表述，还体现在第十六条第（三）款中，该条指出，家庭是天然的和基本的社会单元，并应受社会和国家的保护。[9]根据第一条之规定，不鼓励权利的受益者利用这些权利，以牺牲其社区和人类同胞的利益为代价追求自己的

---

[1] 小亨利·罗斯蒙特（Henry Rosemont Jr.）：《承担权利的个人和承担责任的个人》，玛丽 I·博客弗（Mary I. Bockover）编，《规则、礼节和责任：献给赫尔伯特·芬加列特（Herbert Fingarette）的随笔》，拉萨尔，1991年。

[2] 特维斯（Twiss），第110页。

[3] 特维斯（Twiss），第106页；当然，这是对汉字的字面翻译，见莉迪亚·H. 刘（Lydia H. Liu）："普遍主义的影子：1948年左右不为人知的人权故事"，《批判性探究》2014年第40期，第385-417页，第411页的质询。以下简称刘。

[4] 约翰内斯·莫辛克（Johannes Morsink）：《世界人权宣言：起源、起草和意图》，费城，1999年，第297页。以下简称莫辛克（Morsink）。

[5] 陈荣捷（Wing-Tsit Chan）："儒家思想的演变"，《东西方哲学》1955年第4期，第295-319页，第311页。

[6] 特维斯（Twiss），第110页。

[7] 特维斯（Twiss），第111页；莫辛克（Morsink），第296-302页。

[8] 特维斯（Twiss），第111页。

[9] 莫辛克（Morsink），第255页。

私利。根据张的观点,"联合国的目标不是为了确保个人的私利,而是努力提高人的道德境界。"[1]

第二十九条第 (一) 款规定,"人人对社会负有义务,因为只有在社会中他的个性才可能得到自由和充分的发展",也支持了这种模式。此条明确指出,个人只有在社会框架内才能实现其个性的全面发展。[2]根据莫辛克的说法,"单独"一词显示了个人与他或她负有责任的社区之间存在有机联系。[3]在莫辛克看来,"单独"一词很可能是整个文件中最重要的一个词,因为它驳斥了这样一个观点,那就是《世界人权宣言》中规定的权利造就了利己主义者,这些人与各自的社区缺乏紧密的联系。[4]

张彭春证明了自由主义模式在人权领域并不享有垄断地位,而是可以采用一种强大的基于人性和相互联系的替代模式。他并没有将自由主义的人权思想解读为中国古典思想,而是通过在人权理论中加入中国思想和观念来丰富人权理论。张彭春是《世界人权宣言》的创建人之一,他通过一系列的起草和修正,确保了这种替代模式成为这个创始文件的一部分,因此,不应该像一些观察家希望我们相信的那样,将《世界人权宣言》视为对自由主义的颂歌。就这样,中国通过这位杰出的代表,成为国际人权体系的创始国之一。

三、中国是人权体系的忠实支持者: 在遵行中挑战

(一) 引言

北方国家的政府、活动人士和学者有时抱怨说,中国没有遵守国际人权规则。在过去几十年里,中国一直努力在国际人权体系中发挥积极和建设性作用,这足以驳斥上述观点。为发挥其积极作用,中国提出了自己独特的与《世界人权宣言》之规定密切一致的人权办法。

---

[1] 刘,第412页。

[2] 莫辛克 (Morsink),第247-248页,指英国代表。

[3] 莫辛克 (Morsink),第246页。

[4] 莫辛克 (Morsink),第248页。

（二）通过法律与道德履行人权义务

中国认为，尽管法律可以在履行人权义务中发挥重要作用，但这一作用不应仅限于正式的成文法，而应扩展到规范社会的道德准则。[1]在地方一级，与正式法律相比，道德或道德与正式法律规则的结合可能会更好地保护人权。正如刘杰所指出的那样，尽管"北方"仅依靠法律标准来避免和纠正侵犯人权的行为，但在中国，道德准则也非常重要。[2]中国人倾向于认为，培养道德是尊重和保护权利的有效途径。

根据一般国际法，各国享有在国家秩序内执行条约义务的酌处权。[3]只要各国履行了签署条约中规定的义务，他们就可以自由选择在国内一级履约的最适当方法。换言之，国内适用是结果的义务，而不是手段的义务。[4]因此，包括人权公约在内的各项条约的执行都受到"国内优先"原则的约束。[5]这意味着中国有理由依靠道德准则来履行其人权义务。

（三）尊重国家主权和不干涉内政的必要性

中国主张，人权实质上是每个国家国内管辖范围内的事务，因此，它非常强调对国家主权的尊重和不干涉内政的原则。[6]根据1991年《中国的人权状况》白皮书（以下简称白皮书），中国坚决反对任何国家将人权作为强推其价值观或意识形态的工具，或以此为借口干涉其他国家的内政。

使人权成为国际社会的责任，其目的在于终止一种情况，那就是各国可以就其管辖范围内的人的人权采取其所希望的行动。在这种制度中，国家对受其管辖的人拥有排他的发言权。在第二次世界大战期间，一些国家所犯下的暴行证明了这种制度的失败，由此，数百万中国人在日本占领者的手中失去了生命或尊严。因此，基于

---

[1] 刘杰：《人权：中国道路》，北京，2014年，第31-32页。以下简称刘杰。

[2] 刘杰，第31-32页。

[3] 曼弗雷德·诺瓦克（Manfred Nowak）：《公民权利和政治权利公约：CCPR评论》，第二版，凯尔（Kehl），2005年，第57页。以下简称诺瓦克（Nowak）。

[4] 奥斯卡·沙赫特（Oscar Shachter）：《在国内法实施公约的义务》，路易·亨金（Louis Henkin）编，《国际权利法案：公民权利和政治权利公约》，纽约，1981年，第311页，诺瓦克（Nowak），第57页。

[5] 道格拉斯·L·多诺霍（Douglas L. Donoho）："二十一世纪的人权执行"，《佐治亚州国际比较法杂志》第35期（2006—2007年），第3-52页，第12页。

[6] 刘杰，第52-68页，Phil Chan，《中国、国家主权和国际法律秩序》，莱顿，2015年，第121和124页。

对国际人权条约的签署,包括中国在内的国家再也不能声称在人权领域享有绝对主权。

然而,尽管国际人权法可能不再承认各国在这一领域的绝对主权,但它仍然尊重各国的优先地位。因此,国际人权法强调辅助性原则的重要性,根据这项原则,应当首先由缔约国在本国管辖范围内处理人权问题。只有当国家未能履行其义务时,国际机构才可介入。此外,正如白皮书所明确指出的那样,中国反对一国以人权为借口将其意识形态强加于另一国。国际人权文件本身不允许像"特洛伊木马"那样利用人权的做法。这些文件没有规定缔约国必须采纳某种特定的哲学或世界观。它们只应履行自己的义务,仅此而已。[1]

(四)生存权和发展权是最重要的人权

白皮书中明确指出,生存权和发展权是首要的基本人权。根据白皮书,对任何国家来说,生存权是所有人权中最重要的,没有生存权,其他权利就不可能存在。[2]因此,保障生存权是中国的首要任务。此外,中国还把人民的经济、社会、文化发展权放在优先地位。中国强调,根据《发展权利宣言》[3],该权利包括个人权利和集体权利。[4]

根据人权理论,人权是不可分割和相互依存的。这意味着所有权利——不论是公民权利还是政治权利,以及经济、社会和文化权利,都同等重要,缺少其中任何一项权利都无法充分享有人权。但是,人权的不可分割性和相互依存性并不反对将一项或多项权利优先于其他权利。[5]只要一项人权不被用作剥夺或忽视另一项人权的理由,它就符合人权理论。因此,在美国,言论自由被认为拥有"优先地

---

[1] 汤姆·兹沃特(Tom Zwart):"利用当地文化进一步实施国际人权:接受者的方法",《人权季刊》2012年第34期,第546-569页。

[2] 另见罗伯特·韦瑟利(Robert Weatherley):《中国的人权话语、历史和意识形态观点》,Houndmills出版社,1999年,第121页。以下简称韦瑟利(Weatherley)。

[3] 1986年12月4日联合国大会通过,A/RES/41/128。

[4] 另见孙平华,《中国的人权保护体系》,海德堡,2014年,第89页。以下简称孙平华。

[5] 刘杰,第16页。

位"。[1]在德国，人的尊严和一般人格权被视为最重要的权利。[2]中国高度重视生存权和发展权，这也是其他国家的普遍做法。

（五）集体权利的重要性不亚于个体权利

中国主张，集体人权在重要性上并不亚于个体权利。强调集体权利的理由是，个体依靠集体来实现其权利。[3]个体利益被认为与集体利益密不可分，因此只有在保证集体利益的情况下才能保证个体利益。[4]

集体人权与个体人权同样重要的立场可以在《世界人权宣言》及其起草历史中找到依据。因此，《世界人权宣言》第一条规定，人人赋有良心，并应以兄弟关系的精神相对待。如上所述，这些词汇在中国代表张彭春的倡议下被列入第一条。张认为，儒家"仁"的思想应该用于补充《世界人权宣言》中规定的个体权利。在他看来，"兄弟精神"意味着要履行对他人的义务。因此，这些权利与义务彼此相互依存。将兄弟精神的概念列入第一条的目的是防止文件中列出的权利成为自私和狭隘的根源。[5]

（六）权利与义务彼此关联

在中国，权利和义务被视为同一个问题的两个方面。[6]现代中国人权理论的奠基人之一，李步云曾说过，人权的权利和义务无法分割。实现两者之间的统一并合理科学地处理它们之间的关系是先进人权体系的重要特征。[7]

这种对权利与义务彼此关联的强调得到了《世界人权宣言》的支持。在这份文件的谈判过程中，张彭春提出了《世界人权宣言》是"人民宪章"的构想，这种构想是在人们友好对待彼此时才能实现的。对人权的这种理解以义务的存在为前提。个体是社会的一员，他必须通过明确承认其权利带来的必然义务来确认自己作为

---

[1] 伊丽莎白·华尔迈耶 (Elizabeth Wallmeyer)，"填充牛奶、脚注四与第一修正案：卡洛琳产品案判决后的言语优先地位分析"，《福德汉姆知识产权、媒体与娱乐法律期刊》2003年第13期，第1019-1052页。

[2] 爱德华·J. 艾伯利 (Edward J. Eberle)："德国与美国宪法中的人的尊严、隐私与人格"，《犹他法律评论》1997年第4期，第963-1056页。

[3] 韦瑟利 (Weatherley)，第108页。

[4] 韦瑟利 (Weatherley)，第105页。

[5] 韦瑟利 (Weatherley)，第111-112页。

[6] 孙平华，第94页。

[7] 李步云，《法学探索》，长沙，2003年，第251页。

人的权利。[1] 一个人的义务是与他人的权利对等的。[2]这一主张最终在《世界人权宣言》第二十九条中得以体现,该条规定个人对社会和他人都负有义务。

(七) 国家是权利的促进者和保护者

在中国,国家通常被视为促进和保护人权的力量,而不是限制或损害人权。这源于孟子的"仁政"思想。根据这一理论,政府只从人民的利益出发,而不追求自身的任何利益。中国所依靠的合作模式符合国际人权体系的要求,因为主要条约都要求缔约国确保其人民享有条约所规定的权利。

(八) 权利具有普遍性和特殊性

中国一贯主张人权具有普遍性和特殊性。[3]人权的实现与各国的历史条件、社会结构、政治制度、文化传统等密切相关,必须根据各国的具体国情来追求普遍性。[4]

这一中国立场建立在《世界人权宣言》的基础上,因此是合理的。此文件首先旨在人民与他人的关系中适用[5]。它还反映了多样性,使多样性合法化。因此,《世界人权宣言》认为人权需要放置于当地政治、社会和文化背景下实施就不足为奇了。

(九) 坚持对话而非对抗

受儒家传统的启发,中国人倾向于和谐而非不和。因此,他们试图通过调解与和解来友好地解决分歧,而不是对抗性诉讼和对簿公堂。因此,毫不奇怪,中国在国际上也一直在促进不同文化之间的对话和良好做法的交流,而不是对抗和排斥。[6]

中国倡导的对话模式与国际人权体系非常契合。当行动者彼此对抗时,他们试图将自己的人权立场描述为唯一有效和合法的立场。当行动者开展对话时,他们的

---

[1] 莫辛克(Morsink),第247页,引用古巴代表的话。
[2] 莫辛克(Morsink),第243-244页。
[3] 孙平华,第86页。
[4] 孙平华,第87页。
[5] 莫辛克(Morsink),第324页。
[6] 外交部长唐家璇,A/55/PV.12,第7页;孙平华,第97页。

目标是通过制定一个彼此接受的解决方案达成共识。为了达成更大的利益,他们愿意放弃自己的人权立场。[1]

(十) 在遵行中挑战

尽管中国的立场与国际人权制度一致,但北方观察者往往对中国的表现持不以为然的看法。这是由于中国经常挑战自由主义的"圣牛",而北方国家有时会将这些"圣牛"解读为国际人权体系的一部分。因此,中国在遵守国际人权规则的同时,也在挑战一些自由主义的教条:这是"在遵行中挑战"。[2]

中国坚持"在遵行中挑战"的立场,从而确保了国际人权体系始终处于国际法的框架之内。当它作出真实发声时,中国将自己定位为人权体系中一个积极的和建设性的参与者。由于越来越多的南方国家认同中国的立场,因此联合国系统内的许多国家将承认中国是一个表达南方国家思想和抱负的合法道德领袖。

四、中国是未来人权体系的保护者: 构建人类命运共同体

(一) 引言

中国不仅为国际人权体系的建立和运作做出了贡献,而且还在致力于实现该体系的灵活性和持久性。习近平主席在一系列讲话中明确表示,中国将在维护国家主权和不干涉原则的同时,继续致力于维护国际秩序和多边主义。另一方面,中国不仅仅满足于维持现状,因此习主席就国际体系应如何发展的问题提出了主张。[3]

(二) 大道之行也, 天下为公

习主席认为,联合国的诸多理想,例如和平、发展、平等、正义、民主和自由,尽管崇高,但并非总是付诸实践。因此,联合国成员国应继续努力实现这些目标。为

---

[1] 孙平华, 第98页; 程谦: "中国在区域和国际事务中的调解文化", 《冲突解决季刊》2010年第28期, 第53-65页, 第57-58页。

[2] 汤姆·兹沃特 (Tom Zwart), "在遵行中挑战: 为中国的人权赢得更多支持", 《中国国际法评论》2017年, 第3-15页。

[3] "习近平在联合国教科文组织总部的演讲", 新华网, 2014年3月28日, http://www.xinhuanet.com/world/2014-03/28/c_119982831.htm; "习近平主席在博鳌亚洲论坛2015年年会上的主旨演讲", 新华网, 2015年3月28日, http://www.xinhuanet.com/politics/2015-03/29/c_127632707.htm; "习近平在第七十届联合国大会一般性辩论上的讲话: 携手构建合作共赢新伙伴, 同心打造人类命运共同体", 新华网, 2015年9月29日, http://www.xinhuanet.com/world/2015-09/29/c_1116703645.htm。

实现《联合国宪章》的宗旨和原则，应发展一种新型的国际关系，承认所有国家相互依存、休戚与共。因此，应该构建一个人类命运共同体。为此，习主席引用了中国古代谚语："大道之行也，天下为公。"

（三）和谐是关键组成部分

习主席认为，和谐是人类命运共同体的关键组成部分。然而，和谐不应该与相同相混淆。习主席认为，文化的多样性使世界更加丰富多彩。他引用了一句中国传统格言："一花独放不是春，百花齐放春满园"。如果世界上只有一种花朵，就算这种花朵再美，那也是单调的。因此，文明必须接受差异性，要相互借鉴，推动人类文明创造性发展，推动人类进步。

这些观点都源于中国古典思想。和谐的价值在于将矛盾的部分连接起来，将对立面转化为相互依存的元素。[1]相同导致停滞，多样性带来活力，促进增长。事物在不断变化和繁荣的过程中趋于融合。和谐通过创造性张力中不同元素的相互作用而产生的能量而得以延续。[2]

（四）在交流互鉴的基础上实现合作共赢

习主席明确表示，多样性作为文明的特征也应对合作模式产生影响。不同文明之间应以相互尊重、和谐相处为出发点。应该通过交流互鉴弥合分歧。各国文明要从其他文明中汲取智慧和营养，丰富自身。这种合作的特点是通过对话协商而非对抗解决争端和分歧。

习主席强调，各国应摒弃"赢者通吃"的零和博弈，选择合作共赢。国家在追求自身利益时，应当兼顾他国利益。

（五）以平等为基础

习主席指出，在人类命运共同体中，各国应相互尊重、平等相待。各国体量有大小、国力有强弱、发展有先后，但都是国际社会平等一员，都有平等参与地区和国际事务的权利。作为大国，意味着对地区和世界和平与发展的更大责任，而不是对地区和国际事务的更大垄断。

---

[1] 姚新忠："四书之道"，《中国哲学季刊》2013年第40期，第252-268页，第255-256页。

[2] 李晨阳："儒家的和谐理想"，《东西方哲学》2006年第56期，第583-603页，第589页。

习主席认为, 这意味着所有人类文明在价值上都是平等的。它们都有各自的优点和缺点。没有十全十美的文明, 也没有一无是处的文明。因此, 任何价值体系都不应被认为优于其他价值体系。对一种文明采取一种居高临下的态度是没有道理的, 而且可能会引起其他文明的敌对情绪。大国、强国、富国不应欺凌弱国、小国、穷国。因此, 应该摒弃"傲慢与偏见"。[1]

(六) 将"构建人类命运共同体"纳入人权体系

从习近平主席的讲话中, 我们可以根据他所依据的古典哲学, 提炼出一些可以指导后自由主义秩序下的国际人权体系的建议。

第一, 人权话语目前为北方国家所青睐的自由主义方法所主导。这一方法的支持者认为, 具有普遍性的自由主义人权价值观不仅应该指导他们的行为, 而且应该指导国际社会其他成员的行为。[2]既然习主席明确指出, 在人类命运共同体中, 任何价值体系都不应凌驾于其他价值体系之上, 那么自由主义的人权观就不再占据主导地位。

第二, 习近平主席对"和而不同"的重视呼吁建立一种人权体系, 该体系应颂扬而不是抑制当地的社会、政治和文化差异。这种观点与《世界人权宣言》的目标和宗旨紧密一致。

鉴于《世界人权宣言》最初适用于人民与他人的关系, 尽管该文件既反映了多样性, 又使多样性合法化, 但它仍认为, 人权需要在当地政治、社会和文化背景下实施。

第三, 如果习主席倡导的交流互鉴、合作共赢、通过对话协商而非对抗解决争端和分歧的观点得到重视, 那么国际体系将更加强大。国际人权体系内各国之间的关系将成为一种基于尊重和平等的伙伴关系, 而不是一种等级制度, 在该等级制度中, 所谓的表现优秀者要比表现不佳者获得更高的评价。国际人权体系内的文化将成为鼓励和援助的文化, 而不是批评和谴责的文化。对抗性程序将被和谐的程序

---

[1] 赵晓春:"构建人类命运共同体:中国的全球行动主义",《中国国际战略研究季刊》2018年第4期, 第23-37页, 第28-29页。

[2] 杰克·唐纳利 (Jack Donnelly),《理论与实践中的普遍人权》, 第2版, 伊萨卡 (Ithaca), 2003年, 第7-53页。

取代。在会议期间,各国将交流最佳做法,而不是相互指摘对方的缺点。强调的重点将是互鉴和自我修养。

五、结论

上述三种发展情况表明,过去七十年来,中国一直是国际人权体系的重要贡献者。在这方面,中国通过张彭春的努力为起草《世界人权宣言》作出了贡献,并且一贯致力于实施《世界人权宣言》。

中国坚持"在遵行中挑战"的立场,从而确保了国际人权体系符合国际法之规定。由于越来越多的南方国家认同中国的立场,因此联合国系统内的许多国家将承认中国是一个表达南方国家思想和抱负的合法道德领袖。

习主席提出构建以"和而不同"为核心的人类命运共同体的理念,将确保国际人权体系的适应性、持久性和公平性。

(作者汤姆·茨瓦特系阿姆斯特丹自由大学跨文化人权研究中心主任、乌得勒支大学教授)

中国的制度化安全治理及其人权意义

[中国] 肖君拥

2017年9月，习近平总书记在一次会议的开幕演讲中表示："当前，中国社会安定有序，人民安居乐业，越来越多的人认为中国是世界上最安全的国家之一。"[1]进入新世纪以来，中国的国家安全与社会公共安全治理成效良好，公安机关刑事案件立案数量和严重暴力犯罪数量整体呈现逐年下降趋势，预防和打击犯罪的综合治理机制不断创新，公民安全感和安全满意度明显提高[2]。中国是文明国家，法治国家，更是安全国家。在国际上，中国被视为全球最安全的旅游国家之一。"安全"已经成为中国的新名片。深入总结中国的国家与社会治理经验可以看出，法治是安全的重要保障，制度化安全治理助推平安中国建设迈上新台阶。有了安全稳定的社会局面，公民各项人权的保障和实现才具备可靠的前提。

一、高度重视安全价值

在马克思主义的政治哲学中，人民是国家的主人，人民是历史的创造者，政治国家要服从服务于人民的根本利益，满足人民的生存、安全、发展等多方面的权利需要。新中国成立以后，一直在探索如何更为持久、有效地为人民谋求各种权益。在以毛泽东为核心的第一代领导人的领导下，我国的国防事业和社会公共安全均奠定了良好的基础。在改革开放政策实施后，随着社会的流动性加强，公

---

[1] "习近平在国际刑警组织第八十六届全体大会开幕式上的主旨演讲"，2017年9月26日，http://www.xinhuanet.com/politics/2017-09/26/c_1121726066.htm。

[2] 参见靳高风等：《中国犯罪形势分析与预测（2018—2019）》，《中国人民公安大学学报（社会科学版）》2019年第3期。

共安全面临的挑战日益加剧,但由于党中央和国务院都意识到各种安全威胁,采取了综合治理的各种政策对策,总体上能加以应对。新时代,以习近平同志为核心的党中央充分总结维护国家安全与社会公共安全治理的社会经验,系统提出"五位一体""四个全面"的战略部署,其中尤为值得关注的是,习总书记创造性地提出"总体国家安全观"理论,高度重视安全价值,高度关注安全风险,高度重视安全治理体系建构优化,强化维护安全的底线思维,创新维护安全的方式方法,提高维护安全的能力。

根据习总书记的总体国家安全观思想理论,人民安全是国家安全治理的核心,人民安全是高于一切的。人民是安全的最可靠维护者,安全的受益者也是人民。唯有依靠人民,充分调动他们的爱国热情,最大限度发挥他们的积极性和创造性,广泛凝聚人民的民心、士气、智慧和力量,才能打造维护国家和社会安全的铜墙铁壁。国家要维护人民的各项利益,为人民创造良好的生存发展条件和安定的环境,保障人民的生命财产安全。无论巩固国防还是加强社会治理,都要最大限度降低对人民造成的安全威胁。

总体安全观坚持国际共同安全,既重视自身安全,也关注国际安全。中国党和政府认为,安全应该是普遍的,各国都面临普遍性的安全难题,譬如气候变暖、金融危机、恐怖主义、核扩散、难民潮、传染病、网络攻击等;安全应该是平等的,各国谋求安全没有大小和强弱的等级之分,各国平等地享有权利负有义务;安全应该是包容的,文明的多样性和各国的差异性应该转化为促进安全合作的活力和动力。推进国际安全合作势在必行,只有各国携手,共同应对全球安全威胁,才能协调推进安全的协同治理。

二、从源头治理,保障安全实现

安全的生活与发展环境,绝对不是天然形成的,也不是一成不变的。实现安全,既有中国党和政府的顶层设计和全力推动,也有社会各界的支持配合。目前我国已经形成党委领导、政府负责、群团助推、社会协同、公众参与的社会治理体制。

社会治理的组织体系、制度体系、功能体系、评价体系、保障体系基本形成。强有力的治理能力与日渐完善的治理体系，带给人民群众满意的安全感，和对中国的未来发展的信心。国家安全与社会安全治理的制度化、规范化、科学化迈上了新台阶。

中国人有群居的习惯，这种生活方式既能节约公共资源，又具有天然的邻里守望功能。传统的四合院、围屋、土楼、村落等都有高墙、围院式设计，既能防抢防盗，又便于邻里守望和相互帮助，安全功能不言而喻。城市住宅也多是以住宅小区形式建成的大片公寓楼群，每个小区由物业和保安实施防火防盗、进出登记、车辆管理、宠物管理等。村委会、居委会等基层自治组织，大多配备了社区建设、社区警务、老街坊等多样性群防群治力量，邻里交往密切，共同守护安全。

交通出行安全。在中国绝大部分城市，普通民众甚至单身女性在夜里行走、乘坐公共交通工具以及乘坐出租汽车都是安全的。很多大城市有通宵营业的餐馆和便利店，营业人员和顾客都不担心自身的安全问题。中国现行的立法中既没有设置宵禁制度，现实中也未实行过宵禁。由于中国人口基数大、出行需求强劲，道路交通安全问题和道路交通工具供不应求问题曾经困扰着中国人。目前，尽管我国的道路交通事故率仍然相对较高，但万车死亡人数已经从2002年的13.71人下降到2016年的2.1人。在乘坐交通工具出行方面，自改革开放以来，中国民众有了更多的选择空间和选择权，出行能力也有了质的飞跃。在中国，机场、火车站、地铁口处处都有严格的安检措施，公交配有安全管理员。每当重大节假日或举办大型活动时，人流密集的地方常有警察或武警站岗和巡逻，使人们在出行中随处都能感受到安全。

政府从严管理危险毒害物质。中国对枪支弹药管控严格，与美国等国家形成鲜明对比。普通人不用担心枪支泛滥导致的治安问题。除了枪支管理制度严格之外，公安机关每年都开展部署缉枪治爆专项行动，保持着防范和打击涉枪涉爆犯罪的高度控制力。在欧美等发达国家，毒品泛滥是一大顽疾。[1]而在中国，毒品问题虽然在改革开放以后死灰复燃，但并未像欧美国家那样发展成为泛滥成灾的社会问

---

[1] 据美国疾病防控中心2015年7月发布的报告，从2002年到2013年，美国12岁以上的人群中，吸食过海洛因的人数增长了63%，死亡人数增加了3倍。根据联合国《2016年世界毒品问题报告》，2012至2014年间，澳大利亚"近期吸毒者"比例从4.3%上升到10.4%，同期英国则从8.0%上升到15.1%。

题。普通老百姓的生活受毒品因素干扰极小。[1]

中国举办国际国内大型活动的安全有保障。我国已经成功举办了亚运会、奥运会、世博会、G20峰会、APEC峰会、"一带一路"国际合作高峰论坛等国际性大型活动，在这些活动中，中国老百姓表现出高度的理解、支持和欢迎，积极配合相关部门为大型活动而采取的各项安保措施，使大型活动得以顺利进行。而相比之下，有的国家举行大型活动却经常出现安全问题。[2]

人民群众对未来充满信心和期待。社会不安定，大多由经济问题引发。经济贫困、收入不均、贫富差距过大等导致了大量社会不安定和不安全事件。进入新世纪以来，我国经济高速增长，人民生活水平大幅提高。十八大吹响了全面建成小康社会的号角，全面深化改革、全面依法治国、全面从严治党稳步推进。党的十九大又部署决胜全面建成小康社会、全面建设社会主义现代化国家的新征程。人民群众对国家的未来发展更加充满信心，也更加具有安全感。

外国来华旅游、留学或工作的人群对我国社会安全度充满信任。第一，外国来华旅游者。近些年来，欧美一些国家恐怖袭击事件频发。考虑到安全因素，不少中国人放弃了赴欧洲或美国旅游的计划。同样，来华旅游的外国人也把在华安全作为考虑的一个指标。来华旅游人数的增加，除了中国风景本身的吸引力，中国良好的治安环境起了不可忽视的作用。第二，外国来华留学或工作者。最近一两年，中国留学生在国外失联、失踪、遇害等安全事件频发。反观在华留学生，他们的人身安全得到了良好保障。在华留学人数呈现明显上升的趋势也说明，中国切实有效的安全建设工作以及良好的安全声誉在吸引更多的外国留学生到中国来。[3]

中国包括命案在内的严重暴力犯罪减少明显。严重暴力犯罪是影响群众安全感的重要因素。根据相关统计数据，近5年来，我国的故意杀人、故意伤害、强奸、

---

[1] 根据公安部"中国毒品形势"年度报告以及《中国统计年鉴》数据计算得出，中国登记吸毒人数占全国人口比例不到2‰（2014年为1.32‰，2015年为1.70‰，2016年为1.81‰）。

[2] 以美国为例，1996年7月，亚特兰大奥运会场外发生爆炸事件；2013年4月，波士顿马拉松活动发生爆炸事件；2017年10月，拉斯维加斯乡村音乐节发生枪击事件；等等。

[3] 教育部统计数据显示，2016年共有来自205个国家和地区的442773名各类外国留学人员在中国大陆31个省、自治区、直辖市的829所高等学校、科研院所和其他教学机构中学习，比2015年增加45138人，增长比例为11.35%。

抢劫、贩卖毒品、放火、爆炸、投毒罪等八类严重暴力犯罪案件数下降42.7%。2016年，我国每10万人中发生命案仅0.62起，是世界上命案发案率最低的国家之一；与此同时，我国命案破案率再创新高，高达98.3%。2017年上半年，故意杀人、绑架、强奸、抢劫、放火、故意伤害等严重影响人民群众安全感的暴力恶性犯罪案件同比下降了4.57%。而在美国，2015年发生的暴力犯罪案件较2014年增加了3.9%；2015年美国谋杀案件为15570件，是中国同年9200起杀人案的1.7倍，而2015年美国人口为3.22亿，仅是中国人口13.75亿的23.4%。中国已经将严重暴力犯罪发案数控制在相对较低的水平，对提升群众安全感起到了重要作用。

青少年犯罪占比下降预示未来安全有保障。青少年是国家发展和建设的重要力量、后备军和中国梦的实践者。从有关数据可以看出，中国在致力于减少青少年犯罪方面的成效显著：青少年犯罪在刑事犯罪总数中的占比呈下降趋势，已从1990年的57.31%，下降至2015年的19%。青少年健康成长需要良好的社会环境，反过来，青少年的健康成长意味着国家建设和社会发展更有希望，预示着我国的安全状况在未来也会保持良好态势。

灾害事故受灾死亡人口下降。根据国家统计局数据，近些年来，我国发生的重特大火灾事故明显减少，全国因火灾事故死亡人数从2000年的3021人逐渐降至2016年的1582人。同时，中国遭受自然灾害死亡人数也呈下降趋势，在发生地震、台风等自然灾害后，政府及时组织有力救援，为灾区人民提供帮助，减少损失，恢复生产生活，一定程度上消解了灾害给人民群众带来的不安全感。

安全感不仅来自中国民众的感受，也包含了来华外国人士的评价，而客观的数据与人们的安全感受相互印证，打造出"平安中国"这张中国的新名片。

强化安全的源头治理，把各类风险矛盾扑灭在苗头出现阶段。充分发挥社会各行业参与网格化管理的积极性，广泛收集各类案件线索，为社会治理工作提供可靠有效的信息资源。将公交车司机、出租车司机、快递员、外卖配送员、送水工、环卫工人等行业从业人员纳入网格信息员队伍管理。落实奖励举报违法犯罪线索相关办法，鼓励网格信息员积极踊跃地参与到发现、举报违法犯罪中来，扎实织密信息情报网,形成良好的社会治理网络,为有效打击违法犯罪、维护良好的社会秩序提供巨大帮助。[1]也正基于群众的支持帮助和方方面面的努力,治安形势持续向好,群众安全感幸福感得到增强。

三、中国法制化保障安全的几条基本经验

回顾总结中国这些年在安全治理方面的成就,以下几点是大家公认的经验:

(一) 执政党中央以及各级党委高度重视维护国家安全和社会安定的职责任务,完善风险研判、防控协同、防范化解制度,防范抵御敌对势力渗透、破坏、颠覆、分裂活动,捍卫国家政治安全。加强对安全目标的领导,把法治建设和安全、发展等目标统筹推进。

(二) 重点化解各种社会矛盾风险。排查摸准各类安全风险,加强风险预测预警预防,筑牢国家政治安全和社会安全的人民防线,巩固互联网意识形态阵地,防范暴力恐怖犯罪、个人极端犯罪,有效遏制重特大刑事案件、多发性治安问题、群死群伤公共安全事故,努力化解重大群体性集聚事件和重大社会矛盾纠纷。

(三) 保障人民权益。健全人民群众诉求表达、利益协调、权益保障制度,完善社会稳定风险评估制度,完善信访制度,完善人民调解、行政调解、司法调解联动制度,完善社会矛盾纠纷多元预防调处化解制度,让更多矛盾纠纷在萌发阶段、诉讼之外得到妥善化解。注重平安的社会环境建设,拓展人民群众参与社会治理的渠道。

(四) 社会安全治理的群防群治制度。加强社会治安防控体系建设,形成问题联治、工作联动、平安联创的工作机制。完善重点物品监控制度、重点部位安全保

---

[1] 笔者2019年在西南某省调研社会治理时了解到:该市还对特殊人群管理服务进行了"六项工程":(1) 育新工程。将一些严重不良行为未成年人及时送入特殊学校进行教育转化。(2) 雨露工程。将直服刑人员未成年子女,根据其困难情况进行帮扶:家庭寄养、落实低保、复学、发放临时补贴、减免学杂费等。(3) 阳光工程。安置有就业愿意、符合就业条件的人员,较好地实现了"生理脱毒、身心健康、就业安置、融入社会"的"阳光工程"工作目标。(4) 回归工程。采取服务外包的方式,委托第三方公司负责接回本籍刑释解戒人员,并组织乡镇(街道)接回刑释解戒人员进行安置帮教。(5) 安宁工程。运用辖区内精神病院、定点治疗医院,对严重精神障碍患者做到了"应治尽治",对监护人落实"以奖代补"政策。(6) 红丝带工程。对发现艾滋病毒感染者以"红丝带工程"特殊病关爱康复中心免费抗病毒累计治疗。实际上,中国很多地方都实行一些类似的公共管理政策。

卫制度、安全生产责任和管理制度、应急管理制度、食品药品安全监管制度、交通安全管理制度。完善互联网内容建设制度、关键信息基础设施保护制度、网络安全协同参与制度。加强社会基础管理，完善实名登记制度和户籍管理制度。健全信用管理制度，完善守法诚信褒奖机制和违法失信惩戒机制。完善产权制度，促进市场主体立恒心、增信心。完善社会心理服务和疏导制度，培育自尊自信、理性平和、积极向上的社会心态。

（五）加强智能化建设。推动各部门数据集成应用，实现社会治理信息资源一体化共享。推进电子政务和智慧城市建设，推进安全技术措施与大数据平台同步规划、同步建设、同步应用，加强安全的技术防护。

党的十九大报告将"总体国家安全观"作为新时代坚持和发展中国特色社会主义的基本方略之一。十九大报告提出"树立安全发展理念，弘扬生命至上、安全第一的思想，健全公共安全体系"。在新时代背景下的国家治理、政府治理和社会治理面临着新的安全挑战，因此需要落实总体国家安全观，发挥"法治"在安全治理方面"固根本、稳预期、利长远"的保障作用，在法治的原则框架内推进新时代公共安全体系建设，不断增强国家安全、社会安全治理保障能力。

四、安全夯实了人权的基础

联合国前秘书长安南曾将联合国的宗旨使命概括为"安全、发展、人权"三大关键词。其实一国的治理又何尝不是围绕这三大使命来展开呢？政府的公共管理无一不是为了增进本国民众的福祉，或称保障与促进其人权。而要保护人权，首先得有安全的生存环境。同样，发展也得有安全稳定的前提。

中国是世界人口大国，中国保持国家安全和社会稳定，实现了较长时间的经济发展和社会繁荣，是对全球安全治理的极大贡献。假如中国发生变乱，那不仅对任何一个邻国，甚至是遥远的某一大国或者小国，其影响必然都是灾难性的。所以，稳定的中国，是全世界的福音。

中国正处在发展的攻坚阶段，不容许在安全的保障方面出现制度的漏洞和治理的失误。防范安全风险,塑造安全局势,安全"牵一发而动全身"。绝不能让安全短板拖中华民族伟大复兴的后腿。

且不论古今中外的历史与现实中的一桩桩教训,单凭常识都可以推断,没有安全稳定的社会环境,侈谈人权就是无根之木、无源之水。同理,也唯有加强人权的保护和促进,安全的状态和能力才是可欲的,也才能可持续。中国的制度化安全治理的理论与实践,完全可以与世界各国分享。

(作者肖君拥系国际关系学院法律系教授)

民主政策形成中的利益相关者有序参与及协商民主：一种基于人权价值表达的中国经验

[中国] 许玉镇

民生问题关乎每个公民切身利益的同时，也关系到国家的长治久安和整个社会的公平正义，习近平总书记于2018年在致"纪念《世界人权宣言》发表70周年座谈会"的贺信中明确指出，"人民幸福生活是最大的人权。"[1]民生问题本质上属于人权问题，民生政策就是对公众的就业权、受教育权、劳动权、社会保障权、环境权等基本生存和发展利益的国家关怀和公正分配，公众民生权益的实现需要通过依法治理和公共治理的善治路径予以保障。

作为一种基本的人权价值表达，利益相关者是否能在民生政策的形成过程中实现有序的政治参与，是衡量一个国家或地区人权发展水平的重要价值标准之一。因此，民生政策的形成理应通过协商民主的完善来推进，作为公共治理的主要制度平台，协商民主是"一种大众参与的公共决策机制和治理模式"[2]，从程序方面体现了国家对人权的保障，在肯定公众知情权、表达权、参与权、监督权的基础上，依法通过制度化的渠道让利益相关者充分拥有表达各自诉求，经讨论协商形成公共政策。本研究将公众参与纳入协商民主的范畴，基于协商民主的原理和方法，聚焦公民充分有序参与民生政策形成，从理论阐释、问题分析、制度建构三个层面展开研究。

---

[1] 习近平："坚持走符合国情的人权发展道路 促进人的全面发展" [EB/OL]. 新华网, 2018年12月10日, http://www.xinhuanet.com//politics/leaders/2018-12/10/c_1123831503.htm, 2019年11月9日。

[2] 何包钢：《协商民主：理论方法与实践》[M]. 北京：中国社会科学出版社, 2008年。

一、民生政策与协商民主的内在联系与外在契合

民生政策作为对有关公众的基本生存和生活状态、基本发展权利等利益的权威性分配[1]，具有政策的本质属性和特征，即利益的权威性分配和公共性，同时又具有基本的人权属性，民生政策都涉及某个阶层、某个群体的所有成员，与公众日常生活息息相关，如果相关利益群体的合理利益受损或利益诉求不能得到充分表达和重视，极易引发社会冲突甚至大规模群体性事件，对政府的公信力产生严重的负面影响。所以美国政治哲学家科恩认为，"民主决定于参与——即受政策影响的社会成员的参与决策，"[2]民生政策的科学化和民主化离不开公众的有序参与。我国民生政策制定与实施的经验和教训也验证了这一点——公众参与是协商民主的重要形式、是对协商民主的重大发展，这是因为二者之间具有内在联系和外在契合，具体来说：

其一，协商民主彰显民生政策的内在价值——公平正义。民生政策作为对涉及公众的基本生存和发展利益的权威性分配，已超出了经济和社会问题的领域，涉及关系社会公平正义的政治领域。不同于市场机制追求效率的目标，能否在利益分配过程中实现权利、机会、规则、程序公平并在此基础上促进结果公平，是民生政策要实现的深层价值。这正与协商民主的理念相契合，协商民主强调公共决策不应仅仅追求和体现一部分人（哪怕这一部分人是多数人）的利益，还应考虑和协调社会各方的利益需求。在民生政策形成中，所有受到政策影响的具有不同利益诉求的个人或群体，即利益相关者，通过平等参与、协商的方式，以自由、理性、广泛的对话和讨论最终形成共识，进而作出最大限度满足所有公众愿望的决策，是实现民生政策公平正义价值的内在需求。

其二，协商民主促进民生政策的社会目标——公共利益。公共利益是民生政策的内在属性和价值取向，也是民生政策的逻辑起点和最终目标。民生政策的形成过程是各种利益相互博弈的过程，要达成公共利益的共识需要利益相关者之间的沟通、协商和妥协，协商民主就是在利益多元与达成共识的基础上产生的，"因为

[1] 吴忠民：《民生的基本涵义及特征》[J].《中国党政干部论坛》2008(05)。

[2] 科恩：《论民主》[M]. 北京：商务印书馆，1988年。

在社会主义条件下有差异的存在，所以需要协商；因为有达成一致的愿望和共同利益，所以能够协商"[1]。协商民主作为公众个人偏好集合的对立面，要求公众超越典型的偏好集合中的私利，把目标导向公共利益，通过一定的制度平台使利益相关者自由而平等地表达，进而形成共识。因此协商民主的过程就是凝聚公共利益和公共意见的过程，亦是确认民生政策之公共利益价值目标的过程。

其三，协商民主契合民生政策的现实前提——利益多元。随着社会主义市场经济的纵深发展，我国的社会利益格局发生了深刻变化，不同的利益群体和社会阶层开始出现。然而多元的利益主体必然产生多样的利益诉求，目前由于利益多元、利益阶层复杂、利益分配失衡引发了不少社会矛盾和冲突，原因之一就在于没有通畅的利益表达渠道，弱势群体的基本生存和发展权益得不到及时有效的保障。协商民主承认并接受利益多样和利益主体多元的社会现实，在不同利益主体之间存在差异和分歧的前提下，通过搭建开放的协商平台，包容和整合不同利益主体的需要，寻找最佳的利益平衡点，使各个群体各尽所能、各得其所又能和谐相处。

其四，协商民主推进民生政策的实现路径——良法善治。良法善治是治国理政的新理念，其基本特质包括以人为本、依法治理和公共治理。以人为本作为良法善治的终极关怀，是一切从人出发，以人为中心，把人作为观念、行为、制度的主体，要求尊重和保障人权，尤其是对弱势群体民生权利的关怀和保护。依法治理作为良法善治的必然选择，体现为要以公开透明的规则之治和程序之治保证治理的有效性、有序性和可救济性。公共治理作为良法善治的核心要义，强调以对话、沟通、协商等方式最大限度地吸收公众参与，扩大利益相关者的话语权和决定权，使其平等自由地表达利益诉求和政策主张，并在尊重权利与妥善协调利益关系的基础上最大程度地形成共识，消解或缩小利益分歧，实现公共利益最大化。

二、民生政策形成中的利益相关者参与面临的挑战

民生政策与协商民主在价值、目标、前提与实现路径上具有天然的内在联系

---

[1] 张献生，吴茜：《试论中国社会主义协商民主制度》[J].《政治学研究》2014(01)。

和外在契合，但现阶段民生政策形成过程中利益相关者的参与却面临严重挑战。首先，参与资格不清、参与程序缺陷、参与渠道不畅。能否确保利益相关者以权利主体的资格参与到民生政策形成的程序之中，直接关系到利益相关者的诉求表达和利益的公正分配。在目前我国民生政策的形成过程中，政府为利益相关者提供的参与渠道主要有政治协商会议、听证会、座谈会、政策咨询、公开听取公众意见、民意调查、社区对话、信访等，但普通公众实际上很难获得参与机会。再者，政府决策封闭、缺乏公信力。周光辉教授在分析当前我国决策体制的问题时指出，"有些领域决策权力仍然过于集中，开放程度不高"[1]，这种封闭式决策方式在民生政策领域表现得更为突出。封闭式决策方式受到政府的一定程度的青睐，认为这样可以减少行政成本，提高行政效率。很多民生政策虽然在政策出台前向公众征求意见、召开听证会等，但多流于形式，实际上具体的政策方案早已确定，由于政府习惯于封闭式决策，忽略利益相关者和公众的知情权、参与权、监督权，致使相关的民生政策缺乏社会认同感和公信力。最后，政府对参与意见重视不够、回应不足。目前，虽然部分地方政府出于发展当地经济的良好初衷，且已经履行了行政审批手续，甚至建立了社会风险评估机制，但由于在政策形成过程中政府没有与利益相关者有效沟通，对利益诉求没有及时作出有效回应，最终可能引起公众不满。同时，由于缺乏对公众参与意见回应的约束、反馈和责任制度，一些政府部门在面对利益相关者对民生政策的意见和建议时即使有所回应，也采取含糊不清甚至掩盖事实的回应方式，引起公众反感和质疑。

公众参与缺失，特别是民生政策的利益相关者参与缺失，有其深刻的历史原因和制度原因。新中国成立到改革开放之前，民生政策的形成机制具有高度集中化的特点，在决策结构中缺少公众、特别是利益相关者参与的制度化安排，决策过程具有明显的"精英决策"和"替民做主"的特点，普通公众很难影响政府决策。改革开放以来，党和政府开始积极探索以决策民主化、科学化和法治化为导向的民生政策形成机制，从而使民生政策决策从集权决策转向民主决策，从经验决策转

---

[1]　周光辉：《当代中国决策体制的形成与变革》[J].《中国社会科学》2011(03)。

向科学决策，从决策的随机性、任意性转向决策制度化、程序化，从封闭式决策转向开放式决策，从公众被动参与决策转向公众自主参与决策等，初步形成了一元主导、多元参与的决策模式，在很大程度上满足了人民群众的民生需求和期待。如一些地方政府探索通过听证会、座谈会、公开征求社会公众意见、民主恳谈、专家咨询等民主协商方式，在价格决策、环境保护、公共卫生、住房保障等民生领域推行公众参与，但从总体上看，民生政策形成具体实践中利益相关者的参与仍处于碎片化、随机性的状况。

公众、民生政策的利益相关者参与权利和程序缺乏有效的法律保障是造成参与缺失的制度性制约因素。我国宪法规定国家的一切权力属于人民，并规定了人民参与管理国家事务、管理经济和文化事业、管理社会事务的权利。党的十八届四中全会提出将公众参与确定为行政决策的法定程序，但这只是从党的政策层面强调公众参与，对于公众、利益相关者参与的权利与程序仍缺乏具体的法律规定。不以法律形式确定公众参与的权利和程序，公众参与就很难成为党和政府制定政策过程时必须履行的义务，由此导致了诸多兼有合法与非法、暴力与非暴力、胁迫与说服相混合的法律和制度外的参与形式表达利益诉求。这些无序的参与方式从一个侧面暴露了我国在民生政策形成中对利益相关者参与权利与程序缺乏法律保障的短板，不仅对政策合法性构成危机，还导致了民生政策形成和实施中的扭曲现象。

三、民生政策形成中利益相关者有序参与制度化建设的中国经验

综上可知，推进以公众参与为标志的社会主义协商民主，保证利益相关群体和相关个体充分、有效地参与民生政策的形成和实施，必须注重公众参与的制度建设，自改革开放，特别是党的十八大以来，中国逐渐形成以下制度建设经验：

（一）参与权利制度

建立和完善利益相关者参与民生政策决策的权利制度，需要通过参与权利的制度构建把公众参与纳入法治轨道，需要指出的是，公众参与权利制度是一组复合

制度，其中包括：(1) 权利主体制度。明确利益相关者的参与主体之法律地位、权利能力、行为能力、责任能力，特别是要明确参与的主体既包括公民群体；(2) 主体权利平等制度。凡是利益相关者，皆为权利主体，且具有平等的机会表达利益诉求。

(3) 参与权利内容制度。体现在民生领域的人权既包括实体权利，也包括自主、充分、有效表达利益诉求和政策主张的程序权利；(4) 权利援助与救济制度。政府应为弱势群体与边缘群体提供法律援助和咨询服务，使他们可以平等地表达利益诉求，并制定对公民权利的配套救济制度，包括行政复议、申诉、行政诉讼、行政补偿和赔偿等。

(二) 参与程序制度

参与程序制度建设的目的是保证民生政策形成的公正、公开。建立和完善公众参与民生政策的程序制度，其意义不仅在于通过法律促进公众参与的规范化、常态化、有序化，而且在于公众在参与过程中容易与政策形成一种内心互动，增强对民生政策的认同度。参与程序制度的核心有五个方面：一是把利益相关者的参与作为政府制定和实施民生政策的必经程序，健全对利益相关者的诉求收集、处理、评估、反馈和激励机制；二是建立政府与民生政策涉及的利益相关者和利害关系人进行沟通与协商的机制；三是建立民生政策涉及的各方面利益相关者和利害关系人之间进行沟通与协商的机制，在保证大家充分表达利益诉求和政策意见的基础上，凝聚起民生政策的共识；四是从程序制度上加强公众参与的组织化程度，建立不同利益群体有组织地进行沟通、协商、妥协的平台，提高民生政策决策的效率；五是针对不同民生政策设计利益相关者参与的具体程序、规则、法律责任等。

(三) 信息公开制度

信息公开是公众知情权对政府行为的对应要求。利益相关者参与民生政策形成的先决条件是拥有准确、充分的信息资源，知晓相关政策的具体背景、利益关联、基本原则、主要内容、权利义务等，协商民主意义上的信息公开要求政府首先将民生政策的相关信息置于公众知晓、了解、讨论的范围内，并通过对话、沟通和协商等形式对政策利益相关者反映的诉求和意见进行反馈。随着网络信息技术的迅猛发展和信息传播方式的深刻变革，在民生政策领域，政府应充分发挥新媒体这一广阔和便捷的渠道优势，建立信息公开与反馈的双向制度。具体可通过知名门户网站、政务微博、微信等设立网上征集意见平台、政策论坛、民意调查专区等，一方面民生政策的利益相关者可以有机会随时表达意见和建议，增强对政府决策的影响力；另一方面政府也能广泛地了解民意，有利于集思广益、正确决策。

（四）决策听证制度

作为协商民主的一种重要形式，听证制度是在民生政策的形成过程中，利益相关者代表、有关专家学者等得到政府邀请，通过交流、辩论、协商的方式表达利益诉求、发表意见建议，最终达成共识的制度。完善决策听证制度，首先应完善听证立法，明确政府决策中实行听证的范围，将与公众切身利益相关的民生决策纳入听证范围；其次要优化听证代表的选择机制，让受政策影响的利益相关者尽可能参与听证，减少官员、专家学者的比重，扩大普通代表，特别是社会弱势群体代表的比重；其三要建立听证成本效益评审机制，在保证听证效果的前提下降低成本，简化程序，保障听证制度的可持续性和经常性；其四要提高听证的透明度，公开与政策相关的信息，全程允许公众和媒体监督；最后要建立听证后政府回应和反馈制度，对是否采纳利益相关者意见、在何种程度上采纳、采纳的理由、不采纳的理由等进行说明。通过这些措施，使听证走向制度化、规范化，并确立其公信力。

（五）社区议事制度

社区议事制度是我国基层协商民主治理中的重要制度，广义上可包括民主恳谈、社区论坛、民主议事会等多种形式。社区是发展协商民主的基层组织，具有方便汇集公众意见的优点。浙江省温岭市的"民主恳谈"、沈阳市沈河区的"社区人民联络员制度"、深圳市"月亮湾片区人大代表工作站"等都是我国基层协商民主发展的创新形式。在民生政策形成过程中可以进一步完善社区议事制度，使社区成为政府与利益相关者之间有效沟通意见、协商对话的平台，一方面政府通过社区能够及时了解利益相关者的诉求和意见，做到下情上传；另一方面政府还能通过社区向公众宣传和解释政策信息，做到上情下达。正如美国著名行政学家登哈特所说，公共利益最好被视为社区对话和参与的一个过程。这个过程既可以使人们了解政策制定的情况，又可以培育公民意识。

（作者许玉镇系吉林大学行政学院副院长、教授）

新时代中国特色人权理论创新

[中国] 杨春福

党的十九大报告明确提出：经过长期努力，中国特色社会主义进入了新时代，这是我国发展新的历史方位。中国共产党紧密结合新的时代条件和实践要求，以全新的视野深化对党的执政规律、社会主义建设规律、人类社会发展规律的认识，进行艰辛的理论探索，取得重大理论创新成果，形成了思想内涵丰富的新时代中国特色社会主义思想，其中，中国特色人权理论即是其重要组成部分。

新时代中国特色人权理论蕴含着丰富的内容。在坚持守正与创新原则的基础上，新时代中国特色人权理论体现诸多创新之处。

一、突出中国人权事业与国家战略之间的本质联系

中国人权事业的发展始终与党和国家的战略相统一。中国人权事业本身就是党和国家战略的重要内容，它的健康发展有助于推动党和国家战略目标的顺利实现，两者相辅相成。

(一) 中国人权事业与中国梦的目标一致性

中国梦是党的十八大以来习近平总书记提出的重要战略思想和执政理念。在参观《复兴之路》展览时，习近平发表重要讲话，将中国梦界定为"实现中华民族伟大复兴，就是中华民族近代以来最伟大的梦想"[1]。这个梦想的核心目标可以概括为"两个一百年"目标：到2021年中国共产党成立100周年和2049年中华人民共和国成立100周年之际，最终顺利实现中华民族的伟大复兴，具体表现就是国家富强、民

---

[1] 参见习近平：《在参观〈复兴之路〉展览时的讲话》，《人民日报》2012年11月29日。

族振兴、人民幸福。历史告诉我们，只有国家好、民族好，大家才会好。所以，中国梦是国家的、民族的，也是每一个中国人的。[1]实现中国梦，必须走中国特色社会主义道路，而中国特色的人权道路是中国特色社会主义道路的重要内容。由此可见，中国梦的主体、内涵、目标、保障等方面必然与中国特色人权事业的理念、愿景、诉求、价值等密切相关。实际上，中国梦既是社会价值的存在，也是个人尊严的体现，它们构成尊重和保障人权的基础。所以，我们认为，民族的国家梦想与个人的人权梦想是相辅相成的，伟大的中国梦与新时代中国特色人权事业是辩证统一的。

一方面，中国梦的时代价值引领中国人权事业发展的宏伟目标。以实现中华民族伟大复兴的中国梦为引领，新时代中国特色人权事业取得巨大进展。正如习近平总书记指出的那样，实现中华民族伟大复兴，就是要让中国人民有更好的教育、更稳定的工作、更满意的收入、更可靠的社会保障、更高水平的医疗卫生服务、更舒适的居住条件、更优美的环境，让我们的孩子们成长得更好、工作得更好、生活得更好。[2]也就是说，要让中国人民过上更加富裕、更有尊严的生活，实现每个人的自由全面发展。中国梦形象概括、生动反映了中国人权事业的目标宗旨，为中国人权发展指明了方向，注入了新内涵、展现了新愿景，为人权行动计划实施提供了思想源泉和动力支撑。[3]此外，中国梦的内核价值蕴含着社会主义核心价值观倡导的新理念，并引领中国人权事业发展的文明走向。[4]

另一方面，中国人权事业是中国梦的内在要求和实现条件，是实现人类美好生活的基本前提，是使人的生命、自由和幸福得到尊重和保障的规范性要求。[5]实际上，中国梦的实质就是人权梦。中国梦与人权梦互为一体，不可分离。[6]在过去二十多年里，中国共产党领导中国人民从顶层设计、制度保障和人权教育等各个方面加速推进中国人权事业的发展，全力助推中国梦的早日实现。例如，党的十五大报告

---

[1] 参见习近平：《在同各界优秀青年代表座谈时的讲话》，《人民日报》2013年5月4日。

[2] 参见习近平：《在十八届中央政治局常委同中外记者见面会时的讲话》，《人民日报》2012年11月15日。

[3] 蔡名照：《以中国梦为引领，努力推进中国人权事业发展》，《人权》2015年第1期，第3-4页。

[4] 鲜开林、陈勇：《论中国梦的人权价值引领》，《人权》2014年第6期，第35-36页。

[5] 张晓玲、王若磊：《论中国梦与人权的关系》，《人权》2014年第3期，第22页。

[6] 汪习根：《中国梦与人权——当今中国人权的法政治学解读》，《人权》2014年第3期，第39页。

明确提出"尊重和保障人权",十六大报告强调"人民的政治、经济和文化权益得到切实尊重和保障",十七大把"尊重和保障人权"写入党章,十八大报告首次提出将"尊重和保障人权"作为我国全面建成小康社会和全面深化改革开放的重要目标,十九大报告更是强调"加强人权法治保障,保证人民依法享有广泛权利和自由"。由此可见,中国共产党在团结带领各族人民实现中华民族伟大复兴的历史征程中,已经深刻洞见到中国人权事业与中国梦之间的本质联系,洞见到中国人权事业对实现中国梦的历史、现实和世界意义,从而在执政过程中秉承以人为本理念,发展经济确保人权;秉持执政为民理念,改善民生促进人权;坚持和谐发展理念,统筹兼顾落实人权;坚守依法治国理念,完善法治保障人权。[1]

(二)尊重和保障人权与全面建成小康社会的内在关联性

20世纪七八十年代,邓小平同志在规划中国社会发展蓝图时首次提出"小康社会"的概念,为我国现代化建设指明了奋斗目标。自此以后,我们党对我国社会主义现代化建设提出"三步走"战略目标。解决人民温饱问题、人民生活总体上达到小康水平这两个目标已提前实现。在此基础上,我们党又提出,到建党一百年时建成经济更加发展、民主更加健全、科教更加进步、文化更加繁荣、社会更加和谐、人民生活更加殷实的小康社会,然后到新中国成立一百年时,基本实现现代化,把我国建成社会主义现代化强国。[2]

无论从目标属性、还是从动态发展来看,全面建成小康社会和社会主义现代化国家的过程就是中国人权事业不断丰富与发展的过程。从十五大明确21世纪中叶的发展目标以来,十六大报告进一步提出,全面建设惠及十几亿人口的更高水平的小康社会,使经济更加发展、民主更加健全、科教更加进步、文化更加繁荣、社会更加和谐、人民生活更加殷实。十八大报告根据我国经济社会发展实际和新的阶段性特征,在十六大、十七大确立的全面建设小康社会目标的基础上,提出了一些更具明确政策导向、更加针对发展难题、更好顺应人民意愿的新要求,

---

[1] 吴家庆、卢爱国:《论"中国梦"的人权意蕴》,《湖南师范大学社会科学学报》2017年第3期,第54-55页。

[2] 习近平:《决胜全面建成小康社会,夺取新时代中国特色社会主义伟大胜利——在中国共产党第十九次全国代表大会上的报告》,《人民日报》2017年10月18日。

以确保到2020年全面建成的小康社会，是发展改革成果真正惠及全体中国人民的小康社会，是经济、政治、文化、社会、生态文明全面发展的小康社会，是为实现社会主义现代化建设宏伟目标和中华民族伟大复兴奠定了坚实基础的小康社会。此时，"人权得到切实尊重和保障"作为全面建成小康社会的重要指标和努力实现的新要求得以确立。

由此可见，切实尊重和保障人权与全面建成小康社会之间存在着密切的内在关联。实现全面建成小康社会、建成富强民主文明和谐美丽的社会主义现代化国家的奋斗目标，就是要实现国家富强、民族振兴、人民幸福，它既全面体现了中国人的人权理想，也深刻反映了先人们不懈追求进步的光荣传统。[1]

二、强调人权实现与宪法实施之间的密切联系

宪法是国家的根本大法，具有最高法律效力，它的生命和权威在于实施，也就是，宪法的具体条文规定及其原则精神和价值目标在现实生活中予以落实。一般来说，宪法实施至少包括宪法修正、宪法执行、宪法适用和宪法遵守四个层面。

众所周知，宪法是公民权利的保障书。宪法形成的前提条件是人的尊严与权利保障，即人是宪法发展的基础。[2]如果一部宪法失去对人权价值的追求，它就丧失了自己的核心原则，也就不能称为宪法了。[3]由此可见，宪法应当在人权保障的法律实施中起着提纲挈领的作用，尤其是2004年"尊重与保障人权"入宪，有效推动了宪法实施与人权实现之间的相互促进，极大提升了宪法在社会生活中的权威，使得人权保障成为宪法、法律实施乃至整个国家活动的主旋律。[4]正如习近平总书记指出的那样："只有保障公民在法律面前一律平等，尊重和保障人权，保证人民依法享有的权利和自由，宪法才能深入人心，才能走入人民群众，宪法实施才能真正

---

[1] 参见习近平：《在第十二届全国人民代表大会第一次会议上的讲话》，《人民日报》2013年3月17日。

[2] 韩大元：《中国共产党依宪执政论析》，《中共中央党校学报》2014年第6期，第5-9页。

[3] 周叶中：《宪法》，北京：高等教育出版社，2000年，第155-156页。

[4] 梁鸿飞、张清：《认真对待"特赦"的法理言说——从人权、宪法实施、法治三个层面说起》，《广州大学学报（社会科学版）》2016年第7期，第26页。

成为全体人民的自觉行动。"[1]所以,尊重和保障人权是宪法实施的前提和必要条件。中国特色社会主义进入新时代后,党中央更加重视落实宪法实施在治国安邦和实现人权中的重要作用。2018年,习近平新时代中国特色社会主义思想被写入宪法修正案,并以此指引全面贯彻宪法实施,切实尊重和保障人权。

实际上,宪法实施的四个层面无不以尊重和保障人权为目的。首先,宪法修正是在不断适应新形势、吸纳新经验、确认新成果、作出新规范的基础上加强、加深对人权的保障。我国1982年宪法自实施以来共有五次修正,每次修正都凸显对人权的保障,例如,"国家允许私营经济在法律规定的范围内存在与发展"、"土地使用权可以依照法律规定转让"(1988年);"集体经济组织有独立进行经济活动的自主权"(1993年);"国家保护个体经济、私营经济合法的权利和利益"(1999年);"公民合法的私有财产不受侵犯"、"国家尊重和保障人权"(2004年);"成立宪法和法律委员会"、"要求国家工作人员就职时依照法律规定公开进行宪法宣誓"等(2018年)。其次,宪法执行是指国家立法机关和行政机关贯彻落实宪法规定的活动,它要求这些机构在执行内容、执行程序、执行方式上必须严格遵守宪法的规定,不得侵犯公民的任何合法权益。再次,宪法适用通常指国家司法机关在司法活动中贯彻落实宪法规定的活动,它不仅是宪法实施的重要途径,是树立宪法权威的重要内容,而且是实现人权司法保障的根本保证。最后,宪法遵守要求一切国家机关、社会组织和公民个人依照宪法规定从事各种行为。它是宪法实施最基本的要求和方式,不仅包括依据宪法承担并履行义务,而且包括依据宪法享有并行使权力和权利。

三、奉行以人民为中心的人权理念与实践

以人民为中心的发展思想是以习近平同志为核心的党中央在继承中国共产党人民观的基础上、在治国理政的长期实践与思考中逐步形成和完善的。党的十九大报告将"以人民为中心"确立为新时代坚持和发展中国特色社会主义的基本方略,

---

[1] 习近平:《习近平谈治国理政》,北京:外文出版社,2014年,第140-141页。

意味着新时代中国特色人权事业的发展必须坚持以人民为中心。

（一）人民是中国人权事业发展的主体

党的十八大以来，以习近平同志为核心的党中央鲜明提出人民对美好生活的向往就是我们的奋斗目标，从而确立以人民为中心的发展思想，并借此统筹、协调推进"五位一体"和"四个全面"战略布局，切实维护人民根本利益，加强人权法治保障。在此基础上，中国人权事业取得全方位进步，人权保障水平迈上新台阶。可以说，新时代的中国人民，享有比历史上任何时候都更加广泛、更加充分的人权。中国人权事业发展充分体现了人民的主体地位。

首先，以人民为中心的思想奠定了中国人权事业发展的理论基础。坚持以人民为中心，就是坚持人民是历史的创造者，是决定党和国家前途命运的根本力量。党的十九大报告明确提出，新时代我国社会主要矛盾是人民日益增长的美好生活需要和不平衡不充分的发展之间的矛盾，只有坚持以人民为中心的发展思想，不断促进人的全面发展、全体人民共同富裕，才能从根本上解决上述矛盾。其次，中国人权事业的发展必须依靠人民。人民是人权事业的建设者和根本依靠力量，人权道路的选择应该尊重人民的主体地位。[1]例如，习近平在阐释中国梦时多次强调，中国梦归根到底是人民的梦，必须紧紧依靠人民来实现，依靠人民创造历史伟业。最后，中国人权事业的发展成果必须惠及人民。我们始终把人民利益摆在至高无上的地位，让人权事业发展成果更多更公平惠及全体人民。我们要时刻倾听人民呼声、回应人民期待，保证人民平等参与、平等发展权利，维护社会公平正义，在学有所教、劳有所得、病有所医、老有所养、住有所居上持续取得新进展，不断实现好、维护好、发展好最广大人民根本利益，[2]从而使人人都有发展机会和发展能力，不断增强人民的获得感、幸福感、安全感。

（二）人民幸福生活是中国人权事业发展的本质

"人民幸福生活是最大的人权"，是习近平总书记站在新的历史起点提出的重要论断，它真实反映了以人民为中心的发展思想对人权事业的根本要求，深刻揭示

[1] 何志鹏：《以人民为中心的中国人权事业》，《人民日报》2019年10月31日。
[2] 参见习近平：《在第十二届全国人民代表大会第一次会议上的讲话》，《人民日报》2013年3月17日。

了新时代中国特色人权事业的本质和真谛。

人权不是抽象的概念，也不是空洞的口号，而是人民群众看得见、摸得着的切身利益。新中国成立70年特别是改革开放40多年来，中国共产党和中国政府始终把为人民谋幸福作为奋斗目标，多谋民生之利、多解民生之忧，把增进民生福祉作为发展的根本目的，在发展中补齐民生短板、促进社会公平正义。一个国家的人权状况是好还是坏，不是看它被说得多么天花乱坠，而是看人民是否满意，人民的生活是否幸福。人民的获得感、幸福感、安全感才是检验人权实现的重要标准。新时代中国特色人权事业的最终目标就是为了满足人民对美好生活的向往，在幼有所育、学有所教、劳有所得、病有所医、老有所养、住有所居、弱有所扶上不断取得新进展，在每个司法案件中让人民群众感受到公平正义，保证全体人民在发展中有更多获得感，从而促进人的全面发展、全体人民共同富裕。[1]

事实上，在新中国成立的70年里，中国共产党带领中国人民通过发展增进福祉，充分实现人权保障，已经使人民过上幸福的生活。这具体表现为粮食权得到有效保障、绝对贫困基本消除、人民生活水平大幅提升、饮水安全获得切实保障、人民基本居住条件显著改善、人民出行更加便利快捷、国民健康水平持续提高、社会救助制度不断完善、邮电通信水平全面提升等。[2]可以说，中国人民生活质量的日益提高、生活水平的持续提升、幸福指数的不断增强有力地证明了中国人权事业的发展与进步。

四、坚持生存权和发展权是首要的基本人权

1991年《中国的人权状况》白皮书指出，人权首先是人民的生存权。生存权是享受其他人权的基础，没有生存权，其它一切人权均无从谈起。正如马克思、恩格斯在《德意志意识形态》中指出的那样："我们首先应该确立一切人类生存的第一个前提也就是一切历史的第一个前提，这个前提就是：人们为了能创造历史，必须能够

---

[1]　习近平：《决胜全面建成小康社会，夺取新时代中国特色社会主义伟大胜利——在中国共产党第十九次全国代表大会上的报告》，《人民日报》2017年10月18日。

[2]　国务院新闻办公室：《为人民谋幸福：新中国人权事业发展70年》，2019年9月22日。

生活，但是为了生活，首先需要衣、食、住以及其他东西。"[1]人只有首先解决好吃、喝、住、穿问题，才能从事政治、科学、艺术、哲学、宗教等活动。获得生存权是有效实现其他人权的现实条件，生存权是保障其他人权的基本前提。当然，生存权的实现离不开发展权，生存权和发展权密不可分。发展是人类社会的永恒主题。联合国《发展权利宣言》确认发展权利是一项不可剥夺的人权，并鲜明地指出，"由于这种权利，每个人和所有各国人民均有权参与、促进并享受经济、社会、文化和政治的发展，在这种发展中，所有人权和基本自由都能获得充分实现。"

生存权和发展权是首要人权的观点，是中国人民基于自己的历史和国情，在人权问题上得出的基本结论。生存和发展是中国面临的最紧迫问题，保障人民的生存权和发展权是中国政府最优先的任务。我们认为，贫困与发展不充分是实现人权的最大障碍。目前，我们虽然解决了温饱问题，但中国仍然面临着如何更好地生存与发展的问题。多年来，中国政府始终把生存权和发展权作为首要人权，始终把解决人民的生存权和实现人民的发展权作为第一要务，不断解放和发展生产力，致力于消除贫困，提高发展水平，为保障人民各项权利的实现创造基础条件。[2]实践证明，在中国，把生存权和发展权作为最重要的人权，是人权发展的现实要求和人民的最大利益所在，是维护和发展我国人权的必然选择。

五、坚持人权的普遍性与中国实际相结合的基本原则

承认人权具有普遍性，就是承认人类在诸如人权主体、内容、标准和价值等问题上存在着基本共识，承认人权是人类追求的永恒目标。例如，《世界人权宣言》就要求各成员国必须誓愿"促进人权和基本自由的普遍和遵行"。然而，各国具体情况不同，所处的发展阶段不同，需要优先解决的人权问题也不同，因此，在实现普遍人权的过程中，必须充分考虑各国特殊的价值标准、历史文化传统、政治制度和经济社会发展水平，从而选择适合本国的人权发展道路，制定符合本国实际和人民愿望的人权发展战略。所以，人权也具有特殊性，它是具体的、历史的、发展的。

---

[1] 《马克思恩格斯全集》（第3卷），第31页。
[2] 国务院新闻办公室:《为人民谋幸福: 新中国人权事业发展70年》，2019年9月22日。

人权是普遍性与特殊性的统一，这是对人权发展客观规律的正确揭示。例如，1993年世界人权大会通过的《维也纳宣言和行动纲领》在强调人权具有普遍性的同时指出，应考虑"民族特征和地域特征的意义，以及不同的历史、文化和宗教背景"。人类要实现人权理想，不同文化之间必须相互尊重与学习，相互交流与借鉴，只有充分尊重人权的特殊性，才能有效实现人权的普遍性。

新中国成立后，尤其是党的十八大以来，在习近平新时代中国特色社会主义思想指引下，中国不断总结人类社会发展经验，在建设中国特色社会主义的伟大实践中，坚持把人权的普遍性原则与自身实际相结合，奉行以人民为中心的人权理念和实践，始终把生存权、发展权作为首要的基本人权，不断推动经济社会发展，增进人民福祉，促进社会公平正义，加强人权法治保障，努力促进公民权利、政治权利和经济权利、社会权利、文化权利的全面协调发展。历史和现实都证明，中国在继承中华文化重视民生这一优良传统的基础上，成功走出了一条符合中国国情的人权发展道路，丰富了人类文明的多样性。

六、彰显中国人权事业发展的国际关怀

党的十九大报告提出"推动构建人类命运共同体"，目的旨在保障人权在世界范围内的充分实现，增进世界人民的共同利益、整体利益和长远利益，从而为解决世界人权问题贡献中国力量。构建人类命运共同体思想，既反映了当代国际关系现实，又将人类共同价值和中华优秀文化在新的高度上发扬光大。它不仅被联合国决议、联合国安理会决议和联合国人权理事会决议相继采用，而且在国际人权领域引起普遍反响，突出体现了中国对国际人权事业发展的巨大贡献。[1]

自新中国成立以来，中国在大力推进自身人权事业发展的同时，始终坚持平等互信、包容互鉴、合作共赢、共同发展的理念，积极参与联合国人权事务，认真履行国际人权义务，广泛开展国际人权合作，重视引导全球人权治理体系变革，积极为全球人权治理提供中国智慧和中国方案，以实际行动推进全球人权治理朝着更加

---

[1] 刘小妹：《以新时代人权发展事业推动构建人类命运共同体》，《国际法研究》2018年第3期，第6页。

公正合理包容的方向发展。[1]

中国特色社会主义进入新时代后,中国共产党和中国政府仍将继续秉持文明多样与文明交流互鉴精神,与世界各国人民一道,以合作促发展,以发展促人权,推动各国共同发展与繁荣,促进世界人权事业进步,共同构建以人权为最高价值追求的人类命运共同体。[2]正如习近平总书记多次强调的那样,我们要实现的中国梦,不仅造福中国人民,而且造福各国人民。[3]

(作者杨春福系河海大学法学院院长、教授)

---

[1] 国务院新闻办公室:《为人民谋幸福:新中国人权事业发展70年》,2019年9月22日。

[2] 刘明:《"构建人类命运共同体与全球人权治理"理论研讨会综述》,《人权》2017年第4期,第146-149页。

[3] 参见习近平:《顺应时代前进潮流,促进世界和平发展——在莫斯科国际关系学院的演讲》,《人民日报》2013年3月23日。

中国特色社会主义人权道路的基本经验

[中国] 尹奎杰

中国特色社会主义人权道路是中国特色社会主义道路的重要组成部分, 也为世界人权发展道路提供了新的范本。新中国成立以来, 特别是改革开放四十多年以来, 中国走出了一条不同寻常的现代化道路, 取得了举世瞩目的成就。中国的人权事业, 与中国的经济、政治、文化、社会事业一道共同发展, 成为世界现代化进程中一道最为亮丽的风景线。随着中国全面进入新时代, 在全面建设小康社会的进程中, "始终把人民权利放在首位, 不断促进和保障人权"[1], "把人民对美好生活的向往作为奋斗目标, 不断提高尊重和保障中国人民各项基本权利的水平"[2], 并把 "坚持推动构建人类命运共同体" 确立为新时代坚持和发展中国特色社会主义的基本方略。特别是随着党的十八大报告中提出 "人类命运共同体" 理念, 中国呼吁世界各国人民携手共同构建人类命运共同体, 建设持久和平、普遍安全、共同繁荣、开放包容、清洁美丽的世界, 走出了一条有中国特色的社会主义人权道路, 这条道路将随着中国特色社会主义各项事业的不断发展、进步而不断丰富, 其特色也会越来越鲜明。概括起来看, 中国特色社会主义的人权道路, 具有以下五条基本经验:

第一条基本经验是坚持中国共产党的领导。它是中国特色社会主义人权道路的根本经验, 也是最有代表性的中国人权经验。中国是一个具有13亿多人口、经济文化发展不平衡的发展中大国, 人民的权利和利益诉求具有广泛性和多样

---

[1] 习近平:《习近平谈治国理政》(第2卷), 北京: 外文出版社, 2017年, 第546页。

[2] 习近平:《致首届 "南南人民论坛" 的贺信》,《人民日报》2017年12月8日。

性，实现人民权利和利益所具有的复杂性、艰巨性，都要求必须有一个能够代表广大人民群众利益、集中反映和有效体现人民群众意志的政治核心，以团结、凝聚和带领人民把建设和改革事业不断推向前进。中国近现代曲折复杂的历史从正反两个方面说明了：只有坚持中国共产党对中国特色社会主义各项事业，包括人权建设事业的领导，人民的权利和利益才有最强大的政治保证，人权事业才可能得到长足的发展和进步，人民的生存权、发展权才有依靠。这既是中国人权事业发展的历史写照，也是符合中国人权发展道路的现实要求，更是中国人权发展道路未来得以延续的坚实的根本保证。只有牢固树立"四个意识"、坚定"四个自信"，坚决维护党对人权事业的领导地位，这样才能使中国特色社会主义人权道路越走越坚实、越走越宽。

第二条基本经验是坚持人民主体地位。坚定的人民立场、坚持以人民为中心，是中国人权事业和人权发展道路的核心。人民是历史的创造者，马克思指出："人们的社会历史始终只是他们的个体发展的历史，而不管他们是否意识到这一点。"[1] 同时，马克思也指出，"人的本质不是单个人所固有的抽象物，在其现实性上，它是一切社会关系的总和"[2]。作为一切社会关系的总和，人们通过社会生产劳动和自身的再生产，在漫长的社会历史发展进程中逐渐改变了人对人的依赖和人对物的依赖关系，不断实现每个人的解放，最终实现每个人的全面而自由的发展。在中国特色社会主义人权道路发展的波澜壮阔的历史进程中，人民真正成为历史发展的根本动力。坚持以人民为中心、坚持人民当家作主、坚持在发展中保障和改善民生，增进人民福祉，是坚持和发展中国特色社会主义，走中国特色社会主义道路的根本动力和根本目的。我国坚持把人权的普遍性原则与中国的具体国情相结合，把保障人民群众的生存权和发展权置于首位，不断推动经济社会发展，走出了一条独具中国特色的人权发展道路。随着中国特色社会主义进入新时代，我国社会主要矛盾发生了变化，转化为人民日益增长的美好生活需要和不平衡不充分的发展之间的矛盾。人民美好生活需要日益广泛，就需要在人权建设方面适应新的矛盾变化，

---

[1] 《马克思恩格斯选集》（第4卷），北京：人民出版社，2012年，第409页。
[2] 《马克思恩格斯选集》（第1卷），北京：人民出版社，2012年，第135页。

坚持以人民为中心的发展思想，在发展中着力解决人民群众最关心、最直接、最现实的利益问题，实现人权发展与经济社会发展的协调一致。因为"只有发展，才能消除冲突的根源。只有发展，才能保障人民的基本权利。只有发展，才能满足人民对美好生活的热切向往。"[1]

第三条基本经验是全面推进依法治国和实现人权法治化。人权不但是一种道德权利，更是一种法律权利。人权在道德上强调的是其正当性与合理性，而在法律上则强调的是一种合法性与规范性，只有通过法律化方式，人权才有可能得到强有力的规范保证和制度保证，才会得到国家强制力的维护。正因如此，《世界人权宣言》在序言中才郑重宣布，"有必要使人权受法治的保护"[2]。自1997年党的十五大确立依法治国的基本方略以来，我国对依法治国重要性的认识不断加深。随着2004年"国家尊重和保障人权"写入宪法，人权在依法治国进程中的地位得以提升到宪法这个根本大法的高度，人权的法治地位得到了宪法的保证。而且，随着法治上的不断推进，中国的人权道路不断通过法治化方式得以强化和保障，党的十九大报告指出，"加强人权法治保障，保证人民依法享有广泛权利和自由"[3]，"必须坚持法治为了人民、依靠人民、造福人民、保护人民"，"要把体现人民利益、反映人民愿望、维护人民权益、增进人民福祉落实到依法治国全过程，使法律及其实施充分体现人民意志。"[4]人权道路的法治化和全面依法治国，已经成为中国特色社会主义的基本价值，体现在全面推进中国特色社会主义道路的各个方面，它要求在实现科学立法、严格司法、公正执法的各个法治环节上都要尊重保障人权，例如在立法上要"保障公民人身权、财产权、基本政治权利等各项权利不受侵犯，保障公民经济、文化、社会等各方面权利得到落实，实现公民权利保障法治化"，要求在推进法治政府建设中深化依法行政，明确"没有法律法规依据不得作出减损公民、法人和其他组织合法权益或者增加其义务的决定"，在司法领域，强化公正司法，"努力让

---

[1] 习近平：《谋共同永续发展，做合作共赢伙伴——在联合国发展峰会上的讲话》，《光明日报》2015年9月27日。
[2] 白桂梅、刘骁主编：《人权法教学参考资料选编》，北京：北京大学出版社，2012年，第3页。
[3] 习近平：《在中国共产党第十九次全国代表大会上的报告》，《人民日报》2017年10月28日。
[4] 习近平：《习近平谈治国理政》（第2卷），北京：外文出版社，2017年，第115页。

人民群众在每一个司法案件中感受到公平正义"，强化司法中的人权保障，保障诉讼过程中当事人享有充分的知情权、陈述权、辩护权、辩论权、申请权、申诉权等人权制度，切实落实罪刑法定、疑罪从无、非法证据排除等人权保障制度。

第四条基本经验是实现人权的普遍性与特殊性、民族性与世界性的统一。中国有着独特的悠久历史和灿烂文明，中国的人权事业既有与世界各国一样的人权特点，也有其自身的特殊性要求，中国人权事业坚持了人权的普遍性与特殊性、民族性与世界性的统一，走出了有中国特色的人权道路。中国用几十年的时间，在人权发展方面取得的令世人瞩目的伟大成就，为世界上其他国家展示了全新的人权发展模式。这一模式主要是通过设定符合中国国情的经济社会发展目标，坚持发展不动摇，以此为基础维护、扩大和发展人权。通过发展推动人权是中国人权道路或者人权模式的核心，也可以为世界人权发展道路贡献智慧和方案。中国高度重视生存权和发展权，始终把人民的生存权和发展权放在首位，把实现亿万中国人民的幸福生活作为"最大的人权"[1]，提出了建设和打造人类命运共同体，强调"中国人民愿同各国人民一道，秉持和平、发展、公平、正义、民主、自由的人类共同价值，维护人的尊严和权利，推动形成更加公正、合理、包容的全球人权治理、共同构建人类命运共同体，开创世界美好未来"[2]。这实际是上坚持中国人权的特殊性与人权普遍性相统一，为世界人权发展道路指明了方向。中国在走符合自身发展的人权道路，坚持中国人权特殊性与普遍性相统一的同时，也十分关注助力全球人权事业、参与和推动国际人权发展。在国际人权事业上，中国日益肩负起更为重大的国际使命和国际担当。中国提出的"以合作促发展，以发展促人权，共同构建人类命运共同体"的主张已经被国际社会广泛重视和接受，人权发展的中国方案日益成熟，中国式的人权道路越走越宽。

第五条基本经验是注重人权事业的整体性发展，坚持全面、务实、协调地推进人权事业。国家在促进和发展人权事业方面，特别注重把人权发展与国家的各项

---

[1] 《习近平致信纪念〈世界人权宣言〉发表70周年座谈会强调 坚持走符合国情的人权发展道路 促进人的全面发展》，《人民日报》2018年12月11日。

[2] 《习近平致信纪念〈世界人权宣言〉发表70周年座谈会强调 坚持走符合国情的人权发展道路 促进人的全面发展》，《人民日报》2018年12月11日。

建设事业相结合,推动人权发展融入国家的经济建设、政治建设、文化建设、社会建设和生态文明建设过程之中,使人权发展的目标与国家经济社会发展目标相协调[1],在国家各项建设事业的具体过程中,注重把人权指标具体化、明确化,使其可量化、可操作、可评估、可反馈。具体表现为,以人权的标准和原则推动和促进经济社会文化等各方面的工作,注重在各个领域的立法、司法、执法及法治监督实践中强化人权的保障。同时,在推进人权事业整体性发展的过程中,特别注重了全面、务实、协调推进方式的把握与运用,注重自上而下、自下而上等人权推进的结合,注重把党的领导、政府主导、社会参与、人民主体相结合,实现了人权事业发展的多方共治的人权发展模式。

(作者尹奎杰系东北师范大学政法学院院长、教授)

---

[1] 参见常健:《人权保障中国梦及其实现方式》,《人民日报(海外版)》2014年6月27日。

新中国是世界人权事业的积极推动者

[中国] 张晓玲

1949年新中国的成立，使占人类人口1/4的中国人民实现了民族独立和自身解放，成为国家和社会的主人。在中国共产党领导下，经过70年的艰辛探索，中国成功地走出了一条符合国情的人权发展道路，使近14亿中国人民的人权得到了切实保障，取得了举世瞩目的巨大成就，同时，中国积极参与和推动世界人权事业发展，作出了重要贡献。

一、着眼人类文明进步的潮流，从中国国情出发，积极推动人权理论创新，形成了中国特色社会主义人权理论，为中国人权事业发展提供了根本遵循，为世界人权事业贡献了中国智慧

人权反映了人类对自由、平等、博爱的追求，对幸福生活的向往，是人类文明进步的重要标志。新中国成立以来，特别是改革开放以来，中国共产党和中国政府认真总结历史经验，汲取人类文明发展成果，形成了中国特色社会主义人权理论。

一是中国共产党是中国人权事业的领导者，尊重和保障人权是中国共产党的执政理念和国家的宪法原则。中国共产党是中国社会主义事业的领导核心，是中国人权事业的领导核心。新中国成立70年历史，就是在中国共产党领导下为中国人民谋幸福的历史。把尊重和保障人权写入党章，并通过法定程序写入宪法，确立为重要的宪法原则，这是中国共产党全心全意为人民服务的根本宗旨和为中国人民谋幸福、为中华民族谋复兴的初心使命的必然要求。新中国成立70年来，中国人民在

人权方面取得的成就都是在中国共产党坚强领导下取得的, 这是中国人权事业的鲜明特征和根本保证。

二是人权是普遍性和特殊性的统一, 人权的普遍性原则必须同中国的国情实际相结合。人权是普遍的, 人权基本原则和基本内容是普遍适用于一切人和所有国家的。人权也有其特殊性, 是具体的、历史的、发展的, 其实现方式是多样的。坚持国际人权标准, 并不否认人权的特殊性, 人权的普遍性原则在实现的过程中必须同各国的实际相结合。

三是人权是一个内容丰富的开放的体系, 既包括公民权利和政治权利, 也包括经济、社会及文化权利。经济、社会、文化权利与公民权利、政治权利是人权体系中两个不可分割的组成部分。中国《国家人权行动计划 (2016–2020年) 》提出协调推进人权发展的新要求, 促进经济、社会、文化权利与公民权利、政治权利的协调发展。并且, 伴随着经济社会的发展, 伴随着人类的文明进步, 广大人民群众对美好生活需要会不断发展, 人权会增加新的内容。

四是从中国社会主义初级阶段的基本国情出发, 提出生存权发展权是首要的基本人权。中国作为世界上人口最多的发展中大国, 解决近14亿人的生存问题和发展问题, 使全体人民学有所教、劳有所得、病有所医、老有所养、住有所居, 这是一个必然优先的现实抉择。

五是人权是权利与义务的统一, 是个人权利与集体权利的统一。人权是权利和义务的统一, 要求正确处理个人权利与他人权利、集体利益的关系。人权的目的是提升人的道德高度, 促进社会的和谐稳定。个人人权是集体人权的基础, 集体人权是个人人权的保障。

六是人权的根本保障是法治。尊重和保护人权, 必须实行法治。社会主义法治的根本目的是要保障人民的权利。人民是权利的主体, 也是法治的主体。必须坚持法治建设为了人民、依靠人民、造福人民、保护人民, 以保障人民根本权益为出发点和落脚点, 把全面加强人权法治建设作为尊重和保障人权的基本路径, 大力加强人权保障的法制建设。

　　七是人权在本质上是一国内部管辖的事务。在当代,人权具有国际保护的一面,但是人权的国际保护是以主权国家的合作和承担国际义务为基础的。国家负有保护人权的首要责任。主权原则和不干涉内政原则是现代国际法中最基本的原则,也是保证公正的世界政治经济秩序的必不可少的前提。应该加强国际人权的交流、对话和合作,反对任何国家利用人权问题推行自己的价值观、政治标准和发展模式,反对在人权问题上实行"双重标准"。

　　八是提出构建人类命运共同体重大理念。中国共产党是为中国人民谋幸福的政党,也是为人类进步事业而奋斗的政党。中国共产党始终把为人类作出新的更大的贡献作为自己的使命,牢固树立人类命运共同体意识。同时,各国和各国人民应该共同享受尊严,共同享受发展成果,共同享受安全保障。

　　中国特色社会主义理论揭示中国人权事业发展的客观规律,为中国人权事业发展提供了科学遵循,同时也对人类科学地认识人权的本质和世界人权事业发展规律贡献了中国智慧。

二、坚定不移走中国特色人权发展道路,在尊重和保障人权的实践方面取得巨大历史性成就,这本身就是对世界人权事业的重大贡献

　　在中国特色社会主义人权理论指导下,中国积极推动人权实践,成功走出了一条符合国情的人权发展道路。在新中国70年的历程中,中国共产党和中国政府把尊重和保障人权放到党和国家工作大局中加以谋划和实施。2009年以来,连续制定三部《国家人权行动计划》,对中国的人权事业发展制定路线图和时间表。

　　一是经过70年的接续工作,中国逐步建立了以宪法为核心,涵盖法律、行政法规、地方性法规等多个层次的中国特色社会主义人权保障法律体系,人权的法治化保障水平不断提高。2004年,十届全国人大二次会议通过的宪法修正案将"国家尊重和保障人权"正式载入了宪法,对于推进我国人权事业发展、实现社会全面进步产生了重大而深远的影响。以宪法为依据,中国各项法律法规都体现了尊重和保护人权的原则。

二是创造了世界减贫史上的中国奇迹。新中国成立以来，特别是改革开放以来，中国共产党领导中国人民为消除贫困付出了艰辛努力，成功地使8亿多人走出了绝对贫困。中国农村贫困人口（按照2010年贫困标准）由1978年的7.7亿人减少至2018年的1660万人，农村贫困发生率由1978年的97.5%下降至2018年的1.7%。2012至2018年，中国每年有1000多万人稳定脱贫。中国成为世界上减贫人口最多的国家，也是世界上率先完成联合国千年发展目标的国家，对全球减贫的贡献率超过70%。

三是切实促进经济、社会、文化权利全面发展。在旧中国，有80%的中国人长期处于饥饿、半饥饿状态，几乎每年都有几万到几十万人因饥饿而失去生命，一遇自然灾害，更是饿殍遍野。据统计，1949年中国人均国民收入仅27美元；中国人口平均预期寿命只有35岁，人口死亡率高达33‰；全国人口中80%以上是文盲。今天，中国的人类发展指数大幅提高，逐步从低人类发展水平国家跃升至高人类发展水平国家。2018年中国人均国民收入接近10000美元，超过中等偏上收入国家平均水平；人均寿命76岁多，达到中等发达国家的水平；人民文化教育水平不断提高，15岁及以上人口平均受教育年限达到2017年的9.6年，劳动年龄人口平均受教育年限达10.5年；九年义务教育巩固率为93.8%，义务教育普及程度已达到世界高收入国家的平均水平。人民生活实现了从贫困到温饱、从温饱到小康的两次历史性跨越。

四是切实保障广大人民群众的民主权利。中国积极稳妥地推进政治体制改革，丰富民主形式，畅通网络表达渠道，完善信访机制，不断保障和扩大公民的民主权利，通过各种措施大力推动政务公开。加强对人民知情权、参与权、表达权、监督权的保障。基层民主政治建设全面推进，取得显著成就。

五是切实保障特定群体权利。新中国成立70年来，中国制定了一系列法律切实保障少数民族、妇女、儿童、老年人和残疾人的权利。在旧中国，妇女深受封建的政权、族权、神权和夫权的压迫，处在社会最底层，不可能享有与男子平等的机会和权利。新中国废除了压迫妇女的封建制度和歧视妇女的旧法律，《中华人民共和国宪法》明确规定了男女平等的基本原则。1995年，中国成功举办联合国第四次世界妇女大会，进一步把男女平等确立为基本国策，不断完善保障妇女权利的法律体系，把妇女发展纳入经济社会发展总体规划并制定实施专门的妇女发展纲要，妇女在国家政治、经济、文化和社会生活各领域的权利得到有效实现。

中国作为世界上人口最多的国家，在尊重和保障人权方面取得的一系列成就，本身就是对世界人权事业的巨大贡献。

三、全面参与全球人权治理，积极参与联合国人权事务，认真履行国际人权义务，广泛开展国际人权合作，发挥重要引领作用

一是着眼世界百年未有之大变局、着眼人类前途命运，提出"构建人类命运共同体"这一具有重大人权价值的时代命题，积极引领世界人权事业发展。2017年3月，习近平主席提出的"构建人类命运共同体"的重要概念首次写入了联合国人权理事会关于"经济、社会、文化权利"和"粮食权"两个决议；同年"构建人类命运共同体"概念又写入了联合国安理会的决议。近些年来，中国提出的"在人权领域促进合作共赢"决议在联合国人权理事会第三十七届会议获得通过；2018年9月，在联合国人权理事会第三十九次会议上，中国代表近140个国家发表了题为"携手合作消除贫困，共同推进国际人权事业发展"的联合声明；中国作为第二届世界人权大会的副主席国，参加《维也纳宣言和行动纲领》的起草工作；中国提出的"发展对享有所有人权的贡献"的决议在联合国人权理事会通过，首次将"发展促进人权"引入国际人权体系。

二是积极批准和加入国际人权公约。迄今为止，中国先后批准或加入了26项国际人权文书，其中包括《经济、社会和文化权利国际公约》《消除对妇女一切形式歧视公约》《消除一切形式种族歧视国际公约》等6项联合国核心人权条约。中国严格遵守条约规定，认真履行条约义务，注重将国内的立法、修法和政策制定等与条约规定相衔接，表现出中国对认真履行国际人权公约义务的郑重态度和风范。

三是积极参与和推动国际人权公约创制和完善。中国作为主要推动者之一，参与了《发展权利宣言》的起草工作，积极推动联合国人权委员会和人权理事会就实

现发展权问题进行全球磋商，致力于推动构建发展权实施机制。中国是《残疾人权利公约》的积极发起者和倡导者；中国参加了《禁止酷刑和其他残忍、不人道或有辱人格的待遇或处罚公约》《儿童权利公约》《残疾人权利公约》《保护所有移徙工人及其家庭成员权利国际公约》，以及《经济、社会和文化权利国际公约》任择议定书等重要人权文件的制定工作组会议，为这些规则的起草、修改和完善作出重要贡献。

四是积极倡导开展国际人权交流合作。自20世纪90年代起，中国陆续与20多个国家建立人权对话或磋商。近些年来，中国人权研究会多次组团赴亚洲、北美、南美、欧洲、大洋洲、非洲的数十个国家交流访问，并邀请多国人权领域的政府官员和专家学者访华，增进了理解与互信。近年来，中国多次举办国际人权研讨会，如"亚欧非正式人权研讨会""北京人权论坛""纪念《发展权利宣言》通过30周年国际研讨会""南南人权论坛""中欧人权研讨会""国际人权文博会""中美司法与人权研讨会""中德人权研讨会"等，拓展了国际人权交流合作，增进了相互了解。

五是积极参与联合国有关人权工作，推动联合国人权机构改革，引导国际人权治理变革。自1979年起，中国连续3年作为观察员出席联合国人权委员会会议。1981年，中国在联合国经社理事会组织会议上当选为人权委员会成员国。自1982年起，中国正式担任人权委员会成员国并一直连选连任。2006年人权理事会成立以来，中国已四度当选理事会成员并积极参与工作。中国同联合国人权事务高级专员及其办公室保持建设性工作联系。

当今世界，和平与发展仍然是时代主题，构建人类命运共同体，建设持久和平、普遍安全、共同繁荣、开放包容、清洁美丽的世界，反映了世界人民的共同利益和愿望。伴随着实现中华民族伟大复兴的历史进程，中国的人权事业必将得到更加全面的发展，同时，中国也必将对世界人权事业作出新的更大贡献！

（作者张晓玲系中央党校（国家行政学院）政治和法律教研部教授）

世界人权事业发展进步的中国智慧和中国方案

——以西藏人权事业的跨越式发展为中心

[中国] 张 云

一、以政治解决为手段，消除阻碍人权进步的制度根源

1951年，中央人民政府代表与西藏地方代表通过协商谈判、签订"十七条协议"实现了西藏的和平解放。在贯彻落实协议的过程中，中央政府针对包括十四世达赖喇嘛在内的西藏地方上层人士做了大量耐心细致的工作，联络感情、说服感化，目的是推动西藏地方的政治制度改革，废除残害百万农奴肉体和精神的封建农奴制旧制度。毛主席在1956年2月12日"同藏族人士的谈话"中就明确指出："贵族、喇嘛有好多人害怕改革，你们回去后要对贵族、喇嘛多做工作，不论如何改革，对他们的政治地位、生活水平都要维持。"[1]同年7月22日，毛主席"在听取甘孜、凉山两个自治州改革和平乱问题汇报时的谈话"中再次重申，"少数民族地区的地主和汉族地区的不同，汉族地区的地主在土地改革以后剥夺了选举权，不能做官了；少数民族地区的地主在民主改革以后不剥夺选举权，还可以做官。"[2]即使在西藏反动上层发动武装叛乱失败，实施民主改革的过程中，中央不仅照顾到这些昔日贵族和农奴主的经济利益，还对他们的政治诉求也有切实的照顾政策。通过政治沟通、政策照顾，最大化解进行民主改革的阻力。1959年3月21日，中共中央作出

---

[1] 中共中央文献研究室、中共西藏自治区委员会、中国藏学研究中心编：《毛泽东西藏工作文选》，北京：中央文献出版社、中国藏学出版社，2001年5月，第137页。

[2] 中共中央文献研究室、中共西藏自治区委员会、中国藏学研究中心编：《毛泽东西藏工作文选》，北京：中央文献出版社、中国藏学出版社，2001年5月，第147页。

《关于在西藏平息叛乱中实现民主改革的若干政策问题的指示》，提出："在这次平息叛乱的战争中，必须同时坚决地放手发动群众，实行民主改革，以便彻底解放藏族人民群众，引导西藏地区走上社会主义道路，从根本上消除叛国分裂活动的根源。"[1]3月28日，国务院发布命令，决定立即解散西藏地方政府，由西藏自治区筹备委员会行使西藏地方政府的职权。在4月15日关于平叛的报告中，毛主席再次指出："旧制度不好，对西藏人民不利，一不人兴，二不财旺。""对于他们的土地、他们的庄园，是不是可以用我们对民族资产阶级的办法，即实行赎买政策，使他们不吃亏。比如我们中央人民政府把他们的生活包下来，你横直剥削农奴也是那么一点，中央政府也给你那么一点，你为什么一定要剥削农奴才舒服呢？"[2]

通过民主改革，西藏百万农奴和奴隶获得了人身自由。1961年，西藏各地开始实行普选。1965年9月，西藏自治区正式宣告成立。出席大会的301名代表中，藏族和其他少数民族代表占80%以上，西藏上层爱国人士和宗教界人士占11%多，藏族代表中绝大多数是翻身农奴和奴隶。西藏各族人民政治上当家作主，国家通过完善各项法律法规，切实保障西藏各族人民的知情权、参与权、表达权、监督权，使人权事业的发展有着坚实的基础和持续发展的动力。由于从社会制度进行改革，有制度上的有力保障，西藏人权发展进步是根本性的、深刻的，也成为不可逆转的历史潮流。

二、以土地分配为核心，筑牢人权发展的经济基础

要实现百万农奴政治身份的根本转变，必须让他们获得土地和牲畜等基本生产资料，有经济基础支撑其实现当家作主。1959年3月21日"中共中央关于在西藏平叛中实现民主改革的若干政策问题的指示"中，提出了如何进行改革的基本原则，即西藏的民主改革，对贵族的封建占有制一律废除，但具体做法上，依照其政治情

---

[1] 中共中央文献研究室、中共西藏自治区委员会编：《西藏工作文献选编（1949-2005）》，北京：中央文献出版社，2005年9月，第203页。

[2] 中共中央文献研究室、中共西藏自治区委员会、中国藏学研究中心编：《毛泽东西藏工作文选》，北京：中央文献出版社、中国藏学出版社，2001年5月，第175-176页。

况加以区别对待: 凡是参加叛乱的分子, 他们的土地、房屋、耕畜、粮食和农具一律没收, 分配给农民, 债务、乌拉和差役一律废除。对没有参加叛乱的分子, 应该经过和他们协商, 将土地和多余的房屋、耕畜和农具分配给农民, 废除其债务、乌拉和差役。对于在平息叛乱和民主改革中表现进步并且政治上还有较大影响的进步分子可采取赎买的办法, 在他们放弃了封建剥削之后, 在政治上加以适当安排并在生活上予以补助。"牧区不进行民主改革, 牧主的牲畜仍然归牧主所有, 牧民的牲畜仍然归牧民所有。叛乱分子的牲畜没收归牧民所有。""工商业一律不动, 无论贵族经营的或者寺庙经营的都一律不动, 但是要废除商业中的封建特权(例如可以免税和派乌拉差役等规定)。"[1]这些措施让原来的贵族、农奴主变成拥有财产、自食其力的劳动者, 让百万农奴在获得自由身份和政治权利的同时, 也获得了赖以发展的经济条件。国家更给翻身农奴分配了农具, 提供了粮食种子, 极大地调动起他们的生产积极性, 从而带来了连年的丰产增收。1980年4月, 国家在西藏实行"土地归户使用, 自主经营长期不变", "牲畜归户, 私有私养, 自主经营长期不变", 对农牧民的生产经营活动免征一切税收等。不断加大对西藏地方经济发展的扶持力度, 为人权进步提供较为充足的物质基础, 这是西藏人权取得巨大进步的重要因素。

三、以发展教育为关键, 切实推进人权进步的社会保障

提高人民群众的文化素质是关系西藏地区长远发展命运的核心环节, 也是实现人民教育权的集中体现, 而发展现代教育和科学文化事业更是民主改革以后西藏地方获得动力最为有效的途径。在政教合一封建农奴制统治之下, 占人口95%的农奴和奴隶被剥夺了受教育的权力, 他们基本上都是没有知识、没有文化的文盲, 这其实是阻碍西藏地方社会的最大因素之一。民主改革改变了持续上千年的不公平状况, 国家通过选送翻身农奴子弟在内地中央民族学院、西藏民族学院、西南民族学院等学校接受教育, 以及在西藏开办形式多样的扫盲班、识字班等, 让他们学习文化, 让他们有知识、有能力履行自己的社会职责, 担负起时代赋予的管理国

---

[1] 中共中央文献研究室、中共西藏自治区委员会编:《西藏工作文献选编(1949–2005)》, 北京: 中央文献出版社, 2005年9月, 第203-205页。

家和地方事务的历史重任，到1965年，西藏已有小学1822所、在校生66781人，中学4所、在校生1359人，中等专业学校1所，高等学校1所；2017年，西藏共建成幼儿园1239所，小学806所，各级中学132所，高等教育院校7所，各级各类学校毕业人数达53万多人。1985年，国家开始对农牧民子女和城镇困难家庭子女实行"三包"（包吃、包住、包基本学习费用）政策并18次提高标准。2012年起，西藏全面落实15年义务教育免费"三包"政策。现代教育的迅猛发展，为西藏经济社会的全面进步提供了永不枯竭的力量源泉。截至2018年底，西藏全区广播、电视人口综合覆盖率分别达到97.1%和98.2%。基本实现市（地）有图书馆、县有综合文化活动中心、乡有文化服务中心，每个行政村有文化室、农家书屋、电影放映室。公共文化服务更好惠及人民，人民享受了前所未有的民主权利，西藏文化的创造者和享受者真正实现了统一。

四、以改善民生为主题，着力破解影响人权进步的最大难题

在中央人民政府与西藏地方政府有关和平解放西藏的"十七条协议"第十条中，就提出，"依据西藏的实际情况，逐步发展西藏的农牧工商业，改善人民生活。"鉴于西藏地区相对险恶的自然环境、薄弱的发展基础和农奴制导致的整体贫困状况，民主改革以来，国家花大力气发展西藏地方经济、改善民生，采取了一切可能的手段支持西藏的经济发展。中央为了促进西藏经济社会发展，实现民生改善和长治久安，自20世纪80年代以来先后6次召开中央西藏工作座谈会，还确定了全国进一步加大支援西藏发展力度的重大决策，通过各方面的持续努力业已取得了举世瞩目的伟大成就。通过70年的发展，西藏在众多领域从无到有，已经形成了关联度很强的高原生物产业（以青稞、牦牛的深度加工为主）、旅游文化产业、清洁能源产业、绿色工业、现代服务业、高新数字产业等等，建立了以水电为主，油、气和地热、光伏可再生的能源互补的体系建设，建成了建材、轻工、食品加工、藏医藏药等20多个门类的现代工业体系。西藏经济连续26年保持两位数增长。国家和西藏地方政府持续推进农牧民安居工程、民房危房改造、抗震加固、农村人居环境改善、扶贫搬迁、小康村建设、城镇棚户区改造和保障房建设，全区城乡群众普遍住上安全适用房屋。

进入新时代以来，西藏进一步加大对农牧区发展和改善农牧民群众生活的支持力度。实施精准脱贫、精准扶贫战略，国家对西藏脱贫攻坚工作高度重视，在政策、资金、项目等方面给予大力支持，成效显著。2019年9月最新数据显示，西藏全区74个县(区)已有55个摘帽，贫困人口从59万人减少到15万人，贫困发生率从2015年底的25.2%，下降到6%以下。全面建成小康社会的步伐逐渐加大，民生的巨大改善成为人权进步中最大的亮点。

五、以保障各项权利为抓手，全面提升人权进步的层次

"十七条协议"第七条提出，"尊重西藏人民的宗教信仰和风俗习惯，保护喇嘛寺庙。寺庙的收入，中央不予变更。"民主改革以来，西藏佛教、苯教、道教、伊斯兰教、基督教等不同宗教、藏传佛教不同教派以及信教不信教的群众之间和谐相处，藏族群众的宗教信仰自由权利得到依法保障，活佛转世制度得以传承，日常宗教活动正常有序进行，藏族群众的宗教需求得到有效满足，藏传佛教与社会主义社会相适应持续推进，宗教中国化进程健康有序发展。

西藏现有各类文物点4277处，国家重点文物保护单位55处，国家级历史文化名城3座。布达拉宫、大昭寺、罗布林卡被联合国教科文组织列入《世界遗产名录》，藏戏、格萨尔史诗和藏医药浴法入选联合国人类非物质文化遗产代表作名录，89个项目入选国家级非遗代表性项目名录，代表性传承人96名。民族优秀传统文化传承保护与发展成效显著。

重视医疗卫生，保障人民的健康权。西藏自治区级、市(地)级医院和71个县级医院陆续得到改扩建，覆盖城乡的自治区、市(地)、县、乡四级医疗服务体系初步形成。在西藏农牧区，以免费医疗为基础，以政府投入为主导，家庭账户、大病统筹和医疗救助相结合的农牧区医疗制度全面建立。

西藏全区企业职工养老保险、城镇职工医疗保险、城镇居民医疗保险等待遇水平全国领先，人民的该项权利不断得到充分保障，人权进步的层次不断得到拓展，幸福感不断提升。在国家统计局和中央电视台等联合举办的"CCTV经济生活

大调查"中，拉萨市连续5年被评为"中国幸福指数最高的城市"。

六、以保护环境为切入点，不断充实人权进步的丰富内涵

环境权是伴随着人类环境危机而产生的一种新的权利概念或社会主张，是道义权利、应有权利的法定化；是集体权利和个体权利之汇合，是权利和义务的高度统一，是一种新型法权。由于地处地球第三极的腹心地带，西藏的环境保护不仅关系到西藏也关系到全国，乃至世界的环境变化。中国政府高度重视西藏的环境保护和生态文明建设，既是对包括西藏地方在内的全体中国人民环境权的尊重，更是对人类环境权的贡献，体现了中国政府和人民构建人类命运共同体的责任担当。自1988年建立第一个珠峰自然保护区以来，西藏已建立47个各类自然保护区（国家级11个），保护区总面积41.22万平方公里，占全区国土面积的34.35%；建立了22个生态功能保护区（国家级1个），纳入国家重点生态功能保护区转移支付县达36个；建立了4个国家级风景名胜区、9个国家森林公园、22处国家湿地公园以及3个国家级地质公园。据中科院等部门监测评估显示，西藏高原各类生态系统结构整体稳定，生态质量稳定向好，水、气、土壤、辐射及生态环境质量均保持在良好状态，主要城镇环境空气优良率保持在95%以上。全区森林、草场、湿地、冰川、雪山和野生动植物等得到了有效保护，大部分区域仍处于原生状态。在国家支持下，西藏不断推进美丽宜居城镇建设，进一步加快城镇生活垃圾、污水基础设施建设，美丽西藏建设成效显著，人民群众的环境权益越来越有保障，幸福感稳步提升。

美国记者安娜·路易斯·斯特朗在谈到中国政府处理1959年西藏地方上层贵族的武装叛乱时，写道："人类挣脱束缚，获得自由的觉醒在以往的社会中常发生，但这通常是以人类付出沉重代价，以流血起义的方式来实现的，很少有像西藏这样经过如此精心的社会工程设计而实现的。中国共产党想以最小的人类代价解放和改变整个西藏。这项任务的完成仅靠一场昌都战役是不行的，靠政府发号施令也是做不到的，只有靠唤醒全西藏可以抓住生存机遇的人民来实现。"[1]和平解放西藏

---

[1]　安娜·路易斯·斯特朗：《百万农奴站起来》，孟黎莎译，北京：中国藏学出版社，2009年，第96页。

如此，民主改革如此，建设西藏、推动西藏人权跨越式发展进步也是如此，它所展现的恰恰是有着深厚历史文化积淀的中国智慧。

西藏的人权进步有着民主改革后社会主义制度的优势，特别是中央关怀、全国支援的巨大政策优势，同时也与清晰而成功的人权发展策略有密切的关系，这就是抓主要矛盾，解决大多数的人权问题；平分土地，筑牢全体百姓赖以发展的根基问题；着力发展经济改善民生，抓住人民发展权的关键环节；重视提升全民素质，发展教育紧扣人民当家作主、建设社会、完善自我的中心内容；积极传承民族优秀传统文化，坚持宗教信仰自由，保护自然生态环境，保障人民群众的各项权利。西藏人权发展的基础牢固、步伐稳健、成效巨大、前景无限美好。中国西藏地方70年来的人权进步是一个典型的案例，可以为世界人权进步提供一些启示和借鉴，可以成为当今世界推动人权发展进步的一个中国方案。

（作者张云系中国藏学研究中心历史研究所所长、研究员）